面向共同富裕的基本医疗保险
再分配效应统计测度研究

Mianxiang Gongtong Fuyu De Jiben Yiliao Baoxian
Zai Fenpei Xiaoying Tongji Cedu Yanjiu

费舒澜 著

中山大学出版社
SUN YAT-SEN UNIVERSITY PRESS

·广州·

版权所有　翻印必究

图书在版编目（CIP）数据

面向共同富裕的基本医疗保险再分配效应统计测度研究/费舒澜著.
—广州：中山大学出版社，2024.10. -- ISBN 978-7-306-08194-0

Ⅰ.F842.684

中国国家版本馆 CIP 数据核字第 20243SD436 号

出 版 人：	王天琪
策划编辑：	曾育林
责任编辑：	曾育林
封面设计：	林绵华
责任校对：	刘亦宏
责任技编：	靳晓虹
出版发行：	中山大学出版社
电　　话：	编辑部 020 - 84113349，84110776，84111997，84110779，84110283
	发行部 020 - 84111998，84111981，84111160
地　　址：	广州市新港西路 135 号
邮　　编：	510275　传　真：020 - 84036565
网　　址：	http：//www.zsup.com.cn　E-mail：zdcbs@ mail.sysu.edu.cn
印 刷 者：	广东虎彩云印刷有限公司
规　　格：	787mm×1092mm　1/16　26.75 印张　451 千字
版次印次：	2024 年 10 月第 1 版　2024 年 10 月第 1 次印刷
定　　价：	108.00 元

如发现本书因印装质量影响阅读，请与出版社发行部联系调换

国家社科基金后期资助项目
出版说明

　　后期资助项目是国家社科基金设立的一类重要项目,旨在鼓励广大社科研究者潜心治学,支持基础研究多出优秀成果。它是经过严格评审,从接近完成的科研成果中遴选立项的。为扩大后期资助项目的影响,更好地推动学术发展,促成成果转化,全国哲学社会科学工作办公室按照"统一设计、统一标识、统一版式、形成系列"的总体要求,组织出版国家社科基金后期资助项目成果。

全国哲学社会科学工作办公室

摘　　要

党的二十大报告提出，到2035年，"基本公共服务实现均等化""人的全面发展、全体人民共同富裕取得更为明显的实质性进展"。当前，中国已建成世界上规模最大的基本医疗保障网，2023年基本医疗保险参保率超过95%。医疗保险领域进行的改革探索，不仅实现了医疗服务的普及，也提升了居民健康。然而，现行医疗保险制度与共同富裕的要求仍然存在一定差距，主要表现为城乡间、地区间和群体间的医保待遇差异，以及由此产生的医疗服务共享问题。在高质量发展中促进共同富裕，应当充分发挥基本医疗保险的再分配作用，优化收入和财产分配格局。

本书首先依托机会平等理论和收入分配理论，在构建基本医疗保险制度框架的基础上，从历史趋势和"三大差距"（城乡间、群体间和地区间差距，下同）两个视角梳理基本医疗保险和分配领域的典型事实。其次，基于微观调查数据和省级面板数据，采用因果识别和保险精算等方法测度基本医疗保险的再分配效应。最后，在预测改革成本和隐性债务的基础上，设计面向共同富裕的基本医疗保险制度改革路径。测度结果表明以下五点。

第一，关于基本医疗保险的典型事实。改革开放以来，基本医疗保险在共享和富裕两个方面都取得了明显进展，医疗卫生资源也不断丰富。然而，基本医疗保险的缴费政策和待遇政策仍然存在较大的地区差异和群体差别。在127个代表性城市中，职工医保的较低和较高缴费率相差1倍；居民医保的较低和较高筹资水平相差15倍。相比缴费政策，待遇政策由于涉及不同等级的医疗机构及不同类型的医疗服务，因而差异更大。从地区分布来看，医疗资源、基金支付能力都与经济发展水平呈现明显正相关，须进一步调节地区间的不平衡问题。

第二，关于分配领域的共富趋势。改革开放以来，城乡居民收支水平和财产规模都实现了快速增长，但不平等程度也随之扩大。全国基尼系数的较高值出现在 2008 年，达到 0.49，此后略有下降，2021 年仍然达到 0.47。城乡收入差距在改革开放初期经历了明显下降后迅速扩大，2007 年城乡居民收入比达到较高值 3.33，2022 年回落至 2.56。地区收入差距从 2005 年以来一直呈现下降趋势。其次，消费不平等要小于收入不平等，而且下降幅度更大。城乡消费差距从 1978 年的 2.68 下降至 2022 年的 1.83，但需要警惕的是流动人口内部消费差距的扩大。最后，财产分配的不平等明显高于收入分配，2020 年财产基尼系数达到 0.7 以上。

第三，关于收入再分配效应。基本医疗保险作为分散疾病风险的制度安排，通过缓解低收入者的医疗负担来提升健康等人力资本，以发挥调节收入差距的作用。基于 MT 指数的测算结果表明，不同保险类型的收入再分配效应存在差异，公费医疗和城镇职工基本医疗保险（以下简称"城职保"）的收入再分配效应更为明显，城乡居民基本医疗保险（以下简称"城居保"）的收入再分配效应较弱。在控制其他影响因素的前提下，医保报销待遇可以使县域基尼系数降低 0.15，但在统计上不显著；对于省域基尼系数而言，医疗保险存在明显的扩大作用，应当进一步提高统筹层次，降低地区间、群体间的医保待遇差别。

第四，关于财富再分配效应。基本医疗保险通过缓解医疗费用负担，显著降低居民自付医疗支出，刺激非医疗消费规模，从而优化消费支出结构，促进财产积累。在控制人口特征和收入水平等因素的前提下，公费医疗和城职保可以使家庭人均净资产分别提高 13.8% 和 14.2%；而城居保由于待遇水平较低，未能有效促进财产积累。从县域层面的测算结果来看，医疗保险覆盖率和报销待遇都未显著降低财产差距，财产再分配效应不明显。

第五，关于再分配效应的作用机制。基本医疗保险通过提高医疗服务可及性提升医疗服务机会平等和居民健康水平，促进收入和财产增长，改善分配格局。1989 年以来，收入分配领域的机会不平等经历了上升、小幅下降和明显下降的趋势。医疗服务领域机会不平等的绝对量和相对量也在下降，医疗保险对机会不平等的贡献在 10% 左右，并且发挥了降低机会不平等的作用。不仅如此，医疗保险显著提升了居民健康状况，职工医保和居民医保均能使居民健康提升 20% 以上，而且对于弱势群体的健康提升效应更为显著。

摘 要

近年来，医药卫生体制改革不断深化，医疗保险领域的政策调整相继推进。本书在三个改革专题中评估了省级统筹、异地就医和家庭医生签约的政策效应，发现这些改革促进了医疗服务领域的机会平等，从而改善分配格局。进一步发挥基本医疗保险在建设共同富裕过程中的再分配作用可以从五个方面入手：第一，推进基本医疗保险省级统筹，提升医保制度公平。第二，健全基本医疗保险稳定筹资机制，提升基金支付能力。第三，完善基本医疗保险待遇调整机制，减轻居民医疗负担。第四，构建多层次医疗保障体系，全方位提升居民健康福祉。第五，建设智慧医保，提升医疗保障数字化水平。

关键词：基本医疗保险；共同富裕；收入再分配；财富再分配；机会平等

目 录

上编 典型事实

第1章 绪论/2
  1.1 研究背景与意义/2
    1.1.1 研究背景/2
    1.1.2 研究意义/5
  1.2 研究内容与目标/7
    1.2.1 研究内容/7
    1.2.2 研究目标/11
  1.3 研究思路与方法/12
    1.3.1 研究思路/12
    1.3.2 研究方法/14
  1.4 研究创新与特色/17
    1.4.1 研究创新/17
    1.4.2 研究特色/18

第2章 国内外研究现状/20
  2.1 概念界定与理论基础/21
    2.1.1 基本概念/21
    2.1.2 理论基础/25
  2.2 共同富裕的统计测度/30
    2.2.1 共同富裕的综合评价/30
    2.2.2 收入分配的统计测度/31
    2.2.3 消费差距的统计测度/35
    2.2.4 财产分配的统计测度/37

        2.2.5 机会平等的统计测度/38
　　2.3 医疗保险领域的富裕与共享/40
        2.3.1 医疗保险领域的富裕测度/40
        2.3.2 医疗保险领域的共享测度/43
　　2.4 医疗保险再分配效应的统计测度/46
        2.4.1 基本医疗保险对居民健康的影响/47
        2.4.2 基本医疗保险对医疗支出的影响/49
        2.4.3 基本医疗保险对消费水平的影响/51
        2.4.4 基本医疗保险对收入分配的影响/52
        2.4.5 基本医疗保险统筹的政策效应/54
　　2.5 文献述评与研究启示/59

第3章 共同富裕的基本医疗保险制度框架/62
　　3.1 共同富裕对基本医疗保险的内在要求/62
        3.1.1 共同富裕的内涵界定/62
        3.1.2 共同富裕的基本医疗保险制度特征/66
        3.1.3 共同富裕的基本医疗保险改革方向/69
　　3.2 基本医疗保险再分配效应的形成机理/72
        3.2.1 基本医疗保险再分配效应的分析框架/72
        3.2.2 基本医疗保险的收入再分配效应/74
        3.2.3 基本医疗保险的财富再分配效应/75
　　3.3 基本医疗保险再分配效应测度的数理模型/77
        3.3.1 收入再分配效应测度/77
        3.3.2 财产再分配效应测度/79
        3.3.3 再分配效应机制识别/81
        3.3.4 改革政策效应评估/83
        3.3.5 改革成本和隐性债务精算/84
　　3.4 本章小结/89

第4章 基本医疗保险领域共同富裕的建设历程/91
　　4.1 基本医疗保险制度的建立与完善/91

4.1.1 计划经济时期的医疗保险制度/91
4.1.2 转型发展时期的医疗保险制度/93
4.1.3 全面完善时期的医疗保险制度/94
4.2 基本医疗保险缴费政策的地区差异/97
4.2.1 城职保缴费政策的地区差异/97
4.2.2 城居保缴费政策的地区差异/101
4.3 基本医疗保险待遇政策的地区差异/106
4.3.1 城职保待遇政策的地区差异/106
4.3.2 城居保待遇政策的地区差异/110
4.4 医疗卫生资源的富裕与共享/115
4.4.1 医疗卫生资源的增长趋势/115
4.4.2 医疗卫生资源的分布差异/118
4.5 本章小结/121

第5章 改革开放以来分配领域的共富趋势/123

5.1 收入分配的富裕与共享/123
5.1.1 居民收入的增长趋势/123
5.1.2 收入分配的群体差距/126
5.1.3 收入分配的城乡差距/130
5.1.4 收入分配的地区差距/142
5.2 消费支出的富裕与共享/146
5.2.1 消费支出的增长趋势/146
5.2.2 消费支出的群体差距/149
5.2.3 消费支出的城乡差距/161
5.2.4 消费支出的地区差距/162
5.3 医疗消费不平等的演变/166
5.3.1 医疗支出总体不平等的变动趋势/166
5.3.2 城乡医疗支出不平等的变动趋势/169
5.4 财产分配的富裕与共享/171
5.4.1 居民财产的增长趋势/171
5.4.2 居民财产的群体差距/172

5.4.3　居民财产的城乡差距/174
　　5.4.4　居民财产的地区差距/175
5.5　本章小结/177

中编　再分配效应测度

第6章　基本医疗保险的收入再分配效应/180
6.1　共同富裕下医疗保险调节收入差距的机制/180
6.2　数据介绍与描述性统计/182
6.3　医保报销的收入再分配效应/184
6.4　不同层面的收入再分配效应/190
　　6.4.1　个体层面/190
　　6.4.2　家庭层面/193
　　6.4.3　县级层面/195
　　6.4.4　省级层面/198
6.5　本章小结/202

第7章　基本医疗保险的消费促进效应/203
7.1　共同富裕下医疗保险促进消费的机制/203
7.2　数据介绍与描述性统计/205
7.3　医疗保险对医疗消费的影响/208
　　7.3.1　基准回归结果/208
　　7.3.2　异质性剖析/211
　　7.3.3　稳健性检验/215
　　7.3.4　医疗消费不平等的成因分解/218
7.4　医疗保险对非医疗消费的影响/222
　　7.4.1　基准回归结果/222
　　7.4.2　异质性分析/224
　　7.4.3　稳健性检验/227
7.5　本章小结/230

目录

第 8 章　基本医疗保险的财产再分配效应 / 232

8.1　共同富裕下医疗保险调节财产差距的机制 / 232

8.2　数据介绍与描述性统计 / 233

8.3　医疗保险的财产积累效应 / 236

  8.3.1　基准结果 / 236

  8.3.2　异质性分析 / 238

  8.3.3　稳健性检验 / 241

8.4　医疗保险的财产再分配效应 / 244

8.5　本章小结 / 245

第 9 章　基本医疗保险再分配效应的机会平等机制 / 247

9.1　共同富裕下医疗保险的机会平等机制 / 247

9.2　数据介绍与描述性统计 / 248

  9.2.1　数据介绍与样本限定 / 248

  9.2.2　变量界定与描述性统计 / 249

9.3　医疗服务机会不平等的变动趋势 / 250

9.4　基本医疗保险的机会平等效应估计 / 252

  9.4.1　基准结果 / 252

  9.4.2　异质性分析 / 253

  9.4.3　稳健性检验 / 254

9.5　本章小结 / 255

第 10 章　基本医疗保险再分配效应的健康提升机制 / 257

10.1　共同富裕下医疗保险的健康提升机制 / 257

10.2　数据介绍与描述性统计 / 259

10.3　基准回归结果 / 262

10.4　异质性分析 / 267

10.5　稳健性检验 / 269

10.6　本章小结 / 270

下编 通往未来之路

第11章 基本医疗保险制度改革专题Ⅰ——省级统筹/272

- 11.1 共同富裕背景下医疗保险省级统筹的实施进展/272
  - 11.1.1 医疗保险省级统筹的改革背景/272
  - 11.1.2 医疗保险省级统筹的基本现状/274
  - 11.1.3 医疗保险省级统筹的实践模式/279
  - 11.1.4 医疗保险省级统筹的阻碍因素/282
- 11.2 数据介绍与描述性统计/283
  - 11.2.1 微观数据来源/283
  - 11.2.2 宏观数据来源/285
- 11.3 省级统筹的医疗服务使用效应/288
  - 11.3.1 基准回归结果/288
  - 11.3.2 异质性分析/290
  - 11.3.3 稳健性检验/291
- 11.4 省级统筹的医疗资源配置效应/294
  - 11.4.1 基准回归结果/294
  - 11.4.2 稳健性检验/295
- 11.5 省级统筹的收入再分配效应/297
  - 11.5.1 基准回归结果/297
  - 11.5.2 稳健性检验/299
- 11.6 本章小结/300

第12章 基本医疗保险制度改革专题Ⅱ——异地就医/302

- 12.1 共同富裕背景下异地就医政策的实施进展/302
- 12.2 数据介绍与描述性统计/304
- 12.3 异地就医的政策效应评估/306
  - 12.3.1 基准回归结果/306
  - 12.3.2 异质性分析/309
  - 12.3.3 稳健性检验/309
- 12.4 本章小节/311

目 录

第 13 章 基本医疗保险制度改革专题 Ⅲ——家庭医生签约/312
  13.1 家庭医生签约的实施进展/312
  13.2 数据介绍与描述性统计/315
      13.2.1 数据介绍/315
      13.2.2 主要变量描述性统计/316
  13.3 家庭医生签约的政策效应评估/318
      13.3.1 基准回归结果/318
      13.3.2 异质性分析/321
      13.3.3 稳健性检验/323
      13.3.4 机制识别/327
  13.4 基于医疗服务机会不平等的考察/329
  13.5 本章小节/330

第 14 章 面向共同富裕的基本医疗保险改革路径/332
  14.1 推进基本医疗保险省级统筹/332
      14.1.1 基本医疗保险省级统筹的改革成本/333
      14.1.2 基本医疗保险省级统筹的实施方案/339
  14.2 健全基本医疗保险稳定的筹资机制/341
      14.2.1 基本医疗保险基金的支付能力/341
      14.2.2 基本医疗保险基金的隐性债务/349
      14.2.3 健全稳健可持续的筹资机制/357
  14.3 完善基本医疗保险的待遇调整机制/358
      14.3.1 基本医疗保险人均待遇的适度性/358
      14.3.2 公平适度的待遇调整机制/368
  14.4 构建多层次的医疗保障体系/369
      14.4.1 完善大病保险/370
      14.4.2 健全医疗救助/370
      14.4.3 鼓励商业保险/371
      14.4.4 推进医疗互助/372
      14.4.5 发展医疗慈善/373

14.5 提升医疗保障数字化水平/374
    14.5.1 构建全国统一医保信息平台/374
    14.5.2 完善"互联网＋医疗"管理服务/375
    14.5.3 区块链赋能医保治理现代化/376
14.6 本章小结/377

第15章 结论与建议/379
15.1 研究结论/379
15.2 对策建议/382

参考文献/385

后记/411

上编 典型事实

第1章 绪　　论

1.1 研究背景与意义

1.1.1 研究背景

改革开放以来，城镇居民人均收入从1978年的343.4元/年上升到2022年的49283元/年，剔除价格因素后增加19倍；农村居民人均收入从1978年的133.6元/年上升到2022年的20133元/年，剔除价格因素后增加20倍。①在收入快速增长的同时，地区间、城乡间、群体间的差距逐渐扩大，基尼系数从20世纪80年代初期的0.3左右上升到2008年较高峰的0.49（李实等，2019），2022年基尼系数仍达到0.466。城乡居民收入差距比从1978年的2.57上升到2007年的较高点3.33，此后逐渐下降至改革开放初期的水平，但仍高于20世纪80年代的较低值1.82。②

党的二十大报告提出，到2035年，"基本公共服务实现均等化""人的全面发展、全体人民共同富裕取得更为明显的实质性进展"。③扎实推进共同富裕，包括高质量发展、收入分配制度改革、公共服务优质共享、精神生活富裕、社会治理创新等。④高水平、高质量的基本公共

---

　　① 根据国家统计局年度数据计算得到。国家统计局，年度数据，https://data.stats.gov.cn/easyquery.htm?cn=C01。

　　② 根据国家统计局年度数据计算得到。国家统计局，年度数据，https://data.stats.gov.cn/easyquery.htm?cn=C01。

　　③ 习近平：《高举中国特色社会主义伟大旗帜　为全面建设社会主义现代化国家而团结奋斗——在中国共产党第二十次全国代表大会上的报告》，2022-10-16，https://www.gov.cn/xinwen/2022-10/25/content_5721685.htm。

　　④ 中共中央、国务院：《关于支持浙江高质量发展建设共同富裕示范区的意见》，2021-05-20，https://www.gov.cn/zhengce/2021-06/10/content_5616833.htm。

服务均等化是共同富裕必不可少的内容之一，医疗卫生属于基本公共服务的范畴，对于推动高质量发展、巩固脱贫攻坚成果、形成合理收入分配格局具有重要作用（李实、杨一心，2022）。党的二十大报告提出，"深化医药卫生体制改革，促进医保、医疗、医药协同发展和治理"。①在建设共同富裕的过程中，应当进一步完善基本医疗保险（以下简称"医疗保险"）制度，充分发挥医疗保险的收入再分配和财富再分配功能，形成中间大、两头小的橄榄型分配格局。

共同富裕可以从富裕和共享两个维度来解读，富裕维度一般包括物质财富和精神财富两个层面的富足，物质财富包括收入增长、财产积累及消费提升，精神财富包括教育、医疗、文化等公共服务质量的提升及居民幸福感的提升。当然，物质财富和精神财富之间也会相互促进、共同增长。富裕程度的提升可以理解为"做大蛋糕"，那么共享意味着"分好蛋糕"，即全体居民共享改革发展成果。共享不是平均主义，也不是两极分化，而是一种有差别的分享，是一种合理的分享（李实，2021）。共享也可以理解为地区间、城乡间、群体间物质财富和精神财富的平衡配置，这种平衡考虑了努力程度和人力资本差别造成的分配差距，并且在初次分配差距的基础上进行再分配和三次分配。

医疗保险可以从财富增长和共享发展两个方面促进城乡居民共同富裕。首先，医疗保险可缓解居民医疗费用负担，减轻居民预防性储蓄动机，优化消费结构，提高人力资本投资型消费（如教育培训支出）占比。预防性储蓄动机的下降可以使居民在收益率更高的投资产品中配置更多资产，促进财产积累。人力资本投资型消费的增加可以提高劳动者的教育和技能水平，提高收入挣得能力，促进收入增长。其次，医疗保险制度的完善可以提高居民医疗服务可及性，促进医疗公共服务均等化，分散疾病风险，提升健康水平，缩小地区间、城乡间及人群间的差距，让全体居民共享改革发展的成果。

目前，中国已建成世界上规模最大的基本医疗保障网，2022年医疗保险（城职保和城居保）参保率超过95%。大病保险和商业医疗保

---

① 中共中央：《高举中国特色社会主义伟大旗帜 为全面建设社会主义现代化国家而团结奋斗——在中国共产党第二十次全国代表大会上的报告》，2022-10-16，https://www.gov.cn/xinwen/2022-10/25/content_5721685.htm。

险的建立形成了多层次的医疗保障体系，不仅大大提升了中、低收入群体的医疗保障水平，也释放了家庭消费。随着"健康中国"战略的实施，医疗保险制度不断完善，不仅实现了制度转型和服务普及，也提升了居民健康（何文炯，2021）。2022年，城职保政策范围内住院费用基金支付84.2%，城居保政策范围内住院费用基金支付68.3%，居民医疗负担进一步减轻。[①] 2022年，每万人拥有卫生技术人员数为83，是1975年的3.7倍；婴儿死亡率4.9‰，比1975年下降6.2个百分点；人均预期寿命78岁，比1975年提高14岁。[②] 国家财政中医疗卫生和教育支出的比重从2007年的18.3%上升到2022年的23.8%。这两项公共服务支出的增加使得中国的人力资本排名不断上升（Lim et al.，2018）。

然而，现行医疗保险政策与共同富裕的要求仍然存在一定的差距，主要表现为群体间、城乡间、地区间的医疗保险政策差异，以及由医疗资源分配不均产生的医疗服务共享问题。由于不同地区经济发展水平、医疗资源、人口结构等方面存在差距，医疗保险建立初期以县级为统筹单位，并且很长一段时间内统筹层次都没有提升。较低的统筹层次不仅带来医疗服务机会差异和医保受益差别，还会降低基本医疗保险基金的抗风险能力。以高质量发展建设共同富裕示范区的浙江省为例，各市职工医保个人缴费率为1%~2%，单位缴费率为5.5%~11%，三级医疗机构住院报销比为80%~90%；各市居民医保个人缴费额为480~750元/年，三级医疗机构住院报销比为55%~70%。相比缴费政策，待遇政策由于涉及不同等级的医疗机构及不同类型的医疗服务，因而差异更大。

除了医疗保险政策之外，医疗卫生资源的分布也存在明显的地区差别。2022年，每万人拥有卫生技术人员数较高和较低的两个省（区/市）（北京和西藏）相差62，医疗卫生机构诊疗人次较高的五个省（区/市）是广东、山东、浙江、河南和江苏，都在5.7亿人次以上；医疗卫生机构诊疗人次较高和较低的两个省（区/市）（广东和西藏）相差8

---

① 国家医疗保障局：《2022年全国医疗保障事业发展统计公报》，2023-07-10，http://www.nhsa.gov.cn/art/2023/7/10/art_7_10995.html.

② 国家统计局：年度数据，https://data.stats.gov.cn/easyquery.htm?cn=C01.

亿人次，医院平均住院日较高和较低的两个省（区/市）（黑龙江和西藏）相差 2.6 日。从地区分布来看，医疗资源、基金支付能力都与经济发展水平呈现明显正相关，须进一步调节地区间的不平衡问题。

"互联网+"时代，大数据、区块链等技术与医学的交汇酝酿着巨大的潜能，使医疗健康和疾病预防策略更加精准。得益于物联网和信息技术的发展，以电子病历系统（electronic medical record）为主要依托的医疗信息系统产生了大量的医疗大数据，可以用于医疗行业治理、医疗临床和科研、公共卫生、商业模式开发等诸多领域。应当依托全国统一的医疗保障信息平台，实现跨地区、跨部门数据共享，有效发挥国家智慧医保实验室作用，完善部门数据协同共享机制，提升精细化治理水平，提高医药资源配置效率。

《中华人民共和国国民经济和社会发展第十四个五年规划和 2035 年远景目标》（以下简称"十四五"规划）提出"健全基本医疗保险稳定可持续筹资和待遇调整机制，推动基本医疗保险省级统筹；加大税收、社保和转移支付的调节力度，改善收入和财富分配格局。"[①]在扎实推进共同富裕的过程中，应当厘清共同富裕对基本医疗保险制度的内在要求，梳理基本医疗保险促进共同富裕的机理，评估基本医疗保险的收入再分配效应和财富再分配效应，明确基本医疗保险制度的改革方向，促进医疗公共服务均等化，助力城乡居民共同富裕。

1.1.2 研究意义

公共服务均等化是实现共同富裕的重要动力机制，本书在界定共同富裕的基本医疗保险制度框架的基础上，测度基本医疗保险的收入再分配效应和财富再分配效应，为完善基本医疗保险制度提供对策建议，提升城乡居民健康福祉，助力共同富裕。

本书的理论价值在于：

第一，构建共同富裕的医疗保险制度框架，界定医疗保险制度公平的基本内涵。现有研究并未对共同富裕的基本医疗保险制度进行清晰界定，导致基本医疗保险的改革方向不明确。对此，本书由机会平等理论

---

① 中共中央：《中华人民共和国国民经济和社会发展第十四个五年规划和 2035 年远景目标纲要》，2021 – 03 – 13，http://www.gov.cn/xinwen/2021 – 03/13/content_ 5592681.htm.

和收入分配理论出发，从制度公平、筹资稳定、待遇合理、结果平衡四个方面界定共同富裕的基本医疗保险制度内涵，为基本医疗保险的现状分析和统计测度提供分析框架。

第二，剖析基本医疗保险再分配效应的形成机理，为统计测度奠定理论基础。基本医疗保险从财富增长和共享发展两个方面促进城乡居民共同富裕。首先，医疗保险通过缓解居民医疗费用负担优化消费结构，提高人力资本水平，促进收入增长和财产积累。其次，医疗保险通过医疗公共服务均等化，分散疾病风险，缩小地区间、城乡间及群体间的差距，让全体居民共享改革发展成果。本书从财富增长和共享发展两条路径剖析基本医疗保险促进城乡居民共同富裕的机理，为医疗保险再分配效应的统计测度奠定理论基础。

本书的现实价值在于：

第一，测度基本医疗保险的收入再分配和财富再分配效应，明确医疗保险制度改革方向。在收入再分配效应方面，本书依托微观调查数据和省级面板数据，采用工具变量回归、Heckman（赫克曼）两步法等识别基本医疗保险对收入差距的影响效应，并且开展异质性分析和稳健性检验。在财富再分配方面，同样依托微观调查数据，采用倾向性得分匹配等方法评估基本医疗保险对消费水平和财产积累的影响。此外，本书还基于面板数据考察基本医疗保险省级统筹对医疗资源配置和城乡收入差距的作用，明确医疗保险制度改革方向。

第二，设计面向共同富裕的基本医疗保险制度改革路径，促进医疗公共服务均等化。在高质量发展中促进共同富裕，应当进一步发挥基本医疗保险的再分配调节作用，优化收入和财产分配格局。本书依据基本医疗保险收入再分配和财富再分配效应的统计测度结果，从推进基本医疗保险省级统筹、健全基本医疗保险稳定筹资机制、完善基本医疗保险待遇调整机制、构建多层次医疗保障体系及提升医疗保障数字化水平五个方面设计基本医疗保险改革路径，促进医疗公共服务均等化，扎实推进共同富裕。

1.2 研究内容与目标

1.2.1 研究内容

本书的研究框架可以分成：理论分析—现状描述—效应测度—改革对策四个方面，各部分逻辑关系如图1.1所示。理论分析部分主要基于机会平等理论构建共同富裕的基本医疗保险制度框架，梳理基本医疗保险收入再分配和财富再分配的形成机理，构建再分配效应统计测度的数理模型，为实证分析奠定理论基础。现状描述部分主要基于政策文本数据和宏观统计数据，剖析基本医疗保险和分配领域的典型事实，包括历史趋势、基本现状和结构特征，为再分配效应的统计测度提供现实依据。效应测度部分主要基于微观调查数据和省级面板数据，采用因果关系识别方法测度基本医疗保险的收入再分配效应和财富再分配效应，并识别再分配的作用机制。改革对策部分从推进基本医疗保险省级统筹、健全基本医疗保险稳定筹资机制、完善基本医疗保险待遇调整机制、构建多层次医疗保障体系、提升医疗保障数字化水平五个方面设计基本医疗保险制度改革路径，扎实推进共同富裕。

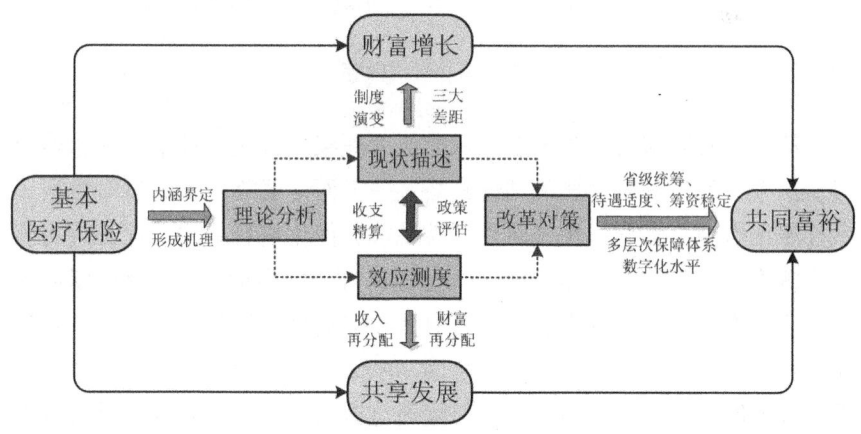

图1.1 研究框架逻辑

本书的内容分成上、中、下三编，如图1.2所示。上编是典型事实剖析，在构建共同富裕的基本医疗保险制度框架的基础上，一方面，描绘改革开放以来基本医疗保险在富裕和共享两个方面的建设历程；另一方面，刻画分配领域的群体差距、城乡差距和地区差距。中编是再分配效应测度，采用微观计量方法评估基本医疗保险的收入再分配效应和财产再分配效应，同时识别基本医疗保险再分配效应的两条机制——机会平等机制和健康提升机制。下编是通往未来之路，首先评估三项改革的政策效应——省级统筹、异地就医和家庭医生签约，接着从推进基本医疗保险省级统筹、健全基本医疗保险稳定筹资机制、完善基本医疗保险待遇调整机制、构建多层次医疗保障体系及提升医疗保障数字化水平五个方面构建面向共同富裕的基本医疗保险制度改革路径。

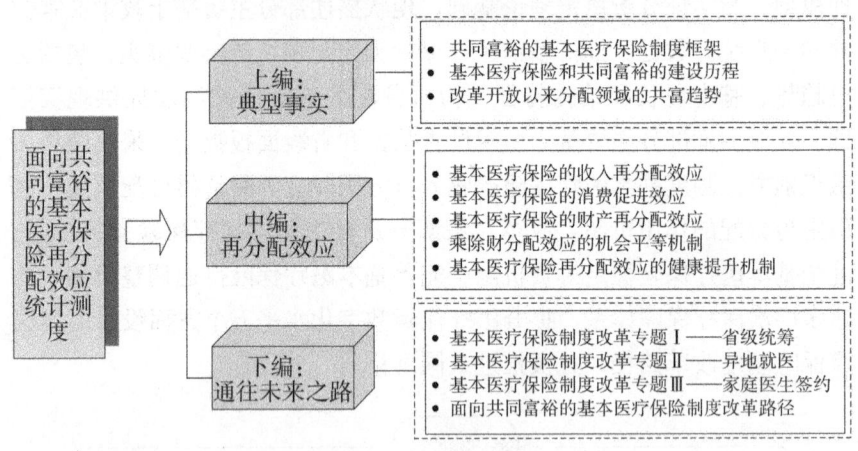

图1.2　研究内容

第一，共同富裕的基本医疗保险制度框架。首先，基本医疗保险可以从两个方面促进城乡居民共同富裕。一方面，医疗保险通过缓解居民医疗费用负担，降低居民预防性储蓄动机，优化消费结构，提高人力资本投资型消费（如教育支出）占比。预防性储蓄动机的下降可以使居民在收益率更高的投资产品中配置更多，促进财产积累。人力资本投资型消费的增加可以提高劳动者的教育和技能水平，提高收入挣得能力，促进收入增长。另一方面，医疗保险通过提高居民医疗服务可及性，促进医疗公共服务均等化，分散疾病风险，提升健康水平，缩小地区间、城乡间及人群间的差距，让全体居民共享改革发展的成果。本书在梳理中国共产党共同富裕理念的基础上，依托机会平等理论和收入分配理论，构建共同富裕的基本医疗保险制度框架，界定共同富裕的基本医疗保险内涵。其次，从财富增长和共享发展两条路径剖析基本医疗保险再分配效应的形成机理，为医疗保险再分配效应统计测度奠定理论基础。最后，依托保险精算和因果关系识别方法，构建基本医疗保险收入再分配效应和财富再分配效应统计测度的数理模型，为实证分析提供支撑。本部分有四个方面的子内容：①共同富裕的基本医疗保险的内涵界定；②基本医疗保险的制度框架；③基本医疗保险再分配效应的形成机理；④再分配效应统计测度的数理模型。

第二，基本医疗保险和共同富裕的典型事实。从聚焦历史趋势的纵向视角、聚焦"三大差距"的横向视角梳理基本医疗保险和分配领域的典型事实。在基本医疗保险的典型事实方面，首先，梳理1949年以来医疗保险制度的演变，剖析计划经济时期和改革开放以来医疗保险制度演变的逻辑。其次，选择15个代表性省（区/市）的127个城市，从缴费政策和待遇政策两个方面考察基本医疗保险的群体差异、城乡差异和地区差异。三是采用综合医院数、每万人拥有卫生技术人员数、每万人医疗机构床位数等指标，度量医疗卫生资源的地区差异。在分配领域的典型事实方面，基于宏观统计数据和微观调查数据考察改革开放以来中国收入分配、消费支出和财产分配的典型事实：一是居民收入的增长趋势、全国收入差距、城乡收入差距和地区收入差距；二是居民消费的增长趋势、全国消费差距、城乡消费差距和地区消费差距，并且比较城镇居民、农村居民和流动人口消费不平等的异质性；三是居民财产的增长趋势、全国财产差距、城乡财产差距和地区财产差距。最后，剖析共同富裕背景下分配领域的改革空间，为基本医疗保险再分配效应测度提供依据。本部分有四个方面的子内容：①基本医疗保险制度的历史变迁和"三大差距"；②居民收入的增长趋势和"三大差距"；③居民消费的增长趋势和"三大差距"；④居民财产的增长趋势和"三大差距"。

第三，基本医疗保险的再分配效应测度。基本医疗保险通过机会平等和健康提升两项机制调节分配差距，实现收入再分配和财产再分配。一方面，医疗保险通过提高医疗服务可及性，促进医疗服务机会均等，缩小地区间、城乡间及人群间的差异。另一方面，医疗保险通过缓解居民医疗负担，提高医疗服务使用率，提升健康等人力资本水平，降低因病致贫、因病返贫概率，促进低收入者收入增长、财产积累，调节分配差距。本书分别考察基本医疗保险的收入再分配效应和财富再分配效应。在收入再分配效应方面，基于机会平等理论和收入分配理论，依托中国家庭追踪调查和省级面板数据，采用 MT 指数、面板数据回归模型等方法测算基本医疗保险对收入差距的影响效应，并且剖析这种再分配效应的群体差异。在财富再分配方面，基于预防性储蓄动机和生命周期理论，依托中国家庭追踪调查等数据，采用倾向性得分匹配、Heckman 两步法等测度基本医疗保险对财产差距的影响。在此基础上，识别基本医疗保险再分配效应的机会平等和健康提升机制。此外，本书还设置了三个基本医疗保险制度改革专题，分别评估省级统筹、异地就医和家庭医生签约的再分配效应，并且开展异质性分析和稳健性检验。本部分有五个方面的子内容：①基本医疗保险的收入再分配效应；②基本医疗保险的消费促进效应；③基本医疗保险的财产再分配效应；④基本医疗保险再分配效应的机制识别；⑤基本医疗保险制度改革效应评估。

第四，面向共同富裕的基本医疗保险改革对策。现行医疗保险政策与共同富裕的要求仍然存在一定的差距，主要表现为医疗保险待遇的群体差异、城乡差异和地区差异，以及由医疗卫生资源分配不均产生的公平性问题。共同富裕背景下的基本医疗保险制度应当具有以下四个特征：制度公平、筹资稳定、待遇合理、结果平衡。本书从以下五个方面设计共同富裕的基本医疗保险改革路径：一是推进基本医疗保险省级统筹，提升医保制度公平性。在预测医疗保险省级统筹改革成本的基础上，结合各地经济发展水平、人口结构和基金支付能力等方面差异，设计渐进式医疗保险省级统筹推进方案。二是在测算医疗保险最优缴费率的基础上，健全基本医疗保险稳定筹资机制，提升基金支付能力。针对基本医疗保险基金运行过程中可能出现的供需双方道德风险及系统性的重大突发风险，设计风险控制机制。三是完善基本医疗保险待遇调整机制，减轻居民医疗负担。根据经济社会发展水平和基金承受能力，测算医保待遇支出适度性，完善待遇调整机制。四是构建多层次的医疗保障体系，全方位提升居民健康福祉。以基本医疗保险为主体，以医疗救助为基本安全网，促进补充医疗保险、商业健康保险、医疗互助、慈善捐赠等多种方式协调发展。五是建设智慧医保，提升医疗保障数字化水平。全面建成全国统一的医疗保障信息平台，完善"互联网+医疗健康"医保管理服务，依托区块链赋能医保治理现代化。本部分有五个方面的子内容：①基本医疗保险省级统筹的改革成本和实施方案；②基本医疗保险的支付能力和隐性债务；③基本医疗保险待遇的适度水平和调整机制；④构建多层次医疗保障体系；⑤医疗保障数字化建设。

1.2.2 研究目标

本书从机会平等理论和收入分配理论出发，在构建基本医疗保险制度框架、剖析基本医疗保险和分配领域典型事实的基础上，依托微观调查数据和宏观统计数据，采用因果关系识别和非参数统计等方法测度基本医疗保险的收入再分配效应和财富再分配效应，明确基本医疗保险的改革方向，完善面向共同富裕的基本医疗保险制度。具体而言，本书预期实现理论和实践两个方面的目标：

理论方面，剖析基本医疗保险再分配作用的形成机理，准确测度基本医疗保险的收入再分配效应和财富再分配效应。本书在构建共同富裕的基本医疗保险制度框架的基础上，从财富增长和共享发展两条路径梳理基本医疗保险促进城乡居民共同富裕的机理，为再分配效应测度奠定理论基础。在收入再分配效应方面，基于机会平等理论和收入分配理论，依托中国家庭追踪调查、中国健康与营养调查以及中国流动人口动态监测调查等数据，采用 MT 指数、面板数据回归模型等方法测度基本医疗保险对收入差距的影响效应。在财富再分配方面，基于预防性储蓄动机和生命周期理论，依托中国家庭追踪调查等数据，采用倾向性得分匹配、Heckman 两步法等测度基本医疗保险对财产差距的影响。同时，识别基本医疗保险再分配效应的机会平等机制和健康提升机制。

实践方面，构建面向共同富裕的基本医疗保险制度，促进医疗公共服务均等化。现行医疗保险政策与共同富裕的要求仍然存在一定差距，主要表现为医疗保险群体间、城乡间和地区间的待遇差别，以及由医疗卫生资源分配不均产生的共享问题。共同富裕背景下的基本医疗保险制度应当具有以下四个特征：制度公平、筹资稳定、待遇合理、结果平衡。本书在评估基本医疗保险再分配效应的基础上，考察三项改革政策的效应（省级统筹、异地就医和家庭医生签约）。最后，从推进基本医疗保险省级统筹、健全基本医疗保险稳定筹资机制、完善基本医疗保险待遇调整机制、构建多层次医疗保障体系、提升医疗保障数字化水平五方面设计基本医疗保险制度改革路径，促进医疗公共服务均等化，扎实推进共同富裕。

1.3 研究思路与方法

1.3.1 研究思路

本书从机会平等理论和收入分配理论出发，在构建共同富裕的基本医疗保险制度框架、剖析基本医疗保险和分配领域典型事实的基础上，基于中国家庭追踪调查、中国健康与营养调查等微观调查数据，采用因果关系识别方法测度基本医疗保险的收入再分配效应和财富再分配效应，明确基本医疗保险的改革方向，设计面向共同富裕的基本医疗保险制度改革路径。

本书沿着"理论分析—现状描述—效应测度—改革对策"的主线开展面向共同富裕的基本医疗保险再分配效应统计测度，技术路线如图1.3所示。

首先，构建共同富裕的基本医疗保险制度框架。本书在梳理中国共产党共同富裕理念的基础上，基于机会平等理论和收入分配理论，构建共同富裕的基本医疗保险制度框架，并且从制度公平、筹资稳定、待遇合理、结果平衡四个方面界定共同富裕背景下基本医疗保险制度的基本特征。同时，从财富增长和共享发展两条路径剖析基本医疗保险再分配效应的形成机理，构建收入再分配和财富再分配统计测度的数理模型，为实证分析奠定理论基础。

其次，描述基本医疗保险和共同富裕的典型事实。从聚焦历史趋势的纵向视角、聚焦"三大差距"的横向视角梳理基本医疗保险和分配领域的典型事实。在基本医疗保险的典型事实方面，一是梳理1949年新中国成立以来医疗保险制度的演变，剖析计划经济时期和改革开放以来医疗保险制度演变的逻辑。二是选择15个代表性省（区/市），从缴费政策和待遇政策两个方面考察基本医疗保险制度的地区差异。三是采用综合医院数、每万人拥有卫生技术人员数等指标度量医疗卫生资源的地区差异。在分配领域的典型事实方面，基于宏观统计数据和微观调查数据考察改革开放以来中国收入分配、消费支出和财产分配的富裕程度和共享程度。

再次，测度基本医疗保险的再分配效应。本书分别考察基本医疗保

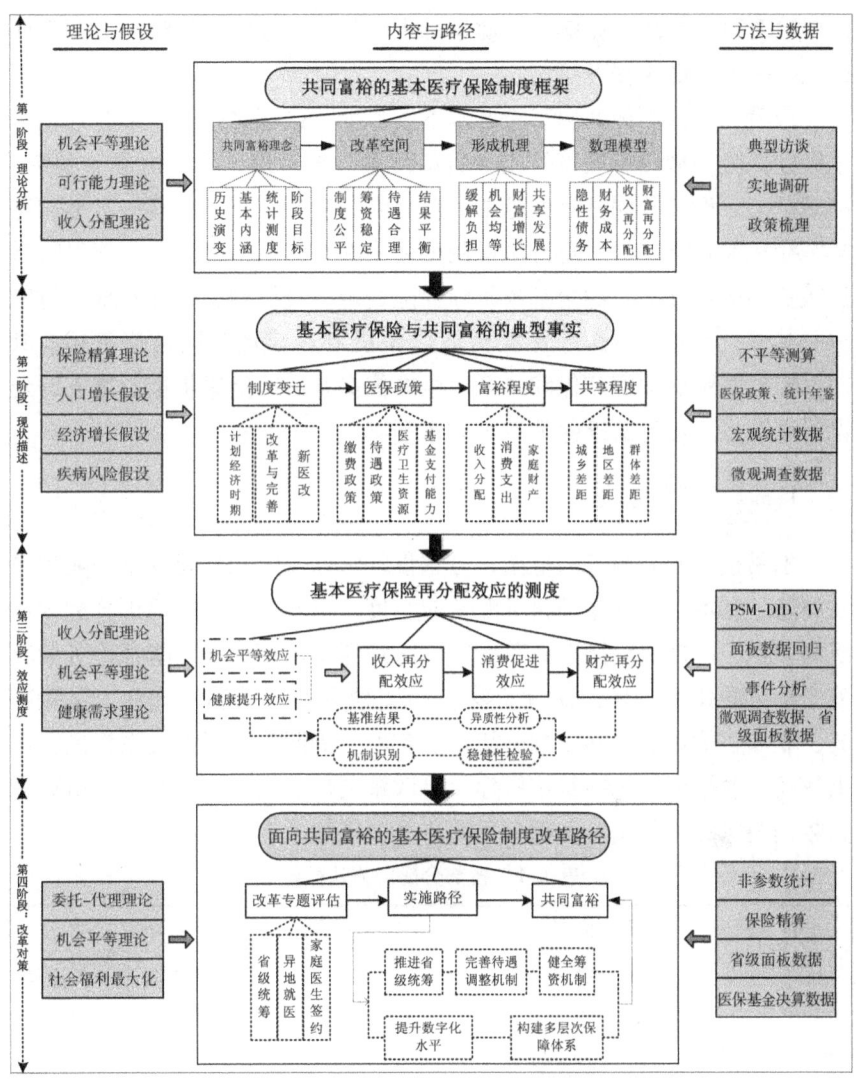

图 1.3 技术路线

险的收入再分配效应和财富再分配效应。在收入再分配效应方面，基于机会平等理论和收入分配理论，依托中国家庭追踪调查、中国健康与营养调查等数据，采用 MT 指数、面板数据回归模型等方法测度基本医疗保险对收入差距的影响效应，并且剖析这种再分配效应的群体差异。在财富再分配方面，基于预防性储蓄动机和生命周期理论，依托中国家庭追踪调查等数据，采用倾向性得分匹配、Heckman 两步法等测度基本医疗保险对财产差距的影响。在此基础上，识别基本医疗保险再分配效应的机会平等和健康提升机制。

最后，设计面向共同富裕的基本医疗保险改革路径。本书在评估基本医疗保险领域改革政策效应（省级统筹、异地就医和家庭医生签约）的基础上，设计共同富裕的基本医疗保险制度改革路径：其一，推进基本医疗保险省级统筹，提升医保制度公平性。其二，在测算医疗保险最优缴费率的基础上，健全基本医疗保险稳定筹资机制，提升基金支付能力。其三，完善基本医疗保险待遇调整机制，减轻居民医疗负担。其四，构建多层次的医疗保障体系，全方位提升居民健康福祉。其五，建设智慧医保，提升医疗保障数字化水平。

1.3.2 研究方法

本书按照研究内容的框架，分别设计医疗保险和共同富裕的典型事实描述、基本医疗保险的再分配效应测度、基本医疗保险的再分配效应机制识别、医疗保险制度改革专题、医疗保险改革成本和隐性债务精算五个部分的研究方法。研究方法包括实地调查、描述性统计、保险精算、非参数统计、时间序列分析、机会不平等测算及因果关系识别。本书依托的数据资源包括基本医疗保险政策文件、宏观统计数据、微观调查数据及医疗大数据。各部分研究方法概览如表1.1所示。

表1.1 各部分研究方法概览

研究主题	研究内容	数据资源	研究方法
医疗保险和共同富裕的典型事实描述	医疗保险省级统筹的实施困境	一手资料	实地调查、典型访谈
	医疗保险政策地区差异	政策文件	文本分析
	收入分配、消费支出和财产分配的富裕程度与共享程度	全国年度统计数据（1978—2022）、分省年度统计数据	不平等指标测算、非参数统计

续表1.1

研究主题	研究内容	数据资源	研究方法
基本医疗保险的再分配效应测度	基本医疗保险的收入再分配效应	中国家庭追踪调查（2010—2020）、省级面板数据	MT指数、面板数据回归模型
	基本医疗保险的消费促进效应	中国家庭追踪调查（2018）	倾向性得分匹配
	基本医疗保险的财富再分配效应	中国家庭追踪调查（2010—2020）	Heckman两步法
基本医疗保险的再分配效应机制识别	基本医疗保险的机会平等机制	中国健康营养追踪调查（1989—2015）、中国家庭追踪调查	机会不平等测算
	基本医疗保险的健康提升效应	中国家庭追踪调查（2018）	有序Logit
医疗保险制度改革专题	省级统筹的政策效应	省级面板数据（2016—2020）	面板数据回归模型
	异地就医的政策效应	全国流动人口动态监测调查（2014、2018）	匹配—双重差分估计
	家庭医生签约的政策效应	全国流动人口动态监测调查（2018）	工具变量回归，倾向性得分匹配
医疗保险改革成本和隐性债务	医疗保险基金的隐性债务预测	医保基金决算数据（2009—2015）、统计年鉴、生命表	时间序列分析、非参数统计
	医疗保险省级统筹的改革成本预测	医保基金决算数据（2009—2015）、基金收支预测数据	非寿险精算、案例分析

为了完成四个方面的研究内容，本书将使用以下五种数据。

(1) 国家统计局年度数据

国家统计局发布的宏观统计数据是趋势最长、最完整的，也最具权威性，分析结果可以与其他同类研究进行比较。本书使用的宏观统计数据包括1978—2022年全国层面和地区层面自改革开放以来城乡居民的收入、消费、物价指数、医疗资源、医疗保险基金收支等，不仅有助于分析收入差距、医疗保险支付能力等变量的变动趋势，还可以剖析其结构特征。宏观统计数据的缺陷是个体特征和家庭结构特征较少，难以挖掘基本医疗保险再分配的形成机理，因此需要微观调查数据作为补充，以丰富实证研究。

(2) 中国家庭追踪调查（China Family Panel Study，CFPS）

CFPS是北京大学中国社会科学调查中心开展的家计调查，通过收集个体和家庭层面的信息，反映中国的社会经济变迁。目前公布的有2010、2012、2014、2016、2018和2020年6期面板数据。CFPS的调查对象是中国25个省（区/市）的家庭户及所有家庭成员（除香港、澳门、台湾、新疆、西藏、内蒙古、青海、宁夏、海南外）。CFPS提供了非常详细的个体特征变量，尤其是能力方面的变量，如语言表达能力、字词测试和数学测试等，有助于丰富统计模型中控制变量的构成。

(3) 中国家庭收入调查（China Household Income Projects Survey，CHIPS）

CHIP是北京师范大学中国收入分配研究院开展的家庭收支调查，旨在收集家庭住户的财产、收入和支出、劳动力市场行为及人口迁移等方面的信息，该数据对于分析中国改革开放以来收入分配、不平等及贫困的长期趋势具有重要的价值。目前公布的有1988、1995、2002、2007、2013和2018年6期的横截面数据。CHIP从2002年开始，单独设置外出务工人员调查，用以搜集流动人口的收支和劳动力市场行为信息。由于CHIP的样本来自国家统计局的住户调查，因此具有较强的代表性。

(4) 中国流动人口动态监测调查（China Migrants Dynamic Survey，CMDS）

CMDS是国家卫生健康委员会（以下简称"卫健委"）从2009年起实施的全国性流动人口抽样调查，覆盖全国31个省（区/市）和新疆生产建设兵团,以流入地为基础搜集流动人口及其家庭成员人口的基本信息、流动范围、就业状态与社会保障、收支和居住特征、基本公共卫生服务使用等。CMDS 包括流动人口社会融合与心理健康专题调查、流出地卫生计生服务专题调查、流动老人医疗卫生服务专题调查等,每年样本量近 20 万户。本书使用的是 CMDS 2014、CMDS 2018 两期的截面数据。

(5) 基本医疗保险政策文件

为了剖析基本医疗保险的地区差异,本书梳理了 15 个代表性省(区/市)127 个城市的基本医疗保险缴费政策和待遇政策。这 15 个省(区/市)包括 4 个直辖市(北京市、天津市、上海市、重庆市),5 个省级统筹省(区/市)(福建省、陕西省、海南省、青海省、宁夏回族自治区),6 个其他省(区/市)(广东省、浙江省、江西省、山东省、四川省、辽宁省)。缴费政策主要梳理的是城职保的个人缴费率和单位缴费率,城居保的个人缴费额和人均筹资额。待遇政策主要梳理了职工医保和居民医保的三级医疗机构门诊报销比和住院报销比。

1.4 研究创新与特色

1.4.1 研究创新

本书从机会平等理论和收入分配理论出发,在构建共同富裕的基本医疗保险制度框架、剖析基本医疗保险和收入分配典型事实的基础上,基于中国家庭追踪调查、中国健康营养调查等微观调查数据,采用因果关系识别和保险精算等方法测度基本医疗保险的收入再分配效应和财富再分配效应,明确基本医疗保险的改革方向,完善基本医疗保险制度,扎实推进共同富裕。本书力争在以下三个方面有所创新。

第一,研究视角鲜明——基于机会平等理论构建共同富裕的基本医疗保险制度框架。现行医疗保险制度存在机会、受益及结果三个方面的不公平因素,与共同富裕的发展要求不相适应。然而,现有文献并未对共同富裕的基本医疗保险制度内涵进行界定。对此,本成果依托机会平等理论,从制度公平、筹资稳定、待遇合理、结果平衡四个方面界定共同富裕的基本医疗保险制度特征，构建共同富裕的基本医疗保险制度框架。在此基础上，从财富增长和共享发展两条路径剖析基本医疗保险再分配效应的形成机理，为再分配效应的统计测度奠定理论基础。

第二，研究内容新颖——从收入再分配和财富再分配两个层面测度基本医疗保险的政策效应。现有研究大多关注基本医疗保险对消费和储蓄的作用，而没有全面关注医疗保险对收入差距和财产差距的效应与机制。基本医疗保险主要通过财富增长和共享发展两条路径发挥收入再分配和财富再分配作用。本成果依托微观调查数据和宏观统计数据，采用面板数据回归模型、双重差分等方法测度基本医疗保险的收入再分配和财富再分配效应，并识别再分配效应的作用机制，明确共同富裕的基本医疗保险制度改革方向。

第三，研究方法独特——同时运用因果识别和保险精算等方法提高统计测度的无偏性和有效性。现有研究大多只采用因果识别或者保险精算考察医疗保险领域的公平和效率问题，无法在同一个框架下协调两者间的关系。对此，本成果一方面依托倾向性得分匹配、工具变量回归等因果识别方法测度医疗保险的收入再分配和财富再分配效应；另一方面依托非参数统计和保险精算等方法在预测医疗保险隐性债务的基础上测算改革成本，为设计面向共同富裕的医疗保险制度提供对策建议。

1.4.2 研究特色

现行医疗保险制度存在机会、受益及结果三个方面的不公平因素，不仅降低了病有所医的民生福祉，也阻碍了共同富裕的实现。对此，应当在构建共同富裕的基本医疗保险制度框架、剖析基本医疗保险和分配领域典型事实的基础上，从收入再分配效应和财富再分配效应两个层面测度基本医疗保险的再分配效应，明确基本医疗保险的改革方向，完善基本医疗保险制度，促进医疗公共服务均等化。相比以往研究，本书的特色体现在以下三个方面。

第一，从富裕和共享两个维度剖析基本医疗保险和分配领域的建设历程，为实证分析提供典型事实。在基本医疗保险的典型事实方面，主要梳理新中国成立以来医疗保险制度演变的逻辑。从缴费政策和待遇政策两方面剖析基本医疗保险政策在地区的碎片化程度，并且描述医疗卫生资源的增长趋势和分布差异。在分配领域的典型事实方面，从聚焦历史趋势的纵向视角、聚焦"三大差距"的横向视角梳理改革开放以来分配领域的富裕和共享程度，包括收入分配、消费支出和财产分配，为基本医疗保险再分配效应测度提供依据。

第二，基于微观计量和保险精算等方法测度基本医疗保险的再分配效应，明确制度改革方向。基本医疗保险从财富增长和共享发展两个方面促进城乡居民共同富裕。首先，医疗保险通过缓解居民医疗费用负担，优化消费结构，提高人力资本水平，促进收入增长和财产积累。其次，医疗保险通过医疗公共服务均等化，分散疾病风险，缩小地区间、城乡间及群体间的差距，让全体居民共享改革发展的成果。在收入再分配效应方面，本书依托微观调查数据和省级面板数据，采用 MT 指数等方法测度基本医疗保险对收入差距的影响效应。在财富再分配方面，同样依托微观调查数据，采用倾向性得分匹配等方法评估基本医疗保险对财产积累和财产差距的影响。通过剖析基本医疗保险的收入再分配效应和财产再分配效应，明确面向共同富裕的基本医疗保险制度改革方向。

第三，在考察三项改革政策效应评估的基础上，设计面向共同富裕的基本医疗保险改革路径。相比其他社会保险项目，医疗保险更具复杂性，因其相关政策多，除了参保、缴费、报销等主体政策外，还涉及统筹层次、异地就医、分级诊疗、医保付费方式、医保目录、医药采购方式、公立医院改革等配套政策。对此，本成果在测度基本医疗保险再分配效应和作用机制的基础上，评估三项改革政策的效应——省级统筹、异地就医和家庭医生签约。从推进省级统筹、健全筹资机制、完善待遇调整机制、构建多层次医疗保障体系及提升医疗保障数字化水平五个方面构建面向共同富裕的基本医疗保险制度改革路径，促进医疗公共服务均等化，提升居民健康福祉。

第 2 章　国内外研究现状

医疗保险作为分散疾病风险、缓解医疗负担的再分配政策，受到国内外研究者的关注。诺贝尔经济学奖获得者 Kenneth J. Arrow、David Card 都曾剖析医疗保险的信息不对称和政策效应。医疗保险的相关研究可以分成公平与效率两个视角，文献发展动态如图 2.1 所示。在公平方面，一部分文献关注医疗保险领域公平的表现形式，如机会公平、受益公平和结果公平；一部分文献关注医疗保险统筹层次反映的公平问题，如横向统筹、纵向统筹。在效率方面，主要关注医保基金收支精算和政策效应评估，从而探索医疗保险基金的可持续性及医疗保险对于居民医疗服务使用、健康水平、收入分配、消费等方面的影响。根据项目研究主题，本章在对基本概念进行界定的基础上，重点梳理共同富裕的统计测度、医疗保险领域的富裕与共享问题及医疗保险再分配效应的统计测度三个方面的相关文献。

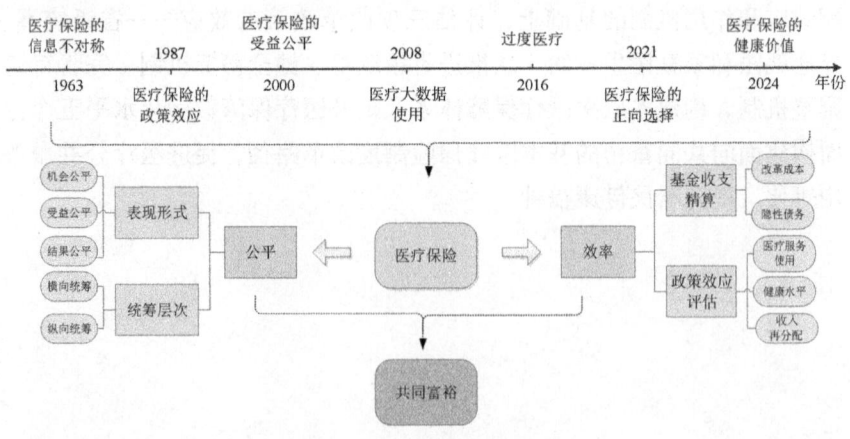

图 2.1　文献发展动态

2.1 概念界定与理论基础

2.1.1 基本概念

(1) 基本医疗保险

本书用到的基本概念有：基本医疗保险、再分配、省级统筹、隐性债务以及改革成本。基本医疗保险是国家通过立法强制推行，由国家财政、个人、社会共同筹资，建立医疗保险基金，由医疗保险经办机构对参保人员在保险范围内因疾病而发生的医疗费用给予一定的经济补偿，减轻或避免参保人员因病导致的经济风险的社会保险制度安排。相比养老保险、失业保险等其他社会保险，医疗保险待遇给付期更长，而且更具复杂性，涉及医疗机构、医保部门、患者等主体责任。

目前，我国的基本医疗保险主要包括两大险种，城职保、城居保，城居保是由城镇居民基本医疗保险（以下简称"城镇居民医保"）与新型农村合作医疗（以下简称"新农合"）在2016年整合而成，确保城乡居民公平享受基本医疗保险权益。①基本医疗保险已从制度上实现了覆盖城乡居民，使全体公民实现病有所医。②

城职保由用人单位和职工共同缴纳基本医疗保险费，由医疗保险机构对医疗费用进行经济补偿。没有在用人单位参加城职保的劳动者、没有雇员的个体工商户及其他类型的灵活就业人员都可以参加城职保，但由个人缴纳基本医疗保险费。③医疗保险的复杂性体现在主体较多，包括雇员、雇主、医疗保险机构、医疗机构和政府。政府负责顶层设计，制定政策和规则，医疗机构为患者提供医疗服务并且收取费用，医疗保险机构为患者的医疗费用部分买单，雇主承担医疗保险缴费职责，雇员

---

① 国务院：《关于整合城居保制度的意见》，2016－01－12，http://www.gov.cn/zhengce/content/2016－01/12/content_ 10582.htm.

② 中华人民共和国人力资源和社会保障部：《中华人民共和国社会保险法释义》，2012－02－29，http://www.mohrss.gov.cn/SYrlzyhshbzb/rdzt/syshehuibaoxianfa/bxffaguijijiedu/201202/t20120229_ 28563.html.

③ 中华人民共和国人力资源和社会保障部：《中华人民共和国社会保险法》，2010－10－28，http://www.mohrss.gov.cn/SYrlzyhshbzb/zcfg/flfg/fl/201601/t20160111_ 231408.html.

一方面需要履行个人缴费义务，另一方面为医疗费用中的自付、自理和自费部分买单。

城居保实行政府财政补贴和个人缴费相结合的筹资方式，待遇标准按国家统一规定执行，覆盖范围包括现有城镇居民基本医疗保险和新农合所有应参保（合）人员，也就是除城职保应参保人员以外的所有城乡居民，主要是非劳动者。

（2）再分配

收入分配包含初次分配、再分配和三次分配。初次分配是国民总收入（Gross National Income，GNI）在国家、企业和个人间的分配，其参与者主要为直接参加生产过程的要素主体。①再分配是指以初次分配为基础的调节，它是收入主体间通过多种渠道所实现的以社会转移支付为主的初次分配结果修正过程。简而言之，再分配是资源从一个人手里到另一个人手里的无偿转移，来源于三个动机：一是追求社会正义，二是获得互利的效率提升，三是国家强制实施（Boadway and Keen，2009）。再分配政策通过提低、扩中、调高实现收入差距的调节，促进社会总福利的提升。

党的二十大报告提出："分配制度是促进共同富裕的基础性制度。坚持按劳分配为主体、多种分配方式并存，构建初次分配、再分配、第三次分配协调配套的制度体系。"②中国开始正式迈向共同富裕的新道路，在做大"蛋糕"的同时逐步实现分好"蛋糕"。共同富裕是发展和共享协调并进，是效率和公平的有机融合。共享发展成果和缩小收入差距是共同富裕的关键所在。因此，必须进一步理顺市场的分配秩序，使

---

① 国家统计局数据表明，国民总收入（GNI）原称国民生产总值（GNP）指一个国家所有常住单位在一定时期内收入初次分配的最终结果。一国常住单位从事生产活动所创造的增加值在初次分配中主要分配给该国的常住单位，但也有一部分以生产税（扣除生产补贴）、劳动者报酬和财产收入等形式分配给非常住单位；同时，国外生产所创造的增加值也有一部分以生产税（扣除生产补贴）、劳动者报酬和财产收入等形式分配给该国的常住单位，从而产生了国民总收入的概念。它等于国内生产总值加上来自国外的初次收入分配净额。与国内生产总值不同，国民总收入是个收入概念，而国内生产总值是个生产概念。

② 中共中央：《高举中国特色社会主义伟大旗帜 为全面建设社会主义现代化国家而团结奋斗——在中国共产党第二十次全国代表大会上的报告》，2022 - 10 - 16，https://www.gov.cn/xinwen/2022 - 10/25/content_ 5721685. htm.

市场的分配结构更加合理。要缓解我国收入差距进一步扩大的趋势,解决收入分配当中的不公平现象,就需要进行收入分配体制领域的改革(李实、朱梦冰,2022)。

在现代社会中,政府是再分配活动中最为重要的实施主体。政府再分配的主要工具为税收政策、财政支出政策和基本公共服务的提供。税收就是用强制手段把部分人(一般为高收入)的收入征作财政基金,然后给符合条件的人以补助。但现行的税收与转移支付体系对我国居民收入分配的调控效果有限,因此,在再分配方面,应着重于增加税收与转移支付的调节,如增加直接税的比例,减少间接税的比例(李实,2021)。

医疗保险将患病风险分散在不同群体(高收入和低收入)中以实现再分配。医疗保险在分散疾病风险的同时,也缩小了不同群体的健康水平差异,最终对分配格局产生影响。本书的再分配不仅包括收入再分配,还包括财产再分配。

(3) 省级统筹

医疗保险的统筹层次可以分为横向和纵向两个方面。横向上的统筹涉及同一个行政级别内不同保险项目的整合,如城镇居民基本医疗保险与新农合的整合;纵向上的统筹涉及医保基金"水池"共济范围行政级别的提升,如从县级统筹到市级统筹再到省级统筹乃至全国统筹。我国医疗保险建立初期以县级统筹为主,较低的统筹层次不利于医疗保险制度的公平性建设。

基本医疗保险省级统筹是指基本医疗保险在省一级范围内,在参保管理、缴费标准、支付待遇、基金管理、经办服务和信息系统六个方面实现统一(付明卫,2019)。《关于深化医疗保障制度改革的意见》提出,"应当按照分级管理、责任共担、统筹调剂、预算考核的思路推进省级统筹①"。国务院办公厅发布的《国务院办公厅关于印发"十四五"全民医疗保障规划的通知》提出:"按照政策统一规范、基金调剂平衡、完善分级管理、强化预算考核、提升管理服务的基本方向,推动

---

① 中共中央、国务院:《关于深化医疗保障制度改革的意见》,2020-03-05,http://www.nhsa.gov.cn/art/2020/3/5/art_14_2812.html。

基本医疗保险省级统筹①。"相比市级、县级统筹，省级统筹可以在更大范围内统一管理和调度使用基本医疗保险基金，实现互助共济，调节地区间的医保基金支付能力差异。根据基金管理和经办服务等方面的差异，省级统筹可分为"调剂金""统收统支、分级管理"和"统收统支、垂直管理"三种模式（付明卫，2019）。

省级统筹意味着医疗保险的制度、参保、筹资、待遇在省内各市之间是统一的。制度统一是指全省具有同样的基本医疗保险制度，各市按照省级政策实行。参保统一是指参保资格只由个体特征（性别、年龄、健康）等需求因素决定，不受户口、教育、收入等非需求因素影响。筹资统一和待遇统一涉及按照某种标准"拉平"各统筹区筹资差异和待遇差异。筹资方面，如果按照较高标准缴费，就会给企业、职工、居民造成负担。如果按照较低标准缴费，那么就难以保持支付能力，在提高报销待遇的同时很可能会扩大医疗保险基金收支缺口。待遇方面，按照社会保障待遇刚性的原则，不可能调低一些统筹区的高待遇，而只能提高一些统筹区的低待遇，这就会产生基金收支缺口，从而带来改革成本。

（4）隐性债务

关于隐性债务的概念界定，由于举债主体多元、债务形式多样等特点，学术界很少给出明确定义。从国外研究来看，研究者基于不同的角度定义隐性债务。基于财政风险矩阵（Brixi，2012），政府隐性债务可以界定为基于公众预期、政治压力，以及社会所理解的政府角色，在特定条件下需要承担涉及政府的道德义务或预期责任的债务。基于时间先后，隐性债务是指政府未来要负担的债务（Rosen，2015）。

从中国的现实来看，隐性债务主要表现为地方隐性债务，即由政府以非政府债券方式举借，由财政性资金偿还的债务，多用于公益性项目（向辉、俞乔，2020）。隐性债务游离于政府法律或合同之外，没有被纳入债务管理当中，主要用于公益性项目，政府迫于社会道义责任等因素必须承担，如养老金缺口、社保基金缺口和医疗保险缺口都是隐性债

---

① 国务院办公厅：《国务院办公厅关于印发"十四五"全民医疗保障规划的通知》，2021-09-29，http://www.gov.cn/zhengce/content/2021-09/29/content_5639967.htm.

务的组成部分（吉富星，2018）。国务院对于隐性债务是这样界定的："地方政府在法定债务限额之外的，通过直接或承诺以财政资金偿还等方式举借的债务①。"本书的隐性债务是指在医保基金收入和支出自然增长的基础上，由于人口老龄化程度的加深，医疗需求上涨更快，从而导致未来医疗保险基金收入和支出之间出现缺口。隐性债务的"隐性"体现在它没有反映在当前的医疗保险基金收支账户中，而是在当前的筹资模式和待遇政策下，由于人口结构变化导致医疗需求增加，从而出现医保基金的"可能赤字"。

（5）改革成本

改革成本也就是社会保险精算中的转轨成本，是指在当前的医疗保险基金账户中并没有出现收不抵支的情况，但是在医疗保险制度改革过程中，由于筹资和待遇的调整而可能呈现入不敷出的现象。现行医疗保险政策与共同富裕的要求仍然存在一定的差距，主要表现为群体间、城乡间、地区间的医疗保险筹资差异和待遇差别，以及由医疗资源分配不均产生的医疗服务共享问题。这就需要对基本医疗保险制度进行改革，提高制度公平性。医保制度的改革必然带来筹资或待遇的调整，从而影响医保基金的收支情况，需要对改革成本进行准确测算，从而设计相应的成本分担方案，顺利推进医保制度改革。

以基本医疗保险省级统筹为例，改革成本是指推进省级统筹过程中，由于统一省内各市的医疗保险筹资政策和待遇政策产生的医保基金收支缺口。改革成本的高低取决于省内各市医疗保险缴费和待遇的差异性及省级统筹的力度，省内各市医疗保险缴费差异越大；医疗保险报销待遇差异越大，省级统筹力度越强，改革成本越高。

2.1.2 理论基础

（1）机会平等理论

Roemer（1998，2002，2012）系统地论述了机会平等理论。Roemer

---

① 国务院：《中共中央国务院关于防范化解地方政府隐性债务风险的意见》，2018-08-29，http://finance.cnr.cn/gundong/20180829/t20180829_524344682.shtml.

把个体的经济结果（如收入、消费、健康等）称为优势（advantage），个体的优势由两方面因素导致：个体不可控制的因素，即环境（circumstance）因素；个体可控制的因素，即努力（effort）因素。由制度等环境因素而导致的个体优势上的不平等是不合理的，而由努力因素导致的个体优势的不平等是合理的（Rosa Dias and Jones, 2007；Trannoy et al., 2010；Jusot et al., 2013；Garcia-Gomez et al., 2015；马超等，2016；马超等，2017；韦鞯等，2023）。在社会大众的思维里，人们往往容易接受因自身努力程度不同而导致的差距，但由外生因素导致的差距是无法接受的（Fleurbaey, 2008）。党的二十大报告提出："坚持多劳多得，鼓励勤劳致富，促进机会公平，增加低收入者收入，扩大中等收入群体。"①

处在同一个环境中的个体被称为一个类型（type）。当个体努力程度给定时，无论他在何种类型中，他所获得的优势应当是相等的，这就是机会平等的实质。机会不平等产生的根源是环境因素，即个人无法左右的不合理的因素。与此同时，结合现实情况，Roemer又考虑到一个人的努力因素会受到环境因素的影响，需要考虑环境对努力的偏效应影响，即偏环境效应。用个体在所在类型中的努力的分位数来衡量个体的努力程度，即RIA（Roemer's identification assumption）识别方法（Ramos, 2012）。考察机会不平等有两种思路：一种是鼓励由努力造成的优势，即鼓励原则（compensation principle）；一种是补偿由所处环境导致的劣势，即补偿原则（reward principle）。

机会不平等测算方法主要有参数估计法和非参数估计法。参数估计法通过回归方程构造反事实，利用由环境因素产生的不平等指数构建机会不平等指数（李莹、吕光明，2019）。非参数估计法则是根据环境因素将基础数据进行分组，计算组间不平等作为机会不平等的估计值（江求川等，2014）。

(2) 可行能力理论

阿马蒂亚·森（Amartya Sen）在《以自由看待发展》（*Development*

---

① 中共中央：《高举中国特色社会主义伟大旗帜　为全面建设社会主义现代化国家而团结奋斗——在中国共产党第二十次全国代表大会上的报告》，2022-10-16，https://www.gov.cn/xinwen/2022-10/25/content_5721685.htm。

as Freedom）一书中探讨了自由与发展的关系，并以此引出可行能力理论。他认为，发展是扩展人民享有的真实（实质）自由的过程，这种实质的自由就是享受人们有理由珍视的生活的可行能力，可以让人们免受困苦，如疾病、死亡等。

可行能力（capability）是指个体可能实现的、过上自己有理由珍视的生活的功能性活动组合，包括从初级的温饱到个人的发展不同层次的需求，可行能力是一种实质的自由。这种发展的自由观既包括个体享有的机会，又涉及个体选择的过程。同时，可行能力理论关注个体异质性对可行能力的影响，认为人们在性别、年龄、健康等方面具有不同特征，这使他们的需要相异。

森认为，自由在发展中有建构性作用的同时还有工具性作用，他特别分析了能够促进发展的五种工具性自由类型。这五种类型分别是政治自由、社会机会、经济条件、透明性担保和防护性保障，工具性自由可以直接扩展人们的可行能力，也可以相互补充、相互强化。其中，防护性保障是指为遭受突发困难、年老残疾、贫困等个体提供保护的社会安全网，包括基本医疗保险在内的社会保险制度。

可行能力理论为剖析基本医疗保险领域的问题提供了新的视角。健康是幸福生活最重要的指标，虽然我国健康事业不断发展，人均预期寿命接近一些发达国家，但地区间、城乡间、群体间仍然存在不平衡。[①]在建设共同富裕的过程中应当进一步完善医疗保险制度，不仅有助于保障居民享有的健康权益，也有助于提升居民人力资本，并进一步提高增收能力，扩展居民享有的实质自由。

（3）预防性储蓄动机理论

依据绝对收入假说，消费由收入水平和边际消费倾向决定，边际消费倾向递减，因此收入越高边际消费越低（Keynes，1936）。生命周期假说认为微观个体不仅根据当前收入决定消费，还会根据未来收入预期来选择一生的消费水平（Modigliani and Brumberg，1954）。预防性储蓄动机理论则认为未来收入与支出不确定较高时，居民会增加储蓄以防范

[①] 习近平：《习近平：健康是幸福生活最重要的指标》，2021-03-24，https://www.gov.cn/xinwen/2021-03/24/content_ 5595274. htm?gov.

将来的风险，从而对当期消费产生影响（Leland，1968）。不确定性越高，预防性储蓄动机越强，当期消费越低。

现有文献依托多期模型，结合流动性限制理论，验证了预防性储蓄动机的存在（Sandmo，1970；Sibley，1975；Miller，1976；Kimball，1990；Deaton，1991；Carroll et al.，1992；易行健等，2008）。

依据预防性储蓄动机理论，当人们对未来预期的不确定性较强时，倾向于多储蓄少消费（Guiso et al.，1992；Dynan，1993；Hubbard et al.，1995；Starr-McCluer，1996；Carroll and Samwick，1998；Banks et al.，2001）。在城乡二元户籍制度的分割下，城镇居民享受着比农村居民更好的公共服务，包括社会保障和福利，预防性储蓄动机更弱一些，消费和投资动机更强，财产性收入水平更高，并进一步扩大收入差距。医疗保险的作用在于缓解疾病风险带来的不确定性，从而调整低收入人群和农村居民的消费和投资结构。一方面，表现为消费结构中自付医疗支出的下降，教育支出等人力资本型消费的提升，从而促进人力资本的积累；另一方面，表现为预防性储蓄的下降和投资性支出的上升，从而促进财产积累，提高财产性收入。

针对 20 世纪 90 年代以来我国经济发展中出现的"不活跃"现象，宋铮（1999）利用预防性储蓄动机理论对中国居民的储蓄行为进行了分析，并由此得出中国居民的确存在预防性储蓄。此后，国内的学者们纷纷就预防性储蓄动机的强度进行了探讨，结果显示我国农村居民有较强的预防性储蓄动机，而高等教育的改革可能是导致我国居民的预防性储蓄动机增强的因素之一（杨汝岱、陈斌开，2009）。目前，预防性储蓄动机理论已经逐渐成为一种重要的消费理论，它在解释消费与储蓄行为的过程中起着举足轻重的作用。例如，依据预防性储蓄动机理论，可以解释流动人口消费不足的成因（费舒澜等，2020b）；也可以解释在新冠疫情背景下居民消费意愿有所下降的原因，尤其是具有赡养老人负担、居住地为农村、学历水平较低、家庭消费占总收入比例较高、未拥有证券类资产与保障类资产等人群（李柳颖、武佳藤，2020）。此外，通过对预防性储蓄动机理论的研究，发现了经济政策不确定性会抑制居民消费结构升级，而数字普惠金融能够缓解预防性动机储蓄渠道对消费的抑制作用、增强机会型投资渠道的促进作用（傅联英、吕重阳，2022）。

(4) 收入分配理论

土地的产品要在土地所有者、资本所有者和劳动者之间进行分配，但各个阶级的分配比例极不相同，确定支配这种分配的法则是政治经济学的主要问题（Ricardo, 1911）。收入分配可以分成两个方面：一是功能性收入分配，聚焦资本、劳动等要素在国民收入中的份额，也称要素分配；二是规模性收入分配，聚焦地区间、城乡间和群体间的收入差距，也称收入不平等。功能性收入分配理论从标准静态的瓦尔拉斯模型出发，考察生产要素被支付的比率（Atkinson and Bourguignon, 2009）。

本书主要考察"三大差距"，因此在规模性收入分配的框架下开展医疗保险再分配效应的测度。规模性收入分配理论的核心是不平等的测度。不平等的度量旨在根据由伦理原则、数学构思或简单的直觉给出的表征，得出收入分配比较的含义，最常用的是有序收入列和概率分布两种方法（Lorenz, 1905; Gini, 1921; Pen, 1971; Sen, 1973; Cowell, 2009）。

初始的分配问题是"分蛋糕问题"，即一种固定的资源在不同人之间的配置，"蛋糕"的大小意味着不同的福利水平（Atkinson and Bourguignon, 2009）。在福利经济学的框架下，收入的提升和收入差距的缩小都会使社会福利增加。庇古提出福利经济学的两个基本命题：国民收入总量越大，社会福利越多；国民收入分配越均等，社会福利也越多（Pigou, 1920）。收入差距的扩大不仅降低了社会福利，也降低了居民的消费倾向，进一步影响经济增长的动力，并最终阻碍居民收入水平的提高。因此，政府应当发挥再分配的作用来调节收入差距——向富人征税并用于社会保障、教育、医疗、公共服务等惠及穷人，从而增加社会总福利，并刺激消费需求，促进经济增长和居民增收（Keynes, 1936）。

在健康经济学的框架下，我国存在亲富人的健康不平等和医疗服务利用不平等现象，原因在于高收入人群健康状况更好，但使用了更多的医疗服务（解垩，2009；王洪亮，2023）。穷人和富人之间的健康不平等源于收入、医疗保险、生活环境及行为的差别，健康不平等不仅会带来人力资本的差异，还会造成相对剥夺（Illsley and Le Grand, 1987; Alleyne et al., 2000; Evans et al., 2001; Sen, 2002）。由于健康是一项重要的人力资本，健康水平的差异会带来人力资本的差别，从而影响收入水平和财产积累。这就意味着健康不平等和收入不平等（财产不平等）会相互影响，因此调节医疗和健康领域的不平等对于共同富裕建设有着重要意义。

2.2 共同富裕的统计测度

共同富裕包含富裕和共享两个维度。富裕包括物质财富和精神财富两个层面的富足，物质财富方面包括收入增长、财产积累及消费提升，精神财富方面包括教育、医疗、文化等公共服务质量的提升及居民幸福感的增强。当然，物质财富和精神财富之间也会相互促进、共同增长。共享是指全体人民共同分享改革发展的成果，也即物质财富和精神财富在群体间、城乡间和地区间的平衡分配。富裕程度和共享程度都可以采用一些指标来反映，富裕程度可以用人均意义上的收入水平、财产水平和公共服务资源来表征，也可以用人类发展指数（human development index）等综合评价指标来度量。共享程度可以用不均等（inequality）指标来表征地区间、城乡间、群体间富裕程度的差异，如基尼系数、泰尔指数、变异系数等。

2.2.1 共同富裕的综合评价

关于共同富裕的综合评价体系，现有文献主要从富裕程度和共享程度两个方面进行测度。刘培林等（2021）从总体富裕程度和发展成果共享程度两个维度构建共同富裕指标体系，总体富裕程度的度量指标包括人均国民收入、人均财富、人均物质财富及全员劳动生产率；发展成果共享程度的度量指标包括群体差距、地区差距和城乡差距三个维度。最简单的度量方式是从收入维度考察共同富裕程度，如彭刚等（2022）从绝对收入和相对收入来考察富裕程度，从城乡差异和区域差异来考察共享程度。结果发现，共同富裕总体水平及各维度在2013—2020年呈上升趋势，但共同维度的增长速率低于富裕维度。但他们只从收入视角考察了共享程度，无法反映公共服务、精神财富等方面的共富水平。

为了弥补只从结果层面度量共同富裕程度的局限，李金昌和余卫（2022）从经济质效、发展协调、精神生活、全域美丽、社会和谐与公共服务六个方面构建了共同富裕的过程性评价指标体系，并且从共享性、富裕度和可持续性三个方面构建了共同富裕的结果性评价指标体系。他们测算了 2015—2020 年浙江省的共同富裕进程指数和结果指数，发现两者在 2020 年都达到了 80% 以上。吕光明和陈欣悦（2022）调整了人类发展指数，构建了共同富裕的综合指数模型框架，该框架包括收入富裕水平实现指数、其他富裕水平匹配指数、收入共享程度指数和公共服务共享程度指数设计。张旺等（2023）从共建富裕、共享富裕、共生富裕三个方面界定共同富裕，在共建富裕方面，选取的变量有人均可支配收入、恩格尔系数等 8 个；在共享富裕方面，选取的变量有群体收入差距、地区发展差距、城乡消费差距等 9 个；在共生富裕方面，选取的变量有 GDP 能耗、GDP 碳排放、PM2.5 浓度等 6 个。

在省级层面的共同富裕度量方面，孙豪曹和肖烨（2022）采用共同富裕指数测算了中国省域的差距，结果发现天津、浙江、江苏、山东、湖北 5 个省（区/市）的富裕程度与共享程度较为协调，属于共同富裕型；上海、北京、辽宁、广东 4 个省（区/市）的富裕程度较高但共享程度较低，属于率先富裕型；福建、湖南、陕西等 11 个省（区/市）的富裕程度和共享程度都比较低，属于相对滞后型；重庆、河北、黑龙江等 10 个省（区/市）的共享程度较高但富裕程度偏低，属于优先共享型。王震（2022）从横向公平和纵向公平两个方面构建了面向共同富裕的医疗保险度量指标，测度省际职工医保基金差距的公平性，并估算各地的基金调剂规模。

2.2.2 收入分配的统计测度

（1）收入的统计口径

国家统计局目前使用的是可支配收入这个统计口径，包括可用于最终消费支出和储蓄的总和，在形式上既包括现金收入，也包括可以折算成现金的实物收入。按照收入来源划分，可支配收入包含了四个子项目，这些子项目是根据收入的属性来划分的，其中工资性收入和经营净收入属于劳动收入的范畴，转移净收入和财产净收入属于非劳动收入的范畴。①

2012年以前,国家统计局开展的住户调查具有城乡二元的特征,这种二元性不仅表现为城镇和农村抽样方式的差异,也表现为城镇居民和农村居民的收入口径不同——农村采用纯收入口径,城镇采用可支配收入口径,因而存在不完全可比的问题,从而对城乡收入差距的度量产生影响。现有文献对于中国城乡收入差距的度量存在两种不同的观点,一种观点认为存在低估,因为没有将城镇居民的隐性补贴考虑在内②。另一种观点认为当前城乡收入差距是被高估的,他们做出这样判断的理由是城镇和农村之间存在生活费用的差别——城镇生活成本更高,农村生活成本更低。一些文献通过调整收入口径来提高城乡居民收入的可比性(Khan et al, 1992;蔡昉、杨涛,2000;李实、罗楚亮,2011;费舒澜、郭继强,2014a)。也有文献在居民可支配收入的基础上加上了公有和私有住房的归算租金,各种实物收入和社会保障折算而成的现金价值,得到福祉含义的收入(李实、罗楚亮,2007;费舒澜等,2020a)。在城乡生活费用差异的调整方面,Brandt and Holz(2006)计算了地区生活费用指数。但他们计算的是以1990年为基期的城乡生活费用,按照每年居民消费价格指数(consumer price index, CPI)进行调整,就可以得到不同年份的城乡生活费用时间序列。

(2) 收入差距的度量指标

收入差距可以分成总体收入差距和群体间收入差距两种。总体收入差距即不分群体——城乡、性别、地区等,得到全国居民收入差距或者某个省全省的收入差距。总体收入差距通常采用基尼系数、泰尔指数等不平等指标来表示,群体间收入差距最常用的是城乡收入差距。群体间收入差距通常采用收入比或者不平等指标的子群分解公式来度量。中国劳动力的流动给城乡收入差距的度量带来了挑战,主要表现为农民工收入的归属对测算结果的影响,费舒澜和郭继强(2014a)在对农民工收入归属方式的内涵进行界定的基础上,测算了不同的农民工收入归属方

---

① 国家统计局:《指标解释》,2019-12-02, http://www.stats.gov.cn/tjsj/zbjs/201912/t20191202_1713055.html.
② 根据李实、罗楚亮(2007)数据计算得到。

式下的城乡收入差距，提出按照常住人口的口径对农民工进行分类，分别归入城镇和农村是比较合适的统计归属方式。

上述指标测算的是群体间或者个体间收入的差异性，而没有测算出不同收入水平的个体占比的情况，或者说收入分布的形态。收入差距调节的方式是扩中、提低、限高，核心是扩大中等收入群体规模。关于中等收入群体规模的测算方面，刘渝琳和许新哲（2017）基于中国家庭追踪调查2010、2012、2014年数据，利用核密度估计方法拟合了家庭人均可支配收入的分布曲线，发现我国中等收入群体占比在30%左右，与发达国家中等收入群体规模（60%）存在着较大差距。

（3）收入差距的分解

收入差距的总体度量用来判断当前收入分配差距的大小程度，而收入差距的分解（包括子群分解、来源分解和基于回归方程的分解）则有助于探寻收入差距形成的原因。收入差距的分解可以分成三种方式：子群分解、来源分解和基于回归方程的分解，其中，基于回归方程的分解更有助于对收入差距形成机理的探索。

在基尼系数的子群分解方面，Mookherjee and Shorrocks（1982）给出了子群分解式，但会存在一个剩余项，这是由子群之间收入重叠而造成的。如果子群是按照收入高低来分组，如 Sundrum（1990）将人口分为富人和穷人两个子群，这样的分组方式就不会带来收入重叠，基尼系数的子群分解就不会产生剩余项。针对基尼系数分解产生的剩余项问题，林平等（2013）提出基于间接洛伦兹曲线加总方法来测算基尼系数，化解城乡收入数据重叠难题产生的剩余项，以及测算过程对全国和组内较高收入的依赖问题。

泰尔指数更适合用于收入差距的子群分解，其不会由于收入重叠而产生剩余项。两个泰尔指数子群分解的差异在于泰尔第二指数 GE（0）采用的是人口份额为权重，泰尔第一指数 GE（1）采用的是收入份额为权重。

在收入来源分解方面，Shorrocks（1982）估计各类收入项目不平等对总收入不平等的贡献。如此一来，就可估算工资性收入、经营性收入、财产性收入和转移性收入各自不平等程度对于总体收入差距的贡献。

(4) 基于回归方程的分解

基于回归方程的分解可以分成均值分解、分布分解及 Shapley 分解。在均值分解方面，最经典的是基于工资方程的 Oaxaca-Blinder 分解，即 O-B 分解（Oaxaca, 1973；Blinder, 1973）。O-B 分解具有两大功能：第一个功能是将群体间的工资均值差异分解成为特征差异（也叫禀赋差异或者可解释部分）和回报差异（不可解释部分），并计算两个部分的贡献率；第二个功能是将特征差异和回报差异进一步分解到每个协变量（解释变量），从而得到每一个协变量对群体间工资差异的贡献（Firpo, Fortin, and Lemieux, 2007）。O-B 分解的问题在于，分解时基准组的选择会对分解结果产生影响，影响对特征差异和回报差异贡献率的估计。对此，现有文献从指数校正等方面进行了改进（Cotton, 1988；Neumark, 1988；郭继强等, 2009）。还有一类文献从职业获得概率对工资差距的影响入手，构建了新的分解方法，他们将组群间工资差异进一步分解为职业内效应和职业间效应（Brown et al., 1980；Appleton, 1999）。

基于回归方程的分解核心在于构建反事实工资——如果农业户口劳动者获得和非农户口劳动者一样的待遇，工资将会是多少，但这个工资现实中是不存在的，因此称之为反事实工资。一般非农户口劳动者为基准组，因为他们在劳动力市场上没有受到歧视，而农业户口劳动者则受到了歧视，因此农业户口劳动者的回报率不能作为无歧视回报率，而非农劳动者的工资方程回报率 β_1 则可以作为无歧视回报率。

当收入差距较大时，均值对于整个收入分布的代表性降低，此时均值分解对于整个收入分布差异成因的刻画也就显得不足。因此，一些文献采用分布分解来提高工资差距分解结果对于整个收入分布的刻画。按照分布分解基于的收入回归模型不同，可以分成四种类型：基于半参数模型的 DFL 分解（DiNardo, Fortin, and Lemieux, 1996）、基于经典线性回归方程的 JMP 分解（Juhn, Murphy, and Pierc, 1993）、基于条件分位数回归模型的 MM 分解（Machado and Mata, 2005）和基于无条件分位数回归模型的 FFL 分解（Firpo, Fortin, and Lemieux, 2007、2009）。在这方面，Firpo, Fortin, and Lemieux（2007）提出基于无条件分位回归模型的分解方法将群体间工资差异分解到每一个协变量，从而得到同 Oaxaca-Blinder 分解一样的效果——既可以得到禀赋差异和回报差异的贡献，也可以得到每一个协变量对工资差异的贡献。费舒澜和郭继强（2014b）依据 2010 年中国家庭追踪调查数据，采用 FFL 分解发现随着工资水平的上升，不可解释部分对城乡劳动者工资差距的贡献呈现异质性，较低是在 90 分位，较高是在 75 分位上。也就意味着户籍歧视对于高收入者没有很大的影响，因为这些人可以依靠人力资本或者社会资本来缓解农业户口的劣势。

2.2.3 消费差距的统计测度

现有关于不平等的文献主要聚焦于收入或者工资，但经济学中最基本的效用函数是关于消费和闲暇的，关注消费不平等更具福利价值（Attanasio and Pistaferri, 2016）。消费不平等研究涉及度量和分解两个方面，度量关系到对消费不平等高低程度的判断，分解则关系到对消费不平等形成机理的探寻。

关于消费不平等的度量，一方面是度量的对象，包括总消费支出（王子成、郭沫蓉，2016；周广肃等，2020）、分项消费支出（夏庆杰等，2019）、耐用品数量（周龙飞、张军，2019）、耐用品价值（邹红等，2013）。由于高消费阶层在耐用品方面消费更多，因此无论是基于耐用品数量还是基于耐用品价值构建的消费不平等指标，都会产生高估问题。另一方面是度量的指标或方法，包括对数差（Attanasio and Pistaferri, 2016）、基尼系数等不平等指标（周广肃等，2020；宋泽等，2020）、恩格尔曲线法（Aguiar and Bils, 2015；赵达等，2017；罗楚亮、颜迪，2020）、有限混合模型（周龙飞、张军，2019）。对数差反映了消费的相对差距，基尼系数反映了消费两两比较的结果，恩格尔曲线法用于修正消费者支出调查的度量误差，有限混合模型可以推算每个家庭属于不同消费阶层的条件概率。

与收入不平等的测算相似，消费不平等的测算也存在度量误差问题。相似方面在于住户调查存在的填报误差——瞒报、不报、多填、少填等，导致消费不平等产生同收入不平等一样的低估问题。不同的地方在于不同年龄的家庭成员对总消费的贡献不同，如老人、小孩、成人的消费水平和结构不同，如果用家庭总消费除以总人数得到家庭人均消费，并以此测算消费不平等程度，可能会忽略年龄结构对家庭实际福利的影响。对于第一个方面的度量误差，可以采用恩格尔曲线方法来解决：第一阶段估计各类消费项目的支出弹性，第二阶段通过支出弹性反推消费水平，从而在修正度量误差的基础上得到消费不平等在不同时期的变动（Aguiar and Bils，2015）。对于第二个方面的度量误差，可以采用等值因子进行调整：老人、小孩、成人被赋予差异化的权重（Jappelli and Pistaferri，2010；夏庆杰等，2019）。然而，现有文献并未给出不同年龄的家庭成员权重差异的理论依据，因此等值因子的应用并不普遍。

关于消费不平等的分解主要有三种方式。第一种类似于收入来源分解（Shorrocks，1982），将消费总支出的不平等分解成食品支出、衣着支出、教育支出等分项消费支出不平等的贡献（王子成、郭沫蓉，2016；朱梦冰等，2018），本书称之为"项目来源分解"。第二种采用Deaton and Paxson（1994）的分解方法，将消费不平等分解成年龄效应、出生组效应和时间效应（邹红等，2013）。第三种基于Shapley分解将消费不平等分解成收入水平、户主特征、家庭规模等因素的贡献（Shorrocks，2013；朱梦冰等，2018）。前两种分解方法只是一种结构剖析的视角，主要考察部分对整体的贡献，而第三种分解方法可以剖析各种因素对消费不平等的影响差异，以便设计缩小消费不平等的对策。

相比收入不平等，测算消费不平等的文献较少。在城镇居民、农村居民的消费不平等方面，现有研究发现消费不平等在2002—2013年之间呈现扩大趋势，尤其是住房、交通通信和文化娱乐方面的消费差距；而在2013—2018年之间，消费不平等呈现缩小趋势，收入和财产差距的变化是消费不平等变动的主要原因（赵达等，2017；朱梦冰，2018；周龙飞、张军，2019；罗楚亮、颜迪，2020）。

在流动人口消费不平等方面，由于数据限制，测算消费不平等变动趋势的文献较少。王子成和郭沫蓉（2016）基于2008—2010年中国城乡劳动力流动调查数据，发现农民工内部消费不平等水平比收入不平等水平高8%～14%。孟凡强等（2020）利用2017年中国流动人口动态监测调查数据发现流动人口住房支出基尼系数在0.5以上，而且城-城流动人口住房消费的不平等高于农民工。新型城镇化进程中，流动人口将成为城镇新增人口的主要来源，关于其消费不平等的度量和分解不仅关系对于流动人口消费不平等现状的认识，还有助于探寻流动人口消费不平等的形成机理，对于挖掘流动人口消费潜力、强大国内市场有着重要的现实意义。

2.2.4 财产分配的统计测度

财产性收入源于财产,而财产分配差距是当前我国实现共同富裕面临的主要挑战(李实、朱梦冰,2021)。调节财产分配差距,拓宽居民财产性收入增长渠道,促进居民财产性收入稳定可持续增长,对于提升城乡居民生活水平、缩小收入分配差距有着重要的价值。事实上,在20世纪以前,人们更加注重衡量财富,而非收入与产出。此后有所改变,1990—2000年,人们又开始重新计算财富(Piketty,2014)。财产,也称财富,其子项目又称为资产(asset)(赵人伟、丁赛,2008)。财产差距的扩大是个全球趋势,美国居民净资产的基尼系数从1983年的0.799上升到2001年的0.826(Wolff,2004)。目前,关于城乡收入(可支配收入/纯收入)差距、城乡工资性收入差距的文献较多,但关于城乡财产、财产性收入差距的研究仍然较少,原因在于数据缺乏。

首先,是关于财产和财产性收入的度量方式的文献。Cowell and Kerm(2015)认为财富是资产的存量,被视为经济权力的重要组成部分。城镇家庭的财产主要包括房产和金融资产、房产以外的非金融资产,农村居民的财产主要是土地价值(李实等,2005)。然而,事实上,土地无法在市场上进行交易,农民只能享受其租金收益。财产性收入是指金融资产和自然资源两种类型资产的所有者将其交由其他机构支配时所得的收入,主要包括投资回报和租金收入(European Commission et al.,2008;许宪春,2013)。在收入的性质方面,财产性收入属于非劳动收入(Davies and Shorrocks,2000;洪银兴,2002;罗楚亮等,2009)。财产性收入源于财产,财产被视为经济权力的重要组成部分(Cowell and Kerm,2015;李实等,2005;赵人伟、丁赛,2008;皮凯蒂,2014)。像基尼系数、泰尔指数等不平等指标也可以用于财产不平等的度量,但是由于财产变量的负值和零值过多,在测算财产不平等时会产生样本选择偏误(Cowell and Kerm,2015)。

其次,关于财产差距和财产性收入差距的变动趋势。李实等(2005)采用泰尔指数对财产不平等进行了分解,发现财产基尼系数从1995年的0.28上升到2002年的0.54,城乡财产差距对于全国财产差距的贡献率从1995年的1.1%快速上升到了2002年的37.2%,城乡财产差距急剧扩大。梁运文等（2010）采用奥尔多中心2005、2007年"投资者行为调查"数据，测算得到2007年城镇金融类资产的基尼系数为0.58，住房估计价值的基尼系数为0.72，生产性资产的基尼系数达到了0.97；农村金融类资产的基尼系数高于城镇，为0.72，住房价值的基尼系数为0.62，生产性资产的基尼系数为0.88。周晓蓉和杨博（2012）采用城镇住户调查数据测算发现2010年城镇财产性收入的基尼系数为0.56，高于其他分项收入。李实等（2023）基于CHIP数据发现中国居民人均净财产在2002—2013年的年均增长率为14.1%，2013—2018年下降到9.9%，但仍比同期收入增长率高2.8个百分点。因此，要谨防财产和财产性收入差距的扩大。

最后，关于财产不平等的形成原因。Cagetti and Nardi（2008）基于生命周期模型考察了不同分位上财产不平等的成因。刘江会和唐东波（2010）运用面板协整模型和面板误差修正模型对经济增长、市场化程度和城乡财产性收入差距之间的关系进行了考察，发现经济增长和市场化初期会导致城乡居民财产性收入差距扩大，随着经济增长和市场化的持续进行，城乡财产性收入差距会缩小。现有文献从财产积累的影响因素入手，挖掘增收渠道，其影响因素主要有：人力资本、投资市场、金融制度、土地制度、税收制度、经济发展及社会网络等（Liang, 2009；Knight and Li, 2016；Wu et al., 2019；陈建东等，2009；夏荣静，2010；周晓蓉、杨博，2012；金双华，2013；费舒澜，2017）。在众多因素中，农村集体产权制度改革对于农村居民财产性收入增长具有重要作用（Brandt et al., 2002；Fang et al., 2016；Shan et al., 2017；石磊、张翼，2010；陈刚，2014；宁光杰，2014；张浩等，2021）。朱梦冰和邓曲恒（2021）基于1995—2018年的CHIPS数据，采用DFL分解发现家庭结构的变动可以解释总体财产差距变动的11.3%～16.9%。

2.2.5 机会平等的统计测度

除了考察结果的不平等之外，近年来学者们开始关注起点公平——机会不平等。机会平等问题，作为规范经济学和收入分配研究交叉领域的分支，缘起于20世纪70年代和80年代政治哲学领域的争论。罗尔斯（1971）提出："所有的价值，包括自由与机会、财富与收入等，都应当平等地参与社会分配，除非对其中一种或者所有价值的不平均分配合乎每个人的利益。"在此基础上，罗尔斯（1971）提出了正义的两个原则："第一个原则，即平等自由原则——每一个人对与其他人所拥有的最广泛平等的基本自由体系具有平等权利；第二个原则包含差别原则和公平的机会平等原则"。自罗尔斯以来的许多政治哲学家将"平等要求"的关注点从个人获得转向机会空间，以"机会平等"替代"结果平等"，将责任归因视为区分道德上可接受不平等和不可接受不平等的判断依据。

Roemer（1993，1996，1998）在接受责任划分观点的基础上，将机会平等概念引入收入分配领域的实证研究，构建机会不平等的分析框架——环境-努力二分法，其已成为国外机会不平等实证研究的主流分析框架。根据机会平等理论，收入分配、财富分配、医疗资源分配等分配结果受到个人努力和环境因素两方面的影响。个体可控制的、应为之负责的各类行为选择称为努力；个体不可控制的、预先给定的制度性因素称为环境。由此，现实社会中的不平等可进一步分为两部分：机会不平等和努力不平等，由制度等环境因素带来的不平等称为机会不平等，它是不合理的不平等；由个人努力程度差异带来的不平等称为努力不平等，它是合理范围之内的不平等。Brunori et al.（2013）发现机会不平等占收入不平等的比重在不同发展水平的国家间存在明显差异，较低是挪威，为2%，较高是危地马拉，达到34%。

中国关于机会不平等的经验研究起步较晚，主要集中于收入分配的机会不平等和医疗服务使用的机会不平等测算。关于收入分配的机会不平等，现有文献依据 CGSS（Chinese general social survey，中国综合社会调查）、CHIP、CHNS（China health and nutrition survey，中国健康与营养调查）等数据测算发现，中国的相对机会不平等在1989—2015年达到30%~55%，而2015年以来有所下降，得益于户籍制度改革等环境因素对机会不平等贡献的下降（李莹、吕光明，2016；李莹、吕光明，2019；蔡媛媛等，2020；杨修娜，2023）。现有研究将性别、父母教育、父母职业、户籍等变量作为环境变量。史新杰等（2022）重点关注低收入群体的机会不平等程度，发现机会因素通过影响个体教育和就业选择来影响低收入陷阱的发生。关于医疗服务的机会不平等，马超等（2017）基于 CHNS 数据得到1997—2006机会不平等与实际城乡医疗服务利用差距的比值分别为1.2和1.7，表明直接观测的统计结果低估了城乡间医疗服务利用的实质不公平。在城乡医保尚未统筹的情况下，农村居民和流动人口面临显著的医疗服务机会不平等问题（马超等，2014；马超等，2018；何文、申曙光，2020a）。

2.3 医疗保险领域的富裕与共享

2.3.1 医疗保险领域的富裕测度

本书的"医疗保险"特指基本医疗保险，包括城职保和城居保，不包括补充医疗保险和商业医疗保险。医疗保险领域富裕程度的测算主要是医保基金的精算评估，即收入和支出的预测，以此考察医疗保险基金的物质基础。相关文献的研究方法和主要观点见表2.1。

表2.1 医疗保险基金收支精算相关研究

研究主题	代表文献	研究方法	主要观点
基金收入预测	Baltagi and Moscone，2010；Ogungbenle et al.，2013；李亚青，2017；何文炯等，2010；张心洁等，2020	指数增长模型、人口增长模型、寿险精算	调整缴费是实现居民医保基金平稳运行的关键；纵向平衡费率考虑了基金的长期收支平衡关系，因而明显高于现行费率
基金支出预测	Brezger and Lang，2006；Fahrmeir et al.，2013；Lang et al.，2014；封进等，2015；刘军强等，2015；王明高、孟生旺，2016	非参数统计、线性混合效应模型、多项式混合效应模型	医疗费用快速增长与人口老龄化、医疗保险扩面、医疗技术进步、过度医疗有关，多项式混合效应模型对于医疗费用的拟合效果比线性模型更好

续表 2.1

研究主题	代表文献	研究方法	主要观点
收支平衡关系	Andersen，2012；Lopreite and Mauro，2017；幸超，2018；冯莉、杨晶，2019；封进、王贞，2019；孙翎等，2019；殷俊等，2019；曾益等，2021；黄明燕等，2023	动态精算模型、非寿险精算、人口发展模型、灰色系统预测模型、政策模拟	在筹资模式不变的情况下，医疗保险基金将在未来十年内出现赤字，城乡人口迁移、延迟退休、"全面二孩"、门诊共济改革等政策可以使医保基金出现赤字的年份推迟 5 年以上

　　基金收入预测的重点是工资水平、参保人数和缴费率（筹资额）。工资水平与经济发展有关；参保人数与出生率、死亡率、就业率、参保率和遵缴率有关，都体现了非常强的时间趋势；缴费率由政策决定，在一定时期内具有稳定性。基金支出的预测重点是医疗报销费用，它与医疗总费用及不同级别医疗机构的报销待遇有关。在医疗保险基金收入方面，工资水平一般采用指数增长模型来预测，参保人数则主要依托人口增长模型来预测。在缴费率方面，一些文献在纵向平衡的视角下，采用寿险精算和非寿险精算相结合的方法预测维持医保基金收支平衡的缴费率，发现纵向平衡费率明显高于现行费率（何文炯等，2010；张心洁等，2020）。另外一些文献则在横向平衡的视角下预测维持医保基金收支平衡的人均筹资额和财政补贴，从而得到不同医疗费用增长率水平下的较低财政补贴规模（周绿林、张心洁，2016；李亚青，2017）。

　　在医疗保险基金支出方面，精算的重点是医疗费用预测。封进等（2015）基于半参数方法测算发现城乡老年人医疗支出差距缩小，将导致医疗费用在 2010—2030 年年均实际增长 5.2%。医疗费用的迅猛上升是世界各国面临的难题，医疗费用的快速增长，除了人口老龄化、医疗保险扩面、医疗技术进步等原因外，还与过度医疗有关（Baltagi and Moscone，2010；Ogungbenle et al.，2013；刘军强等，2015）。Currie et al.（2016）归纳了过度医疗的五个机制：医生的自我保护动机、医生的经济动机、医生的自信、群体效应及患者的偏好。精准预测医疗费用依赖于对医生和患者行为的深入剖析。在医疗费用的预测方法方面，线性模型的拟合效果并不理想，因此一些文献基于 Bayesian 方法估计多项式混合效应模型，提高医疗费用的拟合效果，提升预测精度（Brezger and Lang, 2006; Fahrmeir et al., 2013; Lang et al., 2014; 王明高、孟生旺，2016）。

在对医疗保险基金收入和支出的未来趋势进行预测的基础上，就可以测算当期结余和滚存结余的规模，从而判断在筹资模式不变的情况下，医疗保险基金出现赤字的时点（Andersen, 2012; Lopreite and Mauro, 2017; 宋世斌，2010；冯莉、杨晶，2019；曾益等，2019；黄明燕等，2023）。同时，借助动态精算模型等方法可以发现延迟退休、"全面二孩"、门诊共济改革等政策可以使医保基金出现赤字的年份推迟5年以上（幸超，2018；封进、王贞，2019；殷俊等，2019；曾益等，2021）。此外，孙翎等（2019）采用分区域人口发展模型等方法预测了2016—2060年城乡人口迁移对基本医疗保险统筹基金收支平衡的影响，发现城乡迁移人口可以通过缓解城镇人口老龄化延迟医保基金出现当期赤字的时间。吴岚怡和王前（2021）基于灰色系统预测模型发现城职保基金结余过多，而城居保基金收不抵支，因此要警惕城职保和城居保发展的不平衡。

在医疗保险基金收支的影响因素方面，耿蕊等（2022）基于灰色关联度模型预测，发现农村居民人均医疗支出对基本医疗保险基金支出的影响最大，其次是财政补贴和三级医疗机构诊疗人次数，收入水平、次均医药费等因素的影响最小。黄明燕等（2023）基于脉冲响应函数，发现三级公立医院患者费用与基本医疗保险基金支出之间存在相互影响关系，但前者对后者的冲击持续时间更长。现有文献在待遇水平不变的假设下预测医保基金收支趋势，而没有考虑统筹层次改变带来的报销待遇调整而产生的基金收支变化，因而无法从动态视角评估医保制度调整对基金收支的影响。

现有文献在对医疗保险基金收入和支出的未来趋势进行预测的基础上，考察当期结余和滚存结余的规模，从而在筹资模式不变的情况下，判断医疗保险基金的支付能力。这种方式不能考察统筹层次提升带来筹资政策和待遇政策发生变化时医保基金的收支平衡关系，因而无法预测省级统筹产生的基金收支缺口，未能对正在推行省级统筹的地区产生政策指导作用，也无法为构建合理稳健的医疗保险省级统筹筹资机制提供参考。

省级统筹的核心在于解决由筹资政策统一和待遇政策统一产生的改革成本（即医保基金收支缺口）的分担问题。这就需要预测统一省内各市筹资政策和待遇政策可能产生的医保基金收支缺口，并模拟不同的统筹方案产生的改革成本差异。那么，可以基于寿险精算和非寿险精算等方法，在预测医疗保险基金收支变动趋势的基础上，测算"拉平"省内各市医疗保险缴费差异和待遇差异产生的医保基金收支缺口，作为省级统筹改革成本的规模估计。

2.3.2 医疗保险领域的共享测度

医疗保险领域的共享问题可以从三个视角来考察：一是机会公平视角，二是受益公平视角，三是结果公平视角。机会公平的基本内涵是个体优势由不可控的环境因素和可控的努力因素决定（Roemer, 1998; Roemer, 2012）。通过测算群体间医疗服务利用的公正缺口可以得到机会不平等的度量。受益公平是指参保资格、保障待遇及服务使用只由个体特征（性别、年龄、健康）等需求因素决定，不受户口、教育、收入等非需求因素影响（Wagstaff and Doorslaer, 2000；何文炯, 2021）。结果公平是指医疗保险通过将疾病风险分散在不同群体中来实现再分配（Gamlath and Lahiri, 2019；杜创、朱恒鹏, 2016）。相关文献的研究方法和观点见表2.2。

表2.2 医疗保险领域共享问题相关研究

研究主题	代表文献	研究方法	主要观点
机会公平	Rosa, 2010; Jusot et al., 2013; 马超等, 2016; 马超等, 2017; 马超等, 2018	机会不平等测算	医疗服务利用的机会不平等大于结果不平等, 城乡医保尚未统筹时, 农业户籍人员面临显著的医疗机会不平等
受益公平	Doorslaer and Koolman, 2004; Ta et al., 2020; 周钦等, 2016; 梦颖颖、韩俊强, 2019; 何文、申曙光, 2020; 金双华等, 2020; 叶初升等, 2021	Heckman选择模型、广义线性模型	受益不公平既表现为高收入群体获得更高质量医疗服务和更多医保报销, 也表现为流动人口由于参保地和居住地不一致而降低医疗保险受益水平
结果公平	Wagstaff et al., 2003; Callander et al., 2019; Zhang et al., 2019; Al-Hanawi, 2021; 赵广川等, 2015; 彭晓博、杜创, 2019; 翁凝、宁满秀, 2019	不平等指标、集中指数、Oaxaca-Blinder分解	医疗支出不平等表现为城乡医疗支出不平等和不同收入群体间的医疗支出不平等, 这种不平等由健康状况、收入水平、医疗服务可及性共同导致
适度水平	Chetty, 2006; Chetty and Finkelstein, 2012; 赵绍阳等, 2015; 鲍震宇、赵元凤, 2017	社会福利函数、消费者最优模型	在生命周期假说的框架下, 基于社会福利最大化可以测算得到医疗保险的最优待遇水平

机会平等理论的基本内涵是个体优势由不可控的环境因素和可控的努力因素决定（Roemer, 1998; Roemer, 2012）。通过测算群体间医疗服务利用的"公正缺口"可以得到机会不平等的度量，以此判断不同群体面临的医疗服务起点公平程度（Rosa, 2010; Trannoy et al., 2010; Jusot et al., 2013; 马超等, 2016）。马超等（2017）基于CHNS数据得到1997—2006年机会不平等与实际城乡医疗服务利用之间差距的比值分别为1.2和1.7，表明直接观测的统计结果低估了城乡间医疗服务利用

的实质不公平。在城乡医保尚未统筹的情况下，农村居民和流动人口面临显著的医疗保健机会不平等问题（马超等，2018；何文、申曙光，2020a）。机会不平等的测算方法主要有事前参数法和非参数估计法。事前参数法通过回归方程构造反事实，以由环境因素产生的不平等来构建机会不平等（Bourguignon et al.，2013；李莹等，2019）；非参数估计法则根据环境因素分组，将组间不均等作为机会不平等的估算值（Checchi and Peragine，2010；江求川，2014）。2010年开始，机会平等理论被运用于医疗卫生领域，一些研究关注不同群体的健康方面的机会不平等（Fleurbaey，2011；Chen，2012），一些研究关注医疗服务利用中机会不平等的占比，并以此分析医疗保险对医疗服务利用机会平等的政策效应（马超，2014；马超等，2016；马超等，2017）。

受益公平是指参保资格、保障待遇及服务使用只由个体特征（性别、年龄、健康）等需求因素决定，不受户口、教育、收入等非需求因素影响（Wagstaff and Doorslaer，2000；金双华等，2020；何文炯，2021）。由于低收入者健康状况更差，因此确保低收入者医疗服务可及性和医保报销平等性是实现医保受益公平的关键（Doorslaer and Koolman，2004；Ta et al.，2020；彭晓博、王天宇，2017）。然而，当前，中国医疗保险领域的受益不公主要表现为两个方面：一是高收入群体获得更高质量医疗服务和更多医保报销（李亚青，2015；周钦等，2015；姚奕等，2017；金双华等，2020；叶初升等，2021）；二是流动人口由于参保地和居住地的不一致而使得医疗保险受益水平较低（刘志军、王宏，2014；周钦、刘国恩，2016；梦颖颖、韩俊强，2019；何文、申曙光，2020a）。

结果公平是指医疗保险作为再分配的手段，通过将疾病风险在不同群体中分散来实现调节医疗服务使用等方面的差异（Breyer and Haufler，2000；Gamlath and Lahiri，2019；杜创、朱恒鹏，2016）。通常采用医疗支出不平等衡量结果公平，主要指标有基尼系数、泰尔指数、集中指数等，测算结果表明医疗支出不平等大于收入不平等（Lu et al.，2007；Callander et al.，2019；赵广川等，2015；杨林、李思赟，2016；彭晓博、杜创，2019）。医疗支出不平等既表现为城乡间的医疗支出不平等（阎竣、陈玉萍，2010；封进等，2015）；也表现为高收入和低收入者间的医疗支出不平等，即健康状况更差的低收入群体医疗支出低于高收入群体（Zhang et al., 2019；解垩，2009；金双华等，2020）。关于医疗支出不平等的成因探寻，一些文献采用 O-B 分解方法考察健康状况、收入水平、医院服务可及性等因素对城乡医疗支出不平等的贡献（顾海等，2015；翁凝、宁满秀，2019）；也有文献对医疗支出集中指数进行分解从而考察各项因素对医疗支出不平等的贡献（Wagstaff et al., 2003；Amroussia et al., 2017；Gu et al., 2019；Mutyambizi et al., 2019；Al-Hanawi, 2021）。

公平适度的待遇保障是增进人民健康福祉的内在要求，因此医疗保险的待遇水平不仅要达到起点、过程和结果的公平，还应当与经济发展水平和基金承受能力相适应。现有文献在生命周期假说的框架下，基于社会福利最大化测算医疗保险的最优待遇水平（Chetty, 2006；Chetty and Finkelstein, 2012；赵绍阳等，2015；鲍震宇、赵元凤，2017）。

现有文献主要考察城乡居民及不同收入水平居民面临的医疗保险不公平因素，而较少关注不同地区（地市）居民在医保方面面临的不公平。随着医疗保险覆盖率的提升及城乡居民医保的整合，不同收入水平居民面临的医疗保险机会、受益和结果差别逐渐减弱，而不同地区之间的机会、受益和结果差异对于共同富裕建设的影响更为突出。当然，医疗保险的待遇水平还应当与经济发展水平和基金承受能力相匹配，兼顾公平和适度两个基本原则。同时，需要将机会平等、受益公平和结果公平三个方面的考察运用于基本医疗保险典型事实的分析中，考察基本医疗保险的富裕程度和共享程度。在机会公平方面，可以依托 Roemer 机会平等理论，基于事前补偿、事后补偿两种视角分别测算医疗保险筹资不平等程度。在受益公平方面，分别测算职工和居民在医保报销待遇方面面临的差异。在结果公平方面，采用基尼系数、泰尔指数等指标测算医疗保险基金收支状况不平等及医疗保险对"三大差距"的影响效应。

2.4 医疗保险再分配效应的统计测度

基本医疗保险的再分配效应主要关注医疗保险对健康、消费、贫困、收入差距的影响。作为近年来发展最迅速的医疗经济学，一些前沿研究依托医疗大数据开展政策效应评估，包括电子病历数据、医疗保险给付数据等。电子病历数据的优势在于能够将患者的就诊时间、症状、诊断及医嘱、检查结果、处方、复诊、手术及护理等数据保存、收集起来，形成大数据，供研究者使用。急诊部门的病历数据通常被用来控制就医行为的内生性问题（Card, et al., 2009；Currie et al., 2015；Doyle et al., 2015；Chan, 2016）。医疗保险政策效应评估的主要挑战是医疗保险参与者和非参与者的异质性，或者说参与医疗保险的自选择，以及健康水平的度量误差。

2.4.1 基本医疗保险对居民健康的影响

医疗保险通过分散疾病风险缓解居民医疗费用负担，促进医疗服务使用，从而提升健康水平（Grossman, 1972；Cutler and Vigdor, 2005；Card et al., 2008；Finkelstein et al., 2012）。无论是城镇居民基本医疗保险还是新农合，都显著促进了参保个体健康（Wang et al., 2009；Bai and Wu, 2014；胡宏伟、刘国恩, 2012；潘杰等, 2013；毛捷、赵金冉, 2017）。当然也有文献发现基本医疗保险并未改善居民的健康水平，原因在于早期的医疗保险政策待遇较低，未能有效发挥促进医疗服务使用并进而提升健康水平的效果（Lei and Lin, 2009；赵忠、侯振刚, 2005；周钦等, 2018；章丹等, 2019）。在具体的医疗保险政策方面，患者成本分担政策的变动对住院患者死亡率没有显著影响（沓钰淇等, 2020）；城乡居民医保整合不仅显著提升了农村居民的健康水平（汪连杰、刘昌平, 2022；金燕华等, 2023），还降低了城乡居民间的健康不平等程度（何文、申曙光, 2021）；异地就医直接结算显著提升了居民的自评健康水平（高娜娜等, 2023）。

现有文献更多的是关注医疗保险对老年人健康的影响，因为成年人的健康水平比较稳定，医疗保险对健康的边际效应较小。除了自评健康，现有文献还采用死亡率、行动能力作为健康的度量。黄枫和吴纯杰（2009）采用工具变量回归发现医疗保险显著降低了城镇老年人的死亡概率。洪灏琪等（2021）运用渐进性双重差分方法发现城乡居民医保整合有效地缓解了农村中老年人的行动能力损耗。当然，影响健康的因素很多，除了医疗保险之外，生活环境、收入水平、年龄、基因、行为习惯等因素对健康的影响效应也很大。不仅如此，医疗保险也有可能加剧过度医疗，这与医疗市场的信息不对称有关（Currie et al., 2014；Currie et al., 2016；Wu, 2019；刘军强等, 2015；王贞等, 2021）。

医疗保险市场由于信息不对称而存在逆向选择——健康水平较差的人预计他们将来医疗支出更大,更倾向于参与医疗保险(Lei and Lin, 2009; Liu and Zhao, 2014)。这就使得采用 OLS 估计得到的健康效应是有偏的。Finkelstein et al.(2015)提出通过随机化评估方法来提高美国医疗保险服务效率的方式——随机对照试验(randomized controlled trial, RCT)。随机对照试验的优势在于能够使控制组(对照组)和处理组(实验组)随机地参与政策,从而解决自选择、内生性等一系列问题,使政策评估结果满足无偏性。医疗政策评估方面最著名的随机实验是 RAND 医疗保险实验和俄勒冈州医疗保险实验。

最常用的随机化是摇号,近年来摇号被用在很多公共服务方面,如车牌、疫苗等。Finkelstein et al.(2012)采用摇号数字作为医疗保险参与的工具变量来控制参保的自选择性,从而估计 Medicaid 扩面的效应。他们发现 Medicaid 增加了参保人接受医疗服务和医疗检查的概率,降低了个人的医疗支出(out-of-pocket medical expenses),改善了生理和心理健康水平。

在未能满足随机对照试验的情况下,断点回归模型(regression discontinuity model)也是解决对照组和实验组异质性的常用方法。断点回归模型的基本假定是在断前后两个很小的区间内,两个群体的不可观测因素是一样的。例如,针对 65 岁以上老年人的美国医疗保险项目 Medicare,如果直接比较参与者和非参与者的健康水平,很大程度上是由两个群体的年龄特征所决定的。Card, et al.(2009)采用了断点回归模型来解决 Medicare 参与者和非参与者的异质性,结果表明 Medicare 通过降低患者的医疗成本、增加医疗服务的使用来降低老年人的死亡率。Finkelstein et al.(2016)也使用了断点回归估计方法来控制参保人和非参保人之间异质性对估计结果产生的影响,他们基于 2003—2007 年加利福尼亚州患者出院数据,发现参保的非老年人仍然面临较大健康风险,而参保的老年人面临的健康风险较小。Doyle et al.(2015)基于 2002—2010 年 Medicare 给付的数据,检验了医疗保险制度对于提高患者健康水平的影响。他们发现支出更高的医院,其患者获得的诊疗效果更好,Medicare 报销费用每提高 1 个标准差,死亡率则降低 4%,可以节约 80000 美元。

2.4.2 基本医疗保险对医疗支出的影响

医疗保险最直接的影响体现在医疗支出方面，现有文献将医疗支出分成总支出和自付医疗支出，从而考察医疗保险对参保者医疗负担的影响。虽然医疗保险降低了个人和家庭的医疗负担（Miller et al.，2009；Bolhaar et al.，2012；Hackmann et al.，2012），但会通过增加医疗服务的使用而提高医疗总费用（Manning et al.，1987；Card et al.，2008；Finkelstein et al.，2012）。Dong（2013）归纳了医疗保险增加医疗服务使用的三个机制：其一，逆向选择，预期到自己将来有更多医疗服务需求的个体越倾向于参与医疗保险。其二，价格效应，医疗保险通过第三方费用承担机制，降低了医疗保险参与者的医疗服务成本，因此参保者倾向于使用更多的医疗服务。其三，道德风险，个体一旦参与医疗保险，便更少关注他们那些不健康的行为，从而导致更多健康问题，对医疗服务产生更多需求。

医疗保险市场的信息不对称会引发逆向选择问题，导致医疗保险的参保行为不再是随机的。考察医疗保险对医疗支出影响效应的文献提到，面临的主要挑战是医疗保险参与者和非参与者的异质性，或者说参与医疗保险的自选择问题。解决自选择问题的一种方式是构造随机对照试验。1974—1982 年，RAND 公司通过开展随机对照试验来考察医疗保险的作用。RAND 公司随机地让人们参与不同的医疗保险计划，并跟踪他们的行为，从而提供了强有力的证据。如今 RAND 医疗保险试验已经成为检验医疗保险政策改革对医疗费用的影响效应，以及制定新的医疗保险政策的黄金准则（Aron-Dine et al.，2013）。当随机对照试验无法开展时，国外学者基于电子病历、医疗保险基金给付数据等医疗大数据，采用双重差分、断点回归设计、工具变量回归等方法来评估医疗保险的效应，从而解决估计偏误（Duggan and Morton，2006；Chandra and Staiger，2007；Card, et al.，2009；Finkelstein et al.，2012；Garthwaite et al.，2014；Finkelstein et al.，2016）。

在医疗市场上信息不对称程度测算方面，卢洪友等（2011）基于 CHNS 数据发现：相对于患者而言，医生掌握着更多信息，从而拥有更强的议价能力，这种议价能力的不平衡使得患者被迫接受一个高于公正基准的价格，1989—2006 年医疗服务市场价格高于公正基准价格约

26%。钟晓敏等（2018）基于三甲医院门诊数据发现，在是否参保决策方面，存在逆向选择效应，即未参保居民的健康水平优于参保居民；但在参保档次决策方面，逆向选择并不显著。关于中国医疗保险作用效应的文献主要考察城镇居民基本医疗保险和新农合这两项政策的效应。① 由于一些人有病不医，因而无法得到衡量真实医疗需求的医疗支出数据，医疗支出模型存在样本选择偏误，黄枫和甘犁（2010）、刘国恩等（2011）、赵广川等（2015）采用Heckman选择模型和两部模型来解决该问题。他们发现医疗保险能显著降低家庭的自付医疗支出。然而，这些文献并没有解决医疗保险参与的自选择问题。由于城镇居民基本医疗保险和新农合是自愿参与的，因而在逆向选择的机制下，参与者和非参与者之间存在健康、医疗服务需求等方面的系统性差异，从而导致估计偏误。上述文献采用的数据都是2006年以前的，那时新农合的参与率不足50%，自选择问题更加突出。鉴于此，现有文献通过倾向性得分匹配、工具变量回归、面板数据回归等方法来解决医疗保险参与的自选择问题，他们的实证结果表明城镇居民基本医疗保险和新农合并未显著降低自付医疗支出（Lei and Lin, 2009；Liu and Zhao, 2014）。

赵广川等（2015）发现医疗保险并不是医疗支出不平等的主要因素，健康、医院类型、到达最近医疗机构的距离和地区是主要原因。马超等（2016）则考察了城乡医保统筹对居民医疗服务利用不平等的影响，他们发现城乡医保统筹显著降低了门诊费用的不平等，但对住院费用不平等无显著影响。臧文斌等（2020）基于住院患者与医疗机构匹配的微观数据考察了城职保和城居保患者的花费差异，实证结果表明药品费和检查费在城职保和城居保之间的差别受疾病种类异质性的影响较大，而诊疗费用差异受疾病种类异质性的影响较小。

对于流动人口而言，虽然医疗保险能够显著提高医疗服务使用（朱铭来、史晓晨，2016；何文、申曙光，2020；马超、曲兆鹏，2022），但更重要的影响因素是参保地点（孟颖颖、韩俊强，2019）。现行医保制度存在的地域区隔现象，导致以户籍地参保为主的流动人口在医疗服务使用方面存在不便。马超等（2018）发现无论是在事前补偿原则下还是在事后补偿原则下，参加新农合的农业户籍流动人口都面临显著的

---

① 在本书的框架下，医疗保险是指社会医疗保险，而不包括商业化的医疗保险。

机会不平等问题。孟颖颖和韩俊强（2019）从医疗保险制度类别与参保地点两个维度考察医疗保险对流动人口居住地医疗服务使用的影响，他们发现城职保和城居保均能显著提高流动人口对居住地的卫生服务利用率；但在控制参保地点后，参保类型对流动人口医疗服务使用的影响效应不显著。然而，他们没有区分门诊医疗服务和住院医疗服务，对于医疗服务的界定也比较简单，只用 0-1 二值变量来表示，无法考察医疗服务使用的数量差异。①

2.4.3 基本医疗保险对消费水平的影响

社会保险项目有助于降低预防性储蓄动机从而增加消费（Hubbard et al., 1995）。现有研究在考察医疗保险对消费的作用时将消费分成医疗消费和非医疗消费。在非医疗消费方面，已有研究证实了医疗保险对其的促进作用（Gruber and Yelowitz, 1999；Wagstaff and Pradhan, 2005；王美艳等，2009）。在农村居民消费方面，白重恩等（2012）基于 2003—2006 年农村固定观察点数据发现：新农合可以使家庭非医疗支出增加 5.6 个百分点，这种消费提升效应随着医疗保险待遇水平的上升而增强，尤其对于收入水平较低或者健康状况较差的家庭人均消费提升效应更明显。Bai and Wu（2014）识别了医疗保险对消费的收入效应和预防性储蓄效应，收入效应来自医疗支出的报销，预防性储蓄效应来自未来消费不确定性的降低。高健和丁静（2021）基于 2012—2014 年 CLDS 数据（China laborforce dynamics survey，中国劳动力动态调查）的实证发现：新农合大病保险可以使农村居民家庭消费增加 4.25%，并且对于东部地区、中低收入家庭和老龄化家庭的消费促进作用更明显；从消费项目来看，新农合大病保险对生存型消费和发展型消费均具有显著促进作用。

在城镇居民消费方面，臧文斌等（2012）基于 2007—2008 年中国城镇居民基本医疗保险入户调查面板数据，采用 DID 方法发现：参保家庭的全年非医疗消费支出比未参保家庭约高 13%，而且前者对于家庭日常生活消费和教育消费的促进作用更强。他们通过异质性分析还发现

---

① 孟颖颖和韩俊强（2019）将在居住地社区卫生站、综合或专业医院设置为 1，本地个体诊所、本地药店、老家、本地及老家以外的其他地方、未治疗都界定为 0。

基本医疗保险对低收入家庭非医疗消费的影响效应最大，达到20.2%；中等收入家庭次之，为12.6%，但对高收入家庭没有显著影响。邹红等（2013）利用2002—2009年广东省城镇住户调查数据，借助工具变量法发现医疗保险缴费率增加1%，消费增加2.1%。

由于工作和居住状态的不稳定，流动人口的预防性储蓄动机更强，中国独特的户籍制度抑制了流动人口的消费水平。其他条件相同，流动人口的消费比本地居民低16%～20%（Chen et al.，2015）。在流动人口消费方面，医疗保险项目的消费促进效应存在异质性，参加新农合等低待遇水平的医疗保险不利于消费需求扩大，而参加城职保等高待遇水平的医疗保险则可以显著促进消费，这就意味着医疗保险的待遇水平越高，对流动人口消费的刺激作用就越大（宋月萍、宋正亮，2018；陈虹等，2019；温兴祥、郑子嫒，2019；周佳璇、赵少锋，2022）。

2.4.4 基本医疗保险对收入分配的影响

疾病是贫困的主要诱因，因为疾病不仅提高了家庭医疗支出，也降低了人力资本，从而对家庭未来收入产生影响，并最终影响收入分配格局（Uplekar et al.，2001；Gertler and Gruber，2002；Vo and Van，2019）。医疗保险作为精准扶贫的制度安排之一，不仅可以通过减轻灾难性医疗支出负担降低绝对贫困，也可以有效降低家庭陷贫和返贫的概率（Castro-Leal et al.，2000；Levine，2008；Chen and Jin，2012；Spadaro et al.，2013；黄晓宁、李勇，2016；于大川等，2019；赵桂芹等，2023）。医疗保险通过将疾病风险分散在不同群体中来实现收入再分配（Wagstaff et al.，2009；解垩，2009）。然而，当医疗保险呈现出低收入者低保障、高收入者高保障的逆向调节现象时，则难以发挥缩小收入差距的作用（田森等，2016）。

新农合的主要目标是缓解因病致贫、因病返贫，从而对农村居民收入水平和分配结构产生影响。齐良书（2011）采用工具变量回归发现新农合能够显著促进低收入和中等收入农民增收，降低村庄内部的收入分配不均的程度。当然，也有文献发现新农合对灾难性医疗支出的影响较小，在减贫方面效果不佳（Wagstaff et al.，2009；Yang，2015；解垩，2008；程令国、张晔，2012）。宁满秀和刘进（2014）从诱导需求视角出发，发现高科技医疗服务与设施利用、住院时间会显著增加农户的住院费用，从而导致农民就医成本上升。丁少群和苏瑞珍（2019）基于山西省数据，采用洛伦兹曲线法发现农村医疗保险体系存在对低收入群体的反向调节效应。赵为民（2021）基于中国家庭追踪调查2010—2016年数据，依托双重差分方法考察了新农合大病保险对农村居民收入的影响，实证结果表明大病保险使得低收入组家庭人均收入增长约5个百分点，而高收入组的家庭人均收入增长更多，达到10~15个百分点，从而扩大农村收入差距（基尼系数扩大了11个百分点）。

在城镇居民基本医疗保险方面，周钦等（2016）基于两部模型考察城镇居民基本医疗保险的受益公平性，发现低收入群体获得的医保补偿水平明显低于高收入群体，尤其是较低收入的20%群体。金双华和于洁（2017）运用平衡预算归宿方法测算了医疗保险制度对收入分配的影响，结果表明总体上医疗保险制度存在低收入群体补贴高收入群体的逆向再分配现象，因为在医保报销方面低收入群体的数额更低。与上述文献不同，黄薇（2017）基于处理效应模型发现城居保对受大病风险冲击的困难家庭在避免因病致贫、因病返贫方面具有显著的缓解作用，并进一步提升家庭教育培训支出、改善劳动力健康状况，对收入分配格局产生长期效应。

关于职工医保的再分配效应，现有文献结论不一，主要原因在于数据差异。李亚青（2014）基于广东两市医保数据发现职工医保在补偿（报销）环节存在明显的穷人补贴富人的逆向再分配现象，这种逆向调节现象在筹资环节并不突出。于新亮等（2022）基于山东省数据发现：剔除医疗资源分布不均衡因素后，城职保具有显著降低收入差距的作用，其中统筹基金的收入再分配效应为正且影响程度较大，而个人账户的再分配效应为负。

也有文献比较了不同保险类型的收入再分配作用，并进一步区分筹资机制和待遇机制的再分配效应。周坚（2019）基于省级面板数据发现：基本医疗保险的待遇机制具有显著的收入再分配效应，以东部地区最为明显；基本医疗保险的缴费机制则不存在显著的收入再分配效应。相比之下，李亚青和罗耀（2023）基于广东三市数据发现：基本医疗保险在筹资环节和报销环节都是"济贫"的，若总体报销水平继续提高，则将进一步强化这种"济贫"效应。金双华等（2020）基于2013年CHFS数据（China household finance survey，中国家庭金融调查）发现健康状况更差的低收入群体的医疗支出和医保报销都显著低于高收入群体，基本医疗保险存在受益不公问题，医保报销能够部分缩小收入差距，其中城职保的再分配效应最大，其次是城居保，新农合最小。不仅如此，顾昕和惠文（2023）基于三期 CFPS 数据也发现医疗支出具有负向再分配效应，而医保报销则具有正向再分配功能，但仍不足以逆转医疗支出的逆向调节作用，而且不同医保制度的再分配功能存在程度差异，公费医疗最强，职工医保其次，居民医保最弱。

关于收入再分配效应的测度方法，有不同收入组的医保报销金额差异、城乡收入比、基尼系数变化（MT 指数）等。李永友和郑春荣（2016）在公共支出受益归宿的框架（benefit incidence analysis，BIA）下，基于 CFPS 2008—2012 年数据，采用保险价值法考察了公共医疗服务受益归宿及收入分配效应，他们发现新医改后公共住院服务受益正义分配使得家庭收入的基尼系数下降了 5～7 个百分点。周钦等（2016）采用的是不同收入组医保报销金额的差异，医疗支出越多，医保报销金额越大，而收入水平是医疗支出的主要影响因素，可以在很大程度上解释医疗支出的差异。低收入群体由于预算约束，医疗总支出比高收入群体低，报销金额也更低。因此，采用报销金额的组间差异来测度医疗保险的再分配效应更容易得出逆向再分配的结论。周坚（2019）采用城乡收入比来测度收入再分配效应，解释变量采用的是基本医疗保险基金收入和支出占 GDP 的比重来表示。事实上，这种方式测算的是医保基金支出规模对收入差距的影响，而非医疗保险本身。金双华等（2020）、顾昕和惠文（2023）通过比较三种状态下的基尼系数来测度基本医疗保险的再分配效应，分别是初始收入、减去医疗支出后的收入及加上医保报销后的收入。于新亮等（2022）在此基础上考察了缴费的影响，并区分了统筹基金和个人账户再分配作用的异质性。这种方式只是一种数学运算，无法考察医疗保险对收入差距的因果效应。

2.4.5 基本医疗保险统筹的政策效应

医疗保险的统筹层次反映了制度的公平性，可以分为横向和纵向两个方面。横向上的统筹涉及同一个行政级别内不同保险项目的整合，如城镇居民医保与新农合的整合（马超等，2018；何文、申曙光，2021）。纵向上的统筹涉及医保基金"水池"共济范围行政级别的提升,如从县级统筹到市级统筹再到省级统筹乃至全国统筹。我国医疗保险建立初期以县级统筹为主,较低的统筹层次降低了医疗保险制度的公平性,削弱了医保基金抗风险能力,阻碍了劳动力自由流动(付明卫、徐文慧,2019)。梦颖颖和韩俊强(2019)发现2017年约70%的流动人口医疗保险参保地点与居住地点不一致,在一定程度上抑制了他们的医疗服务使用。目前,大部分省(区/市)尚未实行基本医疗保险的省级统筹,因此关于省级统筹政策效应评估的实证研究仍然较少,现有文献主要聚焦于居民医保城乡统筹产生的政策效应。相关文献的研究方法和主要观点见表2.3。

表2.3 医疗保险统筹效应评估相关研究

研究主题	代表文献	研究方法	主要观点
横向统筹	马超等,2016;马超等,2018;高秋明、杜创,2019;范红丽等,2021;何文、申曙光,2021;洪灏琪等,2021;许新鹏,2021	机会不平等测算、匹配-双重差分估计、渐进双重差分	城乡医保统筹不仅可以通过消除户籍身份对医疗服务使用和医保报销待遇的影响来缓解城乡居民医疗服务使用的机会不平等,也可以通过扩大疾病风险分散的范围来减轻农村居民和低收入群体的医疗负担,从而提升居民健康水平
纵向统筹	Li,2018;王虎峰,2009;付明卫、徐文慧,2019;付明卫等,2020;李亚青,2020;朱恒鹏等,2020	定性分析、动态契约模型	在正效应方面,提高统筹层次有利于扩大健康风险共济范围,增强医保制度抗风险能力,促进政策规范统一和待遇保障公平;在负效应方面,提高统筹层次会降低地方政府征缴和监管积极性而导致医保基金收入下降,并诱导患者增加医疗服务使用,从而出现基金收支缺口

然而,医疗保险的复杂性增加了政策效应评估的难度,主要表现为由信息不对称导致的逆向选择和道德风险(Arrow,1963;Bajar et al.,

2014；Marone and Sabety，2022；郑秉文，2002；汪浩，2010；陈叶烽等，2022）。逆向选择是指当医疗保险是自愿参保时，预期到将来患病风险更高、医疗支出更多的个体越有可能参保，最终出现参保者健康水平更差、医疗支出更多的现象（Yang，2018；封进等，2018；钟晓敏等，2018；何文、申曙光，2020a）。道德风险可以分成供方和需方。供方道德风险表现为医疗服务供给者的过度医疗，需方道德风险表现为"骗保"等行为，两者都会带来医疗资源的浪费和医保基金负担的增加（Currie et al.，2014；Wu，2019；王贞等，2021）。现有文献采用随机对照试验、断点回归设计、工具变量回归等方法，解决由逆向选择和道德风险造成的医疗保险政策效应估计偏误（Charness and Gneezy，2009；Lei and Lin，2009；Finkelstein et al.，2016；Currie et al.，2016）。

关于医疗保险政策效应评估的文献大多选择医疗服务使用（医疗支出）及健康水平作为结果变量（Card et al.，2008；Bai and Wu，2014；Liu and Zhao，2014；Finkelstein et al.，2016；黄枫、甘犁，2010；潘杰等，2013；彭晓博、王天宇，2017；陈醉等，2018）。在横向统筹方面，城乡医保统筹不仅可以缓解城乡居民面临的医疗服务使用机会不平等问题，还可以提升城乡居民健康水平。首先，在医疗服务使用方面，城乡医保统筹主要消除户籍身份对医疗服务使用和报销的制约来缓解医疗服务使用方面的机会不平等，从而提高农业户籍人口的医疗保障水平，增强制度公平（马超等，2016；梦颖颖、韩俊强，2019；何文、申曙光，2020b；范红丽等，2021；洪灏琪等，2021）。其次，在健康水平方面，城乡医保统筹主要通过扩大疾病风险分散的范围来减轻农村居民和低收入群体的医疗负担，以此提升健康水平（马超等，2018；高秋明、杜创，2019；范红丽等，2021；何文、申曙光，2021；洪灏琪等，2021；许新鹏，2021）。

在纵向统筹方面，提高统筹层次既有正效应也有负效用。在正效应方面，提高统筹层次有利于扩大健康风险共济范围，增强医保制度抗风险能力，促进政策规范统一和待遇保障公平，促进劳动力流动（王虎峰，2009；朱凤梅，2021）。在负效用方面，提高统筹层次可能会降低市（县级）政府征缴和监管积极性而导致医保基金收入下降，加重省级财政负担；也会引发参保人道德风险和逆向再分配，导致医疗支出增加和医疗资源错配（Li，2018；付明卫、徐文慧，2019；王宗凡，2019；

李亚青，2020；朱恒鹏等，2020）。付明卫等（2020）利用城职保市级统筹的自然实验，使用断点回归设计发现市级统筹后医疗总费用、自付费用、医保基金支出都没有增加，原因在于良好的制度设计缓解了供需双方的道德风险。

目前，大部分省（区/市）尚未实行基本医疗保险省级统筹，因此现有实证文献主要聚焦于居民医保城乡统筹产生的政策效应，而较少关注省级统筹政策效应，尤其关于省级统筹正效应的实证检验更少。关于政策效应评估的结果变量大多选择医疗服务使用（医疗支出）和健康水平，这两个都是需求侧的行为变量，还应该关注供给侧的行为变量，如医疗资源配置和医疗费用控制。

省级统筹意味着医疗保险的制度、筹资、待遇在省内各个地市之间做到统一，医疗风险在省域范围内实现互助共济。在少数已经实行医疗保险省级统筹的省（区/市），主要有三种模式：统收统支＋垂直管理、统收统支＋分级管理及调剂金模式（付明卫、徐文慧，2019）。提高统筹层次可能会产生医保基金支付风险，如统筹过程中一些地区待遇提高会诱导患者增加医疗服务使用，从而增加医保基金支出，导致基金收支平衡关系受到威胁。对此，一些国家引入患病风险调整机制，即利用历史数据预测患者在一定时间间隔的医疗支出，以此作为医保报销依据，缓解基金支付风险（Wynand et al.，1999；Schillo et al.，2016；Beck et al.，2020）。相关文献的研究方法和主要观点见表2.4：

表2.4 医疗保险统筹模式比较评估相关研究

研究主题	代表文献	研究方法	主要观点
省级统筹管理模式	WHO，2010；Mathauer et al.，2019；付明卫、徐文慧，2019；高健等，2019；高秋明、王洪娜，2020	比较分析	统收统支＋垂直管理难以突破"分级管理、分灶吃饭"的行政管理体制。统收统支＋分级管理可以考虑到地市之间经济发展的差异，推广难度较低。调剂金模式并未实现省域范围内医保基金的统收统支，也没有统一各地筹资和待遇政策

续表2.4

研究主题	代表文献	研究方法	主要观点
提高统筹层次的风险控制	Wynand et al., 2007；Schillo et al., 2016；Beck et al., 2020；朱凤梅，2021	非寿险精算	提高统筹层次带来的待遇提升可能会诱导患者增加医疗服务使用，从而增加医保基金支出。对此，可以引入患病风险调整因子，即利用历史数据预测患者医疗支出作为医保报销依据

统收统支+垂直管理的模式下，全省统一制度，医保统筹基金都在一个"水池"，市级和县级经办机构属于省级医保经办机构的分支机构（WHO，2010；Mathauer et al.，2019；高健等，2019）。这种模式属于垂直管理，难以突破"分级管理、分灶吃饭"的行政管理体制，更加适用于实行"省直管县"财政体制的省（区/市）。相比之下，统收统支+分级管理这种模式虽然全省医保统筹基金在一个"水池"，但下辖市级和县级经办机构并不是省级医保经办机构的分支机构，而是属于相应层级政府的组成部门（付明卫、徐文慧，2019；高秋明、王洪娜，2020）。这种模式可以充分考虑到地市之间经济发展的差异，推广难度较低，而且符合《关于深化医疗保障制度改革的意见》的要求。调剂金模式下，省级医保部门每年按照各市统筹基金的一定比例收取调剂金，用于填补市级统筹基金收支缺口，从而实现省域范围内健康风险的分散。这种模式的优点在于省级财政的兜底责任较小、不需要上交滚存结余，实施难度小（高健等，2019；高秋明、王洪娜，2020）。然而，调剂金模式仍然采取的是多个"基金池子"，并未实现省域范围内医保基金的统收统支，也没有统一各统筹区的筹资和待遇政策。

统收统支+垂直管理、统收统支+分级管理和调剂金三种模式在各级政府财政筹资责任、滚存结余处理、监管风险及推行难度等方面存在较大差异，差异的根源在于"省级统筹"内涵界定不清晰。对于提高统筹层次可能产生的供方和需方道德风险，应当设计风险控制机制来规避。

2.5 文献述评与研究启示

概而言之，现有文献针对共同富裕的统计测度、医疗保险领域的富裕与共享问题及医疗保险再分配效应的统计测度三个方面的问题开展了深入研究。依据的理论有委托-代理理论、机会平等理论、可行能力理论、最优覆盖率理论等。采用的方法有寿险精算、非寿险精算、时间序列分析、因果关系识别等，在因果关系识别方面涉及倾向性得分匹配、双重差分、断点回归设计等方法。依托的数据以微观调查数据为主，如中国家庭追踪调查、中国健康与养老追踪调查、中国流动人口动态监测调查等；也有观测值在百万以上的医疗大数据，如患者住院赔付记录数据、急诊患者就诊数据等。现有文献为本书提供了重要的理论基础、方法支撑和经验证据，但仍存在以下三个方面的不足。

第一，较少构建共同富裕的医疗保险制度框架，并未梳理基本医疗保险再分配效应的作用机制，导致实证分析缺乏理论基础。现有文献以实证分析为主，较少从机会平等理论、收入分配理论等视角出发构建共同富裕的基本医疗保险制度框架，没有清晰界定面向共同富裕的基本医疗保险的制度特征。此外，现有文献也没有系统梳理基本医疗保险发挥再分配效应的作用机制，导致实证分析缺乏理论支撑。

第二，大多关注医疗保险对医疗支出和消费支出的效应，较少分析医疗保险的收入再分配和财富再分配效应。医疗保险对医疗支出和消费支出的效应更为直接，但医疗保险还将通过影响健康状况来改变人力资本，从而影响收入水平，改变分配格局。不仅如此，医疗保险通过减轻预防性储蓄动机改变家庭财产的配置方式，从而影响财产积累，而财产存量又会通过财产性收入的流量来影响当期收入水平。因此，需要系统检验医疗保险对收入分配和财产分配的影响效应，为医疗保险制度改革明确方向。

第三，较少从成本和收益两个维度同时关注医疗保险制度改革的效应，缺乏系统性的改革路径。一项改革的推进不仅会带来成本也会带来收益，如果过度关注改革的成本，将最终阻碍改革的步伐。"十四五"期间推进基本医疗保险省级统筹是一项重要任务，一方面，省级统筹会因统一待遇水平和筹资水平而产生基金收支缺口，即改革成本；另一方面，省级统筹也会带来医疗资源配置的优化、居民健康水平的提升等收益。因此，需要同时关注成本和收益，才能做出理性的改革决策。当然，推进基本医疗保险省级统筹只是构建面向共同富裕的医保制度的内容之一，还需要健全基本医疗保险稳定筹资机制、完善基本医疗保险待遇调整机制、构建多层次的医疗保障体系，提升医保制度公平。

针对上述不足，本书从以下三个方面进行改进。

第一，构建共同富裕的医疗保险制度框架，为再分配效应测度奠定理论基础。现行医疗保险制度存在机会、受益及结果三个方面的不公平因素，与共同富裕的发展要求不相适应。对此，本书基于机会平等理论，从制度公平、筹资稳定、待遇合理、结果平衡四个方面界定共同富裕背景下基本医疗保险制度的基本特征，构建共同富裕的基本医疗保险制度框架。在此基础上，从财富增长和共享发展两条路径剖析基本医疗保险再分配效应的形成机理，为基本医疗保险的收入再分配效应和财富再分配效应统计测度奠定理论基础。

第二，测算医疗保险的收入再分配和财富再分配效应，明确基本医疗保险的改革方向。现有研究大多关注基本医疗保险对消费的作用，而没有全面关注医疗保险对收入差距和财产差距的影响，也没有识别医疗保险再分配效应的作用机制。基本医疗保险主要通过缓解医疗费用负担、提高医疗服务可及性两条路径发挥收入再分配和财富再分配作用。本书基于机会平等理论，依托 CFPS、CHNS 及 CMDS 等数据，采用工具变量回归、Heckman 两步法等测度基本医疗保险的收入再分配作用和财富再分配作用，为面向共同富裕的基本医疗保险改革提供对策依据。

第三，预测医疗保险制度改革的转轨成本，设计面向共同富裕的基本医疗保险改革路径。相比其他社会保险项目，医疗保险更具复杂性，相关政策多，除了参保、缴费、报销等主体政策外，还涉及统筹层次、异地就医、分级诊疗、医保付费方式、医保目录、医药采购方式、公立医院改革等配套政策。对此，本成果在测度基本医疗保险再分配效应和作用机制的基础上，评估三项改革政策的效应——省级统筹、异地就医和家庭医生签约。最后，在测算基本医疗保险改革成本和隐性债务的基础上，从推进省级统筹、健全筹资机制、完善待遇调整机制、构建多层次医疗保障体系及提升医疗保障数字化水平五个方面构建面向共同富裕的基本医疗保险改革路径,促进医疗公共服务均等化,提升居民健康福祉。

第3章 共同富裕的基本医疗保险制度框架

本章在界定共同富裕内涵的基础上，依托机会平等理论和收入分配理论，构建共同富裕的基本医疗保险制度框架，明确共同富裕对基本医疗保险的内在要求。同时，对现行基本医疗保险的政策框架进行梳理，包括主体政策和配套政策，把握面向共同富裕的基本医疗保险改革方向。接着，从财富增长和共享发展两条路径剖析基本医疗保险再分配效应的形成机理，为医疗保险再分配效应统计测度奠定理论基础。最后，依托保险精算和因果关系识别方法，构建基本医疗保险收入再分配效应和财富再分配效应统计测度的数理模型，为实证检验提供方法支撑。

3.1 共同富裕对基本医疗保险的内在要求

3.1.1 共同富裕的内涵界定

2021年8月，中央财经委员会的第十次会议提出："共同富裕是全体人民共同富裕，是人民群众物质生活和精神生活都富裕，不是少数人的富裕，也不是整齐划一的平均主义。"①这就意味着，共同富裕不是均等化的富裕，而是有差别的富裕，是在实现权利平等、机会均等基础上的富裕，是在人人参与共建共享发展的过程中实现的富裕（李实，2021）。

中国共产党的共同富裕理念可以回溯到20世纪80年代。1985年，邓小平同志在中国共产党全国代表会议上强调："鼓励一部分地区、一部分人先富裕起来，正是为了带动越来越多的人富裕起来，达到共同富裕的目的。"② 1992年，邓小平在"南巡讲话"中开拓性地提出："社会

---

① 中共中央：《习近平主持召开中央财经委员会第十次会议》，2021-08-17. http://www.gov.cn/xinwen/2021-08/17/content_5631780.htm.
② 人民网：《邓小平在中国共产党全国代表会议上讲话》，2008-11-24. http://www.ce.cn/cysc/ztpd/08/gg/1985/dt/200811/24/t20081124_17480299.shtml.

主义就是要逐步实现共同富裕。一部分有条件的地区先发展起来,一部分地区发展慢点,先富带动后富,最终实现共同富裕。如果富的愈来愈富,穷的愈来愈穷,两极分化就会产生,而社会主义制度应当而且能够避免两极分化。"①党的十五大进一步提出:"坚持和完善按劳分配为主体多种分配方式并存的格局,允许一部分地区一部分人先富起来,并且带动落后地区和群体,最终走向共同富裕。"②虽然当时共同富裕已成为全党的奋斗目标,但仍然停留在理论层面。

将共同富裕从理念转变为发展目标始于2020年党的十九届五中全会,会议明确提出:"到2035年全体人民共同富裕取得实质性进展",标志着共同富裕建设从理论走向实践。③ 2021年6月,中共中央、国务院印发《关于支持浙江高质量发展建设共同富裕示范区的意见》,赋予浙江重要改革任务,为全国推动共同富裕建设提供省域范例。④ 2021年8月17日,中央财经委员会第十次会议提出"坚持以人民为中心的发展思想,在高质量发展中促进共同富裕"。⑤ 2021年11月11日,党的十九届六中全会进一步强调"全面深化改革开放,促进共同富裕"。⑥ 2022年10月16日,党的二十大明确提出"中国式现代化是全体人民共同富裕的现代化。到2035年基本公共服务实现均等化,人的全面发展、全体人民共同富裕取得更为明显的实质性进展。"⑦在高质量发展过程中建设共同富裕,应加大税收制度、转移支付和社会保障的再分配调节力度,"扩中、提低、禁非",形成中间大、两头小的橄榄型分配格局。

---

① 共产党员网:《邓小平南巡讲话(全文)》,2016-01-21,https://news.12371.cn/2016/01/21/ARTI1453342674674143.shtml.

② 中共中央:《江泽民在中国共产党第十五次全国代表大会上的报告》,2012-09-27,http://www.gov.cn/test/2008-07/11/content_ 1042080.htm.

③ 中共中央:《中国共产党第十九届中央委员会第五次全体会议公报》,2020-10-29,http://www.gov.cn/xinwen/2020-10/29/content_ 5555877.htm.

④ 中共中央 国务院:《关于支持浙江高质量发展建设共同富裕示范区的意见》,2021-06-10,http://www.gov.cn/zhengce/2021-06/10/content_ 5616833.htm.

⑤ 中共中央:《习近平主持召开中央财经委员会第十次会议》,2021-08-17,http://www.gov.cn/xinwen/2021-08/17/content_ 5631780.htm.

⑥ 中共中央:《中国共产党第十九届中央委员会第六次全体会议公报》,2021-11-11,http://www.gov.cn/xinwen/2021-11/11/content_ 5650329.htm.

⑦ 中共中央:《高举中国特色社会主义伟大旗帜 为全面建设社会主义现代化国家而团结奋斗——在中国共产党第二十次全国代表大会上的报告》,2022-10-16,https://www.gov.cn/xinwen/2022-10/25/content_ 5721685.htm.

共同富裕包含富裕和共同两个维度，前者是增长的问题，后者是分配的问题。富裕包括物质财富和精神财富两个层面的富足，物质财富方面包括收入增长、财产积累以及消费提升，精神财富方面包括教育、医疗、文化等公共服务质量的提升以及居民幸福感的增强。当然，物质财富和精神财富之间也会相互促进、共同增长。富裕程度的提升可以理解为"做大蛋糕"，那么共同意味着全体居民共享改革发展成果，体现的是共享理念，即"分好蛋糕"。共享不是平均主义，也不是两极分化，而是一种有差别的分享，是一种合理的分享（李实，2021）。共享也可以理解为地区间、城乡间、群体间物质财富和精神财富的平衡配置，这种平衡考虑了努力程度和人力资本差别造成的分配差距，并且在初次分配差距的基础上进行再分配和三次分配。

富裕程度和共享程度都可以采用一些指标来反映，富裕程度方面可以用人均意义上的收入水平、财产水平和公共服务资源来表征，常用指标是人类发展指数。共享程度可以用不均等（inequality）指标来表征地区间、城乡间、群体间富裕程度的差异，如基尼系数、泰尔指数、变异系数等。

中央财经委员会第十次会议提出共同富裕要分阶段推进，第一阶段是2021—2035年，人均GDP达到中等发达国家水平。从世界银行公布的数据来看，2022年中国人均GDP为12720.2美元，2022年中高收入国家的人均GDP是10794.9美元，高收入国家的人均GDP是49430.3美元。① 如果按照6%的增长率，2035年中国人均GDP将达到27131.27美元。第二阶段是2035—2050年，人均GDP达到发达国家水平。如果按照6%的增长率，2050年中国人均GDP预计达到65421美元，是否达到发达国家水平，取决于发达国家的经济增长率。世界银行按照人均国民总收入（2020年物价水平）对国家进行分类，低于1036美元为低收入经济体，1036～4045美元为中低收入经济体，4046～12535美元为中高收入经济体，高于12535美元为高收入经济体。② 2022年中国人均国民总收入为12850美元，剔除价格因素后距离高收入国家的较低标准不到60美元。经济发展带来了居民收入的提高，改革开放以来，城镇居民人均收

---

① 世界银行公开数据，https://data.worldbank.org/indicator/NY.GDP.PCAP.CD?most_recent_value_desc=true&view=chart。

② 张永军：《2035年我国人均国内生产总值能否达到中等发达国家水平》，http://www.cciee.org.cn/thinktank4en/detail.aspx?newsid=18672&tid=231。

入从 1978 年的 343.4 元/年上升到 2022 年的 49283 元/年，剔除价格因素后增加 19 倍；农村居民人均收入从 1978 年的 133.6 元/年上升到 2022 年的 20133 元/年，剔除价格因素后增加 20 倍。①

然而，在收入快速增长的同时，地区间、城乡间、群体间的差距也逐渐扩大，城乡收入差距从 1978 年的 2.57 上升到 2007 年的较高点 3.33，此后逐渐下降至改革开放初期的水平，但仍高于 20 世纪 80 年代的较低值（1.82）。20 世纪 80 年代初期，基尼系数在 0.3 左右，到 2008 年达到较高峰 0.491（李实等，2019）。从国家统计局公布的数据来看：2003 年以来全国基尼系数经历了上升、下降、上升三个阶段，收入差距的再度上升应当引起重视（图 3.1）。工资性收入已成为城乡居民的主要收入来源，但工资性收入差距有所扩大。2008 年以来，农民工与城镇在岗职工工资的差距在波动中上升，从 2008 年的 1.82 下降至 2013 年的 1.67，此后又逐渐上升至 2020 年的 2.06②。

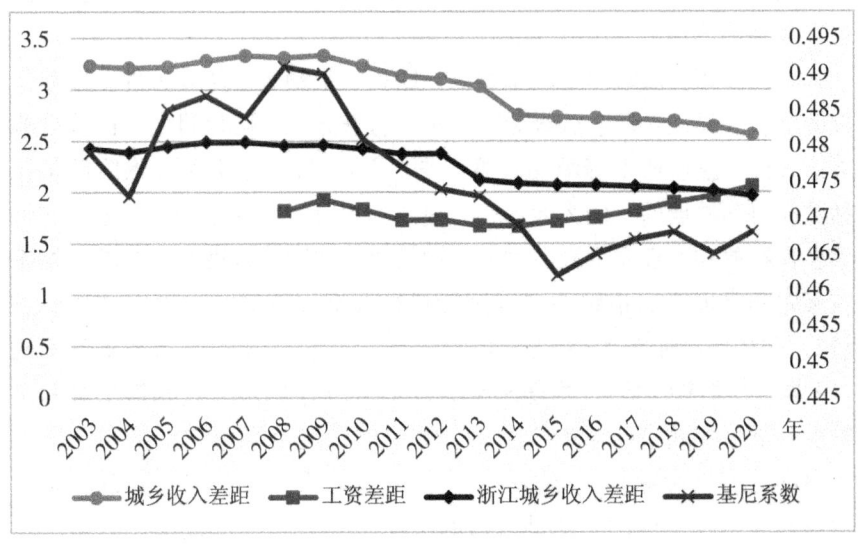

图 3.1　收入分配差距变动趋势

---

① 国家统计局，年度数据，https://data.stats.gov.cn/easyquery.htm?cn=C01.
② 数据来源：国家统计局年度数据，工资差距＝城镇单位在岗职工平均工资/农民工收入。

3.1.2 共同富裕的基本医疗保险制度特征

近十年以来，中国基本公共服务均等化不断推进，为实现共同富裕奠定了良好的制度基础（李实、杨一心，2022）。基本医疗保险作为缓解居民医疗负担、分散疾病风险的公共服务，在建设共同富裕的过程中也发挥着重要作用。改革开放以来，医疗保险领域进行的探索实现了制度转型和惠及范围扩展，不仅提高了居民的医疗服务可及性，也提升了国民健康。目前，中国已建成世界上规模最大的基本医疗保障网，2022年基本医疗保险参保率超过95%。2022年每万人拥有卫生技术人员数为83，是1975年的3.8倍。2022年城镇职工医疗保险政策范围内住院费用基金支付84.2%，城居保政策范围内住院费用基金支付68.3%，居民医疗负担进一步减轻。2022年婴儿死亡率为4.9‰，比1975年下降6.2个百分点；人均预期寿命78岁，比1975年提高14岁。

相比养老保险、失业保险等其他社会保险，医疗保险更具复杂性。这种复杂性体现在两个方面。

首先，相关政策多，除了参保、缴费、报销等主体政策外，还涉及统筹层次、异地就医、分级诊疗、医保付费方式、医保目录、医药采购方式、公立医院改革等配套政策（图3.2）。现行基本医疗保险政策包括城职保和城居保，两大险种运行模式和政策目标存在差异，缴费和待遇也存在差别。在主体政策方面，参保政策和缴费政策相对简单，报销政策则非常庞杂。报销待遇因医疗机构等级而不同（一级、二级、三级），也因医疗服务类型而不同（门诊、住院），还因药品类别而不同（甲类、乙类和丙类）。配套政策方面，可以分成供给侧和需求侧两个维度，供给侧政策会影响需求侧，需求侧政策也会影响供给侧，这里考察的是直接影响和主要影响。在需求侧方面，统筹层次提升和异地就医政策主要影响的是流动人口的医疗服务使用，分级诊疗的作用是轻重症患者的分流，从而提高医疗资源的配置效率。在供给侧方面，医保付费方式、医保目录和药品耗材采购方式直接影响医疗成本的高低，公立医院改革作为"新医改"的主要内容，对于破除公立医院逐利机制，缓解群众"看病难""看病贵"问题有着重要的价值。

其次，医疗保险涉及多个利益主体，除了政府、医保部门、参保人，还涉及医疗机构和其他部门（卫健委、财政部等），如图3.3所示。

第 3 章 共同富裕的基本医疗保险制度框架

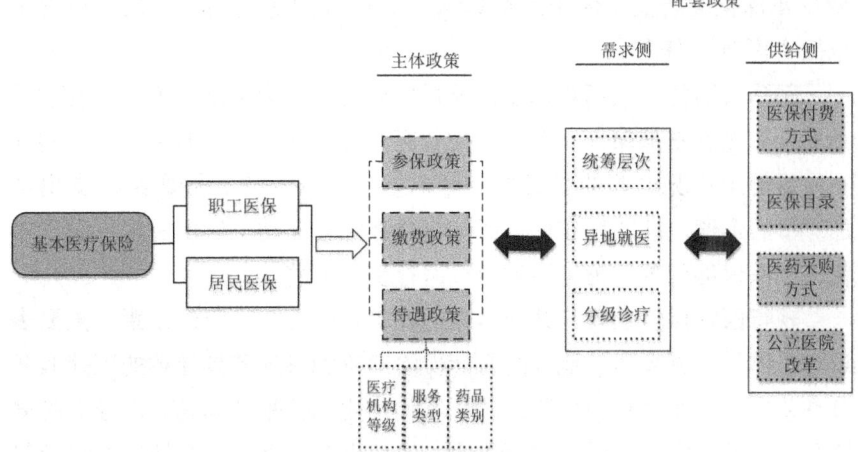

图 3.2 基本医疗保险制度框架

政府的主要职责是顶层设计、制定政策。参保人的主要职责是缴费，并且接受医疗机构（药店、医院等）的服务，同时从医保部门报销医疗费用。医保部门向医疗机构支付医疗费用，不同的支付方式也会影响医疗机构的行为。例如，按服务项目付费会诱导过度医疗，定额付费会增加住院天数，按疾病诊断相关分组则能有效控制医疗费用。由于医疗市场涉及医疗资源配置、公立医院改革、药品和医用耗材采购、医疗技术人员培养等，因此除了医保部门还涉及国家卫生健康委、国家发展改革委、财政部、人力资源社会保障部、国家医保局、国家药监局等部门。

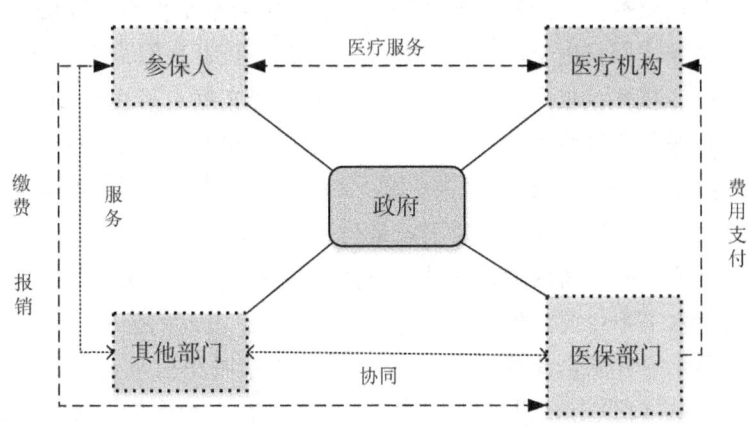

图 3.3 基本医疗保险相关主体

2009年深化医药卫生体制改革以来，这些部门协同治理，共同推进每年的"医改"任务。

医疗市场的信息不对称使得委托代理问题尤为突出，主体间利益关系复杂，尤其是参保人、医疗机构和医保部门之间。事前道德风险的存在使得健康状况更差的居民更有倾向参与医疗保险，造成医疗支出增加。事后道德风险的存在使医疗机构在利益驱动下做出更多不利于参保人和医保部门的行为，同样导致医疗费用上涨。

现行医疗保险政策与共同富裕的要求仍然存在一定的差距，主要表现为群体间、城乡间、地区间医疗保险筹资和待遇差异导致的医疗服务分享差别，以及医疗卫生资源分配不均产生的公平性问题。医疗保险筹资和待遇差异源于较低的统筹层次，医疗保险制度建立初期以县级统筹为主，目前处于做实市级统筹状态。较低的统筹层次不仅会削弱医保基金的抗风险能力，降低医疗保险制度公平，还会影响流动人口的医保受益，阻碍劳动力自由流动。在医疗卫生资源分布方面，2020年每万人拥有卫生技术人员数较高的5个省（区/市）是北京、陕西、吉林、上海和浙江，较低的5个省（区/市）是安徽、福建、广东、江西和西藏，每万人拥有卫生技术人员数较高和较低的两个省（区/市）（北京和西藏）相差64人。

医疗保险领域的公平问题可以从三个视角来考察：一是机会平等视角，二是受益公平视角，三是结果公平视角。机会平等注重起点公平，通过对造成个体医疗服务使用结果差异的努力因素和环境因素进行分解来得到医疗服务使用的机会不平等程度。受益公平是指参保资格、保障待遇及服务使用只由个体特征（性别、年龄、健康）等需求因素决定，不受户口、教育、收入等非需求因素影响（何文炯，2021）。结果公平是指医疗保险通过将疾病风险在不同群体中分散来实现再分配（Gamlath and Lahiri, 2019；杜创、朱恒鹏，2016）。通过考察医保报销前后的收入差距可以判断医疗保险对于结果公平的调节作用。

公平适度的待遇保障是增进人民健康福祉的内在要求，当然医疗保险的待遇水平不仅要达到起点、过程和结果三个方面的公平，还应当与经济发展水平和基金承受能力相适应。2020年城职保基金支付能力较低的3个省（区/市）是辽宁、重庆、山东，在1.4以下；基金支付能力较高的3个省（区/市）是浙江、福建、上海。职工医保基金支付能力与人均地区生产总值之间呈正相关，经济发展水平越高，基金支付能力越高。原因在于经济发展水平越高的省（区/市），企业盈利状况越好，税收收入规模更大，财政对于医疗保险基金的支持力度更强，医疗保险基金支付能力更高。

在建设共同富裕的背景下，需要大力推进基本公共服务均等化，尤其是公共卫生医疗资源分配的均等化进度，让农村地区、落后地区和弱势群体能够享有更加优质的医疗资源，缩小群体间的人力资本差距（李实，2021）。共同富裕背景下的基本医疗保险制度应当具有以下四个特征：制度公平、筹资稳定、待遇合理、结果平衡。制度公平可以从参保公平、筹资公平、待遇公平、服务公平四个方面进行界定，由基本医疗保险的政策目标决定。稳定的筹资机制是医疗保险制度可持续发展的基本保障。那么，在城职保方面，完善责任均衡的多元筹资机制，建立基准费率制度，研究规范缴费基数，提高统筹基金在职工基本医疗保险基金中的比重；在城居保方面，建立筹资水平与经济社会发展水平和居民人均可支配收入挂钩的机制，优化个人缴费和政府补助结构；提高基金运行现代化管理水平，健全风险预警机制，防范系统性支付风险。待遇合理是指与社会主义初级阶段的社会经济发展水平相适应、与医保基金承受能力相匹配、与居民基本健康需求相协调，稳定基本医疗保险住院待遇，稳步提高门诊待遇。结果平衡是指基本医疗保险在分散疾病风险、缓解居民医疗负担的同时，实现高收入者到低收入者的再分配，调节初次分配差距，促进全体居民共同富裕。

3.1.3 共同富裕的基本医疗保险改革方向

基本医疗保险可以从两个方面促进城乡居民共同富裕。首先，缓解居民医疗费用负担，减轻居民预防性储蓄动机，优化消费结构，提高人力资本投资型消费（如教育支出）占比。预防性储蓄动机的下降，一方面可以使居民在收益率更高的投资产品中配置更多，促进财产积累；另一方面可以增加人力资本投资型消费，从而提高劳动者的教育和技能水平，提高收入挣得能力，促进收入增长。其次，基本医疗保险通过提高居民医疗服务可及性，促进医疗公共服务均等化，分散疾病风险，提升健康水平，缩小地区间、城乡间以及人群间的差距，让全体居民共享改革发展的成果。见图3.4。

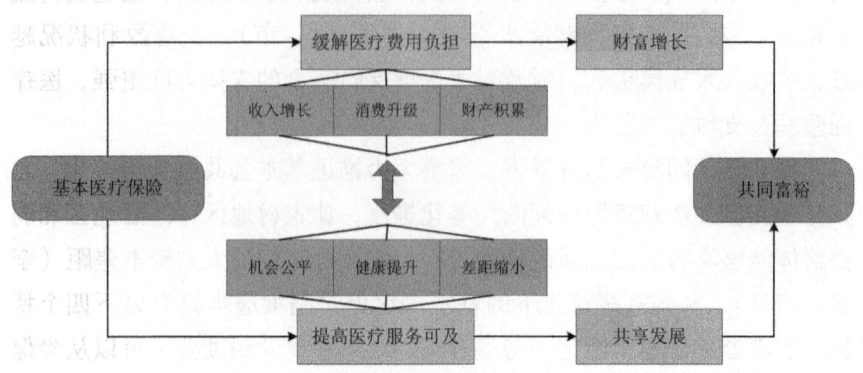

图 3.4　面向共同富裕的基本医疗保险制度

构建面向共同富裕的基本医疗保险可以从以下五个方面入手：

第一，推进基本医疗保险省级统筹，提升制度公平。根据《关于深化医疗保障制度改革的意见》要求，按照分级管理、统筹调剂、责任共担、预算考核这四个方面的原则来推进基本医疗保险省级统筹的政策落地。省级统筹涉及省内各市医保待遇政策和缴费政策的统一，但若一次性拉平各地待遇差异和缴费差异，就会造成医疗保险基金收支失衡、加重企业人工成本负担，不利于制度可持续。因此，应当结合各地经济发展水平、人口结构、基金支付能力等方面差异，设计渐进式医疗保险省级统筹政策推进方案。在财政筹资方面，基于财权与事权相对等的原则设计省级统筹改革成本分担方案，明确省－市－县各级财政筹资职责，解决各级政府的委托－代理问题。在缴费筹资方面，考虑到人口老龄化和生育率下降的双重压力，基于长期平衡视角测算医疗保险省级统筹纵向平衡费率，作为提高基金可持续性的参考。考虑到纵向平衡费率和现行医保缴费率之间的差距，可以设计阶梯式费率调整方案作为政策设计的参考。

第二，健全基本医疗保险稳定的筹资机制，提升基金支付能力。坚持稳健可持续的基本原则，确定基本医疗保险筹资水平，协调政府、社会和个人的筹资责任，建立基准费率制度，合理确定费率，强化健康风险统筹共济，提升医疗保险基金支付能力。针对基本医疗保险基金运行过程中可能出现的供需双方道德风险及系统性的重大突发风险，设计风险控制机制。在供方道德风险方面，引入按疾病诊断相关分组付费

(diagnosis related groups, DRGs) 改革医疗保险付费方式, 缓解过度医疗现象, 发挥医疗保险对医药费用的控制作用。在需方道德风险方面, 首先, 引入疾病风险调整因子作为医疗费用报销依据, 强化个人健康保障意识; 其次, 加强疾病预防宣传, 倡导全民健身, 降低疾病发病率。在系统性重大突发风险方面, 健全基金运行风险预警机制, 以应对重大公共卫生事件的基金支付风险。在城职保筹资方面, 提高统筹账户基金在医保基金总体中的比率。在城居保筹资方面, 建立缴费额与经济社会发展水平和居民人均可支配收入挂钩的机制, 优化个人缴费和政府补助结构。

第三, 完善基本医疗保险待遇调整机制, 减轻居民医疗负担。坚持医疗保险"保基本"的定位, 厘清医疗保险待遇支付边界, 规范医疗保险报销待遇政策制定的流程。根据经济社会发展水平和基金承受能力, 稳定基本医疗保险住院报销待遇, 稳步提高门诊报销待遇, 做好门诊待遇和住院待遇的统筹衔接。职工医保方面, 健全门诊共济保障机制, 改革个人账户制度。居民医保方面, 完善门诊保障政策, 合理确定待遇保障范围和基金支付水平。

第四, 构建多层次医疗保障体系, 全方位提升居民健康福祉。坚持公平适度、稳健运行, 持续完善基本医疗保障制度。鼓励支持商业健康保险、慈善捐赠、医疗互助等协调发展。坚持"以人民为中心"的发展理念, 深入实施"健康中国"战略, 在深化医药卫生体制改革的进程中建立健全多层次的中国特色医疗保障制度——以基本医疗保险为主体, 以医疗救助为安全网, 补充医疗保险、商业健康保险、医疗互助、慈善捐赠基金等共同发展。充分发挥基本医疗保险基金战略性购买的调节作用, 以医疗保障需求侧管理和医药服务供给侧改革为主要路线, 构建多层次医疗保障体系, 提升城乡居民健康福祉。充分调动社会组织与个人的积极性, 大力发展医疗慈善事业。

第五, 建设智慧医保, 提升医疗保障数字化水平。首先, 依托全国统一的医疗保障信息平台, 实现跨地区、跨部门数据共享, 有效发挥国家智慧医保实验室作用。其次, 健全"互联网+"医疗服务价格和医保支付政策, 将医保管理服务延伸到"互联网+医疗健康"医疗行为, 形成完整的"互联网+医疗"服务体系。最后, 发挥区块链的巨大优势, 加强对医疗保障基础信息数据、结算数据、定点医药机构管理数据的采集、存储、清洗、使用,完善部门数据协同共享机制,探索多维度数据校验,提升精细化治理水平,提高医药资源配置效率。

3.2 基本医疗保险再分配效应的形成机理

3.2.1 基本医疗保险再分配效应的分析框架

基本医疗保险作为分散疾病风险、缓解医疗负担的再分配制度安排,旨在提高居民的医疗服务可及性和医疗服务均等化程度,促进机会公平,从而提升居民健康水平。医疗保险的机会公平又可以产生收入效应和财富效应,从而推进城乡居民共同富裕。在收入效应方面,健康水平的提升可以促进人力资本增加,从而提高增收能力,尤其是劳动收入的获取能力,以此促进劳动收入增长;而且医疗保险待遇的提升可以缓解居民医疗负担,降低因病致贫、因病返贫的概率,以此减少贫困发生率。在财富效应方面,医疗负担的减轻可以优化城乡居民家庭的消费结构,降低预防性储蓄动机,提高投资性储蓄,促进财产积累,以此增加财产性收入。基本医疗保险通过再分配促进城乡居民共同富裕的形成机理见图3.5。

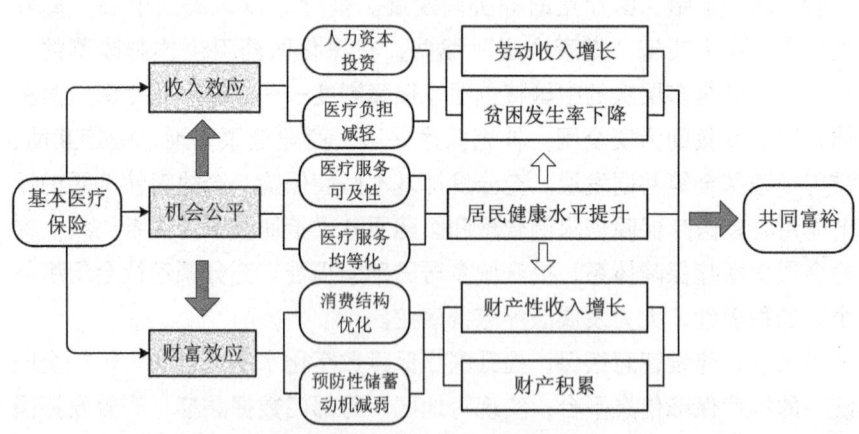

图3.5 基本医疗保险再分配效应的形成机理

依据 Roemer 的机会平等理论,个体优势(如健康、收入、消费等)由不可控的环境因素和可控的努力因素共同决定,环境因素主要包括医疗保险、户口、医疗服务可及性（到最近医疗点的距离等），努力因素包括性别、年龄、教育等。通过测算群体间收入或者医疗服务利用的"公正缺口"就可以得到机会不平等的比重。同时，可以采用Shapley值分解得到医疗保险对于医疗服务机会平等的贡献——促进了机会平等抑或加剧了机会不平等。

一般而言，低收入者健康状况更差，医疗需求更高，但收入水平制约了医疗服务的获取，从而陷入"疾病-低收入"陷阱。因此，确保低收入者的医疗服务可及性和医保报销待遇平等性是实现医疗保险机会公平的关键。然而，在当前中国的医疗保险制度框架下，存在高收入群体获得更高质量医疗服务和更多医保报销的正向选择。不仅如此，由于医疗保险统筹水平较低，流动人口的参保地和居住地不一致，导致他们的医疗服务使用较低。因此，应当通过提高基本医疗保险制度的机会公平和受益公平，提高低收入者的医疗服务可及性，促进医疗公共服务均等化，助力城乡居民共同富裕。

2021年3月，习近平总书记在调研福建省三明市时提出"健康是幸福生活最重要的指标①"。"十四五"规划中提到："推进健康中国建设——要把保障人民健康放在优先发展的战略位置，深入实施健康中国行动，为人民提供全方位全生命期健康服务②。"医疗保险通过提高医疗服务可及性、促进医疗公共服务均等化提升居民健康水平，而健康是最重要的人力资本之一。健康水平的提升一方面可以提高劳动者的收入挣得能力，从而促进工资性收入和经营性收入的增长；另一方面也可以缓解居民医疗负担，降低因病致贫、因病返贫的概率，以此减少贫困发生率。医疗保险通过提升居民健康发挥收入的再分配作用。

医疗保险的扩面伴随着健康水平的提升，新生儿死亡率从1991年的33.1‰下降至2020年的3.4‰（图3.6），人均预期寿命从1990年的58.55岁上升至2015年的76.34岁。与健康水平不同，收入差距则在2008年以前呈现上升趋势，2008年以后，收入差距和新生儿死亡率的趋势保持一致，都呈现下降趋势。

---

① 央广网，"习近平在三明沙县考察调研"，2021-03-25. https://baijiahao.baidu.com/s?id=1695169818263976046&wfr=spider&for=pc.

② 中共中央：《中华人民共和国国民经济和社会发展第十四个五年规划和2035年远景目标纲要》，2021-03-13, http://www.gov.cn/xinwen/2021-03/13/content_5592681.htm.

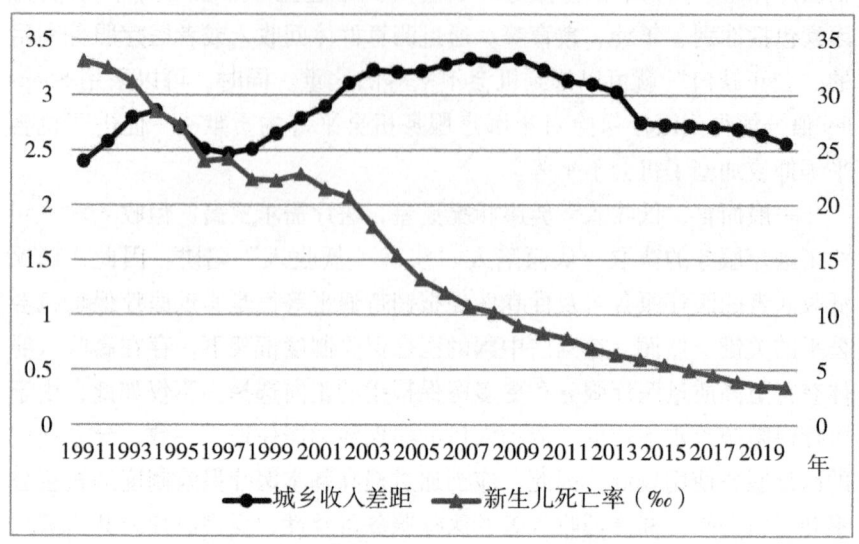

图 3.6　收入差距与新生儿死亡率的变化趋势

3.2.2　基本医疗保险的收入再分配效应

基本医疗保险通过机会平等和健康提升两条机制调节低收入者和高收入者的收入差距，实现收入再分配（图 3.7）。一方面，医疗保险通过提高医疗服务可及性，促进医疗服务机会均等，提高低收入者增收能力，实现从高收入者到低收入者的收入再分配。另一方面，医疗保险通过缓解居民医疗负担，促进医疗服务使用，提升健康等人力资本水平，降低因病致贫、因病返贫概率，促进低收入者收入增长，调节收入差距。当然，医疗保险也可能存在逆向调节的现象。这是由于低收入者的缴费水平低，因而医保报销待遇更低，出现低收入群体补贴高收入群体的逆向再分配。通过比较医保报销前后的收入差距就可以推测医疗保险是否发挥了收入再分配作用。

2008 年以来收入差距的下降得益于基本医疗保险制度不断完善。2003 年，新农合的实施，主要减轻了农村居民的住院医疗负担。2007 年，城镇居民基本医疗保险的推广，给予了未纳入职工医疗保险体系的非劳动者一定的保障。2016 年，针对新农合与城居保在报销目录和报销待遇方面的差异，以及由此产生的医疗服务机会不平等问题，政府部

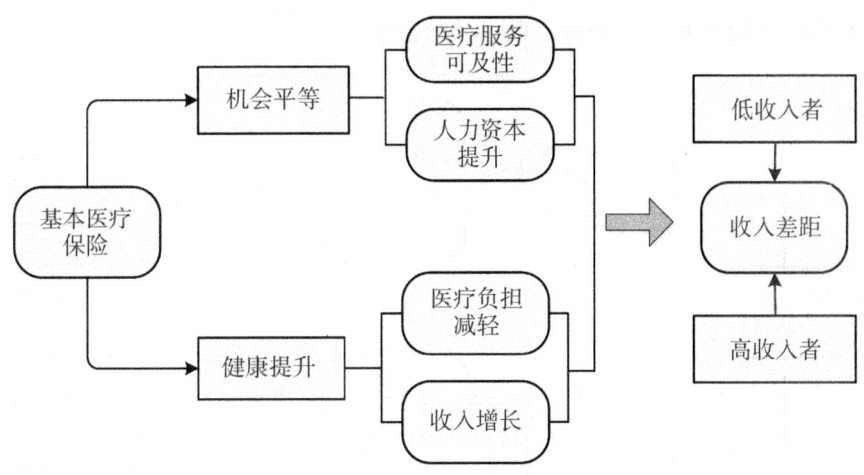

图 3.7　基本医疗保险收入再分配的作用机制

门整合了两类医保,建立城居保。城乡居民医疗保险的横向统筹不仅可以缓解城乡居民面临的医疗服务使用机会不平等,还可以提升城乡居民健康水平。首先,在医疗服务使用方面,城乡医保统筹主要消除户籍身份对医疗服务使用和报销的制约来缓解医疗服务使用方面的机会不平等,从而提高农业户籍人口的医疗保障水平,增强制度公平。其次,在健康水平方面,城乡医保统筹主要通过扩大疾病风险分散的范围来减轻农村居民和低收入群体的医疗负担,提升居民的健康水平,降低城乡收入差距,以此实现城乡协调发展。

3.2.3　基本医疗保险的财富再分配效应

基本医疗保险同样通过机会平等和健康提升两条机制调节低收入者和高收入者的财产差距,实现财产再分配(图 3.8)。一方面,医疗保险通过提高医疗服务可及性,促进医疗服务机会均等,提高低收入者人力资本水平,减轻预防性储蓄动机,提高投资规模,促进财产积累,实现从高收入者到低收入者的财产再分配。另一方面医疗保险通过缓解居民医疗负担,增加非医疗消费,尤其是教育培训等人力资本投资型消费,提高增收能力的同时进一步促进财产积累,调节财产差距。如果医疗保险存在收入差距的"逆向调节",那么也会导致"财产的逆向再分配"。因此,要提高医疗保险的机会平等和受益公平,从而发挥其收入再分配和财产再分配效应,助力共同富裕。

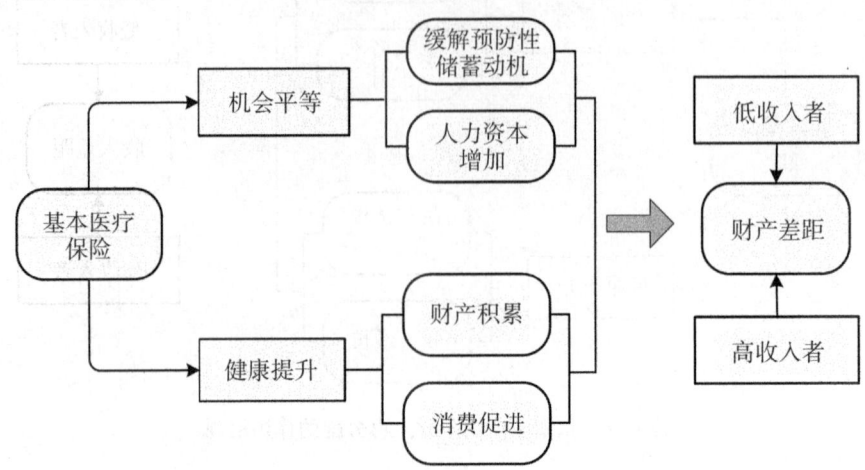

图3.8 基本医疗保险财产再分配的作用机制

在生命周期的框架下,消费者在一生中均匀分配其消费水平,预测到未来有不确定性的消费者,会增加预防性储蓄而减少当期消费。预防性储蓄的增加一方面会挤占教育等方面的人力资本投资型消费,另一方面,也会阻碍财产积累的速度,因为储蓄的利率往往较低,影响财产增值。在医疗保险制度覆盖率较低的情况下,居民不仅要负担高昂的医疗费用,还要储蓄一部分钱来备用——作为应对将来疾病风险的储备,这就挤占了居民家庭在教育等投资方面的支出,影响人力资本积累。随着医疗保险制度覆盖面的提高,居民家庭的医疗负担减轻,医疗支出下降,教育培训等非医疗支出增加,消费结构得以优化,人力资本水平提升。不仅如此,预防性储蓄动机下降,回报率更高的投资性储蓄增加,财产配置更加优化,财产积累速度加快。

2002—2013年,城乡居民人均净资产的实际增长率年均为17%,2013—2018年,城乡居民人均净资产的实际增长率年均为12%,2018年全国家庭人均净财产净均值为20.6万元,其中城镇居民家庭平均为32万元,农村居民家庭平均为8.1万元(Knight et al., 2016;李实,2021)。居民财产积累的主要来源是房价上涨,该因素可以解释居民净财产增长的55%～85%;其次是居民储蓄,可以解释居民财产增量的

30%～40%（李实等，2023）。

概而言之，医疗保险不仅可以通过提高医疗服务可及性和医疗服务均等化促进居民健康水平的提升，提高人力资本水平，增强收入挣得能力，还可以通过缓解医疗费用负担、优化消费结构和财产配置结构，促进财富再分配，助力城乡居民共同富裕。本书的第 6～10 章将基于中国家庭追踪调查、中国健康与营养调查以及全国流动人口动态监测调查等数据，采用因果关系识别方法对基本医疗保险的收入再分配和财富再分配效应进行检验，为设计面向共同富裕的基本医疗保险制度提供现实依据，明确基本医疗保险改革方向。

3.3 基本医疗保险再分配效应测度的数理模型

3.3.1 收入再分配效应测度

（1）MT 指数

本书采用 MT 指数来测算医保报销的收入再分配效应，测算公式如下：

$$MT = G_i - G_j \tag{3.1}$$

式中，G_i 和 G_j 分别表示不同状态下的基尼系数。本小节测算了三种状态下的基尼系数：初始收入、减去医疗支出后的收入、加上医保报销后的收入。通过比较 MT 的正负号和大小可以判断医疗保险的再分配效应。

（2）多元线性回归模型

本书采用多元线性回归模型考察基本医疗保险报销待遇对个体相对收入的影响，回归模型如下：

$$\log(income\_c) = \alpha_0 + \alpha_1 benefit + \alpha_2 insurance + \beta X + \varepsilon \tag{3.2}$$

式中，$income\_c$ 是个体相对收入，$benefit$ 代表实际报销比，$insurance$ 代表 4 个虚拟变量，表示公费医疗、城职保、城镇居民基本医疗保险、新农合四种医疗保险类型，基准组是无医疗保险。X 是控制变量，包括教育年限、家庭规模、性别、工作状态、健康、城镇、医疗资源、人均 GDP 对数和地区。

(3) 面板数据回归模型

本书基于中国家庭追踪调查数据，采用面板数据回归模型考察医疗保险待遇对收入差距的调节效应。模型设置如下：

$$y_{it} = Z_{it}\gamma + \delta b_{it}^* T_{it} + a_i + \xi_{it} \quad (3.3)$$

式中，y_{it}代表第i个省t年的收入差距，如基尼系数或者城乡收入差距等。Z_{it}包括人均地区生产总值、城镇人口比重、财政中医疗支出占比、医疗保险参保率等控制变量。b_{it}^*分别代表实际报销比，T_{it}表示医药卫生体制改革的持续时间，用于识别医改的短期效应和长期效应。a_i代表不随时间变化的不可观测因素的影响。

(4) 双重差分估计

为了进一步考察医疗保险领域政策改革（如省级统筹、异地就医等）对收入差距的调节效应，本书基于年度经济统计数据构造的省级面板采用匹配-双重差分估计得到政策实施的效应。基本模型如下：

$$Y_{it} = \alpha_0 + \alpha_1 D_{it} + \alpha_2 T_{it} + \alpha_3 D_{it} \cdot \sum \beta_k X_{ikt} + \varepsilon_{it} \quad (3.4)$$

式中，Y_{it}代表t年第i个地区的收入差距（如基尼系数），D_{it}代表该省（区/市）是否实施省级统筹，$D_{it}=1$代表实施省级统筹（处理组），$D_{it}=0$代表未实施省级统筹（控制组），T_{it}代表省级统筹的政策实施年份，X_{ikt}代表其他影响收入差距的特征变量，如经济发展水平、人口结构、基金率等。α_3表示省级统筹对收入差距的影响，即双重差分估计量。ε_{it}是随机干扰项。

DID 的前提是处理组和控制组具有相同的时间趋势，为了检验平行趋势，模型 (3.5) 可以进一步设置为：

$$Y_{it} = \alpha_0 + \alpha_1 D_{it} + \sum_{j=-5}^{5} \alpha_{2j} T_{ijt} + \sum_{j=-5}^{5} \alpha_{3j} D_{it} \cdot T_{ijt} + \sum \beta_k X_{ikt} + \varepsilon_{it} \quad (3.5)$$

式中，j代表距离省级统筹政策实施年份的期数，$j<0$代表在省级统筹实施以前。通过判断$j<0$时α_{2j}和α_{3j}的显著性就可以检验平行趋势。

由于省级统筹的实施可能受到各省经济发展水平、人口结构等因素影响而存在自选择问题，使得 DID 的平行趋势假设无法满足。对此，本书采用倾向性得分匹配来提高处理组和控制组的可比性。第一步，确定影响处理（treatment）的协变量，在本书的框架下，即得到影响是否实行省级统筹的协变量。然后建立是否实行省级统筹与协变量之间的 Logit 模型，预测各省实行省级统筹的概率，以此作为倾向性得分值：

$$Logit(D=1) = \alpha_0 + \beta X + \varepsilon \tag{3.6}$$

式中，$D=1$ 代表实行省级统筹，$D=0$ 代表未实行省级统筹。X 是影响省级统筹实施的协变量，如经济发展水平、人口结构、基金率等，ε 是随机干扰项。

倾向性得分匹配的第二步是匹配，即按照一定的方法将控制组的个体与处理组中具有相同倾向得分值的个体匹配起来，解决基于可观测特征的自选择问题。匹配方法主要有最小近邻匹配、半径匹配与核匹配等。匹配之后再开展 DID 估计，模型如下。

$$Y_{it} = \alpha_0 + \alpha_1 D_{it}^* + \alpha_2 T_{it} + \alpha_3 D_{it}^* + \sum \beta_k X_{ikt} + \varepsilon_{it} \tag{3.7}$$

式中，Y_{it} 代表 t 年第 i 个地区的收入差距，$D_{it}^*=1$ 代表匹配后的处理组，$D_{it}^*=0$ 代表匹配后的控制组，X_{ikt} 代表影响收入差距的特征变量。

3.3.2 财产再分配效应测度

在财产再分配效应方面，本书首先采用多元线性回归考察医疗保险类型对财产积累的影响，模型如下：

$$\log(y) = \alpha_0 + \alpha_1 insurance + \beta X + \varepsilon \tag{3.8}$$

式中，y 表示家庭人均净资产，$insurance$ 代表四个虚拟变量，表示公费医疗、城职保、城居保及新农合四种基本医疗保险类型，基准组是无医疗保险。X 是影响家庭人均净资产的控制变量，包括教育年限、年龄、性别、工作状态、是否患慢性病、健康等级指标、是否喝酒、是否吸烟、每周锻炼时间、家庭人均收入对数、城乡属性和地区类别。ε 是随机干扰项。

在医疗保险参保的自选择方面，本书采用倾向性得分匹配来解决。倾向性得分匹配方法是通过构建一个倾向性得分值（Propensity score）来解决处理组（参保者）和控制组（非参保者）之间可观测到的系统性差异对估计结果的影响（Rosenbaum and Rubin，1983）。而倾向性得分值则是在给定一系列可观测的协变量（自变量）的前提下，一个个体接受到处理（在本章的框架下，即获得医疗保险）的条件概率。采用最小临近匹配、核匹配等方法将具有同样倾向得分值的控制组个体与处理组个体匹配起来，就可以估计处理组的平均处理效应——医疗保险政策对消费的影响。

倾向性得分匹配方法的第一步是确定影响处理（Treatment）的协变量，在本章的框架下，即得到影响医疗保险的协变量。然后建立医疗保险参保与协变量的 Logit 回归模型，预测个体获得医疗保险参保（某一种医疗保险）的概率，以此作为倾向性得分值：

$$Logit(D=1) = \alpha_0 + \beta X + \varepsilon \tag{3.9}$$

上式 $D=1$ 代表参保组，$D=0$ 代表非参保组。X 包括其他影响个体是否具有医疗保险的协变量，包括年龄、性别、教育水平、城乡属性、工作状态、健康状况、家庭收入水平以及地区特征等，ε 是随机干扰项。

得到预测概率（倾向性得分值）之后，按照一定的方法，如最小临近匹配、半径匹配、核匹配等方法，将控制组（非参保者）的样本与处理组（参保者）中具有相同倾向得分值的样本匹配起来，计算处理组的平均处理效应，也就是医疗保险对财产的影响。Rosenbaum and Rubin（1983）在研究中指出如果对于给定倾向性得分值条件下的处理分布是随机的，那么处理组的平均处理效应（Average Treatment Effect on the Treated，ATT）可以表示成：

$$\begin{aligned}
ATT &= E[(Y_1 - Y_0) \mid D=1] \\
&= E\{E[(Y_1 - Y_0) \mid p(x), D=1] \mid D=1\} \\
&= E\{\{E[Y_1 \mid p(x), D=1] - E[Y_0 \mid p(x), D=1]\} \mid D=1\}
\end{aligned} \tag{3.10}$$

式中，$E[Y_0 \mid p(x), D=1]$ 是"反事实"，它表示处理组如果没有接受处理的财产——在本书的框架下，它表示参加医疗保险的人如果没有参加医疗保险，他们的期望财产是多少。在倾向性得分匹配的框架下，"处理"是基于可观测特征的选择，也就是在给定倾向性得分值条件下的处理分配是随机的，(3.10) 式等价于：

$$E\{\{E[Y_1 \mid p(x), D=1] - E[Y_0 \mid p(x), D=1]\} \mid D=1\}$$

匹配方法主要有最小近邻匹配、半径匹配与核匹配（Becker and Ichino，2002）。在考察基本医疗保险对家庭人均净资产的影响效应的基础上，进一步估计基本医疗保险对财产差距（县域财产基尼系数）的影响，从而检验医疗保险的财产再分配效应。

3.3.3 再分配效应机制识别

(1) 基本医疗保险再分配效应的机会平等机制

本书基于中国家庭追踪调查，采用机会不平等考察基本医疗保险再分配效应的机会平等机制。个体的医疗服务使用 Y_i 取决于环境因素 C_i、努力因素 E_i 及残差项 ε_i，并且残差项中可能包含不可观测变量 u_i、随机干扰项 e_i。基准模型可以表示为：

$$Y_i = f(C_i, E_i, \varepsilon_i) = f(C_i, E_i, u_i, e_i) \qquad (3.11)$$

考虑到医疗服务使用的厚尾分布特征，可以采用简化的线性方程形式：

$$\ln Y_i = \mu + \varphi C_i + \varepsilon_i \qquad (3.12)$$

式中，φ 捕捉的是环境因素的影响，ε' 为随机干扰项。

在机会不平等测度阶段，采用类别间不平等测算方法，以类别均值取代个体真实医疗服务使用，将真实医疗服务使用分布转换为反事实医疗服务使用分布，并基于反事实分布测算类别间医疗服务使用条件期望不平等，如式（3.13）所示。

$$\hat{Y}_1 = \exp[E(Y/C_i)] = \exp[\hat{\mu} + \varphi \hat{C}_i] \qquad (3.13)$$

式中，$\hat{Y}_1$ 表示构造的反事实个体医疗服务使用，$E(Y|C_i)$ 表示个体所处类别的医疗服务使用条件期望，$\mu + \varphi$ 是回归方程估计值，并设定残差项期望为 0。

由于反事实收入中类别内医疗服务使用相同，努力对医疗服务使用的影响可视为已被消除，可以用（3.14）式和（3.15）式测算绝对机会不平等 IO_a 和相对机会不平等 IO_r，$I(\cdot)$ 表示医疗服务使用不平等测度指标，如基尼系数、泰尔指数等。

$$IO_a = I(\hat{Y}) \qquad (3.14)$$

$$IO_r = I(\hat{Y})/I(y_i) \qquad (3.15)$$

在此基础上采用 Shapley 分解可以得到医疗保险对医疗服务机会平等的贡献，从而识别医疗保险再分配效应的作用机制。医疗服务使用通常用医疗支出来度量，但在抽样调查数据中有 20% 以上的个体医疗支出为 0，因此采用 OLS 估计医疗支出方程会存在样本选择偏误。本书采用 Heckman 两步法来纠正样本选择偏误。第一步构建是否发生医疗支出的选择方程，并估计出逆米尔斯比（Inverse Mills Ratio）：

$$\Pr(ME_i = 1) = \Phi(\alpha_0 + \beta X_i + Z\gamma) \quad (3.16)$$

式中，$ME_i = 1$ 表示发生医疗支出行为，$ME_i = 0$ 表示没有发生医疗支出行为。X_i 表示影响是否发生医疗支出行为的控制变量。第二步是估计加入逆米尔斯比之后的医疗费用回归模型，根据逆米尔斯比 λ 的显著性来判断是否存在样本选择性偏误。

$$Log(Medical_i) = \beta_0 + \beta X'_i + \rho\lambda(Z\gamma) \quad (3.17)$$

为了使模型（3.17）能够识别，模型（3.16）的 X_i 应当至少包括 1 个 X'_i 没有的变量。利用模型（3.17）可以估计所有个体的医疗支出，从而纠正样本选择偏误。

在稳健性检验部分，本书还将采用事件分析法剖析医疗保险省级统筹对流动人口医疗服务使用的影响效应，基本回归模型如下：

$$y_{ijt} = \alpha_i + \gamma_j + \tau_t + \rho_{r(i,t)} + x_{it}\beta + \delta D_{it} + \varepsilon_{ijt} \quad (3.18)$$

式中，i 代表流动人口，j 代表地区，t 代表年份。y_{ijt} 表示医疗服务的使用，α_i、γ_j 和 τ_t 分别表示流动人口、地区、年份的固定效应；$\rho_{r(i,t)}$ 表示跨地区转诊流动人口的固定效应，对于非转诊流动人口，此项为 0；x_{it} 表示随时间变化的流动人口个体特征，D_{it} 表示是否实行省级统筹，ε_{ijt} 表示随机干扰项。对于跨地区转诊的流动人口，他们的医疗服务使用方程为：

$$y_{it} = \alpha_i + \gamma_{0(i)} + I_{r(i,t)}S^i_{place}\delta_i + \tau_t + \rho_{r(i,t)} + X_{it}\beta + \delta D_{it} + \varepsilon_{it} \quad (3.19)$$

式中，$\gamma_{0(i)}$ 表示初始地的效应，$I_{r(i,t)}$ 表示跨地区转诊这个事件发生的一个指示变量，S^i_{place} 表示地区效应的贡献，δ_i 表示转诊地（目的地）和初始地之间的平均医疗服务使用差异。经过变换可以得到：

$$y_{it} = \tilde{\alpha}_i + \theta_{r(i,t)}\delta_i + \tau_t + \rho_{r(i,t)} + x_{it}\beta + \delta D_{it} + \varepsilon_{it} \quad (3.20)$$

式中，$\tilde{\alpha}_i = \alpha_i + \gamma_{0(i)}$，$\delta$ 度量了在控制跨地区转诊的前提下省级统筹对流动人口医疗服务使用的影响效应。

（2）基本医疗保险再分配效应的健康提升机制

本书基于全国流动人口动态追踪调查，采用有序 Logit 模型考察基本医疗保险对居民健康水平的影响：

$$P(y = J | x) = P(y^* > a_J | x) = 1 - \Phi(a_J - x\beta) \quad (3.21)$$

式中，y 代表健康等级，y^* 是潜变量，Φ 是分布函数，此处为 Logit 函数。X 是影响居民健康的自变量，包括年龄、性别、教育、婚姻状况、户口类型、收入水平、就业状态、医疗保险类型、医疗支出等变量。

健康生产函数中包含了医疗支出，但有不少个体的医疗支出为 0 或者缺失，这就会产生自选择偏误，因此在稳健性检验部分，本书采用 Heckman 两步法解决医疗支出的自选择问题。Heckman 两步法的第一步是构建一个选择方程，即考察医疗支出概率的影响因素，并得到逆米尔斯比；第二步是估计加入逆米尔斯比的医疗支出方程，通过检验逆米尔斯比的显著性来判断是否存在样本选择偏误。为了能够识别，选择方程需要包含至少一个医疗支出方程没有的变量。选择方程和医疗支出方程的形式如（3.16）式和（3.17）式所示。

3.3.4 改革政策效应评估

本书基于年度经济统计数据构造的省级面板和微观调查数据，采用匹配-双重差分估计考察基本医疗保险领域改革政策的效应（省级统筹、异地就医和家庭医生签约）。以异地就医政策效应评估为例，首先构建双重差分（DID）模型，如下所示：

$$Y_{it} = \alpha_0 + \alpha_1 D_{it} + \alpha_2 T_{it} + \alpha_3 D_{it} \cdot T_{it} + \sum \beta_k X_{ikt} + \varepsilon_{it} \qquad (3.22)$$

式中，Y_{it} 代表 t 年第 i 个个体的医疗服务使用，D_{it} 代表该省（区/市）是否实施医疗保险省级统筹，$D_{it}=1$ 代表实施省级统筹（处理组），$D_{it}=0$ 代表未实施异地就医政策（控制组），T_{it} 代表异地就医政策的实施年份，X_{ikt} 代表其他影响医疗服务使用的特征变量，如年龄、性别、教育、收入等。α_3 表示异地就医政策对医疗服务使用的影响，即双重差分估计量。ε_{it} 是随机干扰项。

DID 的前提是处理组和控制组具有相同的时间趋势，为了检验平行趋势，模型（3.22）可以进一步设置为：

$$Y_{it} = \alpha_0 + \alpha_1 D_{it} + \sum_{j=-5}^{5} \alpha_{2j} T_{ijt} + \sum_{j=-5}^{5} \alpha_{3j} D_{it} \cdot T_{ijt} + \sum \beta_k X_{ikt} + \varepsilon_{it}$$

$$(3.23)$$

式中，j 代表距离异地就医政策实施年份的期数，$j<0$ 代表在异地就医政策实施以前。通过判断 $j<0$ 时 α_{2j} 和 α_{3j} 的显著性就可以检验平行趋势。

由于异地就医政策的实施可能受到各省经济发展水平、人口结构等因素影响而存在自选择问题，使得 DID 的平行趋势假设无法满足。对此，本书采用倾向性得分匹配来提高处理组和控制组的可比性。第一步是确定影响处理（treatment）的协变量，在本书的框架下，即得到影响是否实行异地就医政策的协变量。然后建立是否实行异地就医政策与协变量之间的 Logit 模型，预测各省实行异地就医政策的概率，以此作为倾向性得分值：

$$Logit(D=1)\alpha_0 + \beta X + \varepsilon \qquad (3.24)$$

式中，$D=1$ 代表实行异地就医政策，$D=0$ 代表未实行异地就医政策。X 是影响异地就医政策实施的协变量，如人口结构、经济水平等，ε 是随机干扰项。

第二步是按照倾向得分值进行控制组与处理组的匹配。匹配的常用方法主要有最小近邻匹配（1∶1或者1∶2）、核匹配、半径匹配。匹配之后再开展 DID 估计，模型如下：

$$Y_{it} = \alpha_0 + \alpha_1 D_{it}^* + \alpha_2 T_{it} + \alpha_3 D_{it}^* \cdot T_{it} + \sum \beta_k X_{ikt} + \varepsilon_{it} \qquad (3.25)$$

式中，Y_{it} 代表 t 年第 i 个个体的医疗服务使用，$D_{it}^*=1$ 代表匹配后的处理组，$D_{it}^*=0$ 代表匹配后的控制组，X_{ikt} 代表影响医疗服务使用的特征变量。

3.3.5 改革成本和隐性债务精算

（1）基本医疗保险省级统筹改革成本的精算方法

医疗保险省级统筹的改革成本是指弥补省内各市医疗保险缴费差异和待遇差异产生的医保基金收支缺口。要想知道这个"缺口"有多大，首先要预测出基金收入和支出的未来趋势。对此，本书在医疗保险省级统筹的分析框架下，基于人口增长、经济增长、疾病风险等假设，设计医疗保险省级统筹改革成本的精算方案（图3.9），分别构建城职保和城居保省级统筹基金收支预测的数理模型，并确定政策参数的基础设置。

在基本医疗保险基金的收入预测方面，本书基于各省市级层面医保基金决算数据、年度统计数据、生命表，采用时间序列分析和寿险精算预测各项基金收入的趋势。基金收入的趋势取决于工资水平、参保人数

第 3 章　共同富裕的基本医疗保险制度框架

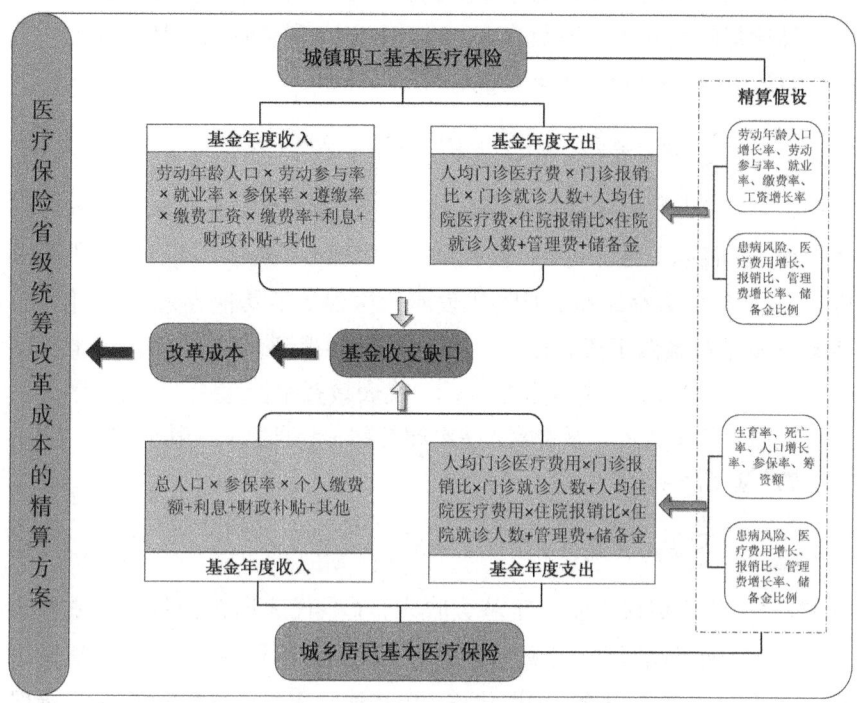

图 3.9　医疗保险省级统筹改革成本的精算方案

和缴费率的变化，工资水平取决于经济增长等宏观因素，参保人数取决于出生率、死亡率和参保率，缴费率的变化依赖于该统筹区筹资水平与省级统筹筹资标准之间的差距。

工资增长的 ARMA 模型为：

$$W_t = \alpha_0 + \beta_1 W_{t-1} + \beta_2 W_{t-2} + \cdots + \beta_p W_{t-p} + \varepsilon_t + \alpha_1 \varepsilon_{t-1} + \cdots + \alpha_p \varepsilon_{t-p} \tag{3.26}$$

式中，t 代表年份，W 代表工资，ε_t 代表误差项。

参保人数的人口年龄移算模型为：

$$\sum_{x=1}^{100} P_{t+1, x+1} = \sum_{x=0}^{100} \left[P_{t,x} \cdot (1 - Q_{t,x}) + I_{t,x} \right] \tag{3.27}$$

式中，$P_{t,x}$ 指 t 年 x 岁参保人数，$q_{t,x}$ 指 t 年 x 岁的死亡率，$I_{t,x}$ 表示净迁入人数。职工医保和居民医保的年龄上下限不同，此处为了简单起见没有区分。

按照图3.9的思路，医疗保险基金年度收入的精算模型如下：

城职保年度收入 = 缴费收入 + 财政补贴 + 利息收入 + 其他收入

$$TI_t^W = CI_t^W + PI_t^W + i_t \times S_{t-1}^W + OI_t^W$$

$$= \sum_{x=16}^{60} W_{t,x} \times P_{t,x} \times r_{t,x} + PI_t^W + i_t \times S^{t-1} + OI_t^W \quad (3.28)$$

式中，TI_t^W 代表职工医保 t 年基金收入，CI_t^W 代表职工医保 t 年缴费收入，PI_t^W 代表职工医保 t 年财政补贴，i_t 代表 t 年利率，S_{t-1}^W 代表职工医保 $t-1$ 年基金滚存结余，OI_t^W 代表职工医保 t 年其他收入；$W_{t,x}$ 代表 t 年 x 岁参保人缴费工资，由（3.49）式预测得到；$P_{t,x}$ 代表 t 年 x 岁参保人数，由（3.50）式预测得到；$r_{t,x}$ 代表缴费率。

城居保年度收入 = 缴费收入 + 财政补贴 + 利息收入 + 其他收入

$$TI_t^R = CI_t^R + PI_t^R + i_t \times S_{t-1}^R + OI_t^R$$

$$= \sum_{x=0}^{100} P_{t,x} \times R_t + PI_t^R + i_t \times S_{t-1}^R + OI_t^R \quad (3.29)$$

式中，TI_t^R 代表居民医保 t 年基金收入，CI_t^R 代表居民医保 t 年缴费收入，PI_t^R 代表居民医保 t 年财政补贴，i_t 代表 t 年利率，S_{t-1}^R 代表居民医保 $t-1$ 年基金滚存结余，OI_t^R 代表 t 年其他收入，$P_{t,x}$ 代表 t 年 x 岁参保人数，R_t 代表人均缴费额。

在基本医疗保险基金的支出预测方面，本书基于各省市级层面医保基金决算数据、年度统计数据、疾病谱，采用多项式混合效应模型、时间序列分析、非寿险精算，预测人均医疗费用。

本书采用多项式混合效应模型预测人均医疗费用，模型设置如下所示：

$$y_{it} = X_{it}\alpha + Z_{it}\beta_i + S_1(X_{it1}) + \cdots + S_K(X_{itK}) + \varepsilon_{it} \quad (3.30)$$

式中，y_{it} 代表第 i 个统筹区 t 年的人均医疗费用。$X_{it}\alpha + Z_{it}\beta_i$ 是一个线性函数，α 代表固定效应，β_i 代表随机效应，X_{it} 包括居民可支配收入、预期寿命、教育水平等，Z_{it} 包括人均地区生产总值、退休人口比重、基金率、疾病发病率等。$S_1(X_{it1}) + \cdots + S_K(X_{itK})$ 是关于解释变量的多项式，ε_{it} 是随机干扰项。

按照图3.9的思路，医疗保险基金年度收入的精算模型如下：

城职保年度支出 = 医疗费报销支出 + 管理费用 + 风险储备金

$$TE_t^W = OUTE_t^W + INE_t^W + AME_t^W + RE_t^W$$

$$= \sum_{x=16}^{100}(L_{t,x}+R_{t,x}) \times \overline{OUT_t^W} \times r_{t,x}^O +$$

$$\sum_{x=16}^{100}(l_{t,x}+R_{t,x}) \times \overline{IN_t^w} \times r_{t,x}^i + AME_t^W + RE_t^W \qquad (3.31)$$

式中，TE_t^W代表职工医保年度支出，$OUTE_t^W$和INE_t^W分别代表职工医保年度门诊医疗费用报销支出和住院医疗费用报销支出，AME_t^W代表管理费用，RE_t^W代表风险储备基金。$L_{t,x}$和$R_{t,x}$分别代表在职参保人数和退休参保人数，$\overline{OUT_t^W}$代表人均门诊医疗费用，$r_{t,x}^O$代表门诊报销比，$\overline{IN_t^w}$代表人均住院医疗费用，$r_{t,x}^i$代表住院报销比，人均门诊医疗费用和人均住院医疗费用可以通过模型（3.31）预测得到。

城居保年度支出 = 医疗费报销支出 + 管理费用 + 风险储备金

$$TE_t^R = OUTE_t^R + INE_t^R + AME_t^R + ER_t^R$$

$$= \sum_{x=0}^{100} P_{t,x} \times \overline{OUT_t^R} \times r_{t,x}^{Ro} + \sum_{x=0}^{100} P_{t,x} \times \overline{IN_t^R} \times r_{t,x}^{Ri} + AME_t^R + RE_t^R \qquad (3.32)$$

式中，TE_t^R代表居民医保年度支出，$OUTE_t^R$和INE_t^R分别代表居民医保年度门诊医疗费用报销支出和住院医疗费用报销支出，AME_t^R代表管理费用，ER_t^R代表风险储备基金。$P_{t,x}$代表参保人数，$\overline{OUT_t^R}$代表人均门诊医疗费用，$r_{t,x}^{Ro}$代表门诊报销比，$\overline{IN_t^R}$代表人均住院医疗费用，$r_{t,x}^{Ri}$代表住院报销比。人均门诊医疗费用和人均住院医疗费用同样可以通过模型（3.32）预测得到，但模型的设置应该有所差异。

在对医疗保险基金收入和支出的趋势进行预测的基础上，就可以采用以下公式预测医疗保险省级统筹的改革成本：

城职保省级统筹改革成本 = 统筹后的职工医保基金支出 − 统筹后的职工医保基金收入 − 滚存结余

$$C_{t*,p}^W = TE_{t*,p}^W - TI_{t*,p}^W - S_{t*-1,p}^W = \sum_{c=1}^{n} TE_{t*,c}^W - \sum_{c=1}^{n} TI_{t*,c}^W - \sum_{c=1}^{n} S_{t*-1,c}^W$$

$$= \sum_{c=1}^{n} [\sum_{x=16}^{100}(L_{t*,x,c}+R_{t*,x,c}) \times \overline{OUT_{t*,c}^W} \times r_{t*,x}^o +$$

$$\sum_{x=16}^{100}(L_{t*,x,c}+R_{t*,x,c}) \times \overline{IN_{t*,c}^W} \times r_{t*,x}^i + AME_{t*,c}^W + RE_{t*,c}^W] -$$

$$\sum_{c=1}^{n}(\sum_{x=16}^{60} W_{t*,x,c} \times P_{t*,x,c} \times r_{t*,x} + PI_{t*,c}^W + (1+i_{t*,c}) \times$$

$$S_{t*-1,c}^{W} + Oi_{t*,c}^{W}) \tag{3.33}$$

式中，$C_{t*,p}^{W}$ 代表第 p 个省城职保省级统筹的改革成本，c 代表省内第 c 个城市，n 代表省内城市总数，$t*$ 代表实行省级统筹的年份。$r_{t*,x}^{o}$、$r_{t*,x}^{i}$ 和 $r_{t*,x}$ 分别代表职工医保省级统筹的门诊报销比、住院报销比和缴费率。

城居保省级统筹改革成本 = 统筹后的居民医保基金支出 - 统筹后的居民医保基金收入 - 滚存结余

$$\begin{aligned} C_{t*,p}^{R} &= TE_{t*,p}^{R} - TI_{t*,p}^{R} - S_{t*-1,p}^{R} \\ &= \sum_{c=1}^{n} TE_{t*,c}^{R} - \sum_{c=1}^{n} TI_{t*,c}^{R} - \sum_{c=1}^{n} S_{t*-1,c}^{R} \\ &= \sum_{c=1}^{n} \left(\sum_{x=0}^{100} P_{t*,x,c} \times \overline{OUT}_{t*,c}^{R} \times r_{t*,x}^{R_o} + \right. \\ &\quad \sum_{x=0}^{100} P_{t*,x,c} \times \overline{IN}_{t*,c}^{R} \times r_{t*,x}^{R_i} + AME_{t*,c}^{R} + RE_{t*,c}^{R}) - \\ &\quad \sum_{c=1}^{n} \left(\sum_{x=0}^{100} P_{t*,x,c} \times R_{t*} + PI_{t*,c}^{R} + (1 + i_{t*,c}) \times S_{t*-1,c}^{R} + OI_{t*,c}^{R} \right) \end{aligned}$$

$$\tag{3.34}$$

式中，$C_{t*,p}^{R}$ 代表第 p 个省城居保省级统筹的改革成本，c 代表省内第 c 个城市，n 代表省内城市总数，$t*$ 代表实行省级统筹的年份。$r_{t*,x}^{R_o}$、$r_{t*,x}^{R_i}$ 和 R_{t*} 分别代表居民医保省级统筹的门诊报销比、住院报销比和缴费额。

(2) 基本医疗保险隐性债务精算

隐性债务的测算主要采用时间序列方法对医疗保险的缴费收入、待遇支出、人口结构的变动趋势进行预测，主要考察由于老年人口增长所带来的医疗保险待遇支出的增加以及医疗费用的自然上涨（价格因素和医疗需求释放等），从而对医疗保险收支的变动趋势进行预测。采用的基本测算公式如下：

$$S_j = I_j - E_j = I_j - (E_j^* + \Delta O_j * E_j^O) \tag{3.35}$$

式中，S_j 代表预测的医保基金收支结余，I_j 代表预测的医疗保险缴费收入，E_j 代表预测的医疗保险待遇支出，由两个部分构成，一是医疗保险待遇支出的自然增长 E_j^*，二是由老年人口增加带来的医疗支出增长

$\Delta O_j * E_j^O$。由式（3.35）可以看出，若要测算基金隐性债务，首先要对医疗保险基金的收入和支出进行预测，这是不考虑退休人口增加所带来的基金收入和支出的"自然增长"，这些增长可能是由物价带来的，也可能是由医疗需求增加所带来的。本书将按照高、中、低三个方案来确定相应的增长率。式（3.35）中老年人医疗费用倍数，是根据中国家庭追踪调查（China Family Panel Studies，CFPS）估计得到的：60 岁以上老年人年均医疗费用是总人口的年人均医疗费用的 2.69 倍。

3.4 本章小结

本章首先在梳理中国共产党共同富裕理念的基础上，依托机会平等理论和收入分配理论，构建共同富裕的基本医疗保险制度框架，明确共同富裕对基本医疗保险的内在要求。其次，对现行基本医疗保险的制度框架进行梳理，包括主体政策和配套政策，把握面向共同富裕的基本医疗保险的改革方向。再次，从财富增长和共享发展两条路径剖析基本医疗保险再分配效应的形成机理，并且构建基本医疗保险再分配效应的机会平等机制和健康提升机制，为医疗保险再分配效应统计测度奠定理论基础。最后，依托保险精算和因果关系识别方法，构建基本医疗保险收入再分配效应和财富再分配效应统计测度的数理模型，为实证分析提供方法支撑。

中国共产党的共同富裕理念可以回溯到 20 世纪 80 年代，但将共同富裕从理念转变为发展目标始于 2020 年党的十九届五中全会，拉开了共同富裕建设的序幕。共同富裕可以从富裕和共同两个维度进行界定，富裕维度包括物质财富和精神财富两个层面的富足，物质财富方面包括收入增长、财产积累及消费提升，精神财富方面包括教育、医疗、文化等公共服务质量的提升及居民幸福感的增强，即"做大蛋糕"。共同意味着全体居民共享改革发展成果，体现的是共享理念，即"分好蛋糕"。共同富裕背景下的基本医疗保险制度应当具有以下四个特征：制度公平、筹资稳定、待遇合理、结果平衡。

基本医疗保险可以从两个方面促进城乡居民共同富裕。首先，缓解居民医疗费用负担，减轻居民预防性储蓄动机，优化消费结构，提高人力资本投资型消费占比（如教育支出）。预防性储蓄动机的下降可以使居民在收益率更高的投资产品中配置更多，促进财产积累。人力资本投资型消费的增加可以提高劳动者的教育和技能水平，提高收入挣得能力，促进收入增长。其次，医疗保险通过提高居民医疗服务可及性，促进医疗公共服务均等化，分散疾病风险，提升健康水平，缩小地区间、城乡间及人群间的差距，让全体居民共享改革发展的成果。

然而，现行医疗保险制度与共同富裕的内在要求仍然存在一定的差距，因此要构建面向共同富裕的基本医疗保险制度，可以从以下五个方面入手：第一，推进基本医疗保险省级统筹，提升制度公平；第二，健全基本医疗保险稳定的筹资机制，强化基金支付能力；第三，完善基本医疗保险的待遇调整机制，减轻居民医疗负担；第四，构建多层次医疗保障体系，全方位提升居民健康福祉；第五，建设智慧医保，提升医疗保障数字化水平。

第 4 章 基本医疗保险领域共同富裕的建设历程

本章首先梳理 1949 年以来医疗保险制度的演变，剖析计划经济时期和改革开放以来医疗保险制度演变的逻辑。接着，选择 15 个代表性省（区/市）（4 个直辖市、5 个实行医疗保险省级统筹的省（区/市）及 6 个尚未开展省级统筹的省（区/市）），从缴费政策和待遇政策两个方面考察基本医疗保险制度的地区差异，梳理当前医疗保险制度的不平衡问题，判断基本医疗保险领域共同富裕的建设进展。最后，采用医疗机构数、人均医疗资源、卫生费用等变量考察改革开放以来医疗卫生资源的增长趋势和地区差异，为基本医疗保险再分配效应的评估提供典型事实。

4.1 基本医疗保险制度的建立与完善

4.1.1 计划经济时期的医疗保险制度

计划经济时代，物资匮乏，医疗资源也非常稀缺。中华人民共和国成立初，全国医疗卫生机构主要是军队医院、教会医院及防疫所，共 3600 多家，床位仅 8 万多张，每万人医师数仅 7 人（黄燕芬等，2019）。针对医疗卫生资源基础薄弱、居民缺医少药的现状，国家开始重视医疗卫生体制建设，为居民提供基本医疗保障，着力提升居民健康水平。

1951 年 2 月，当时的政务院（现国务院）颁布《中华人民共和国劳动保险条例》，为城镇国有企业的职工提供丰厚的劳动保障，包括医疗、养老、工伤及死亡等，这种保障待遇不仅针对职工本人还惠及他们的家属。① 当时的劳动保险个人不缴费，全部由企业承担缴费职责，而企业都是国家所有，因此财政压力巨大。1952 年 6 月 27 日，政务院发布《关于全国各级人民政府、党派、团体及所属事业单位的国家工作人员实行公费医疗预防的指示》，于当年 7 月在全国推行公费医疗制度，由国家财政承担筹资职责，个人不需要承担缴费职责；保障对象包括机关事业单位工作人员及其家属，保障待遇上比企业职工医疗保险更高。②

农村地区受制于当时的社会经济发展水平，并没有实施系统性的医疗保障制度。伴随着合作化运动的开展，依托于集体经济组织，农民自发创建了合作医疗制度。1955 年春，山西省高平县米山乡建立联合保健站，最早实行了"医社结合"、由社员群众出保健费的集体医疗保健制度（张自宽，1992）。1965 年 9 月中共中央发布《关于把卫生工作重点放到农村的报告》，在全国范围内推广合作医疗。截至 1976 年末，全国农村合作医疗制度，覆盖约 85% 的农村人口，形成了集预防、医疗和保健功能于一身的三级卫生服务网络（县 - 人民公社 - 生产大队），基本实现了"小病不出村、大病不出乡"的目标，疾病死亡率迅速下降。

除了合作医疗，赤脚医生在农村医疗服务体系中也发挥了重要作用。1975 年底，全国赤脚医生共 150 多万名，卫生员和接生员 390 多万名。此外，农村还建立了"五保"（保吃、保住、保医、保教、保葬）制度，与合作医疗共同构成了农村的初级医疗保障体系。合作医疗、赤脚医生及三级医疗卫生网络被称为农村医疗的"三大法宝"，尤其是合作医疗被世界银行和世界卫生组织称为"发展中国家解决卫生经费约束的唯一典范"（仇雨临，2019）。

总体而言，这一时期我国的医疗保障体系得以初步建立发展，劳保医疗和公费医疗为城镇国有企业职工提供了基本医疗服务，合作医疗、赤脚医生、基层医疗卫生机构为农村居民提供了保障性的医疗服务。这

---

① 中国政府网：《中华人民共和国劳动保险条例》，1951 - 02 - 26，http://www.gov.cn/zhengce/2020 - 12/25/content_ 5574196.htm.

② 中国经济网：《关于全国各级人民政府、党派、团体及所属事业单位的国家工作人员实行公费医疗预防的指示》，1952 - 06 - 27，http://www.ce.cn/xwzx/gnsz/szyw/200705/29/t20070529_ 11526269.shtml.

些制度措施显著提高了城乡居民健康水平，人均预期寿命从新中国成立初的 35 岁增加到 1981 年的 68 岁；婴儿死亡率从 20% 下降到 1981 年的 3.47%。①

4.1.2 转型发展时期的医疗保险制度

医疗卫生事业的发展与经济社会的发展息息相关。改革开放后，我国由计划经济向市场经济转变，原先的医疗保险制度的缺陷和弊端逐渐暴露，经济体制的转变为医疗保险制度的改革提供了物质基础。为了提高医疗保险制度的可持续性，更好地适应经济体制的发展，各地开展了"以多方责任分担"为特征的社会化医疗保险制度改革，开始强调个人的筹资责任，探索社会统筹的筹资模式。

基层对于医疗卫生政策的调整反应最为直接，探索创新的积极性也较高。20 世纪 80 年代，一些地方探索社会医疗保险的尝试。1985 年，河北省石家庄在六个县/市开展离退休人员医疗费用的社会统筹试点。1987 年，北京、四川等地部分行业开始实施职工大病医疗保险和退休人员医疗费用的社会统筹。

在多地探索实践后，1988 年，卫生部、财政部、劳动部等八个部门成立医疗保险改革小组，研究社会医疗保险的改革方案并开始试点。1989 年，国务院发布《经济体制改革要点》，提出在辽宁丹东、吉林四平、湖北黄石、湖南株洲四地进行医疗保险制度改革试点，同时在深圳、海南进行社会保障制度综合改革试点。② 1993 年，党的十四届三中全会通过《中共中央关于建立社会主义市场经济体制若干问题的决定》，对社会保险进行了界定："城镇职工养老和医疗保险金由单位和个人共同负担，实行社会统筹和个人账户相结合的方式。"③ 1994 年 11 月，国务院发布《关于江苏省镇江市、江西省九江市职工医疗保障制度改革试点方案批复的通知》，从 1995 年开始在江苏镇江、江西九江

---

① 国家医疗卫生健康委：《2020 中国卫生健康统计年鉴》，2021 - 12 - 06，http://www.nhc.gov.cn/mohwsbwstjxxzx/tjtjnj/202112/dcd39654d66c4e6abf4d7b1389becd01.shtml.

② 中国经济网：《一九八九年经济体制改革要点》，1998 - 03 - 04，http://www.ce.cn/xwzx/gnsz/szyw/200706/07/t20070607_11634792.shtml.

③ 人民网：《中共中央关于建立社会主义市场经济体制若干问题的决定》，1993 - 11 - 14，http://www.people.com.cn/item/20years/newfiles/b1080.html.

("两江")进行城镇职工医疗保障制度改革的试点。① 1996 年 4 月，国务院在总结"两江"试点经验的基础上，将医疗保障制度改革试点范围扩大到 56 个城市。

在历时十多年的职工医保和居民医保改革探索后，中国逐渐建立了社会统筹账户与个人账户相结合（以下简称"统账结合"）的医疗保险制度模式。1998 年 12 月，国务院正式发布《关于建立城职保制度的决定》（国发〔1998〕44 号），标志着我国进入了社会医疗保险的发展阶段，建立了与社会主义市场经济体制相适应的基本医疗保险制度。②

4.1.3 全面完善时期的医疗保险制度

经济发展推动了医疗保险制度和医疗卫生体系的完善，在满足城乡居民医疗需求的同时也促进了居民健康水平的提升。然而，在城乡二元分割的历史背景下，城镇居民享受了更好的医疗服务。1998 年以前，有两项涉及城镇劳动者的医疗保险制度——劳保医疗制度和公费医疗制度，前者针对国有和集体企业职工，后者针对机关和事业单位职工。1998 年，为了扩大医疗保险的覆盖率、控制医疗费用过快增长，国家整合劳保医疗制度和公费医疗制度，建立了城职保制度，覆盖了企事业单位的在职人员和退休人员。

2006 年及以前，城镇社会医疗保险制度只覆盖在职人员和退休人员，非劳动者并没有享受医疗保险。2007 年开始，国家建立了城居保，城镇居民自愿参与，以家庭缴费为主，政府给予适当补助。不属于城职保制度覆盖范围内的中小学生、少年儿童及没有工作的城镇居民均可自愿参加城镇居民基本医疗保险。③

农村医疗保险制度的改革落后于城镇。虽然 20 世纪 50 年代农村实施了合作医疗并覆盖了 90% 的农村居民，但随着 20 世纪 80 年代初农业生产的去集体化，合作医疗逐渐消失，覆盖率从 1980 年的 90% 降低到

---

① 中国政府网：《国务院关于江苏省镇江市、江西省九江市职工医疗保障制度改革试点方案的批复》，1994，http://www.gov.cn/zhengce/content/2010 - 12/29/content_ 6461.htm.

② 中国政府网：《国务院关于建立城职保制度的决定》，1998 - 12 - 14，http://www.gov.cn/banshi/2005 - 08/04/content_ 20256.htm.

③ 国务院：《关于开展城镇居民基本医疗保险试点的指导意见》，2007 - 07 - 24，http://www.gov.cn/zwgk/2007 - 07/24/content_ 695118.htm.

1985年的5%（Liu and Cao，1992）。疾病逐渐成为农村居民致贫的重要因素（You and Kobayashi，2009）。为了解决因病致贫的困境，2003年1月，国务院发布《国务院关于建立新农合制度意见的通知》，提出建立新农合制度——"由政府组织、引导、支持，个人、集体和政府多方筹资，农民自愿参加，并且以大病统筹为主的农民医疗互助共济制度。"①

至此，我国基本建立起广覆盖、多层次的医疗保障体系，确立了多方筹资、风险共担的医疗保障制度。从覆盖面看，新农合制度在2008年基本实现制度全覆盖，城镇居民基本医疗保险于2012年底推广至全国所有地级市，标志着全民医保的制度框架基本形成。从保障层次看，伴随着职工医保、城镇居民医保、新农合制度的日益完善，农村医疗救助、城市医疗救助、重特大疾病医疗救助制度也相继建立，并以多种形式的商业保险为补充，这些制度共同编织起庞大的保障网，中国特色医疗保障制度体系得以确立（马悠然等，2021）。

党的十八大以来，党和国家提出"以人民为中心"的重要发展思想，将人民健康放在优先发展的重要位置，实施"健康中国战略"（费太安，2021）。为了缩小城乡之间基本医疗公共服务的差距，国家于2016年1月整合城镇居民基本医疗保险和新农合两项基本医保制度，从而建立了城居保，与此同时，统一覆盖范围、统一筹资政策、统一保障待遇、统一医保目录、统一定点管理、统一基金管理。② 2015年，实施城乡居民大病保险制度，以此作为基本医保的延伸，减轻患者高额医疗负担。为了实现医疗保障事业的统一管理，国务院于2018年组建了国家医疗保障局，这一举措扫清了医疗保障改革的体制性障碍。党的二十大报告提出"推进健康中国建设，深化医药卫生体制改革，促进医保、医疗、医药协同发展和治理。"③

截至2021年底，基本医疗保险参保人数达13.6亿人，参保覆盖面

---

① 国务院：《国务院办公厅转发卫生部等部门关于建立新农合制度意见的通知》，2003-01-16，http://www.gov.cn/zhuanti/2015-06/13/content_2879014.htm。

② 国务院：《关于整合城居保制度的意见》，2016-01-12，http://www.gov.cn/zhengce/content/2016-01/12/content_10582.htm。

③ 中共中央：《高举中国特色社会主义伟大旗帜 为全面建设社会主义现代化国家而团结奋斗——在中国共产党第二十次全国代表大会上的报告》，2022-10-16，https://www.gov.cn/xinwen/2022-10/25/content_5721685.htm。

稳定在95%以上，其中参保职工35422万人，退休职工9323万人，如表4.1所示。①随着医疗保险体系的完善，居民的个体医疗负担逐步减轻，表现为卫生总费用中居民个人卫生支出所占比重从2000年的58.98%降低至2021年的27.7%。与此同时，居民健康水平极大提升，人均预期寿命从中华人民共和国成立初期的35岁迅速增长至2021年的77.3岁。在脱贫攻坚方面，医疗保险发挥了重要作用。截至2019年底，农村建档立卡的贫困人口参保率超过99.9%，医疗保险待遇惠及贫困人口2亿人次，帮助418万因病致贫人口脱贫。

表4.1 2000—2021年医疗保险参保和居民健康状况变化趋势

指标	2000年	2005年	2010年	2015年	2021年
职工医保参保人数/万人	3787	13783	23725	28893	35422
城镇居民医保参保人数/万人	—	—	19528	37689	—
新农合参保人数/万人	—	17900	83560	67029	—
城乡居民医保参保人数/万人	—	—	—	—	101002
个人卫生支出比例/%	58.98	52.21	35.29	29.27	27.7
人均预期寿命/岁	71.4	73	74.8	76.3	77.3
婴儿病死率/‰	32.2	19	13.1	8.1	5.4

资料来源：国家统计局，2000—2021年度数据，https://data.stats.gov.cn/easyquery.htm?cn=C01.

2016年以前，城镇居民基本医疗保险和新农合尚未整合，因此参保数据单列，2016年以后两大险种整合，参保数据也进行了整合。

在全面深化医疗保障制度改革的进程中，医疗保障治理现代化水平显著提升。到2019年底，城乡二元的居民基本医疗保险制度实现全面整合。在基金监管方面，2021年，国家医疗保障局发布《医疗保障基金使用监管条例》，构筑医保基金监管长效机制，强化医保基金安全。②在管理服务方面，出台《关于进一步做好基本医疗保险跨省异地就医直接结算工作的通知》，让流动人口平等享受城市医疗服务，运用信息化

---

① 国务院新闻办公室：《我国基本医保参保人数达到13.6亿人》，2021-07-26，http://www.gov.cn/xinwen/2021-07/26/content_5627525.htm.
② 国家医疗保障局：《医疗保障基金使用监督管理条例》，2021-02-19. http://www.nhsa.gov.cn/art/2021/2/19/art_14_4475.html

手段推进医疗服务均等化水平。①在托底保障方面,建立防范和化解因病致贫返贫长效机制,实现主动发现、精准识别、梯次减负、保障兜底闭环管理,缓解困难群众看病就医后顾之忧。②

4.2 基本医疗保险缴费政策的地区差异

4.2.1 城职保缴费政策的地区差异

本小节基于市级层面的城职保政策和城居保政策数据,采用描述性统计分析方法考察基本医疗保险缴费政策、待遇政策的地区差异,判断基本医疗保险领域共同富裕的建设进展。通过对基本医疗保险的地区差异进行统计描述,了解各省开展医疗保险制度改革的物质基础和约束条件,为设计基本医疗保险省级统筹实施方案提供现实依据。

2022年底,大部分省(区/市)尚未实行省级统筹,因此要考察城职保缴费政策的地区差异,需从市级层面的政策差异入手。然而,全国有293个地级市,这就给政策搜集和梳理带来了挑战,因此本书选择了15个代表性省(区/市)(涉及四个直辖市、123个地级市),分别考察城职保政策和城居保政策的缴费差异和待遇差异。截至2022年底,除四个直辖市外只有五个省(区/市)实行医疗保险省级统筹,包括福建、海南、陕西、青海、宁夏,在此基础上本书增加了尚未开展省级统筹的六个省(区/市),即浙江、江西、广东、山东、四川、辽宁,一共15个代表性省(区/市),涵盖东、中、西不同发展水平的地区。

实行省级统筹的九个省(区/市)的城职保缴费政策地区差异见表4.5。以表4.2可以看出九个省(区/市)城职保的个人缴费率都是2%,但单位缴费率略有差异,较低是6%,较高是10%。就四个直辖市内部而言,个人缴费率和单位缴费率是统一的;但在四个直辖市中,个人缴费率统一,单位缴费率却呈现差异,较低是重庆,为8.5%;较

---

① 国家医疗保障局、财政部:《关于进一步做好基本医疗保险跨省异地就医直接结算工作的通知》,2022-06-30, http://www.gov.cn/zhengce/zhengceku/2022-07/26/content_5702881.htm.

② 国家医疗保障局:《关于坚决守牢防止规模性返贫底线 健全完善防范化解因病返贫致贫长效机制的通知》,2023-01-03, http://www.nhsa.gov.cn/art/2023/1/3/art_109_9984.html?from=timeline&wd=&eqid=d80a65410000d5e80000000364915517.

高是天津，为10%。除直辖市外，只有海南和宁夏实现了省内职工医保的缴费统一，但海南城职保的单位缴费率分成三档，即6%、7%和8%，分段缴费率的设置可以给用人单位更多弹性空间，避免社会保险缴费负担过重从而削弱市场竞争力。福建、陕西和青海三个省（区/市）中，福建省内城职保的单位缴费率差异性最大，有7.5%、8%和10%三种；陕西省内有两个地级市的城职保的单位缴费率是8%，其他都是6%；青海省内城职保的单位缴费率大多是6%，也有一个地级市单位缴费率为6.5%，海东市则设置6%和10%两档缴费率。

表4.2　城职保缴费政策地区差异［省级统筹省（区/市）］

省（区/市）	地级市	个人缴费率	单位缴费率	省（区/市）	地级市	个人缴费率	单位缴费率
福建	福州	2%	8%	北京		2%	9.8%
福建	厦门	2%	8%	天津		2%	10%
福建	泉州	2%	7.5%	上海		2%	9%
福建	三明	2%	8%	重庆		2%	8.5%
福建	莆田	2%	7%	海南		2%	6%、7%、8%
福建	南平	2%	10%				
福建	龙岩	2%	8%	宁夏		2%	8%
福建	宁德	2%	7.5%	陕西	西安	2%	8%
福建	漳州	2%	7.5%	陕西	铜川	2%	6%
青海	西宁	2%	6%	陕西	宝鸡	2%	6%
青海	海西州	2%	6%	陕西	咸阳	2%	6%
青海	海北州	2%	6%	陕西	渭南	2%	6%
青海	果洛州	2%	6.5%	陕西	延安	2%	6%
青海	海南州	2%	6%	陕西	汉中	2%	6%
青海	黄南州	2%	6%	陕西	榆林	2%	6%
青海	玉树州	2%	6%	陕西	安康	2%	6%
青海	海东市	2%	6%、10%	陕西	商洛	2%	6%

资料来源：各省（区/市）及各市城职保政策，下同。

浙江和江西两省的城职保缴费政策差异如表4.3所示。相比之下，江西省内各市职工医保的缴费政策已统一，个人缴费率为2%，单位缴费率为6%，而浙江省内各市职工医保的缴费政策仍然存在一定的差异。在个人缴费率方面，浙江省内部略有差异，绍兴和台州职工医保的个人缴费率是1%，除此之外都是2%。在单位缴费率方面，浙江省内的差异更大，较低是绍兴（5.6%），较高是杭州（9.95%）。与其他十个地级市不同，衢州的职工医保分成两种，一种建立个人账户，个人缴费率和单位缴费率更高，机关事业单位缴费率达到11%；另一种不建立个人账户，缴费率则更低一些。

表4.3 城职保缴费政策地区差异（浙江和江西）

省份	地级市	个人缴费率	单位缴费率	省份	地级市	个人缴费率	单位缴费率
浙江	杭州	2%	9.95%	江西	南昌	2%	6%
	嘉兴	2%	9%		九江	2%	6%
	舟山	2%	8%		鹰潭	2%	6%
	湖州	2%	7.5%		上饶	2%	6%
	绍兴	1%	5.6%		新余	2%	6%
	金华	2%	7.5%		景德镇	2%	6%
	温州	2%	8.2%		宜春	2%	6%
	台州	1%	7%		萍乡	2%	6%
	丽水	2%	6%		吉安	2%	6%
	衢州	1%、2%	5.5%、8%、8.5%、11%		抚州	2%	6%
	宁波	2%	8.5%		赣州	2%	6%

注：衢州，建立个人账户的城职保个人缴费率为2%，企业单位缴费率为8.5%，机关事业单位缴费率为11%；不建立个人账户的城职保个人缴费率为1%，企业单位缴费率为5.5%，机关事业单位缴费率为8%。

广东省内城职保的个人缴费率大多是2%，但也有例外，如东莞是0.5%，阳江是1.5%。单位缴费率的差异性较大，较低是东莞，为2.3%；较高是广州和韶关，为8%；其他大部分城市在6%左右。江门、惠州、汕头、河源和潮州分成综合医保和住院医保，两者的个人缴费率和单位缴费率也有差异，汕头的住院医疗保险个人不缴费，河源的住院医疗保险单位不缴费。如表4.4所示。

表4.4 城职保缴费政策地区差异（广东）

地级市	个人缴费率	单位缴费率	地级市	个人缴费率	单位缴费率
广州	2%	8%	揭阳	2%	6%
深圳	2%	7%	汕尾	2%	6%
佛山	2%	6%	湛江	2%	6.7%
东莞	0.5%	2.3%	茂名	2%	6%
中山	2%	5%	阳江	1.5%	5%
珠海	2%	6%	韶关	2%	8%
江门	0.5%、1.5%	2.5%、3%	清远	2%	6.5%
肇庆	2%	5.5%	云浮	2%	6%
惠州	2%	5.1%	梅州	2%	6.3%
汕头	0、2%	6%、7%	河源	2%、5.5%	0、6.5%
潮州	0.5%、2%	4.5%、6.4%			

相比之下，山东各市城职保的缴费政策差异较小。山东省内城职保个人缴费率没有差异，都是2%，但单位缴费率略有差异，较低是东营（6.5%），较高是日照（9%），而聊城对企业和机关事业单位实行不同的缴费率，分别是8%和7.3%。如表4.5所示。

表4.5 城职保缴费政策地区差异（山东）

地级市	个人缴费率	单位缴费率	地级市	个人缴费率	单位缴费率
济南	2%	7%	泰安	2%	7%
青岛	2%	7%	威海	2%	7.5%
淄博	2%	7%	日照	2%	9%
枣庄	2%	7%	临沂	2%	7%
东营	2%	6.5%	德州	2%	7.5%
烟台	2%	7.8%	聊城	2%	7.3%、8%
潍坊	2%	6%	滨州	2%	7%
济宁	2%	7%	菏泽	2%	7.5%

注：聊城职工医保的机关事业单位缴费率是7.3%，企业缴费率是8%。

四川省内城职保个人缴费率也没有差异，都是2%，但单位缴费率略有差异，较低是资阳（5%），较高是内江（8.3%），而且资阳职工医保的单位缴费率分成两档,分别是5%和7%。如表4.6所示。

表4.6 城职保缴费政策地区差异(四川)

地级市	个人缴费率	单位缴费率	地级市	个人缴费率	单位缴费率
成都	2%	7.5%	乐山	2%	6.5%
绵阳	2%	6%	资阳	2%	5%、7%
自贡	2%	6%、7.5%	宜宾	2%	7%
攀枝花	2%	7.5%	南充	2%	7.2%
泸州	2%	7.75%	达州	2%	7%
德阳	2%	7%	雅安	2%	7.6%
广元	2%	7.5%	广安	2%	6%
遂宁	2%	7%	巴中	2%	7%
内江	2%	8.3%	眉山	2%	6%

注:资阳职工医保的单位缴费率分成两档,5%和7%。

辽宁省内职工医保的个人缴费率没有差异,都是2%,但单位缴费率略有差异,较低是阜新(6.5%),较高是沈阳(8.6%)。如表4.7所示。概而言之,15个代表性省(区/市)内部城职保个人缴费率差异较小,单位缴费率则差异较大,为2.3%~11%。

表4.7 城职保缴费政策地区差异(辽宁)

地级市	个人缴费率	单位缴费率	地级市	个人缴费率	单位缴费率
沈阳	2%	8.6%	营口	2%	7%
大连	2%	8%	阜新	2%	6.5%
鞍山	2%	7%	辽阳	2%	7%
抚顺	2%	7.5%	铁岭	2%	7%
本溪	2%	8%	朝阳	2%	7%
丹东	2%	8%	盘锦	2%	7%
锦州	2%	7%	葫芦岛	2%	7%

4.2.2 城居保缴费政策的地区差异

本小节分析15个代表性省(区/市)城居保缴费政策的地区差异。

已经实行省级统筹的九个省（区/市）的城居保缴费政策地区差异如表4.8所示。除福建省之外，其他省（区/市）居民医保的缴费政策在省内保持一致。原因在于福建省目前以推进职工医保的省级统筹为主，居民医保的省级统筹尚未推进。

表4.8 城居保缴费政策地区差异 [省级统筹省（区/市）]

单位：元/年

省 （区/市）	地级市	个人 缴费额	人均 筹资额	省 （区/市）	个人 缴费额	人均 筹资额
福建	福州	350	1010	北京	340、580	2790、4600
	厦门	400	1140	天津	320、950	900、2050
	泉州	330	910	上海	860	3610
	三明	320	900	重庆	320、695	900、1275
	莆田	320	900	海南	250	770
	南平	320	900	宁夏	280	800
	龙岩	320	900	青海	326	940
	宁德	320	900	陕西	320	900
	漳州	330	980			

首先，从四个直辖市来看，人均缴费额略有差异，除上海外都设置了二档缴费额，第一档缴费额在320元/年左右，第二档缴费额差异较大，有580、695和950元/年。上海只有一档缴费额，为860元/年。上海的人均筹资标准较高，达到3610元/年。天津和重庆的第一档人均筹资额都是900元/年，第二档人均筹资额都在2100元/年以下。北京的人均筹资额较高，达到4600元/年。由此可以发现，经济发展水平越高，居民医保的人均筹资水平越高，尤其是财政补贴越高。其次，从实行省级统筹的四个省（区/市）来看（海南、宁夏、青海、陕西），个人缴费额为250～326元/年，差异不大，都没有设置多档缴费额，人均筹资标准低于直辖市，为770～940元/年。最后，作为省级统筹省（区/市），福建各市虽然有筹资差异，但差额在100元/年以内。其中五个地级市都是320元/年；泉州和漳州市330元/年；福州和厦门较高，分别是350和400元/年。人均筹资水平较高的也是厦门和福州，分别达到1140和1010元/年，其他地级市的人均筹资标准在900元/年左右。

因此，较小的筹资水平差异可以更加顺利地推进省级统筹，实现筹资政策的统一。

浙江和江西两省的城居保缴费政策差异如表 4.9 所示。浙江省内部个人缴费额较低是舟山，为 480 元/年，接着是湖州和嘉兴，分别为 500 和 506 元/年；温州、台州和宁波都达到了 600 元/年以上；金华则设置了多档缴费额，有 550、600、700 元/年。人均筹资水平较高是宁波，达到 2050 元/年，金华的第三档筹资水平也达到了 2000 元/年以上，较低是湖州和嘉兴分别只有 1000 和 1012 元/年。相比之下，江西省居民医保的筹资水平要明显低于浙江省。江西省内部城居保的人均缴费额为 110～320 元/年，人均筹资额为 210～900 元/年。

表 4.9 城居保缴费政策地区差异（浙江和江西）

单位：元/年

省（区/市）	地级市	个人缴费额	人均筹资额	省（区/市）	地级市	个人缴费额	人均筹资额
浙江	杭州	580	1740	江西	南昌	280	830
	嘉兴	506	1012		九江	150	420
	舟山	480	1560		鹰潭	220	710
	湖州	500	1000		上饶	110	350
	绍兴	550	1650		新余	150	210
	金华	550、600、700	1650、1800、2100		景德镇	320	900
	温州	640	1790		宜春	320	840
	台州	680	1820		萍乡	250	770
	丽水	545	1705		吉安	150	570
	衢州	550	1650		抚州	320	900
	宁波	600	2050		赣州	280	830

接着，来看广东省内各市居民医保的筹资差异。同样是经济发达省（区/市），广东各市居民医保的筹资差异要比浙江省大。广东省内城居保的个人缴费额差异在 450 元/年以上，而浙江省各市居民医保的个人

缴费差异只有 200 元/年。广东大部分地级市的个人缴费额是 320 元/年；较低的是韶关，只有 280 元/年；500 元/年以上有三个地级市，分别是佛山、东莞和中山。人均筹资水平较高的是佛山，为 1879 元/年；较低的是河源，只有 810 元/年。同样是经济发达省（区/市），广东省城居保的筹资水平明显低于浙江省，而且省内差异也更大。如表 4.10 所示。

表 4.10 城居保缴费政策地区差异（广东）

单位：元/年

地级市	个人缴费额	人均筹资额	地级市	个人缴费额	人均筹资额
广州	484	1205	揭阳	320	900
深圳			汕尾	320	900
佛山	596	1879	湛江	320	900
东莞	629	1468	茂名	320	900
中山	737	1369	阳江	320	900
珠海	440	1090	韶关	280	830
江门	336	946	清远	320	900
肇庆	320	900	云浮	320	
惠州	300	883	梅州	320	900
汕头	320		河源	320	810
潮州	320				

注：表中空白为数据缺失，医保部门未公布。

山东省内城居保个人缴费额差异较小，为 280～650 元/年；较低是济宁，为 280 元/年；较高是威海，其第二档个人缴费水平，达到 650 元/年；其他大部分在 320 元/年左右。人均筹资水平大多在 900 元/年左右；较低是济宁，为 830 元/年；较高是青岛，为 1282 元/年。如表 4.11 所示。

第4章 基本医疗保险领域共同富裕的建设历程

表4.11 城居保缴费政策地区差异（山东）

单位：元/年

地级市	个人缴费额	人均筹资额	地级市	个人缴费额	人均筹资额
济南	340	920	泰安	310、420	890、1000
青岛	395、462	1282、1135	威海	450、650	1000、1200
淄博	410	990	日照	330	910
枣庄	320	900	临沂	320	900
东营	400		德州	320	900
烟台	370、520	950、1100	聊城	320	900
潍坊	350、420	1000、870	滨州	320	900
济宁	280	830	菏泽	320	900

注：表中空白为数据缺失，医保部门未公布。

四川省内城居保个人缴费额大多也为320元/年；较低是眉山，为280元/年；较高是成都的第二档缴费额，为485元/年。人均筹资额大多在900元/年。如表4.12所示。

表4.12 城居保缴费政策地区差异（四川）

单位：元/年

地级市	个人缴费额	人均筹资额	地级市	个人缴费额	人均筹资额
成都	305、485		乐山	320、400	
绵阳	320	900	资阳	320、450	
自贡	320、390		宜宾	320	
攀枝花	355、410	900	南充	320	
泸州	320	900	达州	320	900
德阳	320、420	870、970	雅安	320、420	
广元	320		广安	320	
遂宁	320	900	巴中	320	
内江	320		眉山	280	730

注：资阳居民医保的人均筹资额分成两档，5%和7%。表中空白为数据缺失，医保部门未公布。

辽宁省内居民医保的个人缴费额差异同样较小，为 280～410 元/年，人均筹资额为 745～1055 元/年（表 4.13）。总的来看，居民医保筹资水平与经济发展水平之间的相关性更强，因为它主要依赖财政筹资。

表 4.13　城居保缴费政策地区差异（辽宁）

单位：元/年

地级市	个人缴费额	人均筹资额	地级市	个人缴费额	人均筹资额
沈阳	360	940	营口	325	875
大连	410	1055	阜新	280	830
鞍山	310	890	辽阳	280	
抚顺	310	860	铁岭	295	745
本溪	320	900	朝阳	290	
丹东	350	900	盘锦	350	
锦州	280	860	葫芦岛	320	900

注：表中空白为数据缺失，医保部门未公布。

4.3　基本医疗保险待遇政策的地区差异

4.3.1　城职保待遇政策的地区差异

基本医疗保险报销待遇分类复杂，既分门诊和住院，也分医疗机构等级——基层医疗机构、二级医疗机构、三级医疗机构。近年来，一些城市对门诊开始实行按病种付费，同时将门诊分成普通门诊、慢性病门诊和特殊病种门诊等。限于篇幅，本书只对三级医疗机构的报销待遇进行梳理。

已经实行省级统筹的九个省（区/市）的城职保报销待遇如表 4.14 所示。从四个直辖市来看，北京的三级医疗机构门诊报销待遇是较高的，达到 90%；其他直辖市只有 50% 左右。四个直辖市的三级医疗机构住院报销比都是 85%。在五个已经实行基本医疗保险省级统筹的省（区/市），只有海南和宁夏实现了省内城职保待遇的统一，这两个省

(区/市)的职工医保三级医疗机构的门诊报销比都是50%,住院报销比都是80%。青海和陕西省内职工医保三级医疗机构的门诊报销比实现了统一,都是50%;但住院报销比差异较大,为37.5%~91%。相比之下,福建省内职工医保的报销待遇差异较大,三级医疗机构门诊报销比为65%~88%,住院报销比在85%~90%。

表4.14 城职保待遇政策地区差异[省级统筹省(区/市)]

省(区/市)	地级市	门诊报销比	住院报销比	省(区/市)	地级市	门诊报销比	住院报销比
福建	福州	85%	85%		北京	90%	85%
	厦门	72%	85%		天津	55%	
	泉州	80%	87%		上海	50%	85%
	三明	75%	85%		重庆		85%
	莆田	85%	85%		海南	50%	80%
	南平	88%	88%		宁夏	50%	80%
	龙岩	75%	87%		西安	50%	88%
	宁德	87%	87%		铜川	50%	87%
	漳州	65%	90%		宝鸡	50%	85%
青海	西宁	50%	75%		咸阳	50%	90%
	海西州	50%	91%		渭南		86%
	海北州	50%	83%	陕西	延安	50%	88%
	果洛州	50%	80%		汉中	50%	90%
	海南州	50%	37.5%		榆林	50%	
	黄南州	50%	75%		安康	50%	87%
	玉树州	50%	80%		商洛	50%	87%
	海东	50%	90%				

注:门诊报销比和住院报销比均为三级医院在职职工报销待遇,青海和陕西的门诊待遇的分类并不按照医疗机构等级来划分,而是分为普通门诊和特殊慢性病门诊,本书选择的是普通门诊而非特殊慢性病门诊,住院报销比为第一档报销待遇。表中空白为数据缺失,医保部门未公布。

浙江和江西两省的城职保如表4.15所示。浙江省内各市城职保三级医疗机构门诊报销比为50%~80%,有五个地级市的门诊报销比为

50%；较高是嘉兴，达到 80%。有六个地级市的住院报销比为 80%，较高是温州，达到 90%。目前尚未查询到江西省各市城镇职工基本医疗报销三级医疗机构门诊报销比的数据，因此无法比较。江西省内职工医保三级医疗机构的住院报销比一致性较高，除南昌和吉安之外都是 85%，这两个地级市的住院报销比分别是 90% 和 75%。

表 4.15 城职保待遇政策地区差异（浙江和江西）

省（区/市）	地级市	门诊报销比	住院报销比	省（区/市）	地级市	门诊报销比	住院报销比
浙江	杭州	76%	82%	江西	南昌	C80%	90%
	嘉兴	80%	80%		九江		85%
	舟山	50%	80%		鹰潭		85%
	湖州	50%	80%		上饶		85%
	绍兴	75%	80%		新余		85%
	金华	50%	85%		景德镇		85%
	温州	60%	90%		宜春		85%
	台州	70%	80%		萍乡		85%
	丽水	50%	83%		吉安		75%
	衢州	50%	84%		抚州		85%
	宁波	75%	80%		赣州		85%

注：江西省各市的三级医疗机构门诊报销比暂无法查到。C 代表门诊慢性病报销比。

广东省内城职保三级医疗机构的门诊报销比差异性较大，较低是阳江，只有 30%；较高是中山，达到 90%；其他地级市也都在 50% 以上。住院报销比的差异性较小，较低是河源，为 60%；较高是东莞和惠州，达到 95%；其他地级市都在 80% 左右。如表 4.16 所示。

表 4.16 城职保待遇政策地区差异（广东）

地级市	门诊报销比	住院报销比	地级市	门诊报销比	住院报销比
广州	80%	80%	揭阳	60%	90%
深圳		90%	汕尾	50%	85%
佛山		85%	湛江	80%	80%

续表 4.16

地级市	门诊报销比	住院报销比	地级市	门诊报销比	住院报销比
东莞	75%	95%	茂名	80%	80%
中山	90%	90%	阳江	30%	76%
珠海	70%	92%	韶关	60%	80%
江门	70%	83%	清远	76%	82%
肇庆	50%	80%	云浮		85%
惠州	60%	95%	梅州	75%	85%
汕头	70%	80%	河源		60%
潮州	70%	80%			

注：表中空白为数据缺失，医保部门未公布。

山东省内城职保三级医疗机构的门诊报销比为45%～80%。住院报销比存在一定的差异性，为55%～87%，大部分地级市在80%以上。如表4.17所示。

表4.17 城职保待遇政策地区差异（山东）

地级市	门诊报销比	住院报销比	地级市	门诊报销比	住院报销比
济南		85%	泰安	60%	86%
青岛			威海		80%
淄博			日照	50%	85%
枣庄		60%	临沂	80%	80%
东营			德州	60%	
烟台		60%	聊城		83%
潍坊		60%	滨州		84%
济宁	45%	55%	菏泽		87%

注：山东省大部分地级市的职工医保三级医疗机构门诊报销比暂无法查到。

四川省内城职保三级医疗机构住院报销比差异性较小，除内江和眉山之外，其他地级市都在80%左右，较低是德阳（72%），较高是绵阳（88%）。内江和眉山比较特殊的是，通过基础报销比和年龄调整系数将报销比和年龄联系起来。例如，一位61岁的退休职工，他在内江三级医疗机构住院报销比是87.7%，在眉山是85.3%。如表4.18所示。

表4.18 城职保待遇政策地区差异（四川）

地级市	门诊报销比	住院报销比	地级市	门诊报销比	住院报销比
成都	40%	85%	乐江		82%
绵阳	50%	88%	资阳		80%
自贡	80%	86%	宜宾		80%
攀枝花		80%	南充		80%
泸州		80%	达州		81%
德阳		72%	雅安	60%	82%
广元		84%	广安		86%
遂宁		80%	巴中		80%
内江		(75+年龄×0.2)%	眉山		(67+周岁年龄×0.3)%

注：大部分地级市的三级医疗机构报销待遇数据不可得。

辽宁省内城职保待遇政策的差异如表4.19所示。由于门诊报销比数据缺失，只有三级医疗机构住院报销比的数据。辽宁省内职工医保的住院报销比差异较小，较低是鞍山（65%），较高是沈阳和朝阳（88%），其他地级市职工医保三级医疗机构的住院报销比在80%左右。

表4.19 城职保待遇政策地区差异（辽宁）

地级市	住院报销比	地级市	住院报销比
沈阳	88%	营口	82%
大连	85%	阜新	76%
鞍山	65%	辽阳	85%
抚顺	85%	铁岭	75%
本溪	75%	朝阳	88%
丹东	80%	盘锦	70%
锦州	82%	葫芦岛	80%

注：辽宁省各市的三级医疗机构报销待遇数据不可得。

4.3.2 城居保待遇政策的地区差异

已经实行省级统筹的九个省（区/市）的城居保报销待遇如表4.20

所示。从四个直辖市来看，北京和上海居民医保的三级医疗机构门诊报销待遇较高，达到50%；天津为45%。北京居民医保的三级医疗机构住院报销比也是较高的，达到75%；上海、天津和重庆居民医保的三级医疗机构住院报销比分别为70%、65%、50%。可见经济发展水平越高，居民医保的报销待遇也越高。除四个直辖市外，海南、宁夏和青海三省（区/市）居民医保的报销待遇也在省（区/市）内实现了统一，但省（区/市）之间居民医保三级医疗机构的住院报销比存在一定的差异，分别为65%、55%、70%。福建和陕西居民医保的待遇政策在省内仍然存在差异。福建省内部，居民医保三级医疗机构的住院报销比为45%～73%；陕西省内部，居民医保三级医疗机构的住院报销比差异较小，为55%～62%。

表4.20 城居保待遇政策地区差异［省级统筹省（区/市）］

省（区/市）	地级市	门诊报销比	住院报销比	省（区/市）	地级市	门诊报销比	住院报销比
福建	福州		60%	海南		30%	65%
	厦门		73%	宁夏			55%
	泉州		55%	青海		50%	70%
	三明		50%	陕西	西安		60%
	莆田		55%		铜川		55%
	南平		70%		宝鸡		62%
	龙岩		45%		咸阳	70%	60%
	宁德		55%		渭南		60%
	漳州		63%		延安	60%	60%
北京		50%	75%		汉中	70%	55%
天津		45%	65%		榆林	55%	55%
上海		50%	70%		安康	60%	60%
重庆			50%		商洛	60%	60%

注：福建居民医保门诊实行按病种付费，因此无三级医疗机构门诊报销比数据。

浙江和江西两省的城居保如表4.21所示。相比之下，浙江省居民医保的门诊待遇低于四个直辖市，住院待遇与直辖市差不多。具体来看，浙江省各市居民医保三级医疗机构门诊报销比较低是嘉兴，只有10%；较高是舟山和金华，达到40%。住院报销比差异性较小，在60%~85%，大部分是70%。除慢性病和特殊病种外，江西省内各市居民医保三级医疗机构门诊报销比为40%~60%，住院报销比低于浙江省，为30%~70%，大部分地级市是60%。

表4.21 城居保待遇政策地区差异（浙江和江西）

省(区/市)	地级市	门诊报销比	住院报销比	省(区/市)	地级市	门诊报销比	住院报销比
浙江	杭州	35%	70%	江西	南昌	C60%	60%
	嘉兴	10%	70%		九江	40%	30%
	舟山	40%	70%		鹰潭	S20%	60%
	湖州	20%	65%		上饶	50%	60%
	绍兴	30%	70%		新余	50%	40%
	金华	40%	70%		景德镇	60%	60%
	温州	10%	65%		宜春	50%	60%
	台州	25%	70%		萍乡	60%	70%
	丽水	20%	60%		吉安	50%	60%
	衢州	25%	75%		抚州	C50%	60%
	宁波	20%	85%		赣州	C70%	60%

注：C代表门诊慢性病报销比，S代表门诊特殊报销比，以下同。

广东省内城居保三级医疗机构的门诊报销比差异性较大，较低是中山，只有20%；较高是深圳，达到80%；其他地级市大多在60%左右。住院报销比也存在一定的差异性，较低是汕尾和湛江，为50%；较高是东莞和佛山，达到85%；其他地级市都在70%左右。如表4.22所示。

表4.22 城居保待遇政策地区差异（广东）

地级市	门诊报销比	住院报销比	地级市	门诊报销比	住院报销比
广州	55%	70%	揭阳	70%	70%
深圳	80%	75%	汕尾	30%	50%
佛山	S85%、C75%	85%	湛江	60%	50%

续表4.22

地级市	门诊报销比	住院报销比	地级市	门诊报销比	住院报销比
东莞	35%	85%	茂名	50%	65%
中山	20%	80%	阳江		60%
珠海	C50%	50%	韶关	S40%	70%
江门	72%	65%	清远	55%	60%
肇庆	75%	70%	云浮	50%	75%
惠州	40%	75%	梅州	60%	65%
汕头	70%	70%	河源		
潮州	70%	70%			

注：表中空白为数据缺失，医保部门未公布。

山东省内城居保三级医疗机构的门诊报销比较为统一，大部分地级市为50%；较低是泰安，为40%；较高是滨州和菏泽，为60%。住院报销比存在一定的差异性，为30%～70%；大部分地级市在55%左右。如表4.23所示。

表4.23　城居保待遇政策地区差异（山东）

地级市	门诊报销比	住院报销比	地级市	门诊报销比	住院报销比
济南	50%	45%	泰安	40%	55%
青岛	50%	30%	威海	S50%	50%
淄博	50%	50%	日照	50%	55%
枣庄	50%	70%	临沂	50%	55%
东营	50%	70%	德州	50%	70%
烟台	50%	55%	聊城	50%	60%
潍坊	50%	35%	滨州	60%	60%
济宁	55%	45%	菏泽	60%	60%

四川省内城居保三级医疗机构门诊报销比存在一定的差异性，为50%～80%，大部分地级市在60%左右。住院报销比和门诊报销比接近，为50%～70%，大多是60%。如表4.24所示。

表 4.24 城居保待遇政策地区差异（四川）

地级市	门诊报销比	住院报销比	地级市	门诊报销比	住院报销比
成都	60%	68%	乐山	60%	70%
绵阳	C70%	60%	资阳	80%	55%
自贡		50%	宜宾	60%	50%
攀枝花	70%	63%	南充	60%	70%
泸州	S70%	55%	达州	50%	70%
德阳	75%	60%	雅安	60%	55%
广元	50%	50%	广安	50%	70%
遂宁	C55%	55%	巴中	50%	60%
内江		60%	眉山	60%	65%

注：大部分地级市的普通门诊和三级医疗机构报销待遇数据不可得。

辽宁省内城居保待遇政策的差异如表 4.25 所示。门诊报销比差异较大，为 20%～50%；较低是本溪和朝阳，均为 20%；其他大部分地级市在 50%。住院报销比差异较小，为 45%～75%，较高和较低分别是沈阳和辽阳。

表 4.25 城居保待遇政策地区差异（辽宁）

地级市	门诊报销比	住院报销比	地级市	门诊报销比	住院报销比
沈阳	S70%	75%	营口		70%
大连	C65%	65%	阜新	25%	50%
鞍山	50%	65%	辽阳	50%	45%
抚顺	55%	75%	铁岭		60%
本溪	20%	55%	朝阳	20%	55%
丹东	50%	75%	盘锦	S70%	70%
锦州	50%	55%	葫芦岛	50%	50%

注：表中空白为数据缺失，医保部门未公布。

4.4 医疗卫生资源的富裕与共享

4.4.1 医疗卫生资源的增长趋势

改革开放以来，医疗卫生资源不断丰富。医疗卫生机构数稳步增长，从 1978 年的 16.97 万个增加至 2021 年的 103.3 万个，增加了 5 倍；综合医院数量从 1978 年的 7539 个增加至 2021 年的 20307 个，增长了 1.7 倍；中医医院数量从 1978 年的 447 个增加至 2021 年的 4630 个，增长了 9.4 倍；专科医院数量增长较为缓慢，在 2010 年以后增长较为明显。疾病预防控制中心数从 1978 年的 2989 个增加至 2020 年的 3385 个。[1] 如图 4.1 所示。

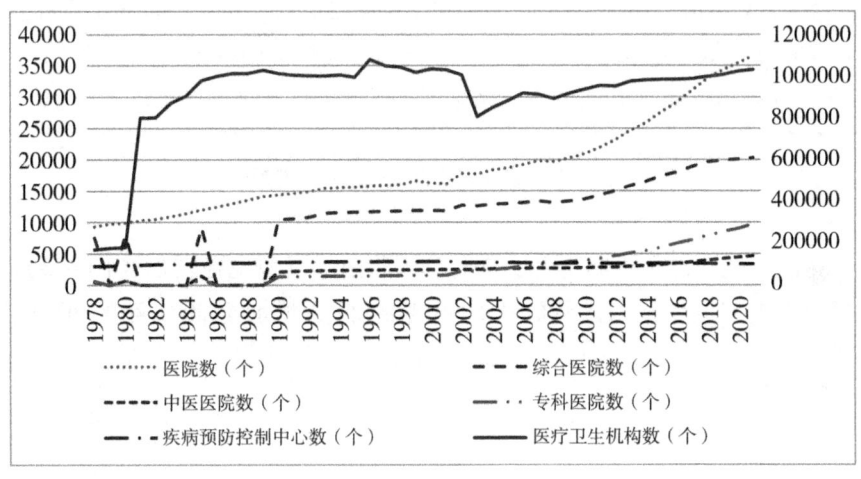

图 4.1 改革开放以来医疗机构数量变动趋势

2008 年以来，基本医疗保险覆盖率不断提升，城乡医疗卫生资源也不断增加（图 4.2）。医疗卫生机构诊疗人次从 2008 年的 49 亿人次增加至 2021 年的 84.72 亿人次，医院平均住院日保持稳定，在 9 天左右。城市医疗卫生机构床位数从 2008 年的 196.36 万张增加至 2021 年

---

[1] 国家统计局：年度数据，https://data.stats.gov.cn/easyquery.htm?cn=C01。

的497.04万张，农村医疗卫生机构床位数从2008年的207.51万张增加至2021年的447.97万张，2021年开始城市医疗卫生机构床位数超过农村。

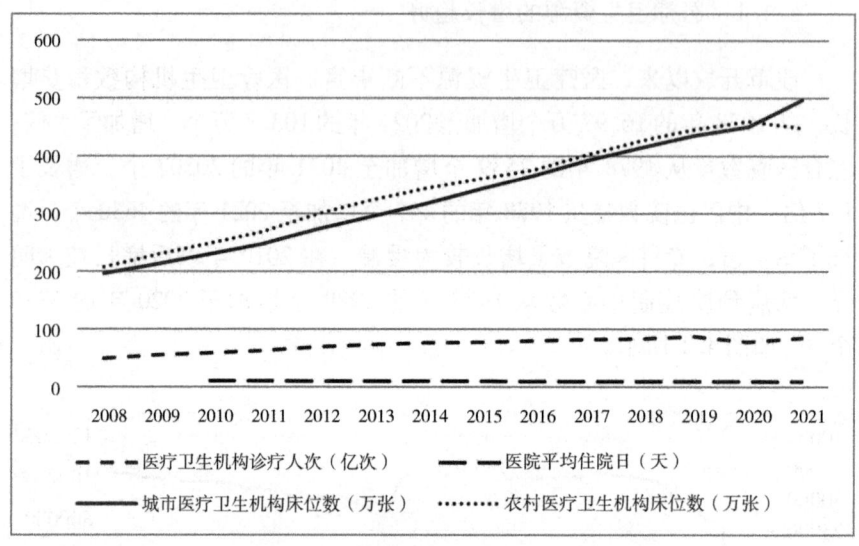

图4.2 城乡医疗卫生资源变动趋势

医疗机构总量不断提升的同时，人均医疗资源也在增加（图4.3）。每万人拥有卫生技术人员数从1980年的29人增加至2021年的80人，

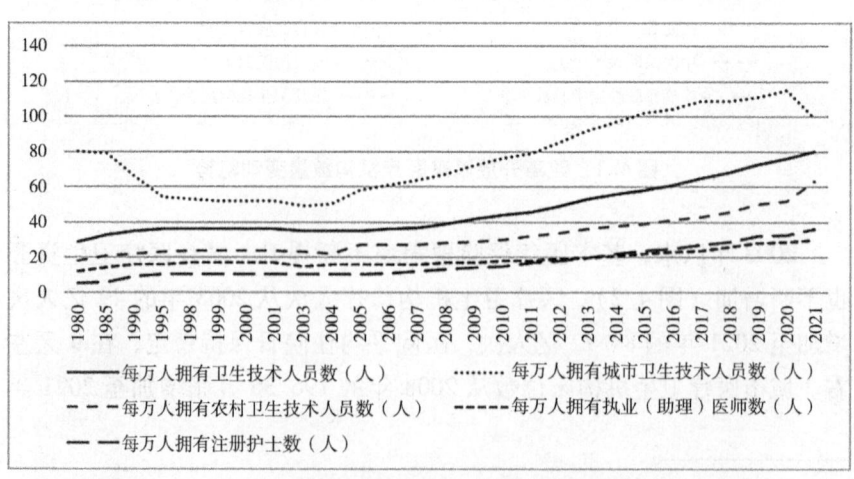

图4.3 改革开放以来人均医疗资源变动趋势

每万人拥有城市卫生技术人员数从1980年的80人增加至2021年的99人，每万人拥有农村卫生技术人员数从1980年的18人增加至2021年的63人，每万人拥有执业（助理）医师数从1980年的12人增加至2021年的30人，每万人拥有注册护士数从1980年的5人增加至2021年的36人。

卫生总费用也不断增加，从1978年的110.21亿元增加至2021年的76844.99亿元，剔除价格因素可见增长了100倍；政府卫生支出从1978年的35.44亿元增加至2021年的20676.06亿元；社会卫生支出从1978年的52.25亿元增加至2021年的34963.26亿元，个人现金卫生支出从1978年的22.52亿元增加至2021年的21205.67亿元。人均卫生费用从1978年的11.45元增加至2021年的5439.97元，剔除价格因素可见增长了67.6倍。如图4.4所示。

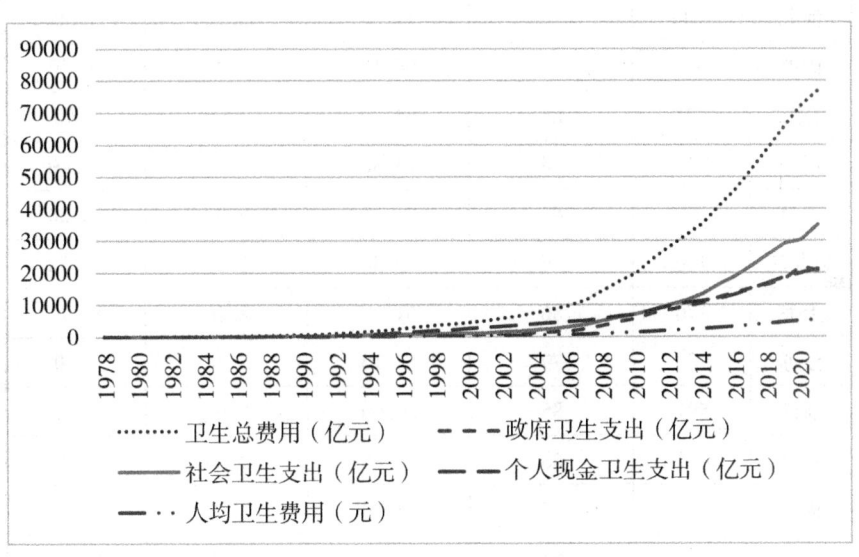

图4.4 改革开放以来卫生费用变动趋势

医疗卫生资源的丰富加上卫生费用的增加，居民健康水平不断提升人均预期寿命从1975年的64岁上升到2020年的78岁，婴儿死亡率从1975年的6.5%下降到2021年的5‰。[①]

---

① 国家统计局：年度数据，https://data.stats.gov.cn/easyquery.htm?cn=C01。

4.4.2 医疗卫生资源的分布差异

居民医疗服务使用既受到医疗保险政策的影响，也受到医疗资源可及性的影响。对此，本书进一步考察医疗资源的地区差异。本小节采用综合医院数、每万人拥有卫生技术人员数、每万人医疗机构床位数三个指标来度量医疗卫生资源的配置情况，用医疗卫生机构诊疗人次、医院平均住院日（天）两个指标反映医疗卫生资源使用情况（表4.26）。

表4.26　2020年各省医疗资源对比

省（区/市）	综合医院数	每万人拥有卫生技术人员数	每万人医疗机构床位数	医疗卫生机构诊疗人次	医院平均住院日（天）
北京	226	126	58.00	1.82	9.90
天津	274	82	49.20	0.98	9.60
河北	1517	70	59.20	3.82	9.30
山西	673	77	64.10	1.23	10.30
内蒙古	377	84	67.40	0.96	9.60
辽宁	726	74	73.80	1.63	10.40
吉林	419	88	71.90	0.93	10.00
黑龙江	740	76	79.50	0.85	10.70
上海	176	86	61.20	2.26	10.70
江苏	989	79	63.10	5.34	9.70
浙江	591	85	56.00	6.05	9.50
安徽	823	68	66.80	3.46	9.70
福建	377	67	52.20	2.40	8.70
江西	532	63	63.30	2.20	9.00
山东	1468	80	63.70	6.13	8.90
河南	1314	71	67.10	5.74	9.50
湖北	560	74	71.20	2.95	10.10
湖南	857	75	78.20	2.67	9.50
广东	934	66	44.80	7.26	8.70

续表4.26

省（区/市）	综合医院数	每万人拥有卫生技术人员数	每万人医疗机构床位数	医疗卫生机构诊疗人次	医院平均住院日（天）
广西	404	74	59.00	2.32	9.10
海南	171	74	58.00	0.53	9.30
重庆	448	74	73.50	1.70	10.00
四川	1494	76	77.70	5.12	10.60
贵州	962	75	71.70	1.62	8.40
云南	910	78	68.90	2.70	8.70
西藏	112	62	50.90	0.16	7.70
陕西	751	92	68.90	1.77	9.10
甘肃	373	72	68.70	1.10	8.70
青海	119	83	69.70	0.24	9.00
宁夏	137	81	57.30	0.40	8.70
新疆	679	74	70.20	1.07	8.80

2020年各省平均综合医院数是649，平均每万人拥有卫生技术人员数为78，平均每万人医疗机构床位数为64.68，平均医疗卫生机构诊疗为2.50人次，医院平均住院日为9.42天。综合医院数与人口规模有关，无法剔除量纲的影响。每万人拥有卫生技术人员数和每万人医疗机构床位数剔除了人口规模的影响，更适合用来反映医疗卫生资源的可及性。2020年，每万人拥有卫生技术人员数排名前五的省（区/市）是北京、陕西、吉林、上海和浙江，排名后五的省（区/市）是安徽、福建、广东、江西和西藏，每万人拥有卫生技术人员数较高和较低的两个省（区/市）（北京和西藏）相差64。每万人医疗机构床位数排名前五个省（区/市）是黑龙江、湖南、四川、辽宁和重庆，排名后五的省（区/市）是浙江、福建、西藏、天津和广东，每万人医疗机构床位数较高和较低的两个省（区/市）（黑龙江和广东）相差34.7。

从医疗卫生资源使用来看，2020年医疗卫生机构诊疗人次排名前五的省（区/市）是广东、山东、浙江、河南和江苏，都在5.3以上；医疗卫生机构诊疗人次排名后五的省（区/市）是黑龙江、海南、宁夏、青海和西藏，都在0.9以下。2020年医院平均住院日排名前五的省（区/市）是上海、黑龙江、四川、辽宁和山西，都在10.3天以上；医院平均住院日排名后五的省（区/市）是福建、甘肃、宁夏、贵州和西藏，都在8.7天以内。

从医疗卫生资源来看[图4.5（a）和（b）]，每万人拥有卫生技术人员数与经济发展水平之间呈现明显的正相关，而每万人医疗机构床位数与经济发展水平之间呈现明显的负相关，可能的原因在于经济发达省（区/市）医疗服务质量更高，因而数量更少。从医疗服务使用来看[图4.5（c）和（d）]，医疗卫生机构诊疗人次和医院平均住院日都与经济发展水平呈现明显正相关，原因在于经济发展水平越高的省（区/市）居民收入水平越高，医疗卫生需求也相应越高，医疗服务使用也越多。

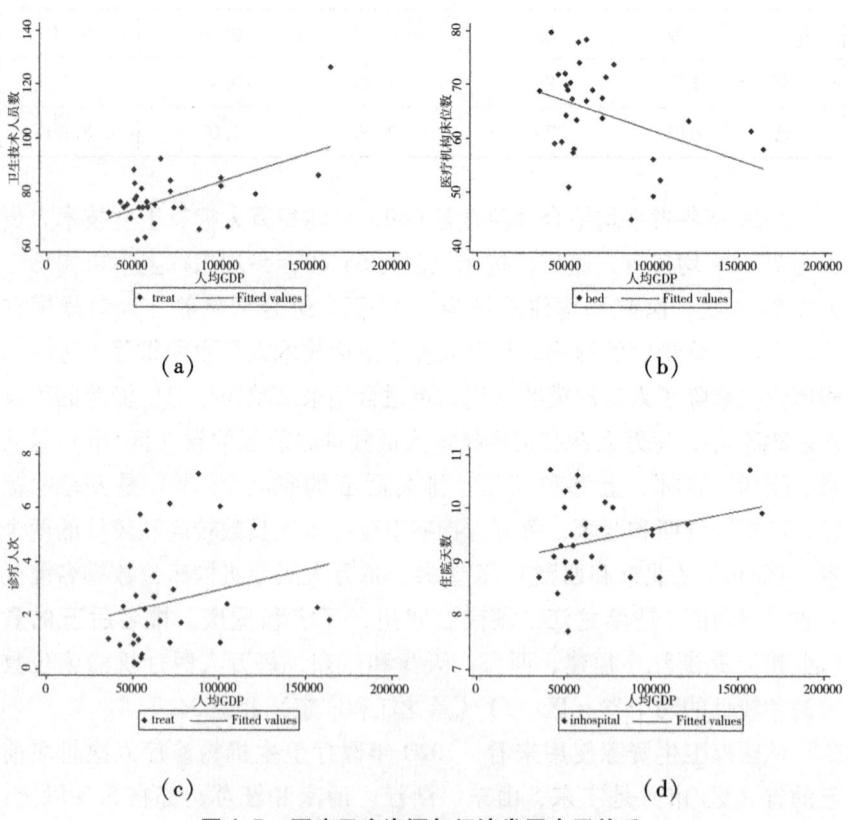

图4.5　医疗卫生资源与经济发展水平关系

4.5 本章小结

本章首先梳理中华人民共和国成立以来医疗保险制度的演变,剖析计划经济时期和改革开放以来医疗保险制度演变的逻辑。其次,选择15个代表性省(区/市)[四个直辖市、五个实行医疗保险省级统筹的省(区/市)以及六个尚未开展省级统筹的省(区/市),共123个城市],从缴费政策和待遇政策两个方面考察基本医疗保险制度的地区差异,梳理当前医疗保险制度存在的不平衡问题有助于了解基本医疗保险领域共同富裕的建设进展。最后,采用医疗机构数、人均医疗资源、卫生费用等变量考察改革开放以来医疗卫生资源的增长趋势和地区差异,为基本医疗保险再分配效应的评估提供典型事实。

中华人民共和国成立以来医疗保险制度经历了三个阶段。计划经济时期,医疗保险主要覆盖国有企业职工,农村虽然有合作医疗但保障水平较低,大部分居民没有基本医疗保险来缓解医疗负担。改革开放以来,为了适应社会主义市场经济体制的发展要求,在职工方面,建立了统账结合的基本医疗保险制度,覆盖城镇所有企事业单位的职工。在居民医保方面,逐步建立新农合、城镇居民基本医疗保险,并于2016年将二者整合为城居保。截至2022年底,基本医疗保险(城职保和城居保)参保率超过95%。2009年,医疗卫生体制领域改革的重点有医疗保险支付方式改革、药品和医用耗材集中带量采购改革、医疗服务价格改革及公立医院改革等,为缓解居民医疗负担、提高医疗服务可及性、促进居民健康发挥了重要作用。

医疗保险省级统筹是"十四五"时期的重要任务,省级统筹的主要约束在于省内各市医疗保险筹资政策和待遇政策的差异性,差异越大,省级统筹的阻碍越大。本章梳理了15个代表性省(区/市)的职工医保和居民医保政策,考察了这些省(区/市)的基本医疗保险缴费政策和待遇政策在市级层面的差异性。从城职保的缴费政策来看,个人缴费率基本保持一致,都是2%;单位缴费率差异性较大,较低是5%,较高达到10%。即便在已实行省级统筹的省(区/市),省内职工医保的缴费政策仍未统一,如福建、陕西和青海;而尚未实行省级统筹的省(区/市),如江西,省内职工医保的缴费政策已经统一。从城居保的缴费政策来看，地区差异性更大。个人缴费额大多为320元/年，较低是江西上饶，仅110元/年，较高是上海（860元/年）；人均筹资额大多在900元/年，较低是江西新余（210元/年），较高是上海（3610元/年）。相比缴费政策，待遇政策更加复杂，差异性也更大，涉及不同等级的医疗机构，也涉及不同类型的门诊。

改革开放以来，医疗卫生资源不断丰富，人均医疗资源也在持续提升。医疗卫生机构数稳步增长，从1978年的16.97万个增加至2021年的103.3万个，增加了5倍；综合医院数从1978年的7539个增加至2021年的20307个，增长了1.7倍；中医医院数从1978年的447个增加至2021年的4630个，增长了9.4倍。人均卫生费用从1978年的11.45元增加至2021年的5439.97元，剔除价格因素，实际增长67.6倍。医疗卫生资源的丰富加上卫生费用的增加，居民健康水平不断提升，人均预期寿命从1975年的64岁上升到2020年的78岁，婴儿死亡率从1975年的6.5%下降到2021年的5‰。

从医疗资源的地区分布来看，每万人拥有卫生技术人员数、医疗卫生机构诊疗人次和医院平均住院日都与经济发展水平呈现明显的正相关，原因在于经济发展水平越高的省（区/市）居民收入水平越高，医疗卫生需求也相应越高，医疗服务使用也越多。2022年，每万人拥有卫生技术人员数较高和较低的两个省（区/市）（北京和西藏）相差64，医疗卫生机构诊疗人次排名最前的五个省（区/市）是广东、山东、浙江、河南和江苏，都在5.7以上；医疗卫生机构诊疗人次较高和较低的两个省（区/市）（广东和西藏）相差8人次，医院平均住院日较高和较低的两个省（区/市）（上海和西藏）相差2.6天。

第5章 改革开放以来分配领域的共富趋势

改革开放以来中国实现了经济增长奇迹，在分配领域也产生了巨大变化，由计划经济时代的"平均主义"演变为逐渐扩大的城乡间、地区间和群体间差距。本章基于宏观统计数据和微观调查数据考察改革开放以来共同富裕建设的典型事实，包括收入分配领域的富裕与共享演变趋势、财产分配领域的富裕与共享演变趋势、居民消费领域的富裕与共享演变趋势。本章的现状分析能够为基本医疗保险再分配效应的统计测度提供基本现状。收入和财产分配格局的变化由经济体制改革、人口结构、社会保障、户籍制度等因素的变化共同导致，因此要将分配格局的变化置于中国宏观经济发展的背景下剖析其演变机理，才能找到缩小城乡间、地区间和群体间差距的有效对策，更加积极地促进共同富裕。

5.1 收入分配的富裕与共享

5.1.1 居民收入的增长趋势

改革开放以来，得益于经济发展的巨大动力，城乡居民收入水平稳步提高，如表5.1所示。城镇居民人均收入从1978年的343.4元/年上升到2022年的49283元/年，剔除价格因素，实际增加18.9倍；农村居民人均收入从1978年的133.6元/年上升到2021年的20133元/年，剔除价格因素，实际增加19.5倍。

表 5.1 改革开放以来城乡居民收入的增长趋势

单位：元/年

年份	城镇居民		农村居民		年份	城镇居民		农村居民	
	当年价格	不变价格	当年价格	不变价格		当年价格	不变价格	当年价格	不变价格
1978	343	343	134	134	2001	6824	1908	2407	761
1979	405	405	160	160	2002	7652	2161	2529	802
1980	478	478	191	191	2003	8406	2353	2690	840
1981	500	500	223	223	2004	9335	2530	3027	902
1982	535	535	270	270	2005	10382	2769	3370	983
1983	565	565	310	310	2006	11620	3054	3731	1072
1984	652	652	355	355	2007	13603	3421	4327	1179
1985	739	739	398	398	2008	15549	3703	4999	1279
1986	901	842	424	400	2009	16901	4062	5435	1395
1987	1002	861	463	411	2010	18779	4373	6272	1554
1988	1180	840	545	412	2011	21427	4739	7394	1732
1989	1374	841	602	381	2012	24127	5196	8389	1917
1990	1510	913	686	416	2013	26467	5555	9430	2096
1991	1701	978	709	420	2014	28844	5930	10489	2290
1992	2027	1073	784	443	2015	31195	6318	11422	2462
1993	2577	1176	922	459	2016	33616	6669	12363	2615
1994	3496	1276	1221	492	2017	36396	7099	13432	2805
1995	4283	1338	1578	542	2018	39251	7499	14617	2989
1996	4839	1389	1926	613	2019	42359	7872	16021	3175
1997	5160	1437	2090	648	2020	43834	7963	17131	3296
1998	5418	1518	2171	680	2021	47412	8528	18931	3618
1999	5839	1657	2229	709	2022	49283	8690	20133	3670
2000	6256	1762	2282	727					

注：由于农村消费价格指数最早年份是 1985 年，因此城镇和农村的不变价格收入以 1985 年为基期的消费价格指数进行调整。

2013 年以前，国家统计局实行城乡二元的收支调查体系，城镇居民和农村居民的收入也是单独发布的。2013 年，国家统计局实行城乡一体化收支调查，统一城镇居民和农村居民的收支指标，并且发布全国

第 5 章 改革开放以来分配领域的共富趋势

居民可支配收入。1978 年以来，全国居民收入呈现指数型上涨趋势，名义收入从 1978 年的 171 元上升到 2022 年的 36883 元，剔除价格因素后上涨 29.5 倍。（图 5.1）

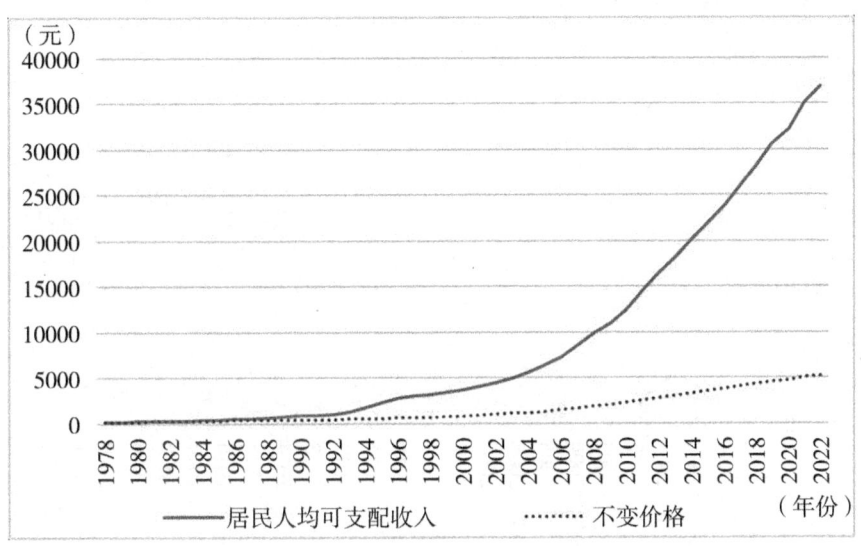

图 5.1　全国居民收入增长趋势

在考察可支配收入变动趋势的基础上，本书进一步考察分项收入的变动趋势，如图 5.2 所示。首先，来看增长幅度。增长最快的是财产净收入，从 1998 年的 67 元/年增长到 2022 年的 3327 元/年，增长了 48 倍，这与房产市场和金融市场的蓬勃发展有关。紧随其后的是转移净收入，从 1998 年的 417 元/年增加到 2022 年的 6892 元/年，得益于社会保障制度的完善和劳动力流动带来的家庭内部收入转移。工资性收入增长了 10.8 倍，从 1998 年的 1740 元/年增加到 2022 年的 20590 元/年。增长最慢的是经营净收入，只增长了 5 倍，从 1998 年的 1030 元/年增加到 2022 年的 6175 元/年。

其次，来看收入结构的变化。工资性收入在居民可支配收入中的占比较高，超过 50%，而且从 1998 年到 2022 年保持基本稳定。比重下降最快的是经营净收入，从 1998 年的 31.65% 下降到 2022 年的 16.74%，这与农村居民经营净收入占比的下降有关。目前，工资性收入占农村居民收入的占比超过 40%，高于经营净收入的占比。改革开放以来，越来越多的农村剩余劳动力流入城市劳动力市场，他们的收入结构以工资性收入为主，带动了农村居民收入结构的改变。财产净收入和转移净收入的比重都上升6个百分点左右，前者从1998年的2.06%上升到2022年的8.75%，后者从1998年的12.82%上升到2022年的18.68%。（图5.2）

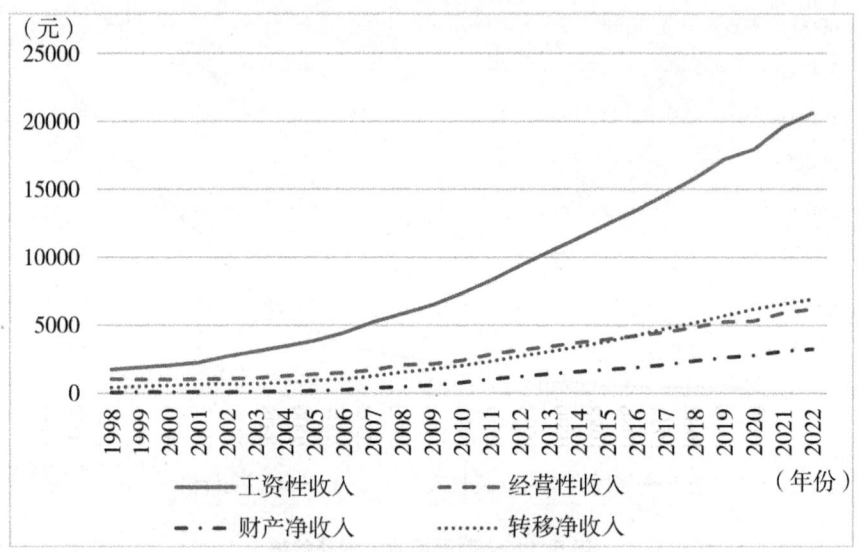

图5.2　分项收入增长趋势

5.1.2　收入分配的群体差距

国家统计局只公布了2003年以来全国居民收入的基尼系数，为了考察更长趋势的居民收入差距，本小节基于分组数据测算全国收入差距、城镇收入差距和农村收入差距。分组数据的主要弊端在于忽略组内差异的低估偏误。在指标上，选择基尼系数、泰尔第一指数和泰尔第二指数，测算结果如表5.2所示。由于统计数据的限制，不同年份分组数据的组数存在差异。2013年以前，国家统计局只公布城镇、农村单列的分组收入数据，并未公布全国分组收入数据；从2013年开始，国家统计局不仅公布城镇和农村工资的分组收入数据，还公布合并分组的收入数据，而且组数都是5等分组。采用分组数据测算不平等程度的缺陷在于忽略组内差距而产生低估问题，组数越少，低估程度越严重，因此表5.2的测算结果在数值上要低于微观数据的测算结果，但趋势上仍然值得借鉴。

表5.2 中国居民收入不平等的总体趋势（基于分组数据的测算）

年份	全国			城镇			农村		
	Gini	GE(1)	GE(0)	Gini	GE(1)	GE(0)	Gini	GE(1)	GE(0)
1990	0.323	0.168	0.175	0.179	0.054	0.053	0.293	0.148	0.145
1995	0.379	0.231	0.248	0.207	0.070	0.070	0.335	0.196	0.191
2000	0.407	0.269	0.296	0.244	0.099	0.098	0.350	0.206	0.212
2001	0.412	0.277	0.308	0.257	0.107	0.108	0.355	0.213	0.219
2002	0.431	0.312	0.330	0.306	0.158	0.158	0.345	0.200	0.206
2003	0.436	0.318	0.341	0.307	0.157	0.158	0.365	0.224	0.230
2004	0.444	0.335	0.360	0.314	0.168	0.167	0.369	0.227	0.234
2005	0.446	0.337	0.358	0.323	0.176	0.176	0.354	0.208	0.218
2006	0.449	0.342	0.366	0.329	0.182	0.183	0.354	0.206	0.221
2007	0.441	0.329	0.361	0.326	0.179	0.179	0.348	0.199	0.219
2008	0.442	0.334	0.364	0.323	0.175	0.176	0.335	0.186	0.212
2009	0.442	0.335	0.366	0.329	0.181	0.183	0.319	0.175	0.208
2010	0.441	0.327	0.361	0.319	0.171	0.172	0.355	0.209	0.221
2011	0.437	0.321	0.359	0.319	0.171	0.171	0.366	0.223	0.241
2012	0.426	0.304	0.345	0.306	0.156	0.157	0.363	0.219	0.235
2013	0.411	0.279	0.313	0.312	0.160	0.169	0.339	0.190	0.210
2014	0.409	0.277	0.319	0.302	0.149	0.158	0.350	0.204	0.234
2015	0.404	0.270	0.311	0.295	0.143	0.152	0.348	0.201	0.230
2016	0.406	0.273	0.321	0.297	0.144	0.154	0.355	0.212	0.248
2017	0.410	0.278	0.325	0.303	0.151	0.161	0.360	0.217	0.251
2018	0.419	0.291	0.334	0.317	0.165	0.175	0.366	0.224	0.254
2019	0.414	0.284	0.321	0.317	0.165	0.175	0.351	0.205	0.232
2020	0.413	0.284	0.317	0.323	0.171	0.183	0.351	0.205	0.229
2021	0.389	0.252	0.287	0.320	0.168	0.180	0.355	0.211	0.240
2022	0.390	0.254	0.290	0.323	0.171	0.185	0.361	0.217	0.248

数据来源：1990—2009年农村收入分组数据来自2001—2010年《中国农村住户调查年鉴》的20分组数据，2010—2022年农村收入分组数据来自国家统计局年度数据，1990—2012年城镇收入分组数据来自1991—2013年《中国统计年鉴》的7分组数据，2013—2022年全国和城镇的分组收入数据来自国家统计局年度数据。

值得注意的是，采用分组数据得到的收入不平等程度是低估的，因为忽略了组内不平等，组数越少低估程度越高。因此，表5.2测算得到的全国基尼系数低于国家统计局公布的数值，因为国家统计局采用微观数据来估计基尼系数，不会因忽略组内差异而产生低估问题。虽然三个不平等指标的数值有所差别，但趋势上呈现一致性。就基尼系数来看，全国基尼系数的较高值出现在2006年，此后呈现小幅下降趋势。城镇基尼系数的较高值也出现在2006年，农村基尼系数的较高值出现在2004年。收入不平等的再度提升应当引起重视。

将国家统计局公布的全国基尼系数与表5.2的测算结果进行对比，可以发现两者在数值上相差13%左右，但趋势基本一致，如图5.3所示。国家统计局公布的全国基尼系数2003年为0.479，2008年较高达到0.491，2015年较低为0.462，2016年以来基尼系数有所扩大，2021年重新回到0.466[①]。

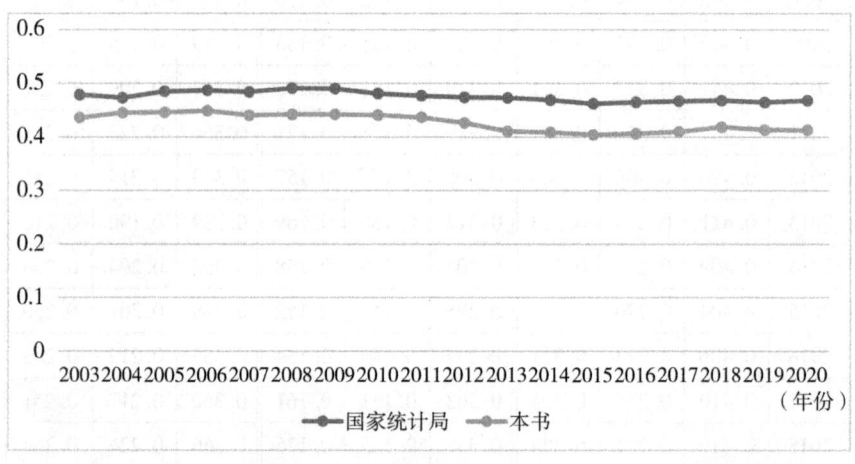

图5.3　基尼系数变动趋势对比

城镇、农村内部的基尼系数如图5.4所示。城镇收入不平等与全国收入不平等的变动趋势较为一致，而农村收入不平等经历了上升、下降、再上升的趋势。1990年，城镇、农村各自的基尼系数分别为0.178、0.294，2022年城镇、农村各自的基尼系数分别为0.323和

---

① 资料来源：国家统计局年度数据，https://data.stats.gov.cn/easyquery.htm?cn=C01。

0.361,收入不平等程度分别上升81.46%和22.79%,城镇收入不平等上升幅度更大,要谨防城镇内部收入差距的扩大。值得注意的是,近年来全国收入差距在下降,而城镇和农村内部的差距在扩大,意味着全国收入差距的下降主要源自城乡间收入差距的缩小,下一小节将进一步剖析城乡收入差距的变化。

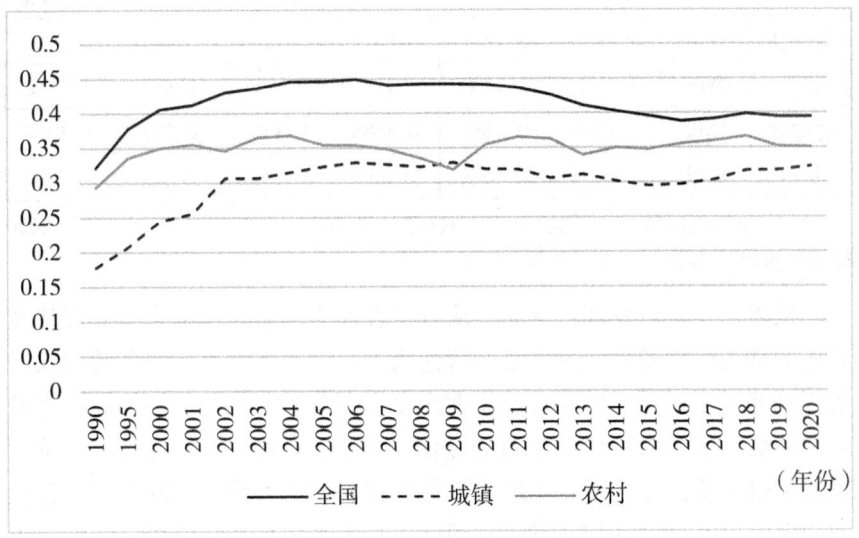

图5.4　1990—2020年基尼系数的变动趋势

为了考察收入差距的项目异质性,本书测算了各收入子项目的基尼系数,本小节基于中国家庭追踪调查的家庭层面数据测算工资性收入、经营性收入、转移性收入及财产性收入各自的基尼系数。由于国家统计局并未公布各收入子项目的分组数据,也没有公布分项收入的基尼系数,因此本书基于CFPS 2010—2020数据测算分项收入的基尼系数及其对可支配收入差距的贡献率,结果如表5.3所示。

表5.3 收入差距的来源分解

收入来源		2010年	2012年	2014年	2016年	2018年	2020年
工资性收入	Gini	0.5438	0.4972	0.5022	0.5193	0.5186	0.5252
	贡献	68.92%	60.22%	52.47%	54.67%	59.13%	62.08%
经营性收入	Gini	0.7380	0.7072	0.6936	0.7413	0.8063	0.7828
	贡献	4.97%	14.38%	9.63%	10.66%	12.53%	10.91%
财产性收入	Gini	0.7762	0.7297	0.6814	0.7353	0.7294	0.7953
	贡献	2.71%	3.34%	2.11%	2.39%	1.88%	5.25%
转移性收入	Gini	0.7506	0.8262	0.8588	0.8513	0.8430	0.8258
	贡献	23.39%	22.05%	35.80%	32.29%	26.46%	21.75%

注：分项收入的 Gini 根据该分项的排序计算得到。本表基于 CFPS 2010—2020 微观数据计算得到，未进行权重的调整。

从表 5.3 可以发现：首先，从分项收入的不平等程度来看，转移性收入的基尼系数较高，其次是经营性收入和财产性收入，而工资性收入的不平等程度较低，低于可支配收入的不平等程度（CFPS 数据测算的基尼系数高于国家统计局公布的数值），因此工资性收入可以起到调节可支配收入差距的作用。其次，工资性收入和财产性收入的不平等程度在 2010—2018 年呈现下降趋势，但在 2020 年又有上升趋势；转移性收入和经营性收入的不平等在 2010—2018 年呈现上升趋势，而 2020 年有所下降。总体来看，工资性收入的基尼系数从 2010 年的 0.54 下降到 2020 年的 0.53，经营性收入的基尼系数从 2010 年的 0.74 上升到 2020 年的 0.78，财产性收入的基尼系数从 2010 年的 0.78 上升到 2020 年的 0.80，转移性收入的基尼系数从 2010 年的 0.75 上升到 2020 年的 0.83。最后，从贡献率来看，工资性收入对可支配收入差距的贡献是最大的，达到 50% 以上，但相比 2010 年，贡献率下降了将近 6 个百分点。经营性收入和转移性收入的贡献率有所上升，2020 年分别达到 10.9% 和 21.8%。财产性收入虽然不平等程度较高，但贡献率较低，原因在于财产性收入在可支配收入中的占比不到 5%。财产性收入不平等对总体收入差距的贡献从 2010 年的 2.7% 上升到 2020 年的 5.3%。

5.1.3 收入分配的城乡差距

为了全面考察改革开放以来城乡收入差距的变动趋势，本小节选取了当年价格和不变价格两种口径。由于2013年以前城镇、农村的住户调查是单列的，2013年开始实行城乡一体化的住户调查，因此2013年前后存在统计口径不完全一致的问题，尤其是农村居民的收入，2013年以前采用纯收入口径，2013年开始采用的是可支配收入口径。改革开放以来城乡收入差距的变动趋势如表5.4所示。

表5.4 改革开放以来城乡收入差距的趋势

单位：元

年份	城乡收入比		年份	城乡收入比	
	当年价格	不变价格		当年价格	不变价格
1978	2.57	—	2001	2.9	2.57
1979	2.53	—	2002	3.11	2.77
1980	2.5	—	2003	3.23	2.90
1981	2.24	—	2004	3.21	2.92
1982	1.98	—	2005	3.22	2.95
1983	1.82	—	2006	3.28	3.00
1984	1.84	—	2007	3.33	3.07
1985	1.86	1.86	2008	3.31	3.08
1986	2.13	2.10	2009	3.33	3.12
1987	2.17	2.10	2010	3.23	3.03
1988	2.17	2.04	2011	3.13	2.95
1989	2.28	2.21	2012	3.1	2.92
1990	2.2	2.20	2013	3.03	2.86
1991	2.4	2.33	2014	2.75	2.59
1992	2.58	2.42	2015	2.73	2.57
1993	2.8	2.56	2016	2.72	2.55
1994	2.86	2.59	2017	2.71	2.53
1995	2.71	2.47	2018	2.69	2.51
1996	2.51	2.27	2019	2.64	2.47
1997	2.47	2.22	2020	2.56	2.42
1998	2.51	2.24	2021	2.5	2.36
1999	2.65	2.36	2022	2.45	2.37
2000	2.79	2.46			

资料来源：国家统计局年度数据。为了保持可比性，城镇居民和农村居民的价格指数都以1985年为基期。

从表 5.4 可以看到：改革开放以来，城乡收入差距有上升也有下降，但 2022 年城乡收入差距仍然高于改革开放之初的水平。当年价格的城乡收入差距较低值出现在 20 世纪 80 年代中期，仅为 1.82；较高值出现在 2007 年，达到 3.33。2010 年以来，城乡收入差距逐年下降，但其降幅慢于 20 世纪 80 年代初的降幅。由于农村居民消费价格指数 1985 年才出现，为了保持可比性，表 5.4 的不变价格城乡收入比采用的是按照 1985 年城镇、农村各自的居民消费价格指数调整得到的城乡居民收入之比。由于城镇居民消费价格上涨更快，因此不变价格的城乡收入比更低，但剔除城乡价格上涨异质性之后，2022 年的城乡收入差距仍然高于 1985 年。

城乡收入差距的变化与户籍制度改革、社会保障制度改革、劳动力流动等因素有关，尤其是户籍制度改革。1978 年以来的户籍制度改革按照政策目标的差异可以划分为五个阶段：1978—1983 年，严格限制农村居民进城；1984—1991 年，逐渐放松农村劳动力流动；1992—2000 年，放宽小城镇落户条件；2001—2013 年，放宽中小城市落户条件；2014 至今，进入户籍一元化改革阶段。为了更加直观地剖析城乡收入差距的阶段性特征，本书在此展示绘制的趋势图（图 5.5）。

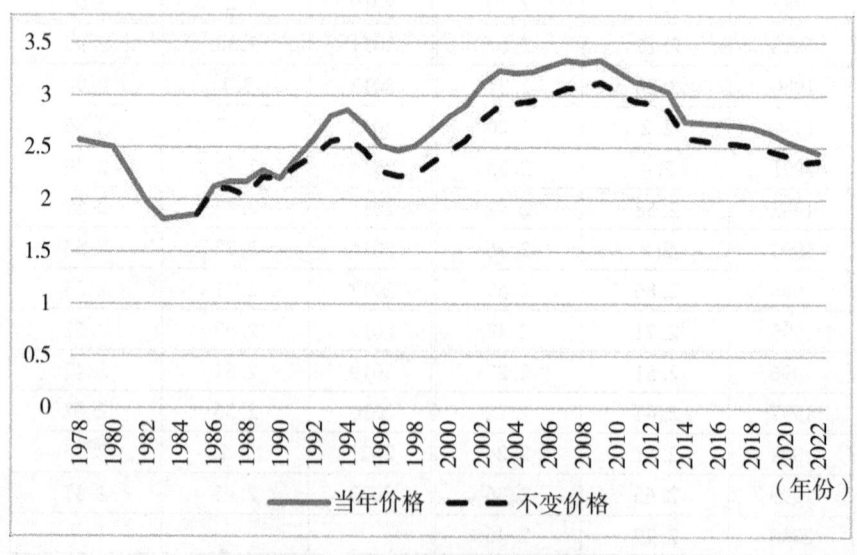

图 5.5　城乡收入差距变动趋势

图 5.5 显示：1978 年以来，城乡收入差距经历了截然不同的五个阶段，当年价格和不变价格两种统计口径下城乡收入比的变动趋势相同。城乡收入差距受到经济体制改革、户籍制度改革、惠农政策、收入分配制度改革及社会保障政策调整等因素的影响，尤其是户籍一元化改革以来，城乡收入差距一直在下降。

第一阶段（1978—1982 年），城乡收入差距快速下降，从 2.57 下降到 1.82。虽然这一阶段城市政府仍然严格限制农村居民进城，但随着农业家庭联产承包责任制的实施，农业部门生产效率得到大幅提升，农村居民收入快速增长，而城市居民收入增长缓慢，城乡收入差距得以快速缩小。与此同时，国家加大了对农业的支持力度，发布多项以三农为主题的"一号文件"，助推农村社会经济发展。伴随着粮食统购统销制度的取消以及粮食收购价格的提高，农村居民收入大幅提升。与此同时，农业生产效率的提升使得农村开始出现剩余劳动力，这些剩余劳动力进入乡镇企业等非农部门工作，拓宽农村居民的收入来源。

第二阶段（1983—1994 年），城乡收入差距在波动中上升，从 1.86 上升到 2.86。虽然这一时期政府开始放松农村劳动力流动的限制，但由于城市改革的迅速推进，城市居民收入增长速度超过农村居民。1984 年，十二届三中全会提出建立"有计划的商品经济"，私营经济的合法地位得到国家的承认，为城市居民收入快速增长创造了有利条件。不仅如此，从 1984 年开始，经济体制改革的重点由农村转移到城市，各种社会经济资源的配置也开始向城市倾斜。在社会保障方面，国家建立了面向城市国有企业劳动者的全方位保障制度，涵盖养老、医疗、失业、生育、住房等诸多方面。城市居民还能享受消费品补贴，1981—1985 年城市居民消费品价格补贴占中央财政收入总额的 64%，补贴总额从 1978 的 55.6 亿元上升到 1989 年的 351 亿元，补贴商品数量超过 120 种（朱玲，1991）。这一时期，农村居民收入增长缓慢，而城市居民得益于私营经济、社会保障制度等改革手段，收入得到快速增长，城乡收入差距逐渐扩大。

第三阶段（1994—1997 年），城乡收入差距短暂下降，从 2.86 降至 2.47。这一阶段，城乡二元的户籍制度开始松动，农村居民可以落户小城镇，劳动力流动的规模迅速扩大。随着市场化改革的深入，越来越多的农村居民到城市务工、经商——呈现"离土又离乡"的特征。

与此同时，政府开始批准满足一定条件的农村居民办理城镇常住户口，并且允许农村居民落户城镇，在子女入学、参军、就业等方面享受与城镇居民同等待遇，不得实行歧视性政策。此外，农产品价格的提高也在一定程度上促进了农村居民的增收，而城市居民收入增长相对较为缓慢，城乡收入差距有了小幅下降。

第四阶段（1998—2009年），城乡收入差距快速大幅上升，从2.47上升到较高峰3.33。这一时期的户籍制度改革仍然停留在中小城市，即便一些省（区/市）从2001年开始尝试取消农业户口和非农业户口之分，但公安部门仍然会在居民户口上加注标识来区分农业户口人员和非农业户口人员，城乡居民仍然享受着差异化的福利政策，城乡公共福利差异依旧存在（宋锦、李实，2013）。再加上收入分配制度改革的效率导向，劳动、资本、技术和管理等生产要素按贡献参与分配，收入差距迅速扩大。此外，城市部门中分税制改革、国有企业改革对于经济发展起到了极大的推动作用，城镇居民收入在一系列政策的刺激下快速增长，导致城乡收入差距不断加剧。

第五阶段（2010年至今），城乡收入差距上升趋势得到扭转并逐渐下降，从2010年的3.23下降到2022年的2.56。随着收入差距不断扩大，政府开始深化收入分配制度改革，"整顿分配秩序，逐步扭转收入分配差距扩大趋势"。同时，科技兴农、美丽乡村、乡村振兴、健康中国等战略的实施，不仅解决了农村基础设施落后的问题，也促进了农村的社会经济发展，使农民收入持续增长。在农村社会保障方面，实施了新型农村社会养老保险、新农合两项社会保险，解决农村居民的养老和医疗问题，为他们提供社会安全网。2014年以来，城乡社会保障一体化进程加快，城乡居民基本养老保险和城居保分别于2014年和2016年整合。2014年7月30日，国务院发布《关于进一步推进户籍制度改革的意见》，户籍一元化改革孕育而生——"取消农业户口与非农业户口的性质区分，建立城乡统一的户口登记制度，体现人口登记与管理功能。"[①]户籍一元化改革标志着户籍制度改革进入深水区。国家发展和改革委员会发布的《2019年新型城镇化建设重点任务》提出，"常住人口

---

① 《国务院关于进一步推进户籍制度改革的意见》，http://www.china.com.cn/news/txt/2014-07/30/content_ 33094234.htm。

100万～300万的大城市,应当全面取消落户限制;常住人口300万～500万的大城市,应当全面放开放宽落户条件。"① 2020年3月,《关于构建更加完善的要素市场化配置体制机制的意见》出台,提出"建立城镇基本公共服务与城镇常住人口规模相挂钩的机制,推动公共资源按照常住人口规模配置。"② 户籍制度改革的深入加上社会保障和金融普惠政策对农村经济发展的推动作用,农村居民收入快速提高,城乡收入差距不断下降,但仍高于20世纪80年代中期的较低值(1.82)。不仅如此,过去十年城乡收入差距的降幅较慢,年均只有2.3%,20世纪80年代初期的降幅为年均5.8%。

采用城镇和农村收入均值比考察城乡收入差距的局限在于忽略城乡人口比重变化及内部收入差距变化的影响,对此,本书采用三个不平等指标的城乡子群分解式来表示城乡收入差距(表5.5)。可以看到,虽然不同指标得到的城乡收入差距在数值上呈现差异,但变动趋势相同。城乡间基尼系数的较高值出现在2005年,达到0.2899,2008年以来逐年下降,2022年为0.184,但仍高于1990年的水平。城乡间基尼系数对全国基尼系数的贡献在2001年达到较高值,为65.58%,此后逐年下降,2022年为47.1%,小于1990年的水平,表明城乡收入差距对总体收入差距的贡献在逐年缩小。城乡间不平等贡献额的降低,既有农村居民与城镇居民收入均值差异缩小的原因,也有农村内部和城镇内部不平等程度趋同的原因,表5.5显示全国、城镇、农村的不平等程度在近年来都有所提升,应当引起重视。泰尔指数的子群分解表明城乡收入差距的贡献均小于38%,小于基尼系数的分解结果,这是由于泰尔指数在测算全国收入不平等时对城镇、农村内部不平等赋予的权重大于基尼系数,因此两个泰尔指数子群分解得到的群内差异贡献更高、群间差异贡献更小。

---

① 《2019年新型城镇化建设重点任务》,http://www.gov.cn/guowuyuan/2019-04/09/content_5380627.htm.
② 《关于构建更加完善的要素市场化配置体制机制的意见》,http://www.gov.cn/zhengce/2020-04/09/content_5500622.htm.

表5.5 基于不平等指标子群分解的城乡收入差距

年份	城乡间不平等			群间贡献（%）			群内贡献（%）		
	Gini	GE（1）	GE（0）	Gini	GE（1）	GE（0）	Gini	GE（1）	GE（0）
1990	0.180	0.059	0.055	56.0	35.2	31.1	44.0	64.8	68.9
1995	0.233	0.098	0.092	61.7	42.7	37.1	38.3	57.3	62.9
2000	0.265	0.128	0.127	65.3	47.7	42.6	34.7	52.3	57.4
2001	0.270	0.131	0.131	65.6	47.2	42.7	34.4	52.8	57.3
2002	0.282	0.138	0.140	64.7	43.3	41.1	35.3	56.7	59.0
2003	0.289	0.148	0.153	64.9	44.2	42.4	35.1	55.8	57.6
2004	0.289	0.151	0.158	64.9	44.9	44.1	35.1	55.2	55.9
2005	0.290	0.153	0.162	64.6	44.8	44.2	35.4	55.2	55.8
2006	0.282	0.146	0.162	64.1	44.3	44.9	35.9	55.7	55.1
2007	0.286	0.156	0.169	64.5	46.7	46.4	35.5	53.3	53.6
2008	0.284	0.156	0.170	64.2	46.4	46.5	35.8	53.6	53.5
2009	0.281	0.155	0.171	64.0	46.8	46.7	36.0	53.2	53.3
2010	0.277	0.147	0.164	62.9	45.0	45.5	37.1	55.0	54.5
2011	0.270	0.138	0.155	61.8	43.1	43.0	38.2	56.9	57.0
2012	0.263	0.134	0.150	61.7	43.9	43.6	38.4	56.1	56.4
2013	0.246	0.112	0.125	59.8	40.2	39.9	40.2	59.9	60.1
2014	0.252	0.113	0.123	61.5	40.9	38.5	38.5	59.1	61.5
2015	0.249	0.111	0.120	61.7	41.2	38.7	38.3	58.8	61.3
2016	0.250	0.110	0.120	61.5	40.3	37.4	38.5	59.8	62.6
2017	0.251	0.110	0.119	61.2	39.5	36.6	38.8	60.5	63.4
2018	0.254	0.110	0.120	60.6	37.8	35.9	39.5	62.2	64.1
2019	0.251	0.108	0.117	60.5	38.1	36.5	39.5	61.9	63.5
2020	0.248	0.104	0.111	60.0	36.5	35.1	40.0	63.5	64.9
2021	0.183	0.097	0.104	47.1	38.5	36.2	52.9	61.5	63.8
2022	0.184	0.094	0.100	47.1	37	34.5	52.9	63	65.6

为了考察不同指标得到的城乡收入差距的趋势差异，本章将城乡收入比、基尼系数群间不平等指标的变动呈现在同一张图上，并将全国基尼系数的趋势也呈现在同一张图中，以观察全国收入差距与城乡收入差

距变动趋势的差异（图5.6）。从图5.6可以看到：1990—2017年，城乡收入差距与全国收入差距呈现一致的变动规律，都经历了上升、下降的过程。但从2018年开始，城乡收入差距缩小，而全国收入差距和城乡间基尼系数维持不变。

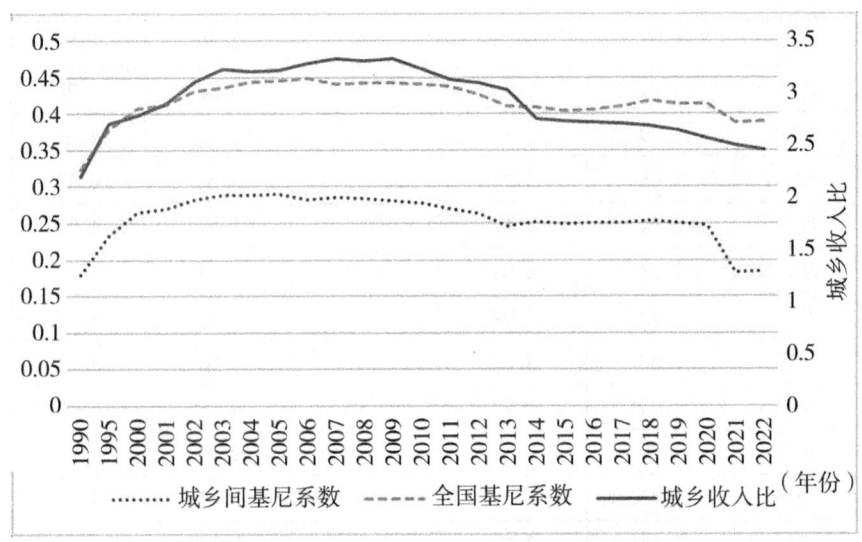

图 5.6　两种指标的城乡收入差距变动趋势

城乡收入差距的结构特征可以从三个维度进行考察：其一是不同收入水平组的城乡差距，它可以反映群体间城乡收入差距的异质性；其二是不同省（区/市）的城乡收入差距，它可以反映地区间城乡收入差距的异质性；其三是不同收入子项目的城乡差距，它用来反映不同性质收入来源的城乡收入差距的异质性。首先，来看不同收入组的城乡差距，本小节测算了2002年以来5等分收入组每组的城乡收入差距（表5.6）。

表5.6　2002—2022年不同收入水平组的城乡差距

年份	高收入组（20%）	中等偏上组（20%）	中等收入组（20%）	中等偏下组（20%）	低收入组（20%）
2002	2.61	2.93	3.08	3.19	3.53
2003	2.75	3.04	3.20	3.35	3.79

续表 5.6

年份	高收入组（20%）	中等偏上组（20%）	中等收入组（20%）	中等偏下组（20%）	低收入组（20%）
2004	2.91	3.06	3.17	3.27	3.62
2005	2.97	3.15	3.22	3.32	3.76
2006	3.01	3.16	3.26	3.40	3.85
2007	3.01	3.19	3.29	3.45	3.98
2008	3.09	3.25	3.33	3.47	4.04
2009	3.05	3.25	3.42	3.62	4.33
2010	2.94	3.12	3.30	3.51	4.07
2011	2.81	2.97	3.15	3.41	4.39
2012	2.72	2.94	3.18	3.49	4.47
2013	1.53	2.05	2.86	2.95	3.44
2014	1.49	1.98	2.80	2.98	4.05
2015	2.50	2.65	2.82	2.97	3.96
2016	2.47	2.66	2.82	2.95	4.33
2017	2.46	2.67	2.82	2.94	4.16
2018	2.49	2.72	2.81	2.92	3.92
2019	2.54	2.68	2.71	2.75	3.65
2020	2.49	2.63	2.67	2.65	3.33
2021	2.38	2.55	2.57	2.60	3.45
2022	2.33	2.50	2.54	2.61	3.38

注：本书将较高 10% 收入组和次高 10% 收入组合并，以两组的算术平均数作为新的高收入组的收入均值；将较低 10% 收入组和次低 10% 收入组合并，以两组的算术平均数作为新的低收入组的收入均值。

从表 5.6 可以看出，在同一年份中，较高收入水平组的城乡收入差距是最小的，而较低收入水平组的城乡收入差距是最大的，表明低收入者的城乡差距更大。这是由于城镇的社会保障尤其是社会救助和慈善事业比农村完善，城镇低收入者的生活水平明显高于农村低收入者。从 2002 年到 2012 年，低收入组的城乡收入差距不断扩大，从 3.53 上升到 4.47，此后逐渐下降，2022 年为 3.38。中等偏下和中等收入的城乡收入差距从2010年开始下降，2022年分别为2.61和2.54。中等偏上组的城乡收入差距在2008年达到高峰，为3.25，此后呈现先下降后上升的趋势，2022年为2.50。较高收入组的城乡收入差距在2008年达到高峰（3.09），此后也呈现先下降后上升的趋势，2022年为2.33，小于其他四个收入组的城乡收入差距。

接着，来看不同省（区/市）的城乡收入差距。表5.7显示：与总体收入差距相同的是，经济发展水平与城乡收入差距之间也呈现明显负向关系。2022年城乡收入差距较低的五个省（区/市）分别是天津、黑龙江、浙江、吉林和河南，都在2以下；较高的五个省（区/市）分别是青海、陕西、云南、贵州和甘肃，都在2.68以上。2013—2022年，城乡收入差距下降最快的是广西，下降了0.63；下降最慢的是天津，只下降了0.06。

表5.7 城乡收入差距的地区差异

省（区/市）	2013	2014	2015	2016	2017	2018	2019	2020	2021	2022
北京	2.61	2.57	2.57	2.57	2.57	2.57	2.55	2.51	2.45	2.42
天津	1.89	1.85	1.85	1.85	1.85	1.85	1.86	1.86	1.84	1.83
河北	2.42	2.37	2.37	2.37	2.37	2.35	2.32	2.26	2.19	2.13
山西	2.80	2.73	2.73	2.71	2.70	2.64	2.58	2.51	2.45	2.42
内蒙古	2.89	2.84	2.84	2.84	2.83	2.78	2.67	2.50	2.42	2.36
辽宁	2.63	2.60	2.58	2.55	2.55	2.55	2.47	2.31	2.24	2.21
吉林	2.18	2.15	2.20	2.19	2.19	2.19	2.16	2.08	2.02	1.96
黑龙江	2.23	2.16	2.18	2.18	2.17	2.11	2.07	1.92	1.88	1.89
上海	2.34	2.30	2.28	2.26	2.25	2.24	2.22	2.19	2.14	2.12
江苏	2.34	2.30	2.29	2.28	2.27	2.26	2.25	2.19	2.16	2.13
浙江	2.12	2.09	2.07	2.07	2.05	2.04	2.01	1.96	1.94	1.90
安徽	2.58	2.50	2.49	2.49	2.48	2.46	2.44	2.37	2.34	2.31
福建	2.47	2.43	2.41	2.40	2.39	2.36	2.33	2.26	2.20	2.15
江西	2.43	2.40	2.38	2.36	2.36	2.34	2.31	2.27	2.23	2.19
山东	2.52	2.46	2.44	2.44	2.43	2.43	2.38	2.33	2.26	2.22
河南	2.42	2.38	2.36	2.33	2.32	2.30	2.26	2.16	2.12	2.06
湖北	2.34	2.29	2.28	2.31	2.31	2.30	2.29	2.25	2.21	2.16
湖南	2.70	2.64	2.62	2.62	2.62	2.60	2.59	2.51	2.45	2.42

续表5.7

省（区/市）	2013	2014	2015	2016	2017	2018	2019	2020	2021	2022
广东	2.67	2.63	2.60	2.60	2.60	2.58	2.56	2.50	2.46	2.41
广西	2.91	2.84	2.79	2.73	2.69	2.61	2.54	2.42	2.35	2.28
海南	2.55	2.47	2.43	2.40	2.39	2.38	2.38	2.28	2.22	2.10
重庆	2.71	2.65	2.59	2.56	2.55	2.53	2.51	2.45	2.40	2.36
四川	2.65	2.59	2.56	2.53	2.51	2.49	2.46	2.40	2.36	2.32
贵州	3.49	3.38	3.33	3.31	3.28	3.25	3.20	3.10	3.05	3.00
云南	3.34	3.26	3.20	3.17	3.14	3.11	3.04	2.92	2.88	2.78
西藏	3.11	2.99	3.09	3.06	2.97	2.95	2.89	2.82	2.75	2.68
陕西	3.15	3.07	3.04	3.03	3.00	2.97	2.93	2.84	2.76	2.70
甘肃	3.56	3.47	3.43	3.45	3.44	3.40	3.36	3.27	3.17	3.09
青海	3.15	3.06	3.09	3.09	3.08	3.03	2.94	2.88	2.77	2.68
宁夏	2.83	2.77	2.76	2.76	2.74	2.72	2.67	2.57	2.50	2.45
新疆	2.69	2.66	2.79	2.80	2.79	2.74	2.64	2.48	2.42	2.32

本书拟合了城乡收入差距和人均GDP之间关系，如图5.7所示。可以看到两者呈现明显的负相关——经济发展水平越高，城乡收入差距

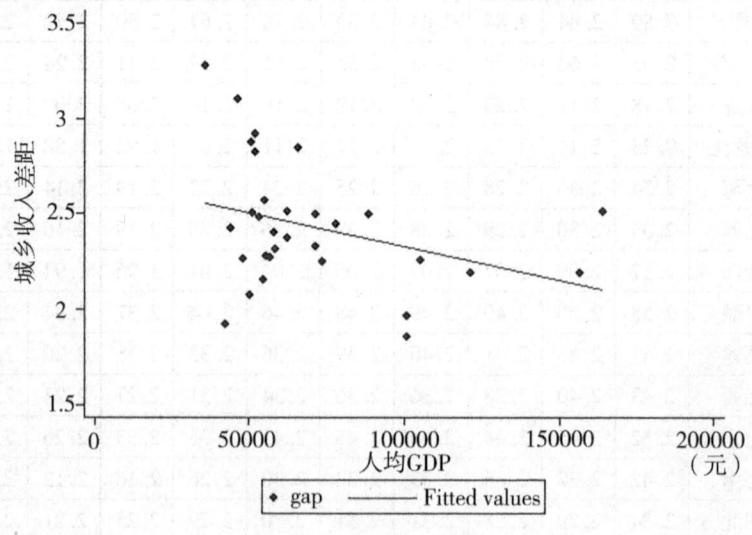

图5.7 城乡收入差距与人均GDP的关系

越低。但这并不意味着经济发展水平的提升可以自动带来收入差距的下降，而是需要依靠再分配手段来调节收入差距。经济发展水平较高的省（区/市），再分配的物质基础——财政收入、社会保障制度安排、医疗和教育等公共服务更加完善，使得城乡收入差距和人均 GDP 之间呈现负向关系。

最后，来看不同收入来源的城乡收入差距。居民可支配收入可以从四个子项目来考察异质性，工资性收入和经营净收入反映劳动收入的城乡差距，财产净收入和转移净收入反映非劳动收入的城乡差距，各项收入的城乡差距如表 5.8 所示。

表5.8 分项收入的城乡差距

年份	2003	2004	2005	2006	2007	2008	2009	2010	2011	2012
可支配收入比	3.23	3.21	3.22	3.28	3.33	3.31	3.33	3.23	3.13	3.10
工资性收入比	6.99	7.16	6.64	6.38	6.40	6.11	6.01	5.64	5.21	5.04
经营净收入比	0.26	0.28	0.36	0.42	0.43	0.60	0.61	0.61	0.69	0.73
财产净收入比	2.05	2.10	2.18	2.43	2.72	2.61	2.58	2.57	2.84	2.84
转移净收入比	21.82	20.09	17.98	16.04	15.23	12.16	11.35	11.24	10.13	9.27
年份	2013	2014	2015	2016	2017	2018	2019	2020	2021	2022
可支配收入比	2.86	2.75	2.73	2.72	2.71	2.69	2.64	2.56	2.5	2.45
工资性收入比	4.55	4.32	4.21	4.11	4.04	3.97	3.88	3.78	3.58	3.50
经营净收入比	0.76	0.77	0.77	0.81	0.82	0.83	0.84	0.78	0.82	0.80
财产净收入比	13.10	12.66	12.10	12.03	11.90	11.78	11.65	11.05	10.77	10.29
转移净收入比	2.62	2.56	2.58	2.54	2.52	2.39	2.29	2.22	2.16	2.11

注：2013 年开始国家统计局实施城乡一体化调查，收入口径发生变化，尤其是财产净收入和转移净收入。

国家统计局从 2013 年开始采用新的城乡住户调查方案，居民收支的统计口径相应做出了调整，尤其是财产净收入和转移净收入的统计口径调整更大，因此财产净收入的城乡差距和转移净收入的城乡差距在 2013 年前后相差较大。2013 年以前采用的转移性收入，不包括外出打工人员寄回和带回的收入，也不剔除转移性支出。2013 年开始采用转移净收入口径，即转移性收入减去转移性支出。外出劳动者寄回和带回老家的收入计入农村居民转移性收入中，这样一来，农村转移净收入

（转移性收入）迅速从2012年的686.70元上升到2013年的1647.50元，与城镇转移净收入（转移性收入）的差距大大缩小。2013年以前，转移净收入的城乡差距是四种分项收入中最大的，达到9倍以上，2003年甚至达到21.8倍，2013年只有2.62倍。2013年开始，财产净收入的城乡差距是四种分项收入中最大的，超过11倍，而城乡转移净收入的差距仅为2.5左右。

从表5.8还可以发现城镇居民经营净收入与农村居民的差距在缩小，意味着农村居民在经营净收入方面的优势越来越小，有些省（区/市）（如浙江）城镇居民的经营净收入已经超过农村居民。随着自媒体时代的来临，很多城镇居民纷纷开展经营活动，如微商。然而，农村居民在网络经济活动的参与率相对更低，对于信息的利用率也更低，制约了他们经营性收入的提高。经营性收入原本是农村居民收入的主要构成部分，然而城镇居民的经营净收入正在赶超农村居民。2022年，城镇居民和农村居民的经营净收入分别为5584元和6972元。

5.1.4 收入分配的地区差距

本小节考察各省（区/市）居民收入的差异，如表5.9所示。首先，来看人均收入的地区差异。可以看到2022年人均收入较高的五个省（区/市）分别是上海（79610元/年）、北京（77415元/年）、浙江（60302元/年）、江苏（49862元/年）、天津（48976元/年）。人均收入较低的五个省（区/市）是青海（27000元/年）、云南（26937元/年）、西藏（26675元/年）、贵州（25508元/年）、甘肃（23273元/年）。较高人均收入（上海）是较低人均收入（甘肃）的3.42倍。

表5.9 各省居民收入增长趋势

单位：元

省（区/市）	2013	2014	2015	2016	2017	2018	2019	2020	2021	2022
北京	40830	44489	48458	52530	57230	62361	67756	69434	75002	77415
天津	26359	28832	31291	34074	37022	39506	42404	43854	47449	48976
河北	15190	16647	18118	19725	21484	23446	25665	27136	29383	30867
山西	15120	16538	17854	19049	20420	21990	23828	25214	27426	29178
内蒙古	18693	20559	22310	24127	26212	28376	30555	31497	34108	35921

续表5.9

省（区/市）	2013	2014	2015	2016	2017	2018	2019	2020	2021	2022
辽宁	20818	22820	24576	26040	27835	29701	31820	32738	35112	36089
吉林	15998	17520	18684	19967	21368	22798	24563	25751	27770	27975
黑龙江	15903	17404	18593	19838	21206	22726	24254	24902	27159	28346
上海	42174	45966	49867	54305	58988	64183	69442	72232	78027	79610
江苏	24776	27173	29539	32070	35024	38096	41400	43390	47498	49862
浙江	29775	32658	35537	38529	42046	45840	49899	52397	57541	60302
安徽	15154	16796	18363	19998	21863	23984	26415	28103	30904	32745
福建	21218	23331	25404	27608	30048	32644	35616	37202	40659	43118
江西	15100	16734	18437	20110	22031	24080	26262	28017	30610	32419
山东	19008	20864	22703	24685	26930	29205	31597	32886	35705	37560
河南	14204	15695	17125	18443	20170	21964	23903	24810	26811	28222
湖北	16472	18283	20026	21787	23757	25815	28319	27881	30829	32914
湖南	16005	17622	19317	21115	23103	25241	27680	29380	31993	34036
广东	23421	25685	27859	30296	33003	35810	39014	41029	44993	47065
广西	14082	15557	16873	18305	19905	21485	23328	24562	26727	27981
海南	15733	17476	18979	20653	22553	24579	26679	27904	30457	30957
重庆	16569	18352	20110	22034	24153	26386	28920	30824	33803	35666
四川	14231	15749	17221	18808	20580	22461	24703	26522	29080	30679
贵州	11083	12371	13697	15121	16704	18430	20397	21795	23996	25508
云南	12578	13772	15223	16720	18348	20084	22082	23295	25666	26937
西藏	9740	10730	12254	13639	15457	17286	19501	21744	24950	26675
陕西	14372	15837	17395	18874	20635	22528	24666	26226	28568	30116
甘肃	10954	12185	13467	14670	16011	17488	19139	20335	22066	23273
青海	12948	14374	15813	17302	19001	20757	22618	24037	25920	27000
宁夏	14566	15907	17329	18832	20562	22400	24412	25735	27905	29599
新疆	13670	15097	16859	18355	19975	21500	23103	23845	26075	27063

其次，考察地区间的收入差距，本书基于各省人均收入测算了省域收入基尼系数，如图5.8所示。从图中可以看出省（区/市）收入差距逐年下降，从2005年的0.2374下降到2022年的0.1766，下降了25.6%。

基于各省人均收入测算的基尼系数忽略了省（区/市）内部的收入差距，因此数值较小。省（区/市）收入差距的下降意味着近年来各省经济发展水平在趋同，得益于劳动力、资本等要素在地区之间的自由流动。

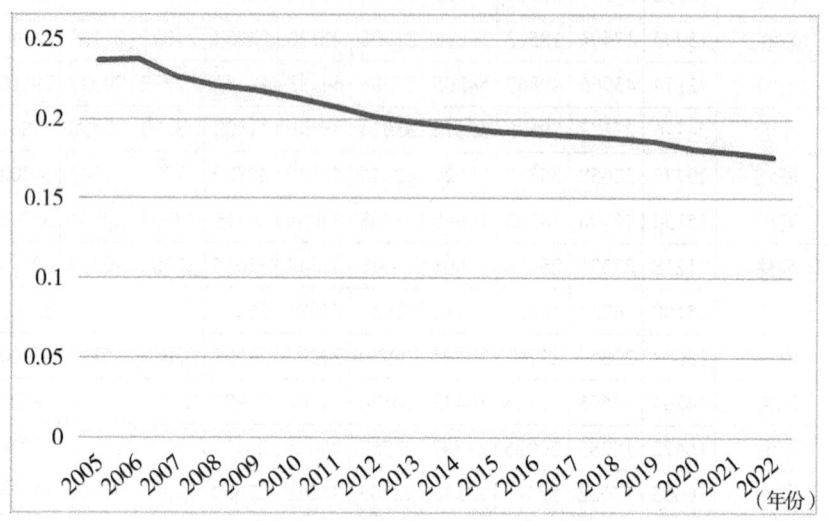

图5.8 省（区/市）收入差距变动趋势

最后，来看收入差距的地区异质性，即各省内部的基尼系数。由于国家统计局没有公布各省基尼系数，因此本书基于中国家庭追踪调查数据（CFPS）2010、2012、2014、2016、2018、2020年六年的数据测算各省人均可支配收入的基尼系数，如表5.10所示。CFPS主要覆盖25个省（区/市），一些省（区/市）如内蒙古、海南、西藏、青海、宁夏、新疆以及港澳台地区由于数据缺失无法计算基尼系数。

从表5.10可以看出，不同省（区/市）的基尼系数呈现差异，就2020年而言，较低是北京（0.44），较高是贵州（0.57），两者相差29.5%。从2010—2020年的平均水平来看，基尼系数较低的五个省（区/市）是北京、江西、浙江、湖北和天津，都在0.47以下；基尼系数较高的五个省（区/市）是广东、广西、山西、四川和贵州，都在0.52以上。基尼系数与经济发展水平之间并不呈现明显的单向关系，有些经济发展水平较高的省（区/市）基尼系数较高，也有一些经济发展水平较低的省（区/市）基尼系数也较高。

表5.10 全体收入差距的地区差异

省（区/市）	2010	2012	2014	2016	2018	2020	排名
北京	0.4185	0.4123	0.4691	0.4450	0.4301	0.4401	1
天津	0.5050	0.4623	0.4213	0.5444	0.4141	0.4575	3
河北	0.5123	0.4619	0.4654	0.4821	0.5234	0.4941	10
山西	0.5088	0.5212	0.5370	0.6532	0.4663	0.5283	21
辽宁	0.4827	0.4806	0.4335	0.5102	0.4831	0.4791	7
吉林	0.4280	0.4284	0.5155	0.4437	0.5593	0.4802	8
黑龙江	0.4613	0.4766	0.6153	0.4215	0.4451	0.4710	6
上海	0.4433	0.4894	0.5655	0.5362	0.5059	0.5002	13
江苏	0.4616	0.4745	0.4757	0.5106	0.5918	0.4948	12
浙江	0.4626	0.5123	0.4217	0.4098	0.4817	0.4578	4
安徽	0.4463	0.4567	0.4668	0.6011	0.5641	0.5028	14
福建	0.4267	0.4662	0.4919	0.6398	0.5048	0.5108	19
江西	0.4289	0.4463	0.4615	0.4240	0.4384	0.4433	2
山东	0.4766	0.5416	0.5178	0.5075	0.5119	0.5095	17
河南	0.4519	0.4897	0.4742	0.4623	0.4846	0.4684	5
湖北	0.4271	0.3917	0.4891	0.5319	0.4594	0.4817	9
湖南	0.5532	0.5371	0.4958	0.5148	0.5012	0.5069	15
广东	0.5356	0.4879	0.4893	0.5465	0.5496	0.5338	22
广西	0.5302	0.5307	0.5564	0.5467	0.4989	0.5236	20
重庆	0.5545	0.4528	0.4751	0.4683	0.5120	0.5095	16
四川	0.5156	0.5896	0.5218	0.5288	0.5196	0.5399	24
贵州	0.5719	0.4858	0.5501	0.6647	0.5911	0.5723	25
云南	0.4615	0.5041	0.5030	0.5278	0.4704	0.4944	11
陕西	0.4609	0.5038	0.5272	0.4938	0.5947	0.5350	23
甘肃	0.5644	0.4993	0.5306	0.4808	0.5047	0.5103	18

注：排名是按照六个年份基尼系数的平均值来排序。由于本书尚未在测算基尼系数时进行地区加权，因此测算得到的地区基尼系数并不具有完全代表性。

Kuznets（1955）发现收入差距与经济发展水平之间呈现倒U型关系，即在经济发展的初期，收入差距上升，尤其是从前工业化向工业化转型的过程中，收入差距上升最快，接着逐渐稳定，最后下降。经济发展过程中扩大收入差距的因素和缩小收入差距的因素相互作用，在不同阶段两者的力量呈现差异，导致收入差距呈现上升或下降趋势。当然，时间跨度的选择也导致了收入差距变动趋势形态的差异，U 型或者倒 U 型。倒 U 型假说的验证可以使用时间序列数据，也可以使用截面数据——不同地区经济发展水平与收入差距之间的关系。本书将 2020 年基尼系数与地区人均生产总值进行简单拟合，发现两者呈现明显的负相关，如图 5.9 所示。

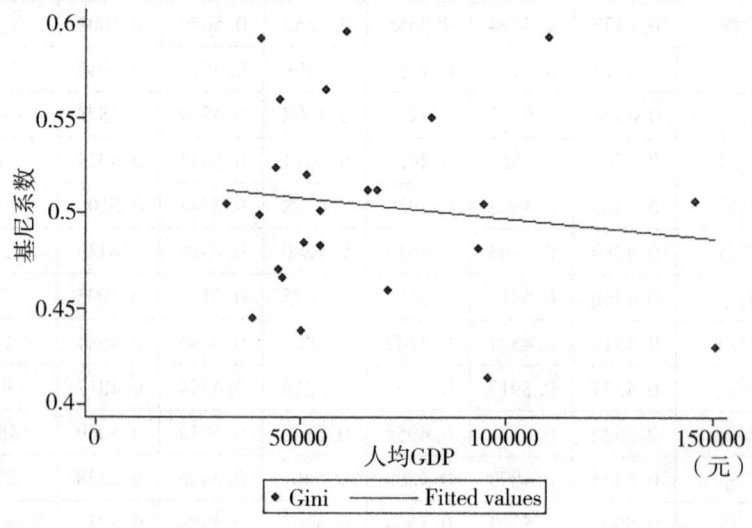

图 5.9　收入差距与经济发展水平

5.2　消费支出的富裕与共享

5.2.1　消费支出的增长趋势

收入的普遍增长带来了消费水平的提升，从表 5.11 可以看到改革开放以来城乡居民的消费支出有明显的增长趋势，尤其是 21 世纪的第一个十年（表 5.11）。城镇居民消费支出从 1978 年的 311 元/年增加到 2022 年的 30391 元/年，农村居民消费支出从 1978 年的 116 元/年增加到 2022 年的 16632 元/年，剔除价格因素之后实际城镇居民和农村居民的消费支出分别增加 16.5 倍和 25.2 倍。结合表 5.11 可以发现，城镇居民消费支出的增长慢于收入，而农村居民消费支出的增长快于收入。

表 5.11 改革开放以来城乡居民消费的增长趋势

单位：元/年

年份	城镇居民 当年价格	城镇居民 不变价格	农村居民 当年价格	农村居民 不变价格	年份	城镇居民 当年价格	城镇居民 不变价格	农村居民 当年价格	农村居民 不变价格
1978	311	311	116	116	2001	5350	1496	1803	570
1979	—	—	135	135	2002	6089	1720	1917	608
1980	412	412	162	162	2003	6587	1844	2050	640
1981	457	457	191	191	2004	7280	1973	2326	693
1982	471	471	220	220	2005	8068	2152	2749	801
1983	506	506	248	248	2006	8851	2326	3072	883
1984	559	559	274	274	2007	10196	2564	3536	964
1985	673	673	317	317	2008	11489	2736	4054	1038
1986	799	747	357	336	2009	12558	3018	4464	1146
1987	884	759	398	353	2010	13821	3218	4945	1226
1988	1104	786	477	360	2011	15554	3440	5892	1380
1989	1211	741	535	339	2012	17107	3684	6667	1524
1990	1279	773	585	354	2013	18488	3880	7485	1664
1991	1454	836	620	367	2014	19968	4105	8383	1830
1992	1672	885	659	373	2015	21392	4333	9223	1988
1993	2111	963	770	383	2016	23079	4578	10130	2143
1994	2851	1040	1017	410	2017	24445	4768	10955	2288
1995	3538	1105	1310	450	2018	26112	4989	12124	2479
1996	3919	1125	1572	500	2019	28063	5215	13328	2641
1997	4186	1166	1617	502	2020	27007	4906	13713	2639
1998	4340	1216	1604	503	2021	30307	5451	15916	3041
1999	4633	1315	1604	510	2022	30391	—	16632	—
2000	5027	1415	1714	546					

注：由于农村消费价格指数最早年份是 1985 年，因此不变价格以 1985 年为基期的消费价格指数进行调整。

与可支配收入的调查相同,消费支出的调查在 2013 年以前也是城乡单列的,2013 年,国家统计局发布全国居民消费支出数据。从图 5.10 可以看到,全国居民人均消费支出从 1978 年的 151 元/年上升到 2022 年的 24538 元/年,剔除价格因素后实际增加 22 倍,低于收入水平的增加(29.5 倍)。原因在于边际消费倾向递减,消费的增长慢于收入的增长。

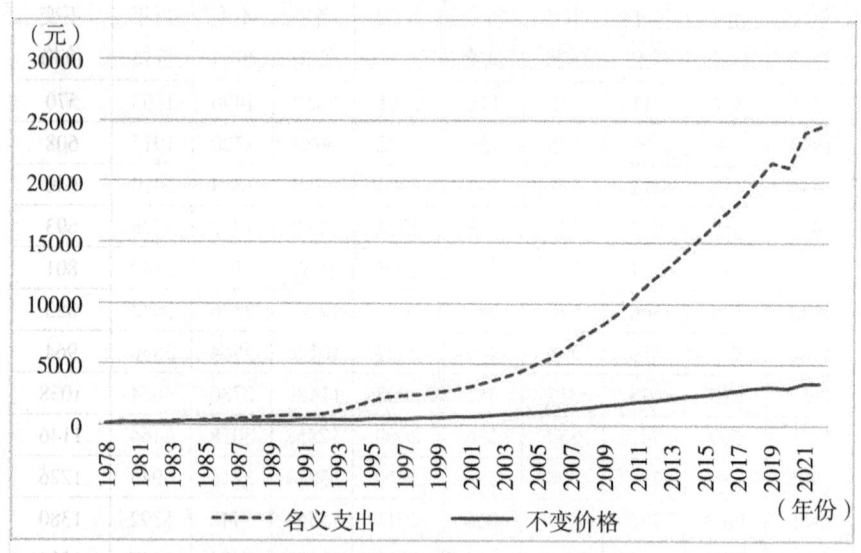

图 5.10 居民消费支出的变动趋势

分项消费支出的变动趋势:交通通信支出上涨最快,从 1998 年的 109 元上升到 2022 年的 3195 元,增加了 28 倍。其次是居住支出,从 1998 年的 307 元上升到 2002 年的 5882 元,增加了 18 倍,这与房价的突飞猛涨有关。教育文化娱乐支出的增长也超过了 10 倍,从 1998 年的 195 元增加到 2022 年的 2469 元。与之接近的是医疗保健支出,从 1998 年的 213 元增加到 2022 年的 2120 元,这两项支出的增加意味着居民对于人力资本投资的重视。食品烟酒支出、衣着支出和其他支出都只增加了 5 倍。从支出结构来看,食品支出的占比(恩格尔系数)下降最多,从 1998 年的 48.01% 下降到 2022 年的 30.49%。其次是衣着支出占比,从 1998 年到 2022 年下降了 3.38 个百分点。生活用品和其他支出的比重也下降了 1 个百分点。居住支出占比上升最多,从 1998 年的 12.2%

上升到2022年的23.97%。其次是交通通信支出，从1998年的4.33%增加到2022年的13.02%，教育文化娱乐支出占比增加了2.31个百分点。概而言之，过去25年居民的消费结构更加多元，发展型消费占比日益提高。如图5.11所示。

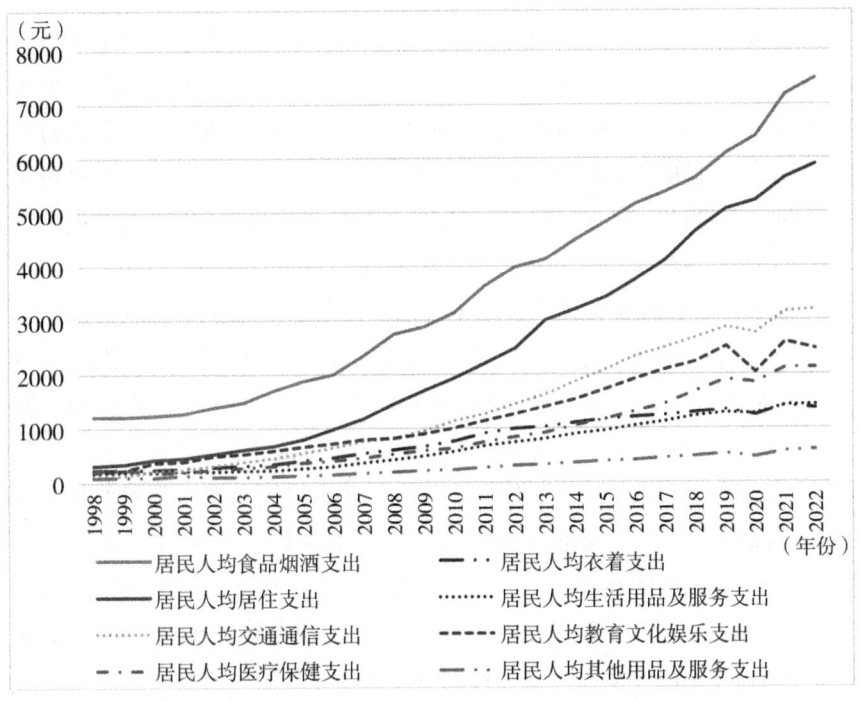

图5.11 分项消费支出的变动趋势

5.2.2 消费支出的群体差距

（1）城镇居民消费不平等

现有关于不平等的文献主要聚焦于收入或者工资，但经济学中最基本的效用函数是关于消费和闲暇的，关注消费不平等更具福利价值（Attanasio and Pistaferri，2016）。消费不平等源于消费能力的差异及消费意愿的差别，消费能力——"有钱花"主要取决于收入水平，而消费意愿——"敢花钱"主要取决于缓解预防性储蓄动机的制度安排。"有钱花""敢花钱"都属于需求侧管理政策的范畴。2002年以来，需求侧方面的政策调整主要有户籍制度改革、社会保险扩面及全面二孩政策实施等，这些政策的调整都会对不同群体的消费行为产生异质性的影响，从而导致消费不平等发生变动。

不同于收入差距，国家统计局既公布基尼系数，又公布分组收入数据，消费差距只能依托微观调查数据进行测算。为了考察消费不平等的长期趋势，本小节依托中国家庭收入调查2002—2018年的数据分别测算城镇居民、农村居民和流动人口消费不平等的变动趋势，并且进行比较。相比其他微观调查数据，CHIP的优势在于两个方面：一是提供了较长时间跨度的收支变动趋势，二是从2002年开始为流动人口设置了单独的调查。

首先，来看城镇居民消费不平等的变动趋势，从表5.12可以看到，无论是从当期水平还是上升趋势来看，城镇居民消费基尼系数在2002—2018年一直上升，从2002年的0.33增加到2018年的0.41，扩大了23.3%，但慢于收入差距的扩大趋势。①基尼系数从2002年的0.33扩大到2018年的0.44，增加了32.8%。城镇居民消费不平等的扩大主要源自高消费群体与低消费群体消费差距的加剧。2002年，城镇居民高消费群体的消费水平是低消费群体的4倍，2013年上升到4.7倍，2018年再次上升到4.9倍；城镇居民中等消费群体的消费水平与低消费群体的差距在2002—2018年维持在2左右。

表5.12 城镇居民消费不平等指标的变动趋势

不平等指标	年份							
	2002		2007		2013		2018	
	消费	收入	消费	收入	消费	收入	消费	收入
Gini	0.3319	0.3292	0.3475	0.3697	0.3721	0.3495	0.4093	0.4371
GE(1)	0.1842	0.1978	0.2024	0.2332	0.2344	0.2134	0.2981	0.3351
GE(0)	0.1932	0.1930	0.2131	0.2383	0.2474	0.2164	0.3227	0.3745
P_{80-95}/P_{5-20}	3.98	4.01	4.26	4.93	4.68	4.44	4.87	6.08
P_{40-60}/P_{5-20}	1.97	2.11	2.01	2.15	2.11	2.13	2.29	2.46

---

① 为了提高可比性，本书采用同一数据源测算消费和收入的基尼系数进行比较。

续表 5.12

不平等指标	年份							
	2002—2007		2007—2013		2013—2018		2002—2018	
	消费	收入	消费	收入	消费	收入	消费	收入
Gini	4.70%	12.30%	7.08%	-5.46%	10.00%	25.06%	23.32%	32.78%
GE（1）	9.88%	17.90%	15.81%	-8.49%	27.18%	57.03%	61.83%	69.41%
GE（0）	10.30%	23.47%	16.10%	-9.19%	30.44%	73.06%	67.03%	94.04%
P_{80-95}/P_{5-20}	7.04%	22.94%	9.86%	-9.94%	4.06%	36.94%	22.36%	51.62%
P_{40-60}/P_{5-20}	2.03%	1.90%	4.98%	-0.93%	8.53%	15.49%	16.24%	16.59%

注：P_{80-95}/P_{5-20} 表示 80～95 分位数群体（高收入或高消费群体）的平均值与 5～20 分位数群体（低收入或低消费群体）的平均值之比，P_{40-60}/P_{5-20} 表示 40～60 分位数群体（高收入或高消费群体）的平均值与 5～20 分位数群体（低收入或低消费群体）的平均值之比，这两个指标在 Aguiar and Bils（2015）、赵达等（2017）、罗楚亮和颜迪（2020）等文献中被使用。

在得到城镇居民人口消费不平等的总体趋势后，本节采用项目来源分解（Shorrocks，1982）估计各类支出项目不平等对消费总支出不平等的贡献，分解公式如下：

$$G = \sum_{j=1}^{8} G_j R_j \theta_j \tag{5.1}$$

式中，左边 G 是消费总支出的基尼系数，G_j 表示第 j 类消费项目支出的基尼系数，R_j 表示第 j 类消费项目支出的基尼相关系数，θ_j 表示第 j 类消费项目支出占消费总支出的比重，$G_j R_j \theta_j$ 表示第 j 类消费支出的不平等程度对消费总支出不平等的贡献。从表 5.13 可以看到，就横截面而言，食品支出的不平等较低，在 0.4 以下，其次是衣着和住房，医疗保健支出不平等程度较高，在 0.65 以上。从贡献率来看，住房支出不平等对总体消费不平等的贡献较高，达到 23.5%；其次是食品支出和交通通信支出，贡献率在 20% 左右。从时间趋势来看，除了住房支出，其他分项消费支出的不平等在 2002—2018 年都有不同程度的上升。住房支出基尼系数下降 0.03，食品支出和交通通信支出基尼系数上升幅度最大，达到 0.09，衣着支出和其他支出的基尼系数上升 0.07。

表5.13 城镇消费不平等的来源分解

消费项目	2002年		2007年		2013年		2018年	
	基尼系数	贡献率	基尼系数	贡献率	基尼系数	贡献率	基尼系数	贡献率
食品	0.281	25.49%	0.3312	31.92%	0.3213	19.83%	0.3751	21.42%
衣着	0.4346	8.87%	0.4942	9.82%	0.4853	8.91%	0.5054	7.30%
生活用品及服务	0.6442	9.04%	0.6877	8.34%	0.5819	7.44%	0.6531	9.50%
医疗保健	0.6457	6.96%	0.6435	6.77%	0.7184	5.36%	0.67	5.46%
交通通信	0.5187	12.96%	0.5793	12.81%	0.6291	18.53%	0.6048	20.30%
教育文化娱乐	0.5885	20.78%	0.6295	13.75%	0.6193	12.70%	0.5849	10.20%
住房	0.5321	11.55%	0.6127	11.13%	0.4677	23.13%	0.504	23.54%
其他	0.5903	4.35%	0.7221	5.36%	0.7564	4.10%	0.6621	2.29%

(2) 农村居民消费不平等

接着,来看农村居民消费不平等的趋势,如表5.14所示。与城镇居民不同的是,农村居民的消费不平等和收入不平等在2002—2018年呈现下降趋势,而且消费不平等的下降幅度更大,基尼系数从2002年的0.4561下降到2018年的0.3586,下降了21.38%。农村居民消费不平等在2002—2007年、2007—2013年、2013—2018年三个时期都呈现下降趋势,收入不平等在前两个时期呈现下降趋势,在2013—2018年呈现小幅上升。2013年以前农村居民消费不平等和收入不平等高于城镇居民,2013年后被城镇居民反超。农村居民消费不平等的降低主要源自高消费群体和低消费群体差距的缩小,从2002年的6.15倍下降到2018年的4.45倍,下降了27.64%;中等消费群体和低消费群体的差距下降了5.8%。同样如此,农村居民收入不平等的降低主要源自高收入群体和低收入群体差距的缩小,从2002年的6.42倍下降到2018年的5.85倍,下降了10.02%;中等消费群体和低消费群体的差距则上升了6.97%。

表 5.14 农村居民消费不平等指标的变动趋势

不平等指标	不平等程度							
	2002		2007		2013		2018	
	消费	收入	消费	收入	消费	收入	消费	收入
Gini	0.4561	0.4413	0.4376	0.4263	0.3625	0.3869	0.3586	0.3971
GE（1）	0.4138	0.3566	0.3607	0.3552	0.2357	0.2637	0.2300	0.2793
GE（0）	0.3509	0.3383	0.3291	0.3133	0.2233	0.2732	0.2166	0.2979
P_{80-95}/P_{5-20}	6.15	6.42	6.33	5.66	4.49	5.65	4.45	5.85
P_{40-60}/P_{5-20}	2.24	2.44	2.46	2.32	2.10	2.53	2.11	2.61

不平等指标	不平等变动趋势							
	2002—2007		2007—2013		2013—2018		2002—2018	
	消费	收入	消费	收入	消费	收入	消费	收入
Gini	−4.06%	−3.40%	−17.16%	−9.24%	−1.08%	2.64%	−21.38%	−10.02%
GE（1）	−12.83%	−0.39%	−34.65%	−25.76%	−2.42%	5.92%	−44.42%	−21.68%
GE（0）	−6.21%	−7.39%	−32.15%	−12.80%	−3.00%	9.04%	−38.27%	−11.94%
P_{80-95}/P_{5-20}	2.93%	−11.84%	−29.07%	−0.18%	−0.89%	3.54%	−27.64%	−8.88%
P_{40-60}/P_{5-20}	9.82%	−4.92%	−14.63%	9.05%	0.48%	3.16%	−5.80%	6.97%

注：P_{80-95}/P_{5-20} 表示 80～95 分位数群体（高收入或高消费群体）的平均值与 5～20 分位数群体（低收入或低消费群体）的平均值之比，P_{40-60}/P_{5-20} 表示 40～60 分位数群体（高收入或高消费群体）的平均值与 5～20 分位数群体（低收入或低消费群体）的平均值之比，这两个指标在 Aguiar and Bils（2015）、赵达等（2017）、罗楚亮和颜迪（2020）等文献中被使用。

在得到农村居民消费不平等的总体趋势后，本节采用项目来源分解估计各类支出项目不平等对消费总支出不平等的贡献，如表 5.15 所示。可以看到，就横截面而言，食品支出的不平等较低，在 0.4 以下；其次是衣着和住房，医疗保健支出不平等程度较高，在 0.7 以上。从贡献率来看，食品、交通通信、住房支出不平等对总体消费不平等的贡献较高，在 20% 左右；衣着、生活用品及服务、其他支出的不平等对总体消费不平等的贡献较低，在 10% 以下。从时间趋势来看，除了生活用品及服务支出，其他分项消费支出的不平等在 2002—2018 年都有不同程度的下降。生活用品支出基尼系数上升 0.07，住房支出基尼系数下降最多，为0.32，教育支出和其他支出基尼系数也分别下降了0.15和0.16。

表5.15 农村消费不平等的来源分解

消费项目	2002年		2007年		2013年		2018年	
	基尼系数	贡献率	基尼系数	贡献率	基尼系数	贡献率	基尼系数	贡献率
食品	0.3861	34.75%	0.3776	33.62%	0.3067	21.60%	0.3105	19.41%
衣着	0.6041	5.81%	0.5588	4.89%	0.5373	6.52%	0.5391	5.25%
生活用品及服务	0.523	2.17%	0.6772	5.68%	0.6092	7.28%	0.5976	7.01%
医疗保健	0.7809	9.19%	0.7569	7.05%	0.7439	10.56%	0.7066	13.53%
交通通信	0.719	9.55%	0.6197	10.72%	0.6294	16.88%	0.635	20.33%
教育文化娱乐	0.8486	10.74%	0.7748	11.35%	0.7158	12.57%	0.6958	13.89%
住房	0.7585	27.73%	0.7449	24.17%	0.489	21.92%	0.4378	18.67%
其他	0.875	0.07%	0.7336	2.53%	0.7521	2.68%	0.7113	1.91%

（3）流动人口消费不平等

流动人口在经济发展过程中发挥着重要作用，规模越来越庞大，2020年达到3.8亿。①但是，流动人口的社会保障覆盖不全面，因而预防性储蓄动机更强，即便收入相同，流动人口的消费比本地居民低16%~20%（Chen et al., 2015）。在构建新发展格局背景下，挖掘流动人口消费潜力成为形成强大国内市场的重要突破点。

从表5.16可以看到，总体而言，流动人口消费不平等呈上升趋势，基尼系数从2002年的0.32上升到2018年的0.35，上升了8.4%。同时，本书也发现流动人口消费不平等程度呈现阶段性特征，2002—2007年小幅上升，基尼系数增加2.3%。相比之下，收入不平等在此期间呈现显著的下降趋势，基尼系数下降17.5%，2007年收入不平等低于消

---

① 国家统计局：《第七次全国人口普查公报（第七号）》，http://www.stats.gov.cn/tjsj/tjgb/rkpcgb/qgrkpcgb/202106/t20210628_1818826.html。

费不平等。2007—2013年流动人口消费不平等明显扩大，基尼系数上升12%，其他消费不平等指标同样呈现大幅上升趋势。与此同时，收入不平等也明显上升，基尼系数扩大21.3%，2013年消费不平等仍高于收入不平等，且两者都在0.36以上。2013—2018年，流动人口消费不平等小幅下降，而收入不平等基本不变，并且消费不平等又低于收入不平等。从不同群体的消费比来看，流动人口消费不平等的扩大主要源自高消费群体与低消费群体消费差距的加剧。2002年流动人口高消费群体的消费水平是低消费群体的3.7倍，2013年上升到4.7倍，2018年又回落到4.1；相比之下，中等消费群体与低消费群体的消费比在2002—2018年一直维持在2左右。

表5.16 流动人口收支不平等程度及变动趋势

不平等指标	不平等程度							
	2002		2007		2013		2018	
	消费	收入	消费	收入	消费	收入	消费	收入
Gini	0.3241	0.3625	0.3317	0.2990	0.3716	0.3626	0.3514	0.3606
GE（1）	0.1794	0.2298	0.1949	0.1555	0.2440	0.2237	0.2040	0.2227
GE（0）	0.1868	0.2508	0.2045	0.1768	0.2419	0.2437	0.2215	0.2259
P_{80-95}/P_{5-20}	3.67	4.18	3.92	3.31	4.70	4.51	4.10	4.54
P_{40-60}/P_{5-20}	1.86	2.04	2.02	1.72	2.02	2.10	1.96	2.09
不平等指标	不平等变动趋势							
	2002—2007		2007—2013		2013—2018		2002—2018	
	消费	收入	消费	收入	消费	收入	消费	收入
Gini	2.34%	−17.52%	12.03%	21.27%	−5.44%	−0.55%	8.42%	−0.52%
GE（1）	8.64%	−32.33%	25.19%	43.86%	−16.39%	−0.45%	13.71%	−3.09%
GE（0）	9.48%	−29.51%	18.29%	37.84%	−8.43%	−7.30%	18.58%	−9.93%
P_{80-95}/P_{5-20}	6.81%	−20.81%	19.90%	36.25%	−12.77%	0.67%	11.72%	8.61%
P_{40-60}/P_{5-20}	8.60%	−15.69%	0.00%	22.09%	−2.97%	−0.48%	5.38%	2.45%

注：P_{80-95}/P_{5-20}表示80~95分位数群体（高收入或高消费群体）的平均值与5~20分位数群体（低收入或低消费群体）的平均值之比，P_{40-60}/P_{5-20}表示40~60分位数群体（高收入或高消费群体）的平均值与5~20分位数群体（低收入或低消费群体）的平均值之比，这两个指标在Aguiar and Bils（2015）、赵达等（2017）、罗楚亮和颜迪（2020）等文献中被使用。

分样本流动人口消费基尼系数表明：从横向来看，2018年东北地区消费不平等较高，为0.37；东部和中部差别不大，都在0.34左右；西部地区消费不平等较低，为0.32。在家庭结构方面，农村老家有留守人员的流动人口家庭消费不平等程度更大。从居留意愿来看，打算在现住地一直待下去的流动人口消费不平等更高，意味着居留意愿更强的流动人口的消费水平分化更明显。从纵向来看，2002—2018年各个地区的消费不平等程度都在加剧。居留意愿更强的流动人口消费不平等扩大更明显，从2002年的0.31扩大到2018年的0.36。如表5.17所示。

表5.17 分样本流动人口消费基尼系数变动趋势

年份	地区			
	东部	中部	西部	东北部
2002	0.3253	0.3231	0.2940	0.3660
2007	0.3245	0.3374	0.3111	0.3431
2013	0.3857	0.3452	0.3554	0.3953
2018	0.3449	0.3481	0.3244	0.371

年份	农村有无留守人员		是否在现住地一直待下去	
	有	无	是	否
2002	0.3227	0.3185	0.3067	0.3382
2007	0.3263	0.3212	0.3546	0.3227
2013	0.3777	0.3641	0.3694	0.3645
2018	0.3548	0.3396	0.3601	0.3398

从分布形态来看，流动人口消费的分布越来越离散化，表明消费不平等在上升（图5.12）。同时，还可以看到消费分布与收入分布之间的"间隔"越来越大，即消费均值与收入均值之间的差距在扩大，意味着消费占收入的比例有所降低。

第5章 改革开放以来分配领域的共富趋势

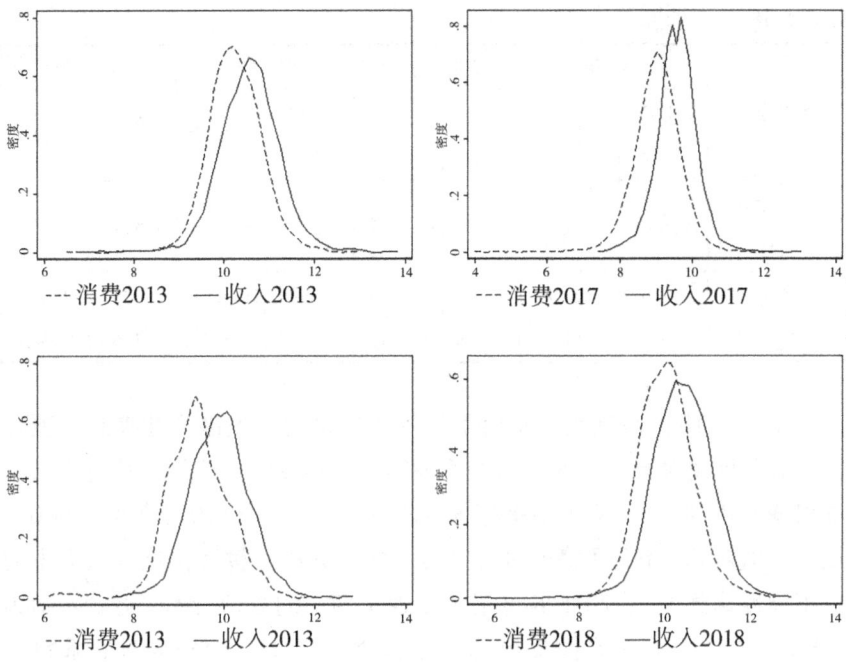

图 5.12 流动人口消费核密度

在得到流动人口消费不平等的总体趋势后,本书进一步探讨流动人口消费不平等的成因。仍然采用项目来源分解估计各类支出项目不平等对消费总支出不平等的贡献,分解结果如表 5.18 所示。

表 5.18 流动人口消费不平等的来源分解

消费项目	2002 年		2007 年		2013 年		2018 年	
	基尼系数	贡献率	基尼系数	贡献率	基尼系数	贡献率	基尼系数	贡献率
食品	0.3054	28.53%	0.3825	37.34%	0.3699	28.82%	0.3396	21.72%
衣着	0.5393	5.70%	0.585	10.82%	0.5132	11.89%	0.4735	7.24%
生活用品及服务	0.786	3.38%	0.6081	4.60%	0.567	5.95%	0.5863	7.80%
医疗保健	0.8128	7.28%	0.7471	2.67%	0.7341	5.02%	0.6622	4.99%
交通通信	0.6566	8.33%	0.4928	3.97%	0.5751	16.49%	0.6074	25.70%

续表 5.18

消费项目	2002 年		2007 年		2013 年		2018 年	
	基尼系数	贡献率	基尼系数	贡献率	基尼系数	贡献率	基尼系数	贡献率
教育文化娱乐	0.6888	12.20%	0.8903	0.13%	0.6385	8.74%	0.5719	8.83%
住房	0.4962	29.37%	0.6431	24.11%	0.4987	19.28%	0.4291	19.82%
其他	0.733	5.40%	0.6264	15.26%	0.7693	3.83%	0.7066	3.89%

从表 5.18 的分项消费支出不平等程度来看，支出弹性越高的项目不平等程度也越高，但对总消费不平等的贡献较低。首先，其他支出的支出弹性达到 1.4，它的不平等程度较高，2013 年和 2018 年都达到 0.7 以上，但对总消费不平等的贡献不足 5%。其次，教育文化娱乐支出的支出弹性达到 1.2，2018 年基尼系数为 0.57，对总消费不平等的贡献为 8.8%。再次，医疗保健支出的支出弹性为 1.1，2018 年基尼系数为 0.66，对总消费不平等的贡献为 5%。最后，食品支出的支出弹性较低，只有 0.78，基尼系数也较低，四个年份都不到 0.4，但对不平等的贡献超过了 20%。值得注意的是，交通通信支出不平等对总消费不平等的贡献率从 2002 年的 8.33% 上升到 2018 年的 25.7%，已经超过食品支出的贡献。这与高铁、公路等基础设施的完善有关，流动人口返乡越来越方便，他们不再像过去一样好几年才回一次家。宽带和智能手机的普及也增加了流动人口通信支出的份额，提高了通信支出不平等对总消费不平等的贡献。

(4) 消费不平等度量误差的修正

与收入不平等的测算相似，消费不平等的测算也存在度量误差问题。相似方面在于住户调查存在的填报误差——瞒报、不报、多填、少填等，导致消费不平等产生同收入不平等一样的低估问题。对于这种度量误差，可以采用恩格尔曲线方法来解决：第一阶段估计各类消费项目的支出弹性，第二阶段通过支出弹性反推消费水平，从而在修正度量误差的基础上得到消费不平等在不同时期的变动（Aguiar and Bils, 2015）。

本小节以流动人口消费不平等为例，采用恩格尔系数法纠正度量误差。第一阶段得到的八类消费项目的支出弹性估计结果如表 5.19 所示。从表 5.19 可以看到：食品支出、衣着支出、生活用品及服务支出的支出弹性小于 1，它们作为"必需品"的属性更强一些，其中食品支出的弹性较低，OLS 和 2SLS 的估计结果都低于 0.8。医疗保健、教育文化娱乐支出和其他支出的支出弹性大于 1，"奢侈品"的属性更强一些。交通通信支出和住房支出的支出弹性在 1 左右，OLS 估计结果比 2SLS 结果略高。支出弹性越高的消费项目调整的空间更大，因而不平等程度可能更高，这一猜想在表 5.18 中得到验证。

表 5.19　2013 年流动人口各类消费支出弹性

消费项目	支出份额	OLS 支出弹性	2SLS 支出弹性
食品支出	32.88%	0.665*** (0.0281)	0.779*** (0.0512)
衣着支出	10.25%	0.750*** (0.0461)	0.980*** (0.0908)
生活用品及服务支出	20.72%	0.925*** (0.0512)	0.902*** (0.0945)
医疗保健支出	5.56%	1.065*** (0.0780)	1.096*** (0.130)
交通通信支出	5.03%	1.126*** (0.136)	0.842*** (0.265)
教育文化娱乐支出	12.57%	1.218*** (0.0916)	1.283*** (0.147)
住房支出	10.24%	1.182*** (0.0835)	0.947*** (0.145)
其他支出	2.75%	1.334*** (0.148)	1.407*** (0.291)

注：括号中是标准误，*** $P<0.01$，** $P<0.05$，* $P<0.1$。因变量是经过均值调整的分项消费支出，自变量是家庭总消费支出及家庭人口结构特征变量。

第二阶段得到的修正度量误差的消费不平等估计如表 5.20 所示。从表 5.20 可以发现：修正度量误差之后可以得到 2002 年流动人口消费不平等（高收入组/低收入组）为 4.17 倍①，高于表 5.16 的计算结果（3.67）。同样，表 5.20 得到的消费不平等的上升幅度也大于表 5.16 没有修正度量误差的计算结果，2002 年到 2018 年上升 99.8%。分阶段来看，流动人口消费不平等呈现阶段性特征。2002—2007 年，流动人口消费不平等下降 30.2%，主要源于流动人口工资水平提升，收入不平等下降，流动人口消费能力有所增强。消费不平等的上升主要发生在 2007—2013 年，消费不平等扩大了 1.5 倍。这段时期户籍制度改革主要以中小城市放松落户条件为主，未能惠及所有流动人口。与此同时，"新生代"务工人员加入，流动人口消费行为开始出现分化，文化娱乐、交通通信等支出增加。更为重要的是收入不平等在这段时期显著加剧，流动人口收入不平等指标的上涨超过 20%，消费能力出现分化。2013—2018 年，流动人口消费不平等没有显著变化，既没有明显的提高也没有显著的下降。2014 年户籍一元化改革开始，大城市落户条件逐渐放松，并且公共服务的分享权利也由"户籍资格"变为"常住人口资格"，基本公共服务均等化通过强化消费能力缓解了流动人口消费的分化。与此同时，养老、医疗等社会保险覆盖率显著提升，极大地解决了流动人口生老病死等方面的后顾之忧，消费意愿得到强化，流动人口消费需求也开始出现分化。此外，生育政策的放松也带来了家庭规模的差异，最终表现为消费水平的差别。综合来看，这段时期的需求侧管理政策调整使得扩大消费不平等和缓解消费不平等的两股力量势均力敌，最终使得消费不平等保持稳定。

表 5.20 流动人口消费不平等变动趋势

年份	高收入组/低收入组		中收入组/低收入组	
	(1)	(2)	(3)	(4)
2002	1.427***	1.135***	0.611***	0.202
	(0.248)	(0.230)	(0.231)	(0.214)
2002—2007	-0.302*	-0.403***	-0.036	-0.219
	(0.175)	(0.135)	(0.173)	(0.134)

① $e^{1.427}=4.17$。

续表 5.20

年份	高收入组/低收入组		中收入组/低收入组	
	(1)	(2)	(3)	(4)
2007—2013	1.536***	1.336***	-0.059	0.124
	(0.462)	(0.392)	(0.418)	(0.375)
2002—2013	1.234***	0.933**	-0.095	-0.095
	(0.427)	(0.368)	(0.403)	(0.348)
2013—2018	-0.236	0.048	0.321	0.449
	(0.493)	(0.476)	(0.463)	(0.395)
2002—2018	0.998***	0.981***	0.225	0.354*
	(0.246)	(0.203)	(0.229)	(0.189)
支出项目-年份固定效应	Yes	Yes	Yes	Yes
回归方法	OLS	WLS	OLS	WLS

注：括号中是标准误，*** $P<0.01$，** $P<0.05$，* $P<0.1$。高收入组是指 80～95 分位组，中收入组是指 40～60 分位组，低收入组是指 5～20 分位组。

从表 5.20 还可以发现，中等收入组与低收入组的消费差距没有显著的扩大趋势，这就意味着流动人口家庭消费不平等的上升主要源自高收入组与低收入组消费差距的扩大。综合表 5.16 和表 5.20 的结果可以发现，当收入不平等快速上升时，消费不平等的上升趋势也更明显，如 2007—2013 年；而当收入不平等下降时，消费不平等可能上升也可能下降，如 2002—2007 年、2013—2018 年，但消费不平等的变化幅度不大。由于存在借款、储蓄和转移支付，消费和收入会存在差异，使得消费不平等和收入不平等呈现不同的变化趋势（Attanasio and Pistaferri，2016）。

5.2.3 消费支出的城乡差距

在考察消费支出群体差距的基础上，本书进一步考察消费支出的城乡差距，如图 5.13 所示。从图 5.13 可以看到，城乡消费差距的变动趋势与城乡收入差距保持一致，从 1978 年以来经历了下降、上升、短暂下降、快速上升、下降五个阶段。1978 年城乡消费差距 2.68，1984 年下降至较低点 2.04，1994 年又上升至 2.80，1996 年下降至 2.49，此后迅速上升至 2003 年的较高点 3.21。此后逐年下降至 2022 年的 1.83。

2002年以前，城乡消费差距和城乡收入差距非常接近，从2003年开始，城乡消费差距的下降趋势快于城乡收入差距，因此城乡消费差距明显小于城乡收入差距。

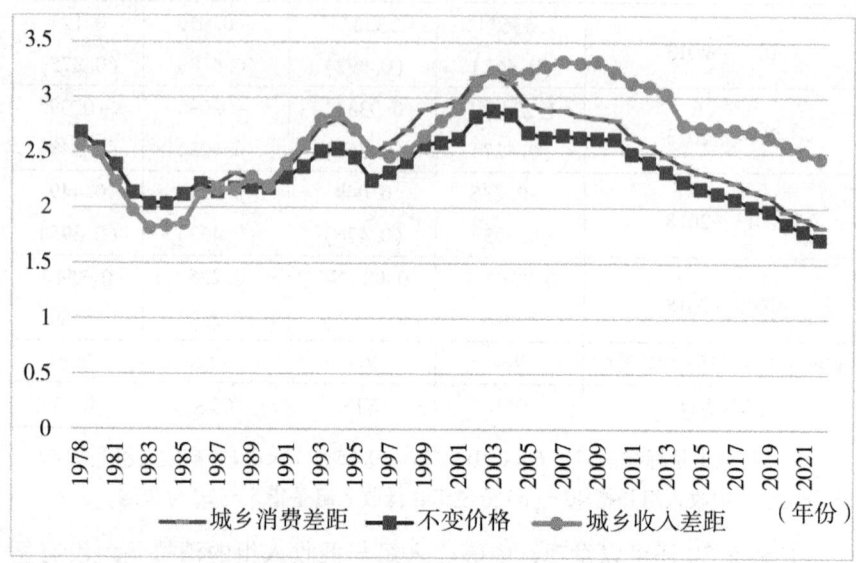

图5.13　城乡消费差距的变动趋势

5.2.4　消费支出的地区差距

本小节考察消费支出的地区差距，首先来看各省（区/市）的消费支出增长趋势。从表5.21可以发现，2022年消费支出较高的五个省（区/市）分别是上海（46045元/年）、北京（42683元/年）、浙江（38971元/年）、江苏（32848元/年）、广东（32169元/年），除广东外，其余四个省（区/市）的排名与人均收入排名保持一致。消费支出较低的五个省（区/市）分别是吉林（17898元/年）、山西（17537元/年）、甘肃（17489元/年）、青海（17261元/年）、西藏（15886元/年），甘肃、青海和西藏的人均收入也排在全国末尾。

表5.21　各省居民支出增长趋势

省（区/市）	2013年	2014年	2015年	2016年	2017年	2018年	2019年	2020年	2021年	2022年
北京	29176	31103	33803	35416	37425	39843	43038	38903	43640	42683
天津	20419	22343	24162	26129	27841	29903	31854	28461	33188	31324

续表 5.21

省(区/市)	2013年	2014年	2015年	2016年	2017年	2018年	2019年	2020年	2021年	2022年
河北	10872	11932	13031	14247	15437	16722	17987	18037	19954	20890
山西	10118	10864	11729	12683	13664	14810	15863	15733	17191	17537
内蒙古	14878	16258	17179	18072	18946	19665	20743	19794	22658	22298
辽宁	14950	16068	17200	19853	20463	21398	22203	20672	23831	22604
吉林	12054	13026	13764	14773	15632	17200	18075	17318	19605	17898
黑龙江	12037	12769	13403	14446	15577	16994	18111	17056	20636	20412
上海	30400	33065	34784	37458	39792	43351	45605	42536	48879	46045
江苏	17926	19164	20556	22130	23469	25007	26697	26225	31451	32848
浙江	20610	22552	24117	25527	27079	29471	32026	31295	36668	38971
安徽	10544	11727	12840	14712	15752	17045	19137	18877	21911	22542
福建	16177	17644	18850	20167	21249	22996	25314	25126	28440	30042
江西	10053	11089	12403	13259	14459	15792	17650	17955	20290	21708
山东	11897	13329	14578	15926	17281	18780	20427	20940	22821	22640
河南	10002	11000	11835	12712	13730	15169	16332	16143	18391	19019
湖北	11761	12928	14316	15889	16938	19538	21567	19246	23846	24828
湖南	11946	13289	14267	15750	17160	18808	20479	20998	22798	24083
广东	17421	19205	20976	23448	24820	26054	28995	28492	31589	32169
广西	9596	10274	11401	12295	13424	14935	16418	16357	18088	18343
海南	11193	12471	13575	14275	15403	17528	19555	18972	22242	21500
重庆	12600	13811	15140	16385	17898	19248	20774	21678	24598	25371
四川	11055	12368	13632	14839	16180	17664	19338	19783	21518	22302
贵州	8288	9303	10414	11932	12970	13798	14780	14874	17957	17939
云南	8824	9870	11005	11769	12658	14250	15780	16792	18851	18951
西藏	6307	7317	8246	9319	10320	11520	13029	13225	15343	15886
陕西	11217	12204	13087	13943	14900	16160	17465	17418	19347	19848
甘肃	8943	9875	10951	12254	13120	14624	15879	16175	17456	17489
青海	11576	12605	13611	14775	15503	16557	17545	18284	19020	17261
宁夏	11292	12485	13816	14965	15350	16715	18297	17506	20024	19136
新疆	11392	11904	12867	14066	15087	16189	17397	16512	18961	17927

本小节还基于各省人均支出测算了省域消费支出的基尼系数,如图 5.14 所示。从图 5.14 可以看到,各省（区/市）间的消费差距逐年下降,从 2005 年的 0.232 下降到 2020 年的 0.155,下降了 33.19%,大于收入差距的下降幅度。但 2021 年以来略有上升,上升至 2022 年的 0.160。2013 年以前消费差距和收入差距比较接近,2013 年以后两者的差异逐渐扩大,消费差距明显小于收入差距。同样,基于各省（区/市）人均支出测算的基尼系数忽略了省（区/市）内部的消费差距,因此数值较小。

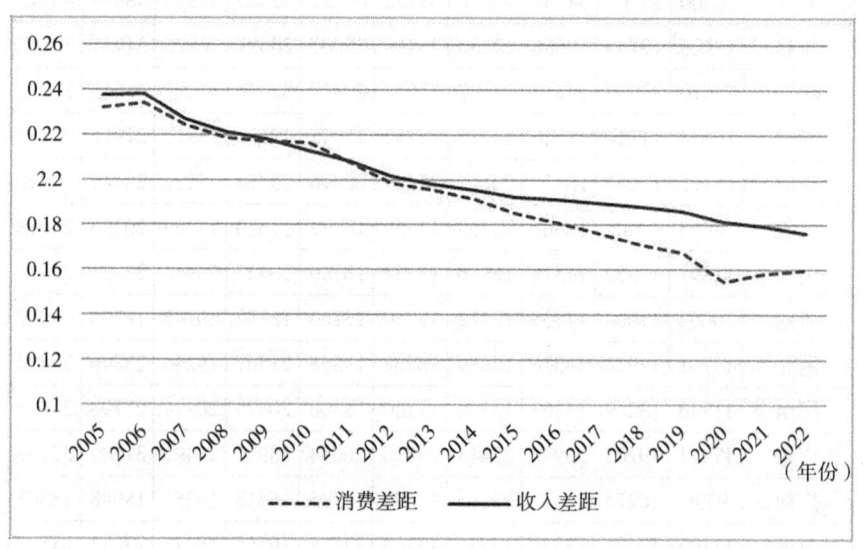

图 5.14　省（区/市）消费差距变动趋势

本小节进一步考察消费差距的地区异质性,即各省内部的基尼系数。基于 CFPS 2010、2012、2014、2016、2018、2020 年六年的数据测算各省人均消费支出的基尼系数,如表 5.22 所示。由于 CFPS 主要覆盖 25 个省（区/市）,但由于内蒙古、海南、西藏、青海、宁夏、新疆及港澳台地区数据缺失或样本过少,计算基尼系数不稳健,因此本小节将其删去。

表 5.22　居民消费差距的地区差异

省（区/市）	2010 年	2012 年	2014 年	2016 年	2018 年	2020 年	排名
北京	0.433	0.342	0.431	0.387	0.377	0.4037	24

续表 5.22

省（区/市）	2010 年	2012 年	2014 年	2016 年	2018 年	2020 年	排名
天津	0.388	0.402	0.367	0.488	0.349	0.3989	25
河北	0.457	0.428	0.491	0.459	0.514	0.4712	11
山西	0.442	0.403	0.449	0.489	0.485	0.4547	17
辽宁	0.430	0.448	0.416	0.474	0.445	0.4385	21
吉林	0.413	0.414	0.417	0.569	0.468	0.4602	15
黑龙江	0.416	0.451	0.401	0.431	0.426	0.4195	22
上海	0.389	0.420	0.415	0.444	0.398	0.4192	23
江苏	0.415	0.454	0.479	0.496	0.539	0.4783	8
浙江	0.468	0.444	0.425	0.517	0.497	0.4641	13
安徽	0.412	0.375	0.516	0.531	0.466	0.4631	14
福建	0.407	0.406	0.509	0.506	0.506	0.4815	5
江西	0.365	0.411	0.438	0.456	0.472	0.4397	20
山东	0.404	0.447	0.500	0.473	0.441	0.4595	16
河南	0.434	0.481	0.473	0.485	0.471	0.4704	12
湖北	0.471	0.439	0.489	0.428	0.477	0.4719	10
湖南	0.499	0.483	0.545	0.499	0.476	0.4955	2
广东	0.472	0.433	0.449	0.526	0.481	0.4743	9
广西	0.365	0.412	0.496	0.445	0.609	0.4784	7
重庆	0.469	0.425	0.462	0.505	0.487	0.4797	6
四川	0.390	0.409	0.462	0.494	0.484	0.4500	19
贵州	0.531	0.458	0.490	0.545	0.547	0.5129	1
云南	0.408	0.401	0.490	0.556	0.552	0.4830	4
陕西	0.391	0.424	0.463	0.483	0.485	0.4509	18
甘肃	0.465	0.490	0.485	0.521	0.491	0.4874	3

注：排名是按照六个年份基尼系数的平均值从大到小排序。由于本书在测算基尼系数时进行地区加权，因此测算得到的地区基尼系数并不具有完全代表性。

从表 5.22 可以看到不同省（区/市）的基尼系数呈现差异，就 2020 年而言，较低是天津 0.40，较高是贵州 0.51，两者相差 27.5%。从 2010—2020 年的平均水平来看，基尼系数排名后五的省（区/市）是辽宁、黑龙江、上海、北京和天津，都在 0.44 以下；排名前五的个省（区/市）是贵州、湖南、甘肃、云南和福建，都在 0.48 以上。由此可以推测基尼系数与经济发展水平之间将呈现负向关系。如图 5.15 所示，消费基尼系数与地区人均生产总值存在明显的负相关。

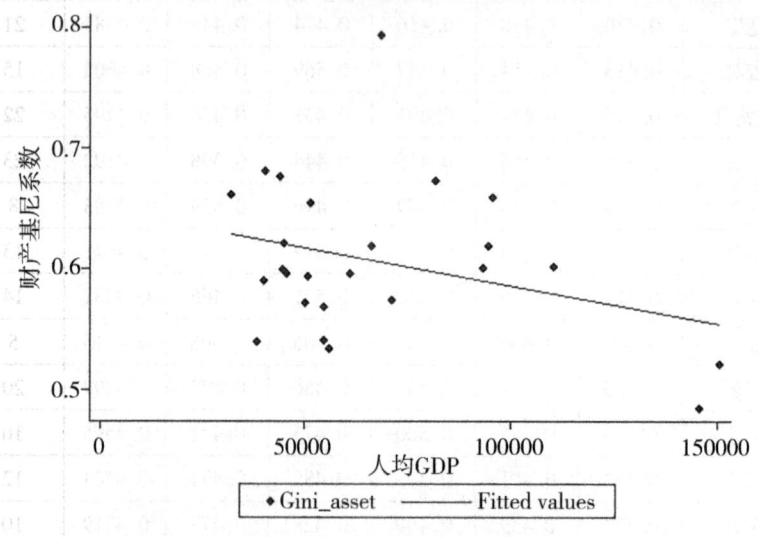

图 5.15 消费差距与经济发展水平

5.3 医疗消费不平等的演变

5.3.1 医疗支出总体不平等的变动趋势

国家统计局只公布了全国居民、城镇居民和农村居民各自的人均医疗保健支出，并没有公布分组的人均医疗保健支出，无法基于宏观统计数据测算总体的医疗支出不平等。因此，本书基于 2010—2020 年中国家庭动态跟踪调查数据（Chinese Family Panel Studies，CFPS）测算总体医疗支出不平等，由于内蒙古、海南、西藏、青海、宁夏、新疆及港澳台的数据没有，因此只能测算 25 个省（区/市）的医疗支出不平等，如表 5.23 所示。

从表 5.23 可以看到：总体而言，医疗支出不平等高于收入不平等和消费总支出的不平等，医疗支出的基尼系数达到 0.7 以上，而收入和消费总支出的基尼系数在 0.5 以下。从 2010—2020 年的医疗支出基尼系数平均值来看，位列后二的是广西和重庆，六个年份的基尼系数均值在 0.6 以下，其次是湖南和北京，六个年份的基尼系数均值是 0.61。基尼系数平均值在 0.7 以下的有 14 个省（区/市），分别是甘肃、山东、黑龙江、云南、浙江、福建、安徽、吉林、天津、湖北、北京、湖南、广西和重庆。基尼系数平均值较高的是江西，五个年份平均是 0.79；其次是河南，基尼系数平均值为 0.77，只有这两个省（区/市）的平均基尼系数超过了 0.75。

表 5.23　医疗支出总体不平等的地区差异

省（区/市）	2010 年	2012 年	2014 年	2016 年	2018 年	2020 年	排名
全国	0.7298	0.7231	0.7186	0.7401	0.7106	0.7148	—
北京	0.6689	0.5789	0.6583	0.677	0.6866	0.6073	22
天津	0.7114	0.5613	0.7122	0.7841	0.5491	0.6448	20
河北	0.8013	0.7039	0.7452	0.7271	0.7093	0.7423	3
山西	0.769	0.6994	0.7426	0.6827	0.728	0.7375	4
辽宁	0.7146	0.6788	0.7146	0.7269	0.6951	0.7090	10
吉林	0.6653	0.7224	0.6491	0.8561	0.7391	0.6486	19
黑龙江	0.7229	0.6838	0.6634	0.6968	0.662	0.6761	14
上海	0.713	0.7451	0.7128	0.7352	0.6747	0.7199	7
江苏	0.6748	0.7419	0.6875	0.7202	0.7648	0.7161	9
浙江	0.6872	0.7697	0.723	0.6821	0.7355	0.6635	16
安徽	0.6597	0.6276	0.7493	0.7754	0.7021	0.6567	18
福建	0.7256	0.8097	0.7446	0.71	0.8386	0.6599	17
江西	0.5718	0.6577	0.6705	0.7722	0.6925	0.7895	1
山东	0.7248	0.7938	0.7662	0.7576	0.715	0.6881	13
河南	0.7171	0.7457	0.7107	0.7099	0.7266	0.7679	2
湖北	0.649	0.7054	0.643	0.6403	0.6724	0.6332	21
湖南	0.6921	0.6811	0.6585	0.6357	0.7172	0.6071	23
广东	0.7509	0.7166	0.7436	0.7926	0.7014	0.7087	11

续表 5.23

省（区/市）	2010 年	2012 年	2014 年	2016 年	2018 年	2020 年	排名
广西	0.7121	0.6423	0.7631	0.7041	0.7631	0.5937	24
重庆	0.7272	0.7396	0.7544	0.6417	0.6676	0.5883	25
四川	0.685	0.6967	0.7044	0.7076	0.6962	0.7236	6
贵州	0.6685	0.7212	0.6987	0.7393	0.7619	0.7355	5
云南	0.6922	0.6094	0.657	0.6668	0.6279	0.6668	15
陕西	0.67	0.7447	0.6819	0.6984	0.7018	0.7179	8
甘肃	0.7095	0.7093	0.668	0.7224	0.6746	0.6900	12

注：排名是按照六个年份基尼系数的平均值从大到小排序。

本书拟合了 2020 年各省医疗支出基尼系数和人均 GDP 的关系，如图 5.16 所示。从图 5.16 可以看到，两者呈现微弱的正相关。原因可能在于经济发达省（区/市）医疗资源更加充分，而医疗资源刺激了居民医疗需求的释放，导致医疗支出的差异化更大。依据健康需求模型，医疗支出的差距会带来健康水平的差别，而健康水平是重要的人力资本，会进一步影响收入水平。因此，在建设共同富裕的过程中，除了调节收入差距，还要调节医疗支出差距，缩小公共服务的不均等程度。

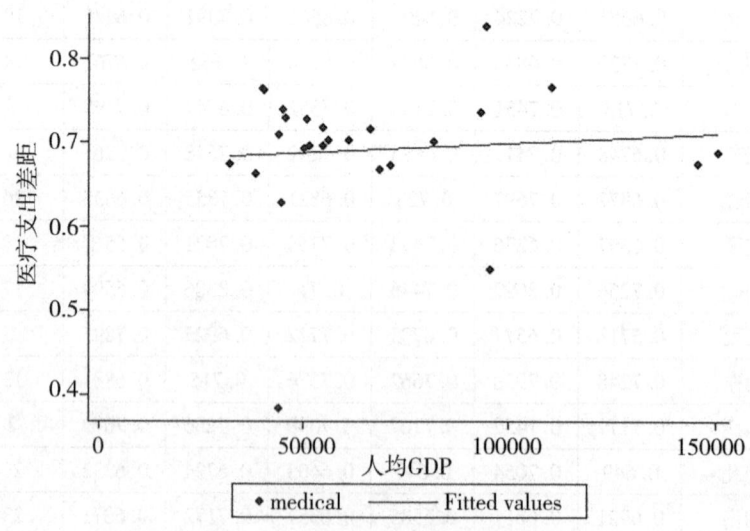

图 5.16　医疗支出差距与经济发展水平

5.3.2 城乡医疗支出差距的变动趋势

在考察总体医疗支出不平等的基础上，本书测算了城乡医疗支出差距的变动趋势，如图5.17所示。由于数据所限，2000年以前的城镇居民和农村居民的人均医疗保健支出不可得，本书描绘了2000年以来的城乡医疗支出差距变动趋势。从图5.17可以看到：相比城乡收入差距而言，城乡医疗支出差距的变动幅度更大。从2000年的3.61上升至2002年的4.09，此后逐渐下降至2020年的1.53。2006年以前，城乡医疗支出差距大于城乡收入差距，2006年开始城乡医疗支出差距小于城乡收入差距。由此也可以推测，总体医疗支出差距主要源自城镇和农村内部的医疗支出不平等，而非城乡之间的医疗支出差距。

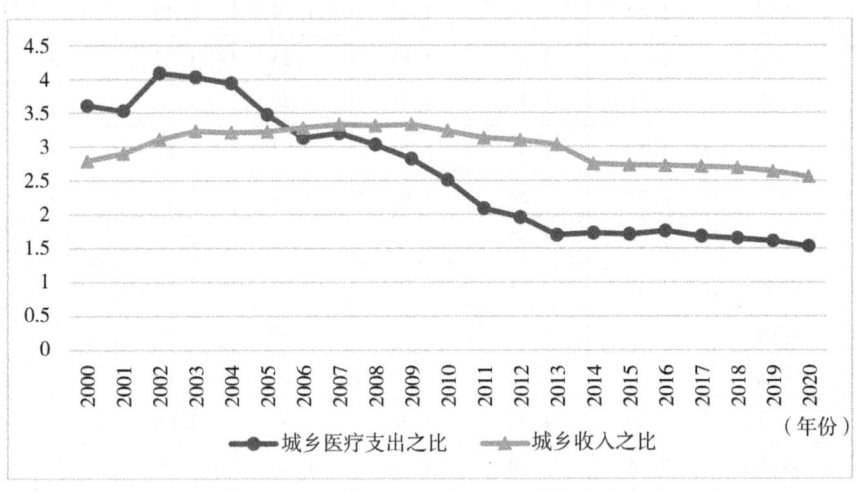

图5.17 城乡医疗支出差距变动趋势

接着，来看城乡医疗支出差距的省（区/市）异质性，如表5.24所示。五年平均城乡医疗支出差距较低的五个省（区/市）是江苏、广东、湖北、福建、浙江，都在1.5以下，这些都是经济较发达的省（区/市）。五年平均城乡医疗支出差距排名前五的五个省（区/市）是海南、山西、重庆、甘肃、北京，都在1.8以上，以经济欠发达省（区/市）为主。

表 5.24 城乡医疗支出差距的省（区/市）异质性

省（区/市）	2016 年	2017 年	2018 年	2019 年	2020 年	排名
北京	1.95	1.82	1.74	1.77	1.90	23
天津	1.63	1.85	1.43	1.51	1.51	15
河北	1.67	1.62	1.57	1.54	1.44	13
山西	2.15	1.86	2.01	2.04	2.05	26
内蒙古	1.55	1.48	1.43	1.34	1.22	7
辽宁	2.03	1.90	1.72	1.71	1.33	21
吉林	1.67	1.55	1.70	1.45	1.53	14
黑龙江	1.58	1.27	1.24	1.48	1.50	8
江苏	1.41	1.13	1.49	1.44	1.27	1
浙江	1.44	1.37	1.41	1.29	1.40	5
安徽	1.60	1.53	1.61	1.25	1.12	10
福建	1.36	1.36	1.35	1.40	1.40	4
江西	1.37	1.45	1.56	1.63	1.52	12
山东	1.57	1.58	1.63	1.63	1.63	16
河南	1.91	1.77	1.57	1.42	1.38	17
湖北	1.48	1.51	1.36	1.29	1.23	3
湖南	1.38	1.44	1.47	1.43	1.38	9
广东	1.62	1.63	1.16	1.24	1.15	2
广西	1.36	1.35	1.56	1.68	1.55	11
海南	2.36	2.39	2.35	1.74	1.55	27
重庆	2.28	2.13	1.91	1.87	1.57	25
四川	1.46	1.46	1.32	1.41	1.33	6
贵州	1.99	1.95	1.73	1.54	1.36	20
陕西	1.93	1.70	1.80	1.83	1.75	22
甘肃	1.93	1.95	1.95	1.88	1.83	24
青海	1.37	1.53	1.78	1.69	1.78	18
宁夏	1.80	1.71	1.72	1.62	1.53	19

注：排名是按照五个年份基尼系数的平均值来排序，上海、云南、西藏和新疆由于数据缺失无法计算城乡医疗支出差距。

由表 5.24 可以推测，经济越发达的省（区/市）城乡医疗支出差距越小，因此本书拟合了 2020 年各省（区/市）城乡医疗支出差距和人均 GDP 之间的关系，如图 5.18 所示。可以看到，城乡医疗支出差距和人均 GDP 之间呈现明显的负相关关系。

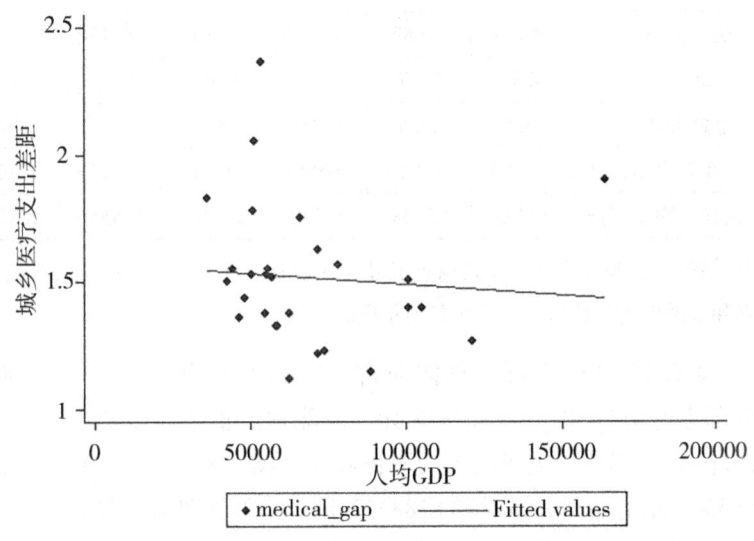

图 5.18 城乡医疗支出差距与经济发展水平

5.4 财产分配的富裕与共享

5.4.1 居民财产的增长趋势

本小节在剖析城乡收入差距的结构性特征时发现：城乡居民的财产净收入差距是四种分项收入中较高的，且呈现逐年上升趋势，2020 年达到 11 倍，财产净收入的差距源于城乡居民在财产持有方面的差别。由于国家统计局尚未公布城乡居民财产的数据，本书只能依托微观调查数据测算财产分配的群体差距、城乡差距和地区差距。相比中国家庭收入调查（Chinese Household Income Project，CHIP），中国家庭动态跟踪调查（CFPS）的优势在于财产分项目数据较为丰富。因此，本小节基于 CFPS 2010—2020 年的数据测算财产总量的增长趋势及财产差距的变动趋势，如表 5.25 所示。

表 5.25 居民财产增长趋势

居民财产	2010 年	2012 年	2014 年	2016 年	2018 年	2020 年
家庭人均净资产	97829	110186	136935	175634	231352	254918
房产价值	65583	68689	107835	133874	186182	188233
储蓄	3752	9317	11553	16162	18168	26719
金融资产	1325	1225	15310	22356	24540	39449
城镇家庭人均净资产	157893	174025	208588	274540	348876	379006
农村家庭人均净资产	42705	54308	68317	67162	104586	105268

注：2010 和 2012 年 CFPS 只调查了股票和基金，没有调查其他金融产品，因此这两年金融资产的数值明显低于其他年份。

从表 5.25 可以看到：总体而言，家庭人均净资产从 2010 年的 97829 元上升至 2020 年的 254918 元，剔除物价水平后增长 1 倍，实际年均增长率为 10%，慢于收入的增长幅度（26.7%）。房产价值从 2010 年的 65583 元增加到 2020 年的 188233 元，储蓄从 2010 年的 3752 元增加到 2020 年的 26719 元。金融资产增长最快，从 2010 年的 1325 元增加到 2020 年的 39449 元，得益于金融市场的蓬勃发展，尤其是互联网金融的繁荣为居民购买金融产品提供了便捷。城乡居民财产的增长幅度大致相同，城镇家庭人均净资产从 2010 年的 157893 元增长到 2020 年的 379006 元，农村家庭人均净资产从 2010 年的 42705 元增长到 2020 年的 105268 元。

5.4.2 居民财产的群体差距

在考察居民财产增长趋势的基础上，本书测算居民财产的群体差距，包括家庭人均净资产、房产、储蓄和金融资产的基尼系数，如表 5.26 所示。从表 5.26 可以发现：

第一，从时间序列来看，财产差距呈现先降后升趋势，总体而言略有下降。全国财产基尼系数从 2010 年的 0.7211 下降到 2012 年的 0.6739，并再次上升到 2020 年的 0.7104。城镇财产基尼系数从 2010 年的 0.6860 下降到 2012 年的 0.6474，并再次上升到 2016 年的 0.6910，在 2018 年下降至 0.6590，2020 年又回到 0.688。农村财产基尼系数从 2010 年的 0.6341 下降到 2014 年的 0.5828，并再次上升到 2020 年的 0.617。

表 5.26　财产差距与收入差距变化趋势对比

财产差距	2010 年	2012 年	2014 年	2016 年	2018 年	2020 年
全国财产基尼系数	0.7211	0.6739	0.6723	0.7057	0.7056	0.7104
城镇财产基尼系数	0.6860	0.6474	0.6558	0.6910	0.6590	0.688
农村财产基尼系数	0.6341	0.5870	0.5828	0.6021	0.6556	0.617
房产价值的基尼系数	0.7210	0.6839	0.6991	0.7367	0.7377	0.7244
储蓄基尼系数	0.7310	0.8026	0.6626	0.7300	0.7413	0.7196
金融资产基尼系数	0.6894	0.6631	0.6994	0.7555	0.7639	0.7609
收入差距	2010 年	2012 年	2014 年	2016 年	2018 年	2020 年
全国收入基尼系数	0.5536	0.5563	0.5566	0.5580	0.5566	0.5446
城镇收入基尼系数	0.5003	0.5302	0.5452	0.5235	0.5300	0.5237
农村收入基尼系数	0.5290	0.5336	0.5117	0.5401	0.5048	0.4867

注：本章采用家庭人均净资产来表示财产存量，本表计算的收入基尼系数大于表 5.2 计算的收入基尼系数，原因在于本表采用微观数据，而表 5.2 使用的是分组收入数据，分组数据计算得到的基尼系数会由于忽略组内差距而产生低估问题，组数越少低估程度越大。由于收入口径、抽样、权重等因素影响，采用 CFPS 测算得到的收入基尼系数与国家统计局的结果也有所差异。

第二，从横截面来看，财产差距高于收入差距，意味着财产不平等比收入不平等情况严重。全国财产基尼系数在 0.67 以上，而全国收入基尼系数在 0.56 以下，两者相差 20% 以上。同样，城镇财产基尼系数和农村财产基尼系数也高于两者的收入基尼系数。2020 年城镇财产基尼系数为 0.688，收入基尼系数为 0.52；农村财产基尼系数为 0.617，收入基尼系数为 0.4867。

第三，从财产子项目的基尼系数来看，呈现一定的差异。房产价值的基尼系数基本稳定，在 0.71 左右；储蓄基尼系数从 2010 年的 0.7310 下降到 2020 年的 0.7196；金融资产的基尼系数上升较快，从 2010 年的 0.6894 增加到 2020 年的 0.7609。

第四，从城镇和农村内部的财产差距来看，变动趋势略有不同。2010—2020 年城镇财产差距高于农村财产差距，而农村收入差距在 2010、2012 和 2016 年高于城镇收入差距，从 2018 年开始，城镇收入基尼系数超过农村。城镇财产差距在2010—2020年基本不变，而农村财产差距略有缩小，但仍然在0.6以上。与此不同，城镇收入差距在扩大，农村收入差距在缩小，两者在2020年都达到0.49以上。因此，在促进财产性收入增长的同时要谨防收入差距和财产差距的扩大。

5.4.3 居民财产的城乡差距

城乡间财产差距高于城乡间收入差距，但两者都呈现下降趋势。城乡财产比从2010年的3.70下降至2014年的3.05，此后又上升至2016年的4.09，并下降至2020年的3.60。城乡收入比从2010年的2.40波动下降至2016年的2.02，又回升至2020年的2.29。用基尼系数子群分解得到的城乡差距与比值的趋势接近。群间财产差距贡献呈现下降趋势，从2010年的54.51%下降至2020年的49.89%。见表5.27。

表5.27 城乡财产差距与城乡收入差距变化趋势对比

城乡财产差距	2010年	2012年	2014年	2016年	2018年	2020年
城乡财产比	3.70	3.20	3.05	4.09	3.34	3.60
城乡间基尼系数	0.3931	0.3715	0.3573	0.3694	0.3692	0.3544
群间财产差距贡献	54.51%	55.12%	53.15%	52.35%	52.32%	49.89%
群内财产差距贡献	45.49%	44.88%	46.85%	47.65%	47.68%	50.11%
城乡收入差距	2010年	2012年	2014年	2016年	2018年	2020年
城乡收入比	2.40	2.04	2.10	2.02	2.37	2.29
城乡间基尼系数	0.3023	0.2960	0.2915	0.2926	0.2909	0.2786
城乡收入差距	2010	2012	2014	2016	2018	2020
群间收入差距贡献	54.61%	53.21%	52.38%	52.44%	52.27%	51.16%
群内收入差距贡献	45.39%	46.79%	47.62%	47.56%	47.73%	48.84%

城乡居民在财产的持有方面存在一定的差异。一方面，城乡居民存在房产价值的差异。对于农用土地而言，农民没有所有权，只有流转权。城市居民房的市场产价值与日俱增，但他们房产的快速增值得益于城市公共设施和环境的改善，而非个体的努力（刘尚希，2012）。另一方面，城乡居民存在金融资产的差异。农村金融机构较少，金融服务更少，而且农村居民金融资产以存款为主，资产结构单一、收益率低，限制了农村居民的财产增值。城镇居民的金融资产较为丰富，除了存款还

有股票、期权、外汇、基金、理财产品等。因此，调节城乡财产差距迫在眉睫，尤其要不断拓展农村居民财产的形式和来源。

5.4.4 居民财产的地区差距

在考察群体财产差距和城乡财产差距的基础上，本小节测算不同省（区/市）的财产基尼系数，如表5.28所示。2020年，财产基尼系数排名前五的省（区/市）分别是云南、福建、重庆、北京和广东，基尼系数达到0.66以上；财产基尼系数排名后五的省（区/市）是广西、安徽、江西、湖北和天津，基尼系数都在0.55以下。2020年财产基尼系数较高和较低的两个省（区/市）（广东和广西）相差0.1934。就2010—2020年的平均财产差距来看，排名后五的省（区/市）分别是上海、江西、湖北、安徽和吉林，基尼系数在0.55以下；排名前五的省（区/市）分别是重庆、甘肃、北京、广东和贵州，基尼系数在0.64以上。从2010年到2020年，财产差距下降最快的是湖南和贵州，基尼系数下降0.091；财产差距上升最快的是北京和福建，基尼系数上升0.113。

表5.28 财产基尼系数的地区异质性

省（区/市）	2010年	2012年	2014年	2016年	2018年	2020年
北京	0.6001	0.6517	0.6657	0.7623	0.5206	0.7131
天津	0.5357	0.5584	0.5452	0.5568	0.6585	0.5482
河北	0.6546	0.5701	0.5398	0.6195	0.6757	0.6234
山西	0.6488	0.6260	0.5601	0.5735	0.5957	0.6420
辽宁	0.5845	0.5736	0.5469	0.5777	0.5680	0.6013
吉林	0.5157	0.4874	0.5461	0.5483	0.6200	0.5967
黑龙江	0.6379	0.6101	0.5479	0.5723	0.5385	0.5709
上海	0.5505	0.5326	0.5410	0.5559	0.4833	0.5663
江苏	0.5622	0.5513	0.5537	0.5733	0.6007	0.6122
浙江	0.5412	0.5830	0.4887	0.5693	0.5999	0.6394
安徽	0.5227	0.5170	0.5092	0.6884	0.5332	0.5378
福建	0.5526	0.5719	0.5958	0.5230	0.6176	0.6691
江西	0.5583	0.5442	0.5409	0.5113	0.5706	0.5407
山东	0.5551	0.5359	0.5633	0.7375	0.6184	0.5908
河南	0.5431	0.5586	0.5331	0.5833	0.5928	0.5910

续表 5.28

省（区/市）	2010 年	2012 年	2014 年	2016 年	2018 年	2020 年
湖北	0.5309	0.5260	0.5299	0.5728	0.5733	0.5422
湖南	0.6811	0.5663	0.5733	0.5600	0.5402	0.5901
广东	0.6589	0.6446	0.6359	0.6437	0.6725	0.7204
广西	—	0.5565	0.5805	0.6003	0.5893	0.5270
重庆	0.5677	0.6783	0.5811	0.5240	0.7930	0.6766
四川	0.5397	0.6223	0.6379	0.6099	0.6540	0.6304
贵州	0.7246	0.6485	0.6712	0.6611	0.6802	0.6357
云南	0.5737	0.5434	0.5028	0.5289	0.5989	0.6589
陕西	0.5902	0.5587	0.5682	0.6874	0.5947	0.6574
甘肃	0.6398	0.6347	0.6186	0.6752	0.6610	0.6211

注：CFPS 主要调查中国内地 25 个省（区/市），内蒙古、海南、西藏、青海、宁夏、新疆等样本较少，为了减少偏误，本书将这些省（区/市）的样本剔除。

与收入差距相同的是，经济发展水平与财产差距之间也呈现明显的负向关系——经济发展水平越高的省（区/市）财产基尼系数越小。本书同样拟合了财产基尼系数和人均 GDP 之间的关系，如图 5.19 所示。可以看到两者呈现明显的负相关——经济发展水平越高，财产分配差距

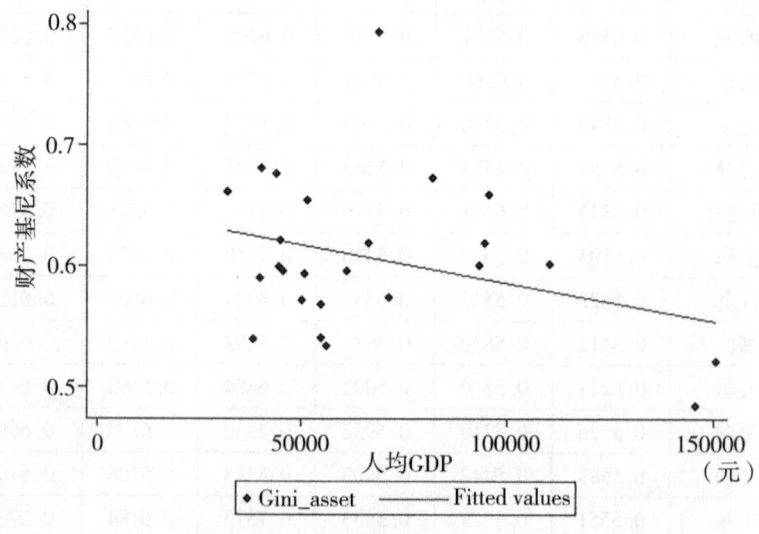

图 5.19　财产基尼系数与人均 GDP 的关系

越低，这与收入差距和经济发展的关系保持一致。经济发展水平越高的省（区/市），社会保障体系更加完善，金融市场和房产市场更加发达，居民财产获取渠道更多，财产积累更快，相比之下财产分配更加均衡。因此，共同富裕是在富裕的基础上的合理分配，在"做大蛋糕"的同时"分好蛋糕"。

5.5 本章小结

改革开放以来，中国实现了经济增长奇迹，分配领域也产生了巨大变化，由计划经济时代的"平均主义"演变为逐渐扩大的城乡间、地区间、群体间差距。本章基于宏观统计数据和微观调查数据考察改革开放以来共同富裕建设的典型事实，包括收入分配领域的富裕与共享演变趋势、财产分配领域的富裕与共享演变趋势、居民消费领域的富裕与共享演变趋势。富裕方面，主要采用增长趋势来判断；共享方面，主要采用群体间、城乡间和地区间的差距来考察，即"三大差距"。

在总体收入差距的总体趋势方面，1990年以来呈现上升趋势，较高值出现在2008年，基尼系数达到0.491，此后略有下降，2021年仍然达到0.466，收入分配体制存在很大的改革空间。在城乡居民收入差距的总体变动趋势方面，1978年以来经历了五个阶段。城乡收入差距从1978年的2.57下降到1983年的1.82，此后逐渐上升至2007年的较高值3.33，2010年以来缓慢下降至2.56。

从分项收入的不平等程度来看，总体而言各分项收入的基尼系数都呈现上升趋势，工资性收入的基尼系数从2010年的0.54下降到2020年的0.53，经营性收入的基尼系数从2010年的0.74上升到2020年的0.78，财产性收入的基尼系数从2010年的0.78上升到2020年的0.80，转移性收入的基尼系数从2010年的0.75上升到2020年的0.83。工资性收入对可支配收入差距的贡献在下降，但仍达到50%以上，经营性收入和财产性收入的贡献率不断上升。

城镇居民消费支出从1978年的311元/年增加到2022年的30391元/年，农村居民消费支出从1978年的116元/年增加到2022年的16632元/年，剔除价格因素后实际分别增加16.5倍和25.2倍。消费不平等要小于收入不平等，而且下降幅度要大于后者。2002—2018年，城镇居民和流动人口的消费不平等在上升,而农村居民的消费不平等则在下降。城乡消费差距的变动趋势与城乡收入差距保持一致,从1978年以来也经历了下降、上升、短暂下降、快速上升、下降五个阶段。省(区/市)间消费差距逐年下降,2013年以前消费差距和收入差距比较接近,2013年以后两者的差异逐渐扩大,消费差距明显小于收入差距。

城镇家庭人均净资产从2010年的157893元增长到2020年的379006元,农村家庭人均净资产从2010年的42705元增长到2020年的105268元。财产基尼系数在2010年到2020年略有下降,但仍达到0.7,财产分配的不平等明显高于收入分配。城镇财产差距在2010—2020年基本不变,而农村财产差距略有缩小,但仍然在0.6以上。经济发展水平与财产差距之间也呈现明显的负向关系——经济发展水平越高的省(区/市)财产基尼系数越小。2020年,财产基尼系数较高的五个省(区/市)分别是云南、福建、重庆、北京和广东,基尼系数达到0.66以上;财产基尼系数排名位列后五的省(区/市)是广西、安徽、江西、湖北和天津,基尼系数都在0.55以下。因此,在促进居民财产和财产性收入增长的同时,应当谨防财产分配差距扩大。

分配格局的变化由经济体制改革、人口结构、社会保障、户籍制度等因素的变化共同导致,因此要将收入和财产分配格局的变化置于中国宏观经济发展的背景下剖析其演变机理,才能找到缩小分配差距的有效对策,更加积极地促进共同富裕。值得注意的是,无论是收入差距还是财产差距,都和经济发展水平呈现负相关,即人均GDP越高,分配差距越小。这就表明,应当在"做大蛋糕"的同时"分好蛋糕"。经济发展水平的提高也有利于再分配制度的建设。共同富裕背景下收入分配体制的改革空间主要有四个方面:促进居民收入和财产稳定增长、调节过大的收入和财产分配差距、优化居民消费支出结构、确保公共服务机会平等,尤其要充分发挥基本医疗保险的再分配功能。

中编 再分配效应测度

第 6 章 基本医疗保险的收入再分配效应

中编共 5 章，分别测算基本医疗保险的收入再分配效应、消费促进效应和财产再分配效应，同时识别再分配效应的机会平等机制和健康提升机制。基本医疗保险作为缓解居民医疗负担的制度安排，通过将疾病风险在高收入群体和低收入群体之间分散来实现收入的再分配，由此起到调节初次分配收入差距的作用。然而，现实中低收入者健康状况更差，但并不能及时匹配到高质量的医疗资源（如专家门诊），造成患者正向选择——高收入且健康水平更好的患者匹配到了更高质量的医疗资源，基本医疗保险的收入再分配功能出现失灵。本章基于中国家庭追踪调查（CFPS）数据和省级面板数据，采用 MT 指数和面板数据回归模型考察基本医疗保险报销待遇的收入差距调节效应。低收入者往往健康水平更差，因此保障低收入者医疗服务可及性和医保报销平等性是实现医疗保险收入再分配效应的关键。

6.1 共同富裕下医疗保险调节收入差距的机制

基本医疗保险制度的不断完善伴随着收入差距的下降。2016 年，针对新农合与城居保在报销目录和报销待遇方面的差异，以及由此产生的医疗服务机会不平等问题，国家整合了两类医保，建立城居保。城乡居民医疗保险的横向统筹不仅可以缓解城乡居民面临的医疗服务使用机会不平等情况，还可以提升城乡居民健康水平。首先，在医疗服务使用方面，城乡医保统筹主要通过消除户籍身份对医疗服务使用和报销的制约来缓解医疗服务使用方面的机会不平等，从而提高农业户籍人口的医疗保障水平，增强制度公平。其次，在健康水平方面，城乡医保统筹主要通过扩大疾病风险分散的范围来减轻农村居民和低收入群体的医疗负担，以此提升健康水平，降低城乡收入差距，实现城乡协调发展。

概而言之，基本医疗保险通过机会平等和健康提升两条机制发挥收入再分配效应,如图 6.1 所示。一方面,医疗保险通过提高医疗服务可及性促进医疗服务机会均等,提高低收入者增收能力,实现从高收入者到低收入者的收入再分配;另一方面,医疗保险通过缓解居民医疗负担,促进医疗服务使用,提升健康等人力资本水平,降低因病致贫、因病返贫概率,促进低收入者收入增长,调节群体间、城乡间和地区间的收入差距。

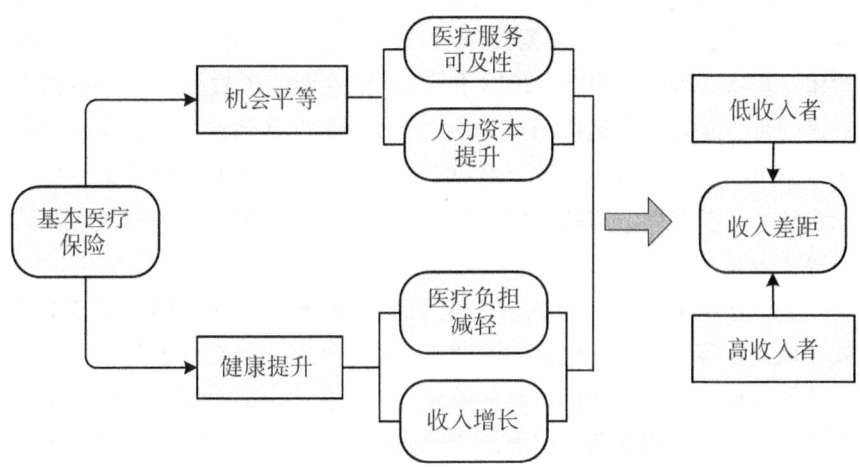

图 6.1 基本医疗保险收入再分配的作用机制

基本医疗保险作为缓解居民医疗负担的制度安排,通过将疾病风险在高收入群体和低收入群体之间分散来实现收入的再分配,从而起到调节收入差距的效果。由于低收入者健康状况更差,因此确保低收入者医疗服务可及性和医保报销平等性是实现医疗保险收入再分配效应的关键。然而,现实中医疗市场的价格机制并不一定能够实现医生技能与患者病情的最优匹配,尤其是在收入不平等的情况下,专家门诊等机制的设计使得高收入者更容易匹配到高技能的医生,而低收入、病情严重的患者未必能够顺利匹配到高技能医生,这种患者的正向选择与传统医疗市场信息不对称问题中的逆向选择有所差异,会造成医疗资源的错配,降低诊疗效率和效果。因此,需要进一步检验基本医疗保险对收入差距的影响效应。

6.2 数据介绍与描述性统计

本章实证部分采用的数据来自两个方面，一是2010—2020年中国家庭追踪调查数据；二是2016—2018年省级面板数据，在省级层面基本医疗保险收入再分配效应测度时还将用到住户调查数据和省级面板的匹配数据。CFPS是由北京大学中国社会科学调查中心设计和实施的调查，通过搜集家户微观数据反映中国经济社会变迁。目前公布的有2010、2012、2014、2016、2018和2020年六期面板数据，本章在医保报销的再分配效应中运用的是上述六个年份的截面数据。省级面板数据来自2016—2018年31个省（区/市）的年度统计数据，包括省级层面的医疗保险参保率、财政医疗支出占比、人均可支配收入对数及城镇化率等。

关于基本医疗保险收入再分配效应的测度，本章采用的是MT指数，该指数等于报销待遇前后两种收入状态下基尼系数的差值。由于基尼系数反映的是收入两两比较的差异，只能在一定的范围内测算。本章选择的是县域和省域两个层面，这就使得样本量大大下降。因此，为了充分使用个体和家庭层面的信息，本章还采用个人相对收入和家庭人均相对收入作为收入差距的度量。个人相对收入和家庭人均相对收入分别是个人工资性收入和家庭人均收入除以个体所在省的人均可支配收入。

限于篇幅，本小节只列出2018年度主要变量的描述性统计结果，如表6.1所示。可以看到样本的个体工资性收入均值是40766.46元，家庭人均收入是27431.47元，家庭中有老人、小孩等非劳动力，因此个人收入被家庭成员拉低。医疗总支出均值是3850.47元，自付医疗支出均值是2696.65元，实际报销比平均为15%。

表6.1 因变量和自变量的描述性统计结果（CFPS2018）

应变量和自变量	样本量 N	均值	标准差	最小值	最大值
个人相对收入	11685	1.48	1.38	0	28.79
家庭人均相对收入	11685	1.00	2.62	0	327.43
个人收入	11685	39373.66	38613.40	0	840000
家庭人均收入	11685	27431.47	65564.07	0	5660000
实际报销比	11685	0.15	0.27	0	1.00

第6章 基本医疗保险的收入再分配效应

续表6.1

应变量和自变量	样本量 N	均值	标准差	最小值	最大值
教育年限	11685	8.69	4.70	0	23.00
家庭规模	11685	4.35	2.03	1.00	21.00
性别	11685	0.50	0.50	0	1.00
工作状态	11685	0.79	0.41	0	1.00
城镇	11685	0.52	0.50	0	1.00
医疗技术人数	11685	67.28	8.89	53.00	119.00
人均GDP	11685	60586.33	27937.84	32178	150962.00
健康	11685	3.14	1.19	1.00	5.00
医疗总支出	11685	3850.47	14983.40	1.00	550000.00
自付医疗支出	11685	2696.65	10063.27	1.00	510000.00

注：基本医疗保险报销待遇用实际报销比来表示，等于（总医疗支出－自付医疗支出）/总医疗支出。

为了考察基本医疗保险的收入再分配效应，本书采用MT指数来测算医疗保险报销前后收入差距的变化，这就涉及三种状态下的收入，分别为初始工作总收入、减去医疗支出的收入及加上医保报销后的收入。从表6.2可以看到：个体收入从2010年的10129.27元/年上升到2020年的45847.58元/年，年均上涨35.26%，剔除价格因素后实际增长率为25.35%。从表6.2还可以发现，医疗支出占个体收入的比重逐年下降，较高时达到15.04%，2020年较低为5.74%，报销金额占个体收入的比重则保持稳定，由于个体收入在上升，意味着报销待遇也在逐年提升，居民医疗负担得到明显缓解。

表6.2 三种状态下的收入水平

年份	2010	2012	2014	2016	2018	2020
$Income_0$（元/年）	10129.27	11396.33	13768.01	22826.29	39373.66	45847.58
$Income_1$（元/年）	9419.81	10560.63	12085.89	20906.06	37336.63	44032.50
$Income_2$（元/年）	9660.45	10183.83	12596.45	21484.66	38037.84	44699.24
$Rate_1$	6.71%	7.25%	15.04%	11.05%	7.09%	5.74%

续表6.2

年份	2010	2012	2014	2016	2018	2020
$Rate_2$	2.27%	3.29%	2.98%	2.67%	3%	2.54%
N	31976	34521	19419	9716	11685	10248

注：$Income_0$、$Income_1$、$Income_2$分别代表初始工作总收入、减去医疗支出后的收入、加上医保报销后的收入。$Rate_1$和$Rate_2$分别表示医疗总支出占收入的比重和报销待遇占收入的比重。

6.3 医保报销的收入再分配效应

本小节首先采用MT指数来测算医保报销的收入再分配效应，测算公式如下：

$$MT = G_i - G_j \qquad (6.1)$$

其中，G_i和G_j分别表示不同状态下的基尼系数。本小节测算了三种状态下的基尼系数：初始收入、减去医疗支出后的收入、加上医保报销后的收入。由于居民医保没有调查缴费信息，无法测算缴费前后的基尼系数，也就无法考察医疗保险缴费政策的再分配效应。医疗保险报销待遇的再分配效应测算结果如表6.3所示。

表6.3 医保报销前后的收入差距

年份	2010	2012	2014	2016	2018	2020
G_0	0.5820	0.4730	0.4031	0.4684	0.4163	0.4326
G_1	0.5796	0.4736	0.4078	0.4736	0.4222	0.4351
G_2	0.5796	0.4831	0.4069	0.4730	0.4213	0.4343
MT	0	0.0095	-0.0009	-0.0006	-0.0009	-0.0008

注：G_0、G_1、G_2分别代表初始工作总收入、减去医疗支出、加上医保报销的基尼系数。$MT = G_2 - G_1$。

从表6.3可以发现：从时间序列来看，基尼系数在波动中呈现下降的趋势，从2010年的0.5820下降到2020年的0.4326。CFPS成人问卷调查的是个体工作总收入，因此该表中的基尼系数与国家统计局公布的数值存在差异。除2010年以外，减去医疗支出后的基尼系数更大，表明医疗支出不平等程度大于收入，加上报销待遇后，基尼系数下降，但仍略大于初始收入。由此可以推测：医疗报销缓解了由医疗支出造成的不平等，但没有调节初始收入的不平等。

图6.2的洛伦茨曲线显示：从时间趋势来看，2010—2020年三种状态下的收入分布都离45°线越来越近，意味着不平等程度正在下降；从横截面来看，初始工作总收入（income_0）分布离45°线最近，减去医疗支出的收入（income_1）分布离45°线最远，加上医保报销后的收入（income_2）分布居中。

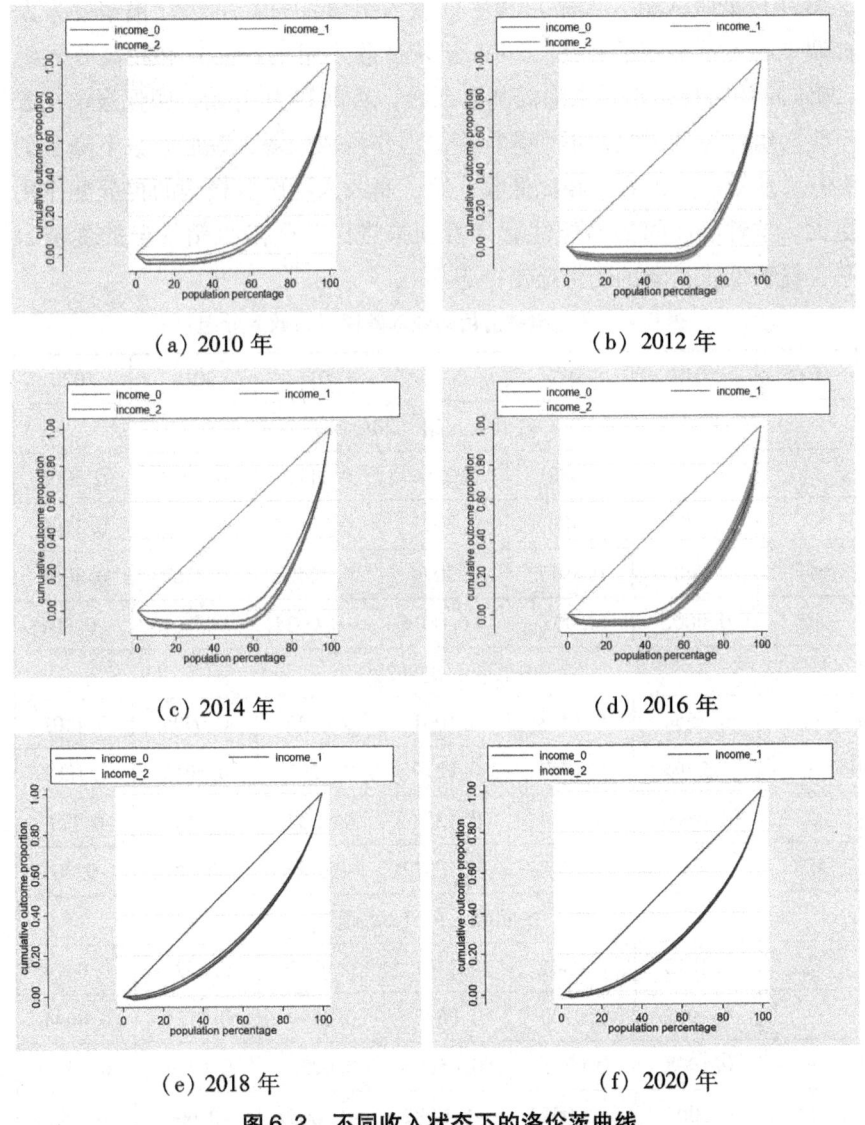

图6.2 不同收入状态下的洛伦茨曲线

其次，考察医保报销的再分配效应在不同收入群体中的异质性。表6.4显示：从横截面来看，较低收入组（20%）的收入不平等程度较高，其次是较高收入组（20%），中高收入组（20%）的收入不平等程度较低。这与表5.6城乡收入差距的组间异质性保持一致。收入不平等的组间异质性意味着增加低收入者的收入水平对于缩小全体居民的收入差距具有重要意义。换言之，低收入者的共同富裕是最核心的环节。2010年较低收入组（20%）和中低收入组（20%）的医疗报销并未发挥调节收入不平等的作用，2012年较低收入组（20%）和较高收入组（20%）的医疗报销并未降低基尼系数，从2014年开始，医保报销在五个收入组都降低了收入不平等程度，但作用较微弱，基尼系数下降不到0.01。从横截面来看，相比低收入组，高收入组医保报销的再分配作用更大，这种群体间的异质性意味着须推进医疗保险报销待遇的受益公平，提升低收入者的医保报销待遇。

表6.4 医保报销前后的收入差距（按收入分组）

年份	2010	2012	2014	2016	2018	2020
较低收入组（20%）						
G_0	0.4449	0.3881	0.2986	0.3112	0.3038	0.3005
G_1	0.4479	0.3887	0.3095	0.3283	0.3177	0.3109
G_2	0.4481	0.3917	0.3079	0.3246	0.3162	0.3061
MT	0.0002	0.003	-0.0016	-0.0037	-0.0015	-0.0048
中低收入组（20%）						
G_0	0.2554	0.1258	0.1061	0.1026	0.0905	0.1101
G_1	0.2596	0.1437	0.1279	0.1292	0.1213	0.1287
G_2	0.2596	0.1354	0.1257	0.1232	0.1135	0.127
MT	0	-0.0083	-0.0022	-0.006	-0.0078	-0.0017
中间收入组（20%）						
G_0	0.1815	0.0561	0.0461	0.0597	0.0573	0.0474
G_1	0.1902	0.0725	0.0675	0.0799	0.0755	0.0644
G_2	0.1908	0.0701	0.0588	0.0732	0.0706	0.0577
MT	0.0006	-0.0024	-0.0087	-0.0067	-0.0049	-0.0067

续表6.4

年份	2010	2012	2014	2016	2018	2020
中高收入组（20%）						
G_0	0.1135	0.0621	0.02836	0.0641	0.0609	0.0602
G_1	0.1215	0.0726	0.0517	0.0771	0.0738	0.0715
G_2	0.1196	0.0698	0.0444	0.0733	0.0692	0.0672
MT	-0.0019	-0.0028	-0.0073	-0.0038	-0.0046	-0.0043
较高收入组（20%）						
G_0	0.321	0.2878	0.21798	0.3336	0.2321	0.2314
G_1	0.3259	0.2925	0.2257	0.3403	0.2384	0.2364
G_2	0.3246	0.2937	0.2224	0.3383	0.2375	0.2339
MT	-0.0013	0.0012	-0.0033	-0.002	-0.0009	-0.0025

然后，考察不同健康水平的群体中医疗保险收入再分配效应的异质性。表6.5显示：从横截面来看，健康非常差组的收入不平等程度最大，其次是健康比较差的组，健康非常好组的收入不平等程度较低。健康是一项重要的人力资本，健康不平等会带来收入不平等，而收入不平等又将影响医疗服务使用，从而进一步影响健康水平的差异。由此可见，收入不平等和健康不平等存在相互影响机制，保障健康弱势群体的医疗服务可及性，缓解健康不平等对于推动共同富裕有着重要的意义。从时间趋势来看，在2010年和2012年两个年份中，医保报销并未降低医疗支出带来的收入不平等，从2014年开始，医保报销的收入再分配效应得以显现，但这种再分配效应并不是在每个组都存在。

表6.5 医保报销前后的收入差距（按健康状况分组）

年份	2010	2012	2014	2016	2018	2020
健康非常差						
G_0	0.6654	0.4942	0.4566	0.4741	0.4497	0.4802
G_1	0.6684	0.4944	0.4717	0.4996	0.459	0.495
G_2	0.6675	0.5072	0.4704	0.4906	0.4599	0.4917
MT	-0.0009	0.0128	-0.0013	-0.009	0.0009	-0.0033

续表6.5

年份	2010	2012	2014	2016	2018	2020
健康比较差						
G_0	0.6343	0.4377	0.4163	0.6222	0.4105	0.4511
G_1	0.6344	0.4393	0.4237	0.6345	0.4225	0.4571
G_2	0.6328	0.4398	0.4213	0.6343	0.4208	0.4557
MT	-0.0016	0.0005	-0.0024	-0.0002	-0.0017	-0.0014
一般						
G_0	0.6355	0.4688	0.4012	0.454	0.4122	0.4263
G_1	0.6361	0.469	0.4044	0.4572	0.4188	0.4275
G_2	0.6338	0.477	0.4041	0.4576	0.4171	0.4265
MT	-0.0023	0.008	-0.0003	0.0004	-0.0017	-0.001
健康比较好						
G_0	0.57334	0.476	0.3722	0.4111	0.4043	0.4275
G_1	0.573	0.4757	0.3768	0.4144	0.4066	0.431
G_2	0.712	0.4847	0.3761	0.4135	0.4064	0.4298
MT	0.139	0.009	-0.0007	-0.0009	-0.0002	-0.0012
健康非常好						
G_0	0.559	0.4992	0.4067	0.4094	0.4112	0.4159
G_1	0.557	0.4995	0.4111	0.4119	0.4149	0.418
G_2	0.5572	0.5307	0.4095	0.4104	0.4144	0.4179
MT	0.0002	0.0312	-0.0016	-0.0015	-0.0005	0.0001

最后，考察不同项目的收入再分配效应差异，即公费医疗、城职保、城镇居民基本医疗保险及新农合。表6.6显示：不同保险类型的收入再分配效应存在差异，报销待遇越高的险种再分配效应越强。公费医疗和城职保的收入再分配效应更为明显，城居保和新农合的收入再分配效应较弱，尤其是新农合在2010年和2012年均未发挥再分配作用，反而扩大了收入差距，2014年开始再分配效应逐渐显现。因此，医疗保险制度间的待遇差别也应当逐渐缩小，这将有助于发挥基本医疗保险的再分配效应。

第6章 基本医疗保险的收入再分配效应

表6.6 医保报销前后的收入差距（按项目分组）

年份	2010	2012	2014	2016	2018	2020
公费医疗						
G_0	0.4211	0.3315	0.3284	0.3864	0.3676	0.3625
G_1	0.4263	0.3403	0.3377	0.3794	0.3771	0.3612
G_2	0.4263	0.3391	0.3319	0.3854	0.3723	0.3598
MT	0	-0.0012	-0.0058	0.006	-0.0048	-0.0014
城职保						
G_0	0.4281	0.3734	0.3624	0.4127	0.3551	0.3676
G_1	0.4305	0.3847	0.3694	0.4186	0.3625	0.373
G_2	0.4286	0.3799	0.3679	0.4178	0.3611	0.3704
MT	-0.0019	-0.0048	-0.0015	-0.0008	-0.0014	-0.0026
城居保						
G_0	0.5308	0.4949	0.4083	0.4846	0.4345	0.4394
G_1	0.5317	0.5049	0.4165	0.4901	0.4417	0.4431
G_2	0.5307	0.4996	0.4129	0.4896	0.4388	0.4418
MT	-0.001	-0.0053	-0.0036	-0.0005	-0.0029	-0.0013
新农合						
G_0	0.5838	0.4981	0.4021	0.4208	0.4083	0.4133
G_1	0.5805	0.4947	0.4061	0.4263	0.4147	0.4163
G_2	0.5812	0.517	0.4058	0.4254	0.4137	0.4154
MT	0.0007	0.0223	-0.0003	-0.0009	-0.001	-0.0009

注：城镇居民基本医疗保险及新农合于2016年合并，但在之后的CFPS中，这两个险种仍然存在。2020年有城居保的参保者，MT指数为 -0.004。

6.4 不同层面的收入再分配效应

6.4.1 个体层面

MT 指数只能从总体上判断基本医疗保险的收入再分配效应,而无法考察医疗保险对收入差距的因果效应。因此,本小节采用回归模型检验两者的因果效应。首先,采用个体相对收入作为收入差距的度量,回归模型如下:

$$\log(income\_c) = \alpha_0 + \alpha_1 benefit + \alpha_2 insurance + \beta X + \varepsilon \quad (6.2)$$

式中,$income\_c$ 是个体相对收入,$benefit$ 代表实际报销比,$insurance$ 代表四个虚拟变量,表示公费医疗、城职保、城镇居民基本医疗保险、新农合四种医疗保险类型,基准组是无医疗保险。X 是控制变量,包括教育年限、家庭规模、性别、工作状态、健康、城镇、医疗资源、人均 GDP 对数和地区。ε 是随机干扰项。回归结果如表 6.7 所示。

表6.7 医疗保险报销待遇对个体相对收入的影响

变量	个人相对收入				
	(1)	(2)	(3)	(4)	(5)
实际报销比	0.186***	0.0484	-0.0338	0.0668	0.157***
	(0.0592)	(0.0565)	(0.0587)	(0.0590)	(0.0598)
教育年限		0.0825***	0.0657***	0.0667***	0.0658***
		(0.00373)	(0.00441)	(0.00445)	(0.00445)
家庭规模			0.0127	0.000402	-0.00490
			(0.00843)	(0.00855)	(0.00855)
性别			0.539***	0.544***	0.530***	0.522***
			(0.0331)	(0.0335)	(0.0335)	(0.0334)
工作状态			0.168***	0.121**	0.127**	0.132**
			(0.0530)	(0.0539)	(0.0535)	(0.0532)
城镇					0.0126	0.0459
					(0.0368)	(0.0369)

续表6.7

变量	个人相对收入				
	(1)	(2)	(3)	(4)	(5)
地区医疗资源					-0.00519* (0.00280)
人均GDP对数					-0.410*** (0.0835)
公费医疗			0.645*** (0.114)	0.643*** (0.113)	0.626*** (0.112)
职工医保			0.397*** (0.0697)	0.370*** (0.0701)	0.372*** (0.0698)
居民医保			0.103* (0.0624)	0.00556 (0.0632)	-0.0239 (0.0630)
健康比较差			0.00979 (0.0688)	-0.00390 (0.0684)	0.0219 (0.0681)
一般健康			0.116** (0.0572)	0.0902 (0.0570)	0.112** (0.0568)
比较健康			0.230*** (0.0668)	0.202*** (0.0667)	0.205*** (0.0664)
非常健康			0.221*** (0.0713)	0.202*** (0.0710)	0.206*** (0.0706)
地区固定效应	不控制	不控制	不控制	不控制	控制
常数项	1.453*** (0.0195)	0.188*** (0.0634)	0.0516 (0.100)	-0.102 (0.105)	4.910*** (0.837)
N	6,892	6,891	6,719	6,597	6,597
R-squared	0.001	0.103	0.116	0.144	0.152

注：括号中是标准误，*** $P<0.01$、** $P<0.05$、* $P<0.1$，个人相对收入=个人收入/省（区/市）人均可支配收入。

在没有控制其他因素影响的前提下，实际报销比每增加1个百分点，个体相对收入提高0.19个百分点，该影响效应在1%的显著性水平上保持显著，如表6.7第（1）列所示。当加入教育、性别、健康状态、工作状态和医疗保险类型等因素时，报销待遇对个体相对收入的提升作用不再显著，如表6.7第（2）—（4）列所示。但是当模型中控制地区医疗资源和经济发展水平后，报销待遇对个体相对收入的提升作用又重新显著，此时实际报销比每增加1个百分点，个体相对收入提高0.79个百分点，影响效应在1%的显著性水平上保持显著，如表6.7第（5）列所示。表6.7的结果表明，报销待遇提升了个体收入，对此，本书进一步按照收入分组来考察报销待遇对个体相对收入影响效应的异质性。个体收入分成五个组：低收入组（20%）、中低收入组（20%）、中间收入组（20%）、中高收入组（20%）和较高收入组（20%），分样本回归结果如表6.8所示。

表6.8 个人相对收入的分样本回归

变量	个人相对收入				
	（1）	（2）	（3）	（4）	（5）
	低收入	中低收入	中等收入	中高收入	高收入
实际报销比	0.0432*	−0.0131	0.0191	−0.00238	0.313*
	(0.0230)	(0.0167)	(0.0156)	(0.0228)	(0.181)
教育年限	0.0021	0.0019*	0.0033***	0.0039**	0.0623***
	(0.0013)	(0.0011)	(0.0012)	(0.0020)	(0.0198)
家庭规模	−0.0043	0.0016	−0.0003	−0.0009	0.0061
	(0.0030)	(0.0021)	(0.0021)	(0.0034)	(0.0320)
性别	0.0187	0.0091	0.0119	0.0320**	0.201
	(0.0114)	(0.0081)	(0.0086)	(0.0141)	(0.136)
工作状态	0.0164	0.0265**	0.00605	0.0181	0.212
	(0.0147)	(0.0127)	(0.0141)	(0.0251)	(0.212)
地区医疗资源	0.0012	0.0012	−0.0005	−0.0002	0.0008
	(0.0012)	(0.0008)	(0.0007)	(0.0010)	(0.0080)
人均GDP对数	−0.225***	−0.493***	−0.729***	−1.045***	−1.940***
	(0.0307)	(0.0221)	(0.0215)	(0.0326)	(0.276)
城镇	0.0047	0.0171**	−0.0061	0.0042	−0.1360
	(0.0118)	(0.0086)	(0.0092)	(0.0145)	(0.1540)
医疗保险变量	控制	控制	控制	控制	控制

续表6.8

变量	个人相对收入				
	(1)	(2)	(3)	(4)	(5)
	低收入	中低收入	中等收入	中高收入	高收入
健康等级变量	控制	控制	控制	控制	控制
地区固定效应	控制	控制	控制	控制	控制
常数项	2.593***	6.063***	9.203***	13.10***	22.98***
	(0.302)	(0.220)	(0.218)	(0.330)	(2.844)
N	1380	1375	1181	1365	1296
R-squared	0.191	0.662	0.867	0.841	0.206

注：括号中是标准误，*** $P<0.01$、** $P<0.05$、* $P<0.1$，个人相对收入＝个人收入/省（区/市）人均可支配收入。

从表6.8可以看到，基本医疗保险报销待遇对个体相对收入的影响效应在不同收入组存在差异。就低收入组而言，医疗保险实际报销待遇每上升1个百分点，他们的个体相对收入就提高0.04个百分点；就中低、中等和中高收入组而言，医疗保险报销待遇对个体相对收入没有显著影响；就较高收入组而言，医疗保险实际报销待遇每上升1个百分点，他们的个体相对收入就提高0.3个百分点。由于高收入者的医疗保险报销待遇对收入的提升作用更大，基本医疗保险的报销待遇可能扩大了收入差距，因此基本医疗保险的受益公平还有很大的提升空间。

6.4.2 家庭层面

本小节考察基本医疗保险报销待遇对家庭人均相对收入的影响，回归结果如表6.9所示。在没有控制其他因素影响的前提下，实际报销比每增加1个百分点，家庭人均相对收入就提高0.25个百分点，该影响效应在1%的显著性水平上保持显著，如表6.9第（1）列所示。当加入教育、性别、健康状态、工作状态和医疗保险类型等因素时，报销待遇对家庭相对收入的提升作用不再显著，如表6.9第（5）列所示。

表6.9 医疗保险报销待遇对家庭人均相对收入的影响

变量	家庭人均相对收入				
	(1)	(2)	(3)	(4)	(5)
实际报销比	0.2527***	0.1377**	0.0338	0.0516	0.0699
	(0.0580)	(0.0558)	(0.0551)	(0.0549)	(0.0554)
教育年限		0.0667***	0.0427***	0.0410***	0.0419***
		(0.0034)	(0.0038)	(0.0039)	(0.0039)
家庭规模			-0.0849***	-0.0920***	-0.0935***
			(0.0088)	(0.0089)	(0.0089)
性别		-0.1162***	-0.0867***	-0.0937***	-0.1004***
		(0.0326)	(0.0315)	(0.0315)	(0.0315)
工作状态		-0.0256	-0.0600	-0.0508	-0.0563
		(0.0397)	(0.0387)	(0.0389)	(0.0388)
城镇				0.2161***	0.2152***
				(0.0337)	(0.0340)
地区医疗资源					-0.0106***
					(0.0029)
人均GDP对数					0.0925
					(0.0804)
公费医疗			0.7933***	0.6904***	0.6739***
			(0.1231)	(0.1224)	(0.1223)
职工医保			0.4562***	0.3626***	0.3652***
			(0.0788)	(0.0789)	(0.0787)
居民医保			0.0225	-0.0301	-0.0438
			(0.0664)	(0.0668)	(0.0669)
健康比较差			0.1271***	0.1065**	0.1061**
			(0.0492)	(0.0489)	(0.0489)
一般健康			0.1452***	0.1306***	0.1346***
			(0.0404)	(0.0401)	(0.0400)
比较健康			0.2264***	0.2162***	0.2236***
			(0.0569)	(0.0565)	(0.0564)

续表6.9

变量	家庭人均相对收入				
	（1）	（2）	（3）	（4）	（5）
非常健康			0.1127*	0.1045*	0.1096*
			(0.0620)	(0.0615)	(0.0614)
地区固定效应	不控制	不控制	不控制	不控制	控制
常数项	0.8767***	0.4820***	0.8158***	0.6781***	0.4044
	(0.0189)	(0.0431)	(0.0825)	(0.0877)	(0.7898)
N	3991	3988	3956	3942	3942
R-squared	0.0047	0.0919	0.1468	0.1679	0.1713

注：括号中是标准误，***$P<0.01$、**$P<0.05$、*$P<0.1$，家庭人均相对收入=家庭人均收入/省（区/市）人均可支配收入。本表采用的是户主样本，因此个体特征、工作状态、医保类型表示的是户主信息。

6.4.3 县级层面

本小节基于CFPS2018数据考察医疗保险覆盖率对县级层面收入差距的影响效应，如表6.10所示。可以发现：在不控制其他因素影响的前提下，医保覆盖率每增加1个百分点，基尼系数则下降0.01，但是这种影响效应在统计上不显著。在控制人力资本、家庭结构、工作特征、医疗资源可及性等因素的前提下，医保覆盖率每增加1个百分点，基尼系数则下降0.004，同样在统计上不显著。上述结论意味着医疗保险的收入再分配效应不明显，也有可能是由于医疗保险覆盖率较高，导致估计结果不显著。从其他控制变量来看，教育可以显著降低基尼系数，在控制其他因素后降低收入差距的效应仍然在10%的显著性水平上显著。到省会城市的距离越远，基尼系数越大，且在5%的统计性水平上显著，原因在于离省会城市越远，发展越滞后，居民收入差距越大，可以通过交通网络的完善、促进人口流动等方式来缩短地理距离。

表6.10 医疗保险覆盖率对县域收入差距的影响效应

变量	基尼系数				
	(1)	(2)	(3)	(4)	(5)
医保覆盖率	-0.0144	-0.0189	-0.0121	0.0406	-0.0035
	(0.0251)	(0.0248)	(0.0240)	(0.1062)	(0.1126)
教育年限		-0.0064***	-0.0050**	-0.0066	-0.0098*
		(0.0020)	(0.0022)	(0.0050)	(0.0058)
健康水平		-0.0088	0.0002	0.0708**	0.0767**
		(0.0090)	(0.0087)	(0.0285)	(0.0285)
男性比重		-0.1040***	-0.0678***	0.2800	0.1394
		(0.0234)	(0.0237)	(0.2129)	(0.2271)
工作比重			-0.1302***	-0.0704	-0.0567
			(0.0320)	(0.1194)	(0.1213)
家庭规模			0.0229***	-0.0072	-0.0112
			(0.0049)	(0.0115)	(0.0115)
人均收入对数			0.0296**		0.0350
			(0.0118)		(0.0489)
财政支出				0.0025	-0.0002
				(0.0042)	(0.0043)
到省会距离				0.0143**	0.0151**
				(0.0058)	(0.0060)
最大医疗点面积					-0.0028
					(0.0093)
医疗卫生人数					0.0007
					(0.0005)
常数项	0.160***	0.3274***	-0.0227	0.0375	-0.1957
	(0.0210)	(0.0439)	(0.1317)	(0.1895)	(0.5215)

续表6.10

变量	基尼系数				
	(1)	(2)	(3)	(4)	(5)
观测值	482	480	476	49	47
R^2	0.001	0.0601	0.1529	0.3298	0.4394

注：括号中是标准误，*** $P<0.01$、** $P<0.05$、* $P<0.1$，基尼系数是县域层面收入差距的表征，医保覆盖率是指职工医保和居民医保在全县居民中的覆盖率，其他控制变量均为县域范围内的均值。财政支出、到省会距离、最大医疗点面积、医疗卫生人数是基于社区问卷得到的数据，2018年没有开展社区调查，本书从2014年社区数据库匹配过来，缺失值较多。

相比医疗保险覆盖率，报销比的变异更大，因此本书进一步考察医疗保险报销待遇对县域收入差距的影响。表6.11的结果显示：在没有控制其他因素影响的前提下，医保报销比扩大了收入差距，但这种影响效应在统计上不显著。在控制人力资本、家庭结构、工作特征、医疗资源可及性等因素的前提下，医保报销比可以使基尼系数降低0.15，但在统计上不显著（ T 值=1.43），同样印证了医疗保险尚未发挥调节收入差距的作用。

表6.11 报销待遇对县域收入差距的影响效应

变量	基尼系数				
	(1)	(2)	(3)	(4)	(5)
医保报销比	0.0192	0.0306	0.0160	0.0223	-0.1478
	(0.0375)	(0.0369)	(0.0354)	(0.0793)	(0.1036)
教育年限		-0.0081***	-0.0056**	-0.0067	-0.0106*
		(0.0025)	(0.0026)	(0.0051)	(0.0055)
健康水平		0.0078	0.0195*	0.0727**	0.0679**
		(0.0109)	(0.0105)	(0.0293)	(0.0282)
男性比重		-0.1064***	-0.0678**	0.2516	0.1248
		(0.0284)	(0.0285)	(0.2205)	(0.2208)
工作比重			-0.1490***	-0.0571	-0.0275
			(0.0367)	(0.1159)	(0.1183)

续表 6.11

变量	基尼系数				
	(1)	(2)	(3)	(4)	(5)
家庭规模			0.0281***	-0.0074	-0.0155
			(0.0058)	(0.0115)	(0.0116)
人均收入对数			0.0263*		0.0946
			(0.0134)		(0.0624)
财政支出				0.0017	0.0001
				(0.0043)	(0.0041)
到省会距离				0.0144**	0.0165***
				(0.0058)	(0.0058)
最大医疗点面积					-0.0049
					(0.0087)
医疗卫生人数					0.0008*
					(0.0005)
常数项	0.169***	0.2931***	0.2190***	0.0707	-0.7606
	(0.00939)	(0.0456)	(0.0623)	(0.1691)	(0.6125)
观测值	394	394	392	49	47
R^2	0.001	0.0573	0.1581	0.3286	0.4702

注：括号中是标准误，*** $P<0.01$、** $P<0.05$、* $P<0.1$，基尼系数是县域层面收入差距的表征，医保覆盖率是指职工医保和居民医保在全县居民中的覆盖率，其他控制变量均为县域范围内的均值。

6.4.4 省级层面

基本医疗保险报销待遇对省级收入差距的影响回归结果如表 6.12 所示。在没有控制其他因素影响的前提下，实际报销比每增加 1 个百分点，基尼系数就提高 0.2 个百分点，该影响效应在统计上不显著，如表 6.12 第（1）列所示。当加入省级层面的人均教育年限、男性比重、平均健康状态和工作比重等因素时，报销待遇对个体相对收入的提升作用变得显著，如表 6.12 第（2）—（3）列所示。当模型中控制地区财政医疗卫生支出和经济发展水平后，报销待遇对个体相对收入的提升作用仍然显著，此时实际报销比每增加1个百分点，基尼系数则提高0.4个百分点，影响效应在5%的显著性水平上保持显著，如表6.12第（4）列所示。

从表6.12可以看到，基本医疗保险的报销待遇拉大了省域范围内的收入差距，医疗保险的受益公平有待改进。原因在于目前基本医疗保险仍然以市级统筹为主，省内各市之间由于经济发展水平差异、医疗资源差别而呈现地区间医保筹资政策和待遇政策的差距，从而导致居民健康水平和收入水平出现分化。因此，应当推进基本医疗保险省级统筹，缩小地区间医保筹资差异和待遇差别，发挥医疗保险的收入再分配效应，助力共同富裕。

表6.12 医疗保险报销待遇对省域收入差距的影响效应

变量	基尼系数			
	（1）	（2）	（3）	（4）
实际报销比	0.200	0.303*	0.413**	0.402**
	(0.158)	(0.156)	(0.161)	(0.161)
人均教育年限		0.00161	-0.000363	-0.00270
		(0.0131)	(0.0138)	(0.0136)
人均健康水平		-0.0246	-0.110	-0.140*
		(0.0602)	(0.0740)	(0.0780)
家庭平均规模		0.0879***	0.0556	0.0361
		(0.0302)	(0.0338)	(0.0360)
男性比重			0.371	0.692*
			(0.261)	(0.378)
工作比重		-0.291	-0.387	-0.406
		(0.223)	(0.258)	(0.265)
城镇化			-0.150	-0.181
			(0.190)	(0.187)
人均收入对数				0.0204
				(0.0140)

续表6.12

变量	基尼系数			
	(1)	(2)	(3)	(4)
医疗支出对数				0.0419
				(0.0369)
常数项	0.469***	0.383	0.763**	0.372
	(0.0270)	(0.249)	(0.299)	(0.368)
N	31	31	31	31
R-squared	0.053	0.398	0.495	0.561

注：括号中是标准误，***$P<0.01$、**$P<0.05$、*"<0.1，基尼系数根据家庭人均可支配收入计算。

本小节将CFPS2016、CFPS2018微观数据匹配到宏观统计数据构造省级面板数据，并且采用面板数据回归模型来考察基本医疗保险报销待遇对省级层面家庭人均收入基尼系数的影响，模型设置如下：

$$Gini_{it} = X_{it}\gamma + \beta_1 Rate_{it} + a_i + \xi_{it} \qquad (6.3)$$

$Gini_{it}$代表第i个省t年的基尼系数，X_{it}包括人均教育年限、人均健康水平、家庭平均规模、男性比重、工作比重、城镇化、人均收入对数和医疗支出对数等控制变量，$Rate_{it}$代表第i个省t年的平均报销比。a_i代表不随时间变化的不可观测因素的影响。面板数据回归模型的估计结果如表6.13所示，可以看到无论是固定效应还是随机效应都表明基本医疗保险的报销待遇拉大了省域范围内的收入差距。Hausman检验支持固定效应的估计结果，即表6.13第（1）列，实际报销比每增加1个百分点，基尼系数则扩大1.65个百分点，影响效应比截面数据的OLS估计结果高。

表6.13 医疗保险报销待遇对省域基尼系数的面板数据回归

变量	基尼系数	
	(1)	(2)
	FE	RE
实际报销比	1.651***	0.452***
	(0.576)	(0.149)

续表 6.12

变量	基尼系数	
	(1)	(2)
	FE	RE
人均教育年限	0.00668	0.00224
	(0.0184)	(0.00984)
人均健康水平	−0.303*	0.00341
	(0.171)	(0.0619)
家庭平均规模	0.120***	0.0866***
	(0.0339)	(0.0179)
男性比重	0.106	−0.323
	(0.866)	(0.218)
工作比重	0.442	−0.0806
	(0.352)	(0.214)
城镇化	−0.981	−0.135
	(1.173)	(0.150)
人均收入对数	−0.0132	0.00209
	(0.0115)	(0.0103)
医疗支出对数	0.176	−0.0344
	(0.182)	(0.0277)
常数项	60 0.820	60
N	60	60
R-squared	0.820	
Hausman test	$P = 0.0052$	

注：括号中是标准误，*** $P<0.01$、** $P<0.05$、* $P<0.1$，基尼系数根据家庭人均可支配收入计算。

6.5 本章小结

基本医疗保险作为缓解居民医疗负担的制度安排，通过将疾病风险在高收入群体和低收入群体之间分散来实现收入的再分配功能，从而起到调节收入差距的效果。然而，现实中低收入者健康状况更差，但并不能及时匹配到高质量的医疗资源（如专家门诊），造成患者正向选择——高收入、健康水平更好的患者匹配到了更高质量的医疗资源，基本医疗保险的收入再分配功能失灵。本章基于 CFPS 数据和省级面板数据，采用 MT 指数、面板数据回归模型等方法考察基本医疗保险报销待遇的收入差距调节效应。

基于 MT 指数的测算结果表明，相比初始收入的基尼系数，减去医疗支出后的基尼系数更大，表明医疗支出不平等程度大于收入；加上报销待遇后收入的基尼系数更小，但仍大于初始收入的基尼系数。由此可以推测：医疗报销缓解了由医疗支出造成的不平等。不同保险类型的收入再分配效应存在差异，报销待遇越高的险种再分配效应越强。公费医疗和城职保的收入再分配效应更为明显，城居保和新农合的收入再分配效应较弱，尤其是新农合在 2014 年以前扩大了收入差距，此后才开始发挥再分配效应。县域层面的测算结果表明，基本医疗保险的报销待遇在一定程度上缓解了收入差距，但这种收入再分配效应在统计上不显著。

省级面板数据的实证结果表明，基本医疗保险的报销待遇扩大了收入差距，原因在于相比低收入者而言，高收入者的医疗保险报销待遇对收入的提升作用更大。在控制个体特征、工作状态和医疗保险等影响因素的前提下，医疗保险实际报销待遇上升 1 个百分点，个体相对收入提高 0.16 个百分点，在 1% 的显著性水平上保持显著。从群体异质性来看，医疗保险实际报销待遇上升 1 个百分点，较低收入者的个体相对收入提高 0.04 个百分点，较高收入者的个体相对收入提高 0.3 个百分点，中等收入者的个体相对收入则没有显著变化。低收入者往往健康水平更差，因此提高低收入者的医疗服务可及性和医保报销平等性是实现医疗保险收入再分配效应的关键。此外，应当进一步推进基本医疗保险省级统筹，缓解地区间医保筹资差别和待遇差异，充分发挥再分配效应。

第7章 基本医疗保险的消费促进效应

分配领域典型事实的分析表明，2002—2018年城乡居民消费不平等呈上升趋势，基本医疗保险作为一项缓解居民医疗负担的再分配政策，不仅影响医疗支出，同样也影响非医疗支出。对此，本章在预防性储蓄动机的框架下剖析基本医疗保险促进消费的作用机制，并且依托中国家庭追踪调查数据，考察基本医疗保险四种类别（公费医疗、城职保、城居保和新农合）对医疗支出和非医疗支出的影响效应。为了考察医疗保险消费促进效应的异质性，本章按照性别、年龄、工作状态和地区分组开展分样本回归分析。在稳健性检验部分，采用倾向性得分匹配来解决医疗保险参保的自选择偏误。

7.1 共同富裕下医疗保险促进消费的机制

最终消费已成为经济增长的第一动力，2022年最终消费占GDP的比重是53.25%，其中居民消费占GDP的比重为37.17%，仍比20世纪80年代的较高水平低16个百分点[①]。2021年1月习近平总书记提出"加强需求侧管理，扩大居民消费，提升消费层次[②]"。重启消费已成为稳定中国经济的重中之重（林毅夫等，2020）。在生命周期的框架下，消费者在一生中均匀分配其消费水平，预测到未来有不确定性的消费者，会增加预防性储蓄而减少当期消费。预防性储蓄的增加一方面会挤占教育等方面的人力资本投资型消费；另一方面也会阻碍财产积累的速

---

① 新华社：《消费连续6年成为中国经济增长第一拉动力》，http://www.gov.cn/xinwen/2020-01/21/content_ 5471313.htm。
国家统计局，年度数据表明2020年居民消费占GDP的比重为37.7%，1981年居民消费占GDP的比重为53.4%，https://data.stats.gov.cn/easyquery.htm?cn=C01。
② 《习近平在省部级主要领导干部学习贯彻党的十九届五中全会精神专题研讨班开班式上发表重要讲话》，https://www.ccps.gov.cn/xtt/202101/t20210111_ 147076.shtml。

度,因为储蓄的利率往往较低。在医疗保险制度覆盖率较低的情况下,居民一方面要负担高昂的医疗费用,另一方面还要储蓄一部分钱来备用——作为应对将来疾病风险的储备,这就挤占了居民家庭在教育等投资方面的支出,影响人力资本积累。随着医疗保险制度覆盖面的提高,一方面,居民家庭的医疗负担减轻,医疗支出下降,教育培训等非医疗支出增加,消费结构得以优化,人力资本水平提升;另一方面,预防性储蓄动机下降,回报率更高的投资性储蓄增加,财产配置更加优化,财产积累速度加快。

医疗保险不仅可以通过提高居民的医疗服务可及性和医疗服务均等化来促进居民健康水平的提升,提高人力资本水平,增强收入挣得能力,还可以通过缓解医疗费用负担、优化消费结构和财产配置结构,促进财富再分配,助力城乡居民共同富裕。

基本医疗保险对医疗支出和非医疗支出的作用机制存在差异,如图7.1所示。在医疗支出方面,医疗保险既能通过提高医疗服务可及性释放医疗需求,提高医疗总支出,也能通过缓解医疗负担降低自付医疗支出。在非医疗支出方面,医疗保险通过减轻预防性储蓄动机提高当期消费,同时医疗负担的减轻也能放松参保者的预算约束,增加更多非医疗支出,尤其是人力资本投资型消费,如教育培训支出。消费结构的变化不仅带来人力资本水平的差异,从而影响增收能力,并最终影响收入分配格局;也会带来储蓄和投资的变化,从而改变财产分配格局。

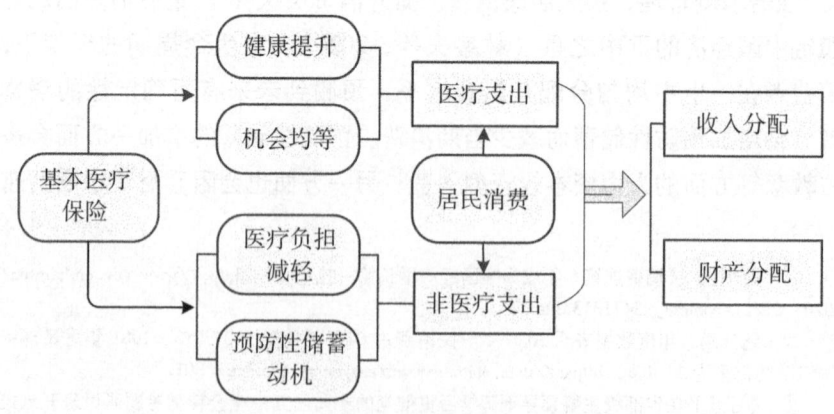

图 7.1　基本医疗保险促进消费的机制

7.2 数据介绍与描述性统计

本章使用的数据来自 2018 年中国家庭追踪调查（CFPS）。CFPS 由北京大学中国社会科学调查中心设计和实施，调查对象是中国 25 个省（区/市）的家庭及所有成员，港澳台、新疆、西藏、内蒙古、青海、宁夏和海南排除在外。CFPS 的优势在于提供了医疗总支出和自付医疗支出，因而可以检验医疗保险对居民医疗负担的影响。为了提高样本的同质性，本章将样本限定为 18 岁及以上的成年人，并且去掉了家庭人均收入超过 500 万元的个体和医疗总支出超过 50 万元的个体①，剔除缺失值后最终进入实证分析的样本有 17025 个。

基本医疗保险消费提升效应检验部分的因变量主要有三个：医疗总支出、自付医疗支出和非医疗支出。医疗总支出是个人一年中住院费用和其他伤病花费的总和，自付医疗支出是医疗总支出减去医疗保险报销部分的花费，非医疗支出是家庭人均消费总支出减去自付医疗支出。消费是在家庭层面做出的决策，因此个人消费在 CFPS 中无法得到，本章将家庭人均消费作为个人消费的代理变量。

本章的核心自变量是医疗保险，是一个离散型变量，取值有 0、1、2、3 和 4，分别代表无医疗保险、公费医疗、城职保、城居保、新农合，回归分析部分将设置四个虚拟变量来表示医疗保险参保类型，以无医疗保险为基准组。控制变量包括个体人口和工作特征、健康行为、家庭经济水平和地区特征四个方面，个体人口和工作特征方面包括教育年限、年龄、性别、是否有工作、是否患有慢性病、健康等级指标；健康行为包括是否吸烟、是否喝酒及每周的锻炼时间；家庭经济状况用家庭人均收入对数来表示；地区特征包括城乡属性和地区类别。健康行为变量主要用于控制个体风险偏好，经常锻炼身体、不抽烟、不喝酒的个体往往更看重健康水平，可能会接受更多的医疗服务，医疗支出反而更高。因此，健康行为变量并不一定对医疗支出产生降低影响，有待于进一步实证检验。自变量和因变量的描述性统计结果如表 7.1 所示。

---

① 家庭人均收入超过 500 万元的有 1 个样本，医疗总支出超过 50 万元的也只有 1 个个体，为了保证样本同质性，本章将其删去。

表 7.1　自变量和因变量描述性统计结果（CFPS2018）

变量	样本数量	平均值	标准差	最小值	最大值
医疗总支出/（元/年）	17025	3200.32	8718.2	1	230000
自付医疗支出/（元/年）	17025	1901.72	4075.76	0	130000
非医疗支出/（元/年）	17025	17465.26	23097.84	0	493440
家庭人均收入/（元/年）	17025	25552.73	53763.23	28	3300000
年龄	17025	48.6	16.28	18	96
教育	17025	7.33	5.08	0	23
健康	17025	2.78	1.19	1	5
每周锻炼时间/小时	17025	2.67	3.37	0	50
男性占比	17025	47%	0.5	0	1
城镇占比	17025	50%	0.5	0	1
工作占比	17025	68%	0.47	0	1
吸烟占比	17025	28%	0.45	0	1
喝酒占比	17025	14%	0.35	0	1
慢性病占比	17025	22%	0.41	0	1
东部占比	17025	31%	0.46	0	1

从表 7.1 可以看到，样本的医疗总支出均值为 3200.32 元/年，自付医疗支出均值为 1901.72 元/年，自付比例为 59.4%。医疗总支出的基尼系数为 0.7335，自付医疗支出的基尼系数为 0.6723，意味着医疗保险降低了医疗消费的不平等程度。非医疗支出均值为 17465.26 元/年，占家庭消费总支出的 90.2%，家庭人均收入为 25552.73 元/年。样本的平均年龄为 48.6 岁，平均受教育年限为 7.33 年，健康水平为比较健康，每周锻炼时间平均为 2.7 小时。样本中 47% 是男性，女性更多的原因可能是女性的预期寿命更长。本章使用的样本年龄跨度较大，从 18 岁到 96 岁，为了考察不同年龄群体医疗消费行为的异质性，在异质性剖析部分将在按照年龄分组的基础上进行分样本回归。城镇占比 50%，有工作的个体占 68%，吸烟者占比 28%，每周至少喝三次酒的比重为 14%，有慢性病的个体占 22%，东部地区占比 31%。为了考察

医疗支出在不同医疗保险类型之间的差异性，本章计算了每种医疗保险类型的医疗总支出、自付医疗支出和非医疗支出的均值，如表7.2所示。

表7.2 消费支出的组间差异

变量	N	医疗总支出/元	自付医疗支出/元	非医疗支出/元	自付比例
公费医疗	386	6147.59	2395.06	31868.11	38.96%
城职保	2556	4917.35	2429.68	30969.70	49.41%
城居保	1407	4815.81	2377.40	25134.30	49.37%
新农合	11487	2507.94	1685.41	12828.00	67.20%
无社会医疗保险	1189	3329.79	2133.40	19484.61	64.07%

注：自付比例=自付医疗支出/医疗总支出，测算的是个体实际的支付比例，与政策上的自付比不同。

从表7.2可以看到，就医疗总支出而言，公费医疗较高，为6147.59元，其次是城职保和城居保，分别为4917.35元和4815.81元，较低是新农合，为2507.94元。无社会医疗保险个体的医疗总支出也超过了新农合，可能的原因是新农合参保者收入水平较低，医疗消费被抑制。自付医疗支出和非医疗支出的排序与医疗总支出保持一致，城职保与城居保的医疗总支出、自付医疗支出都非常接近，这是由于两者的参保者都是城镇居民，医疗消费习惯相似度较高。

从图7.2可以看到，公费医疗、城职保、城居保的自付医疗支出核密度分布曲线几乎都在无保险组的右端，表明这三类医疗保险参保者的自付医疗支出数额高于无保险组。从自付比例来看，公费医疗参保者较低，仅为39%，这是因为公费医疗的待遇高，自付比例较低；城职保与城居保非常接近，都在49.4%左右，可能的原因在于城职保参保者的医疗花费中丙类药物（医疗服务）占比较高，而丙类药物（医疗服务）是自费的，最终拉高了城职保参保者的自付比例。值得注意的是，新农合参保者的自付比例高于无社会医疗保险的参保者，可能的原因在于那些没有社会医疗保险的个体有商业医疗保险，降低了他们的医疗费用负担。

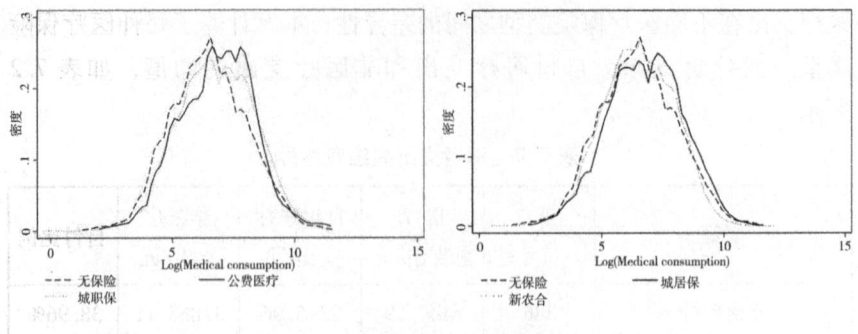

图 7.2 自付医疗支出核密度分布

从图 7.3 可以看到，公费医疗、城职保、城居保的非医疗支出核密度分布曲线都在无保险组的右端，表明这三类医疗保险参保者的消费水平更高。然而，新农合组的非医疗支出核密度分布曲线在无保险组的左端，表明新农合组的消费水平较低，这与表 7.2 的结果呈现一致性。

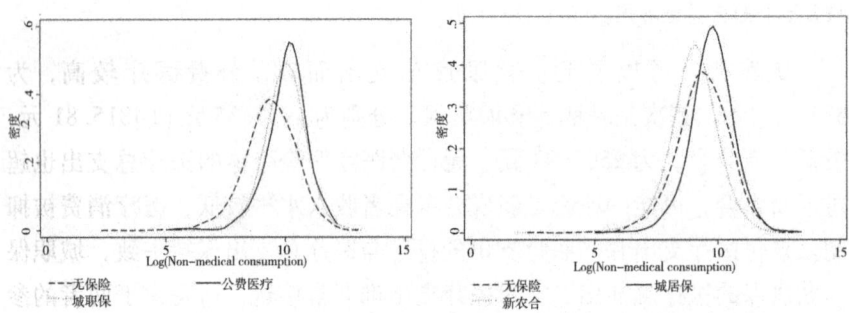

图 7.3 非医疗支出的核密度分布

7.3 医疗保险对医疗消费的影响

7.3.1 基准回归结果

为了识别基本医疗保险对医疗支出的影响效应，本小节首先采用多元线性回归模型进行分析，在稳健性检验部分还将使用倾向性得分匹配来解决医疗保险参保的自选择问题。基准回归模型如下：

$$\log(h) = \alpha_0 + \alpha_1 insurance + \beta X + \varepsilon \tag{7.1}$$

式中，h 是医疗总支出或自付医疗支出，$insurance$ 代表 4 个虚拟变量，表示公费医疗、城职保、城居保、新农合四种医疗保险类型，基准组是无医疗保险。X 是控制变量，包括年龄、性别、教育年限、是否有工作、是否有慢性病、健康等级、是否吸烟、每周是否喝三次酒以上、每周锻炼时间、家庭人均收入对数、城乡属性和地区类别。ε 是随机干扰项。回归结果如表 7.3 所示。

表 7.3　医疗保险对医疗支出的影响

变量	医疗总支出对数			自付医疗支出对数		
	(1)	(2)	(3)	(4)	(5)	(6)
公费医疗	0.6717***	0.4035***	0.3840***	-0.395***	-0.548***	-0.575***
	(0.0930)	(0.0855)	(0.0830)	(0.1067)	(0.1033)	(0.1016)
城职保	0.5103***	0.3294***	0.3298***	-0.0792	-0.192***	-0.205***
	(0.0555)	(0.0527)	(0.0511)	(0.0639)	(0.0636)	(0.0627)
城居保	0.4852***	0.2064***	0.1643***	0.0689	-0.1239*	-0.1606**
	(0.0623)	(0.0573)	(0.0555)	(0.0717)	(0.0692)	(0.0681)
新农合	0.0493	0.0214	0.0705*	0.0464	0.0196	0.0517
	(0.0482)	(0.0441)	(0.0428)	(0.0554)	(0.0532)	(0.0526)
收入对数		0.1789***	0.1721***		0.1429***	0.1358***
		(0.0129)	(0.0125)		(0.0156)	(0.0154)
年龄		0.0200***	0.0139***		0.0120***	0.0070***
		(0.0008)	(0.0008)		(0.0010)	(0.0010)
性别		-0.194***	-0.105***		-0.242***	-0.169***
		(0.0224)	(0.0274)		(0.0271)	(0.0337)
教育		-0.0017	-0.0057*		-0.0009	-0.0045
		(0.0030)	(0.0029)		(0.0036)	(0.0036)
城镇		0.1191***	0.0994***		0.0777**	0.0700**
		(0.0253)	(0.0246)		(0.0306)	(0.0302)
抽烟			-0.0084			0.0239
			(0.0295)			(0.0362)
喝酒			-0.1405***			-0.2278***
			(0.0326)			(0.0400)

续表7.3

变量	医疗总支出对数			自付医疗支出对数		
	(1)	(2)	(3)	(4)	(5)	(6)
慢性病			0.8672***			0.7655***
			(0.0277)			(0.0340)
每周锻炼时间			0.0102***			0.0131***
			(0.0033)			(0.0040)
工作			-0.2239***			-0.1110***
			(0.0242)			(0.0297)
一般健康		-0.720***	-0.545***		-0.5388***	-0.5496***
		(0.0378)	(0.0370)		(0.0370)	(0.0454)
比较健康		-1.083***	-0.831***		-0.8408***	-0.8453***
		(0.0310)	(0.0310)		(0.0309)	(0.0379)
很健康		-1.460***	-1.140***		-1.1761***	-1.1928***
		(0.0404)	(0.0408)		(0.0401)	(0.0492)
非常健康		-1.432***	-1.136***		-1.144***	-1.1544***
		(0.0442)	(0.0445)		(0.0437)	(0.0537)
常数项	6.6533***	4.9895***	5.0971***	6.3697***	5.3369***	5.3707***
	(0.0459)	(0.1392)	(0.1358)	(0.0528)	(0.1682)	(0.1667)
N	17025	17025	17025	17025	17025	17025
R-squared	0.0170	0.2079	0.2582	0.0018	0.1133	0.1431

注：括号中是标准误，***$P<0.01$、**$P<0.05$、*$P<0.1$。

表7.3的回归结果显示：从医疗总支出来看，四种医疗保险参保者的医疗总支出都显著高于没有医疗保险的个体，在控制个体特征、健康行为、家庭经济水平和地区特征的前提下，公费医疗参保者的医疗总支出比没有医疗保险的个体高38.4%，城职保参保者的医疗总支出比没有医疗保险的个体高33%，城居保参保者的医疗总支出比没有医疗保险的个体高16.4%，新农合参保者的医疗总支出比没有医疗保险的个

体高 7.1%。

从自付医疗支出来看，公费医疗、城职保和城居保的参保者自付医疗支出都显著低于没有医疗保险的个体，而新农合参保者的自付医疗支出与没有医疗保险的个体不存在显著差别。在控制个体特征、健康行为、家庭经济水平和地区特征的前提下，公费医疗参保者的自付医疗支出比没有医疗保险的个体低 57.5%，城职保参保者的自付医疗支出比没有医疗保险的个体低 20.5%，城居保参保者的自付医疗支出比没有医疗保险的个体低 16.1%。从新农合的报销政策来看，以住院报销为主，而且报销比低于城镇居民，因此没有起到降低农村居民医疗负担的效果。

其他控制变量对医疗总支出和自付医疗支出的影响效应保持一致，收入显著提高了医疗消费（医疗总支出和自付医疗支出的回归结果相似），男性医疗消费更低，城镇居民医疗消费更高，这与城镇居民医疗服务可及性更高有关。有工作的个体、健康水平越高的个体医疗消费更少。有慢性病的个体医疗消费多 76% 以上，源自慢性病患者的治疗费用普遍较高。

健康行为变量的效应与直觉略有出入，每周至少喝三次酒的个体，医疗消费更少，而每周锻炼时间越多的个体医疗消费更多。原因在于不健康的个体，一般不能喝酒，他们的医疗消费也更多，因此喝酒的个体医疗消费较少；而锻炼时间越多的个体可能是因为身体不健康而锻炼，医疗消费也更多。还有一种解释就是喝酒、锻炼都反映了风险偏好，越关注健康水平的个体越不可能喝酒、越有可能锻炼身体，他们往往在身体稍有不适时就会去医院或者药店，医疗消费更多。

7.3.2 异质性剖析

本章的样本限定较为宽泛，医疗保险对医疗支出的效应会被平滑掉，为了考察这种效应在不同群体间的异质性，本小节按照性别、年龄、是否有工作及地区分组进行分样本回归，如表 7.4 和表 7.5 所示。首先，医疗总支出的分样本回归结果显示医疗保险对医疗总支出在男性和女性样本中并未呈现较大的异质性，只是公费医疗和城居保对男性医疗总支出的正效应略微更强，城职保对女性医疗总支出的正效应略强，而新农合在两个样本中都对医疗总支出无显著效应。同样，在分年龄的回归中,新农合无论在哪个年龄组中都不显著。公费医疗、城职保和城居保对医疗总支出的正效应在老年样本中更强,因为老年人的医疗支出更高,医疗保险对医疗支出更高的群体更能发挥作用。描述性统计结果表明60岁以上的老年人医疗支出是60岁以下人口的1.7倍。

表7.4 医疗总支出的分样本回归 I

变量	医疗总支出对数					
	男性	女性	35岁以下	36～45岁	46～60岁	61岁以上
	(1)	(2)	(3)	(4)	(5)	(6)
公费医疗	0.3668***	0.3565***	0.2316	0.1848	0.2699*	0.5355***
	(0.1128)	(0.1250)	(0.1630)	(0.2227)	(0.1616)	(0.1459)
城职保	0.2762***	0.3810***	0.1984**	0.2905**	0.2297**	0.4396***
	(0.0745)	(0.0704)	(0.0871)	(0.1383)	(0.1044)	(0.1018)
城居保	0.1755**	0.1634**	0.1155	0.1136	0.1292	0.2077**
	(0.0851)	(0.0731)	(0.1012)	(0.1498)	(0.1097)	(0.1047)
新农合	0.0614	0.0775	0.0385	0.1541	-0.0149	0.0947
	(0.0651)	(0.0568)	(0.0709)	(0.1171)	(0.0875)	(0.0847)
常数项	5.1005***	4.9860***	5.2860***	5.5687***	5.4483***	4.9878***
	(0.2050)	(0.1822)	(0.2908)	(0.5027)	(0.3621)	(0.3376)
N	7941	9084	4430	2585	5348	4662
R-squared	0.2588	0.2529	0.1343	0.1837	0.2197	0.2647

注:括号中是标准误,*** $P<0.01$、** $P<0.05$、* $P<0.1$。控制变量同表7.3第(3)列。

表7.5显示:公费医疗和城职保对医疗总支出的正效应在有工作和无工作两个样本中都显著为正,而城居保只在有工作的样本中产生显著的正效应,新农合在两个样本中都没有产生显著正效应。同样,在分地区的回归中,新农合在四个子样本中都对医疗总支出没有显著正效应,城居保只在东部地区对医疗总支出产生显著正效应,原因在于东部地区的医疗保险待遇更高、医疗设施更便捷、医疗服务更好,医疗保险的存在刺激了医疗需求的释放。

表7.5 医疗总支出的分样本回归 II

变量	医疗总支出对数					
	有工作	无工作	东部	中部	西部	东北
	(1)	(2)	(3)	(4)	(5)	(6)
公费医疗	0.3882***	0.3083**	0.4399***	-0.1410	0.4901**	0.3839**
	(0.1055)	(0.1351)	(0.1266)	(0.1917)	(0.1984)	(0.1925)
城职保	0.2889***	0.3256***	0.2870***	0.2543**	0.3490***	0.2977**
	(0.0651)	(0.0852)	(0.0821)	(0.1158)	(0.1074)	(0.1240)
城居保	0.2129***	0.1068	0.1719**	0.1110	0.1530	0.0400
	(0.0765)	(0.0827)	(0.0869)	(0.1246)	(0.1210)	(0.1362)
新农合	0.0907	0.0622	0.0082	0.0006	0.1266	0.1654
	(0.0552)	(0.0687)	(0.0713)	(0.0973)	(0.0832)	(0.1055)
常数项	5.3978***	4.5000***	4.6084***	4.8663***	5.7305***	4.5095***
	(0.1690)	(0.2332)	(0.2385)	(0.2899)	(0.2212)	(0.4091)
N	11504	5521	5204	4006	5786	2029
R-squared	0.1842	0.3244	0.2707	0.2660	0.2355	0.2567

注：括号中是标准误，*** $P<0.01$、** $P<0.05$、* $P<0.1$。控制变量同表7.3第（3）列。

自付医疗支出的分样本回归如表7.6所示。与基准回归保持一致的是医疗保险显著降低了自付医疗支出，表明医疗保险有助于降低个体医疗负担，但在不同群体间呈现差异性。公费医疗在男性和女性样本中都降低了自付医疗支出，而城职保只降低了男性的自付医疗支出，城居保和新农合在两个群体中都对自付医疗支出没有显著效应，表明两个以非劳动者为主的医疗保险由于待遇水平较低，没有发挥降低居民医疗负担的作用。从四个分年龄的回归来看，公费医疗和城职保都在三个年龄组中发挥显著作用，而城居保只降低了老年人的自付医疗支出，新农合在四个子样本中都没有发挥显著作用。

表7.6 自付医疗支出的分样本回归Ⅰ

变量	自付医疗支出对数					
	男性	女性	35岁以下	36～45岁	46～60岁	61岁以上
	(1)	(2)	(3)	(4)	(5)	(6)
公费医疗	-0.713***	-0.435***	-0.846***	-0.1715	-0.723***	-0.555***
	(0.1397)	(0.1521)	(0.1935)	(0.2636)	(0.1915)	(0.1959)
城职保	-0.390***	-0.0098	-0.323***	-0.384**	-0.397***	0.0094
	(0.0923)	(0.0858)	(0.1034)	(0.1638)	(0.1237)	(0.1367)
城居保	-0.1601	-0.1409	-0.0574	-0.2108	-0.2132	-0.2526*
	(0.1054)	(0.0890)	(0.1201)	(0.1773)	(0.1300)	(0.1406)
新农合	0.0174	0.0789	-0.0070	-0.0029	-0.0570	0.1533
	(0.0806)	(0.0691)	(0.0841)	(0.1387)	(0.1037)	(0.1137)
常数项	5.2155***	5.3701***	5.6784***	5.9917***	5.7485***	5.3730***
	(0.2539)	(0.2218)	(0.3452)	(0.5950)	(0.4290)	(0.4532)
N	7941	9084	4430	2585	5348	4662
R-squared	0.1385	0.1376	0.0921	0.1278	0.1538	0.1178

注：括号中是标准误，*** $P<0.01$、** $P<0.05$、* $P<0.1$。控制变量包括：个体的受教育年限、年龄和性别、工作状态（是否有工作）、是否患有慢性病、健康等级指标、吸烟与否、喝酒与否、每周锻炼时间、家庭人均收入对数、城乡属性和地区特征。

表7.7显示：在有工作、无工作、东部、中部、西部及东北的子样本中，新农合都没有对自付医疗支出产生显著效应，而公费医疗在五个子样本中（除西部地区）都显著地降低了自付医疗支出，表明公费医疗的待遇水平更高，更有助于降低个体的医疗负担。城职保在有工作、东部、东北这三个子样本中显著降低了自付医疗支出，而城居保只在有工作和东部两个子样本中显著降低了自付医疗支出。总而言之，相比以劳动者为主的两种医疗保险，以非劳动者为主的医疗保险由于待遇水平更低，故无法发挥降低居民自付医疗支出的作用。

表 7.7 自付医疗支出的分样本回归 II

变量	自付医疗支出对数					
	有工作	无工作	东部	中部	西部	东北
	(1)	(2)	(3)	(4)	(5)	(6)
公费医疗	-0.526***	-0.700***	-0.543***	-0.907***	-0.2392	-0.830***
	(0.1261)	(0.1741)	(0.1709)	(0.2282)	(0.2187)	(0.2465)
城职保	-0.368***	-0.0097	-0.467***	-0.0586	0.0664	-0.3016*
	(0.0778)	(0.1097)	(0.1107)	(0.1379)	(0.1185)	(0.1588)
城居保	-0.1774*	-0.1288	-0.531***	0.1101	0.1366	0.0933
	(0.0914)	(0.1065)	(0.1173)	(0.1483)	(0.1335)	(0.1744)
新农合	0.0016	0.1184	0.0149	-0.0567	0.1157	0.2015
	(0.0660)	(0.0885)	(0.0963)	(0.1158)	(0.0918)	(0.1350)
常数项	5.8683***	4.6367***	6.0323***	4.7479***	5.6145***	3.8613***
	(0.2020)	(0.3004)	(0.3219)	(0.3451)	(0.2439)	(0.5238)
N	11504	5521	5204	4006	5786	2029
R-squared	0.1260	0.1568	0.1223	0.1609	0.1657	0.1640

注：括号中是标准误，*** $P<0.01$、** $P<0.05$、* $P<0.1$。控制变量包括：个体的受教育年限、年龄和性别、工作状态（是否有工作）、是否患有慢性病、健康等级指标、吸烟与否、喝酒与否、每周锻炼时间、家庭人均收入对数、城乡属性和地区特征。

7.3.3 稳健性检验

（1）基于户主样本的回归

基准回归模型将户主和成员同时放入回归模型，医疗消费的度量误差使得估计结果产生偏误。为了避免消费变量度量误差带来的估计偏误，本小节将样本限定为户主之后重新估计基本医疗保险对城居保支出的影响，结果如表7.8所示。可以看到：将样本限定到户主之后，公费医疗、城职保、城居保都显著地促进了医疗总支出，而新农合仍然对医疗总支出没有显著效应。不仅如此，公费医疗和城职保显著地降低了自付医疗支出，城居保和新农合对自付医疗支出没有显著效果，说明以非劳动者为主体的两种医疗保险类型的待遇水平不足以降低个体的医疗负担。

表7.8 医疗保险对医疗支出的影响效应（户主样本）

变量	医疗总支出对数			自付医疗支出对数		
	（1）	（2）	（3）	（4）	（5）	（6）
公费医疗	0.5900***	0.5078***	0.4179***	-0.715***	-0.748***	-0.843***
	(0.1513)	(0.1426)	(0.1378)	(0.1776)	(0.1750)	(0.1720)
城职保	0.3678***	0.3993***	0.2995***	-0.2041*	-0.1989	-0.2944**
	(0.1039)	(0.0996)	(0.0962)	(0.1220)	(0.1222)	(0.1201)
城居保	0.4913***	0.374***	0.288***	0.0234	-0.0667	-0.1474
	(0.1143)	(0.1060)	(0.1023)	(0.1343)	(0.1301)	(0.1278)
新农合	-0.248***	0.0564	0.0792	-0.2411**	0.0060	0.0224
	(0.0919)	(0.0850)	(0.0822)	(0.1079)	(0.1043)	(0.1026)
收入对数		0.1556***	0.1508***		0.1581***	0.1535***
		(0.0227)	(0.0219)		(0.0279)	(0.0274)
年龄		0.0256***	0.0159***		0.0132***	0.0046**
		(0.0018)	(0.0019)		(0.0022)	(0.0023)
性别		-0.175***	-0.0126		-0.208***	-0.0711
		(0.0408)	(0.0483)		(0.0500)	(0.0603)
教育		-0.0020	-0.0071		-0.0019	-0.0069
		(0.0051)	(0.0049)		(0.0063)	(0.0062)
城镇		0.2078***	0.1837***		0.1737***	0.1561***
		(0.0456)	(0.0442)		(0.0560)	(0.0552)
抽烟			-0.0978**			-0.0469
			(0.0472)			(0.0590)
喝酒			-0.175***			-0.219***
			(0.0512)			(0.0639)
慢性病			0.8157***			0.7122***
			(0.0439)			(0.0548)
每周锻炼时间			0.0192***			0.0276***
			(0.0055)			(0.0068)

续表7.8

变量	医疗总支出对数			自付医疗支出对数		
	(1)	(2)	(3)	(4)	(5)	(6)
工作			-0.254***			-0.185***
			(0.0462)			(0.0577)
健康	不控制	控制	控制	不控制	控制	控制
地区	不控制	控制	控制	不控制	控制	控制
常数项	7.0625***	4.8037***	5.1380***	6.7145***	5.0578***	5.3184***
	(0.0882)	(0.2582)	(0.2568)	(0.1036)	(0.3167)	(0.3206)
N	5607	5607	5607	5607	5607	5607
R-squared	0.0345	0.2067	0.2638	0.0044	0.1077	0.1423

注：括号中是标准误，*** $P<0.01$、** $P<0.05$、* $P<0.1$。

(2) 参保自选择问题的解决

评估医疗保险的政策效应与其他社会政策一样，会面临自选择问题——医疗保险参保与否并非随机，而是基于个体特征或者家庭特征的选择。对此，本章采用倾向性得分匹配来解决医疗保险参保自选择问题，这种自选择是基于可观测特征的选择。倾向性得分匹配包括两个步骤：第一步，构建 Logit 回归模型，计算倾向性得分值。Logit 回归模型考察医疗保险参保与否和协变量之间的关系，依据 Logit 回归模型可以计算倾向得分值——医疗保险参保的预测概率。第二步，匹配处理组和控制组个体并计算政策效应。匹配时会用到最小近邻匹配、半径匹配、核匹配等方法。

由于倾向性得分匹配只有控制组和处理组两个组，而本章使用的医疗保险有五个组，因此本小节将分四次进行倾向性得分匹配，分别估计每一种医疗保险对医疗支出的作用。倾向性得分匹配的估计结果如表7.9所示，限于篇幅，本小节仅列出核匹配的结果。

从表7.9可以看到，解决参保的自选择问题后，在医疗总支出方面，公费医疗、城职保、城居保的参保者都与无医疗保险的个体没有显著差异，但新农合的参保者医疗总支出显著更高，这可能是由于新农合引发了更多医疗需求，导致医疗支出增加。在自付医疗支出方面，公费医疗、城职保、城居保的参保者自付医疗支出仍然显著低于无医疗保险的个体，而新农合参保者的自付医疗支出略高于无医疗保险的个体，如果采用单侧检验，那么这种影响效应在10%显著性水平上保持显著。倾向性得分匹配的结果进一步验证了新农合在缓解农村居民医疗负担方面的劣势。

表7.9 基于倾向性得分匹配的检验

控制组	处理组	共同支撑样本/个	ATT	标准误	T值
Y=医疗总支出对数					
无保险	公费医疗	1575	0.06	0.18	0.32
无保险	城职保	3745	0.06	0.10	0.6
无保险	城居保	2596	0.03	0.08	0.38
无保险	新农合	12676	0.13	0.06	2.06
Y=自付医疗支出对数					
无保险	公费医疗	1575	−0.87	0.21	−4.13
无保险	城职保	3745	−0.43	0.11	−3.78
无保险	城居保	2596	−0.23	0.09	−2.53
无保险	新农合	12676	0.10	0.07	1.49

注：匹配方法为核匹配。

7.3.4 医疗消费不平等的成因分解

为了测算基本医疗保险对城乡医疗支出不平等的贡献，本小节采用O-B分解开展分析。O-B分解将城乡医疗支出不平等分解成可解释的特征差异和不可解释的系数差异。由表7.10可知，医疗总支出的特征效应可以解释城乡医疗总支出差异的67.6%，即个体特征、经济特征、医疗资源这些解释变量做出了67.6%的贡献，剩下的32.4%则是由于城乡医疗资源等解释变量之外的因素造成的差异，因而对医疗总支出来说，特征差异仍是主导因素。从表7.10还可以发现自付医疗支出的特征效应可以解释城乡自付医疗支出差距的73.2%，余下的26.8%代表了系数效应，即由于城乡医疗资源差异造成的不可解释部分。医疗保险可以解释城乡医疗总支出差异的−73.37%，解释城乡自付医疗支出差异的-122.27%，因而医疗保险在一定程度上可以调节城乡医疗支出的差距，而且医疗保险更多地在城乡自付医疗支出差距方面发挥作用。

表7.10 个人医疗支出的O-B分解

变量		百分比	
		医疗总支出	自付医疗支出
个体特征	年龄	166.56%	164.09%
	性别	7.12%	16.82%
	婚姻	15.79%	30.91%
	受教育年限	24.46%	19.09%
	工作	14.24%	26.36%
	自评健康	-40.25%	-42.27%
经济特征	收入	260.37%	133.64%
	地区	-2.79%	33.64%
	医疗保险	-73.37%	-122.27%
医疗资源	到医疗点距离	56.66%	34.55%
常数项		-328.17%	-192.27%
特征效应（可解释部分）		67.6%	73.2%
系数效应（不可解释部分）		32.4%	26.8%

个体特征、经济特征、医疗资源等因素对城乡医疗支出差距的贡献：第一，在个体特征方面，年龄对城乡医疗支出差距的贡献最大，年龄可以解释城乡医疗总支出差异的166.56%及自付医疗支出的164.09%，起到了负向的效应。性别、婚姻、受教育年限、工作因素均扩大了城乡医疗支出差异贡献。健康分别会对医疗总支出和自付医疗支出造成-40.25%和-42.27%的差异，说明个体的健康状况调节了城乡医疗支出的差距，在城乡医疗支出差距中起到了正向的作用。第二，在经济特征方面，收入对医疗总支出差距的贡献最大，收入解释了医疗总支出的260.37%及自付医疗支出的133.64%，收入水平扩大了城乡医疗支出差距，且收入因素对城乡医疗总支出差异贡献大于城乡自付医疗支出差异贡献。第三，在医疗资源方面，到医疗点距离分别解释了城乡医疗总支出和自付医疗支出差距的56.66%和34.55%，到医疗点距离扩大了城乡医疗支出差距，到医疗点距离远近代表了医疗资源的可及

性,而一般农村地区的医疗资源可及性不如城镇地区,城乡医疗资源存在差距,因而医疗资源扩大了城乡医疗支出的差距。

为解决医疗服务使用的样本选择偏误,本书使用 Heckman 两步法进行稳健性检验,两阶段的选择方程和支出方程结果如表 7.11 所示。Heckman 两步法结果显示逆米尔斯比(Inverse Mills Ratio, IMR)在 10% 的水平上显著,说明医疗服务使用样本存在选择偏差问题。第一阶段选择方程的因变量为是否发生医疗服务使用,可以发现,年龄、婚姻、健康状况、医疗保险、是否喝酒显著影响个体医疗服务使用,其中喝酒的个体比不喝酒的个体自付医疗支出更小,可能是因为健康的个体才倾向于去喝酒。第二阶段医疗支出的结果方程,可以发现医疗服务使用显著的城乡差异,即城镇自付医疗支出大于农村。个体特征中年龄、性别、健康状况显著正向影响医疗服务使用,经济特征中收入、地区、医疗保险显著影响医疗服务使用。

表 7.11 医疗服务使用的 Heckman 两步法

变量	自付医疗支出	
	选择方程	支出方程
城乡	-0.074	0.101**
	(0.059)	(0.040)
年龄	-0.008***	0.014***
	(0.002)	(0.002)
性别	-0.042	-0.154***
	(0.061)	(0.038)
婚姻	0.109*	0.006
	(0.062)	(0.049)
受教育年限	0.002	-0.007
	(0.007)	(0.005)
工作	0.027	-0.273***
	(0.058)	(0.041)
健康较差	-0.228***	-0.554***
	(0.084)	(0.062)

续表7.11

变量	自付医疗支出	
	选择方程	支出方程
健康一般	-0.270***	-0.875***
	(0.072)	(0.056)
健康较好	-0.331***	-1.247***
	(0.092)	(0.074)
健康好	-0.186*	-1.272***
	(0.111)	(0.072)
收入	0.012	0.156***
	(0.028)	(0.020)
地区	0.072***	0.036*
	(0.023)	(0.019)
公费医疗	-0.767***	0.453**
	(0.145)	(0.216)
城职保	-0.553***	0.364***
	(0.114)	(0.131)
城居保	-0.261**	0.115
	(0.123)	(0.101)
新农合	0.195*	-0.065
	(0.106)	(0.075)
到医疗点距离	-0.019	0.010
	(0.017)	(0.011)
是否喝酒	-0.159**	
	(0.064)	
每周锻炼次数	0.012	
	(0.008)	
常数项	2.410***	5.327***
	(0.344)	(0.240)
样本量	12761	

注：括号中是标准误，***$P<0.01$、**$P<0.05$、*$P<0.1$。

接着对医疗服务使用的预测值进行 O-B 分解，可以得到表 7.12 的结果，医疗服务使用的特征效应可以解释城乡自付医疗支出差异的 67.5%，系数效应则占了 32.5%，和前文医疗服务使用的特征效应和系数效应的分解结果相差不大，因此结果是稳健的。

表 7.12　医疗服务使用的 O-B 分解

变量		自付医疗支出
个体特征	年龄	-6.77%
	性别	0.97%
	婚姻	0.00%
	受教育年限	-6.45%
	工作	13.23%
	自评健康	-11.94%
经济特征	收入	38.39%
	地区	-2.58%
	医疗保险	44.52%
医疗资源	到医疗点距离	-1.29%
常数项		32.58%
特征效应（可解释部分）		67.5%
系数效应（不可解释部分）		32.5%

7.4　医疗保险对非医疗消费的影响

7.4.1　基准回归结果

在考察医疗保险对医疗消费（包括医疗总支出和自付医疗支出）影响效应的基础上，本小节采用如下回归模型考察医疗保险对非医疗支出的影响。

$$\log(h) = \alpha_0 + \alpha_1 insurance + \beta X + \varepsilon \tag{7.3}$$

式中，h 表示非医疗支出，$insurance$ 代表的是四个虚拟变量，分别表示是否参与公费医疗、是否参与城职保、是否参与城居保及是否参与新农合四种医疗保险类型的参保状态，基准组是无医疗保险。X 是控制变量，同样影响非医疗支出，主要有个体的受教育年限、年龄和性别、工作状态（是否有工作）、是否患有慢性病、健康等级指标、吸烟与否、喝酒与否、每周锻炼时间、家庭人均收入对数、城乡属性和地区类别。ε是随机干扰项，回归结果见表7.13。

表7.13 医疗保险对非医疗支出的影响

变量	非医疗支出对数				
	（1）	（2）	（3）	（4）	（5）
公费医疗	0.7064***	0.1552***	0.1342***	0.1355***	0.1424***
	(0.0564)	(0.0495)	(0.0492)	(0.0492)	(0.0492)
城职保	0.6365***	0.1492***	0.1232***	0.1259***	0.1355***
	(0.0338)	(0.0304)	(0.0303)	(0.0303)	(0.0303)
城居保	0.3883***	0.0996***	0.0484	0.0474	0.0451
	(0.0379)	(0.0330)	(0.0330)	(0.0330)	(0.0330)
新农合	−0.3569***	−0.1751***	−0.1241***	−0.1247***	−0.114***
	(0.0293)	(0.0252)	(0.0254)	(0.0254)	(0.0254)
收入对数		0.4978***	0.4712***	0.4705***	0.4717***
		(0.0073)	(0.0074)	(0.0074)	(0.0074)
年龄		−0.0041***	−0.0004***	−0.0005***	−0.001***
		(0.0003)	(0.0004)	(0.0004)	(0.0003)
性别		0.0030	0.0136	−0.0172	−0.0099
		(0.0129)	(0.0131)	(0.0165)	(0.0167)
教育年限		0.0123***	0.0098***	0.0098***	0.0096***
		(0.0017)	(0.0017)	(0.0017)	(0.0017)
城镇			0.2062***	0.2054***	0.1982***
			(0.0146)	(0.0146)	(0.0146)
慢性病				−0.0452***	−0.048***
				(0.0164)	(0.0164)
工作					−0.072***
					(0.0144)

续表7.13

变量	非医疗支出对数				
	(1)	(2)	(3)	(4)	(5)
健康	不控制	不控制	控制	控制	控制
健康行为	不控制	不控制	不控制	控制	控制
地区	不控制	不控制	控制	控制	控制
常数项	9.3657***	4.5319***	4.7485***	4.7683***	4.8127***
	(0.0279)	(0.0777)	(0.0802)	(0.0802)	(0.0807)
N	17,025	17,025	17,025	17,025	17,025
R-squared	0.1480	0.3773	0.3864	0.3875	0.3884

注：括号中是标准误，*** $P<0.01$、** $P<0.05$、* $P<0.1$。健康行为包括是否吸烟、每周是否喝三次酒以上、每周锻炼时间三个变量。

表7.13的回归结果显示：针对劳动者的两种医疗保险——公费医疗和城职保都显著地促进了非医疗支出，而针对非劳动者的两种医疗保险——城居保和新农合都没有促进非医疗支出，新农合参保者的非医疗支出甚至显著低于没有医疗保险的个体，进一步验证了新农合在发挥促进居民消费作用方面的劣势。在控制个体特征、健康行为、家庭经济水平和地区特征的前提下，公费医疗参保者的非医疗支出比没有医疗保险的个体高14.2%，城职保参保者的非医疗支出比没有医疗保险的个体高13.6%，城居保参保者的非医疗支出与没有医疗保险的个体无显著差别，而新农合参保者的非医疗支出比没有医疗保险的个体低11.4%。其他控制变量的效应与文献保持一致，收入越高消费越高，收入每增加1%，非医疗支出增加0.5%，消费弹性低于1；城镇居民非医疗支出比农村居民高19.8%。有慢性病的个体非医疗支出比慢性病的个体低4.8%，表明健康状况较差的个体由于在医疗支出方面花费更多，挤占了非医疗支出。

7.4.2 异质性分析

在医疗保险消费提升效应的异质性分析部分，本小节首先按照消费支出项目的类型来构建回归模型，从而考察医疗保险对不同消费支出的促进效应。在这方面，消费项目选取了教育支出、耐用品支出、商业性保险支出、食品支出及住房支出，如表 7.14 所示。可以看到，每一个险种都促进了教育支出和商业性保险支出，教育支出的增加源于"挤入效应"——医疗保险缓解了参保者的医疗负担，从而在其他项目中支出更多，商业性保险支出的增加源于"偏好一致性"——社会医疗保险的参保促进了商业性保险的参保。就其他消费而言，公费医疗在促进食品支出方面更有效果，城职保在促进耐用消费品支出和食品支出方面都有显著效果，城居保在促进食品支出方面有显著效果。新农合只在促进教育支出和商业性保险支出方面有显著效果，在食品支出和住房支出方面，拥有此类医疗保险的个体显著低于没有医疗保险的个体。

表 7.14 医疗保险对分项消费支出的影响

变量	耐用消费品支出	教育支出	商业性保险支出	食品支出	住房支出
	(1)	(2)	(3)	(4)	(5)
公费医疗	0.1058	0.8528***	0.7590***	0.1266**	-0.0636
	(0.1768)	(0.2085)	(0.1840)	(0.0526)	(0.0569)
城职保	0.3025***	0.6393***	0.5398***	0.1553***	-0.0515
	(0.1091)	(0.1286)	(0.1133)	(0.0325)	(0.0351)
城居保	0.0855	0.6683***	0.4785***	0.1373***	-0.1653***
	(0.1185)	(0.1397)	(0.1231)	(0.0353)	(0.0381)
新农合	-0.0613	0.6024***	0.4529***	-0.1785***	-0.1227***
	(0.0915)	(0.1078)	(0.0950)	(0.0272)	(0.0294)
常数项	-3.5755***	6.7451***	-5.9033***	4.1761***	3.7806***
	(0.2900)	(0.3419)	(0.3015)	(0.0863)	(0.0933)
N	17025	17025	16880	17025	17025
R-squared	0.1058	0.8528***	0.7590***	0.1266**	-0.0636

注：括号中是标准误，*** $P<0.01$、** $P<0.05$、* $P<0.1$。影响消费支出的控制变量还有个体的受教育年限、年龄和性别、工作状态（是否有工作）、是否患有慢性病、健康等级指标、吸烟与否、喝酒与否、每周锻炼时间、家庭人均收入对数、城乡属性和地区类别。本表的因变量都是对数形式的消费支出。耐用消费品是指购买或维修家具、电器及其他耐用消费品，如汽车、电脑、家电、首饰、古董、高档乐器等花费。商业性保险支出是指商业医疗保险、汽车险、房屋财产保险、商业人寿保险等支出。

为了进一步考察医疗保险对非医疗支出的效应在不同群体间的异质性，本小节按照性别、年龄、有无工作和地区分组进行分样本回归，如表7.15和表7.16所示。公费医疗显著地促进了男性的非医疗支出，而城职保同时促进了男性和女性的非医疗支出，城居保在两个群体内都没有发挥显著效应，新农合则显著降低了女性的非医疗支出。同样，分年龄的四个回归中，新农合显著降低了除中年群体以外三个群体的非医疗支出，公费医疗和城居保显著增加了中年群体的非医疗支出，城职保显著增加了中年和老年的非医疗支出。

表7.15 非医疗支出的分样本回归 I

变量	非医疗支出对数					
	男性	女性	35岁以下	36～45岁	46～60岁	61岁以上
	(1)	(2)	(3)	(4)	(5)	(6)
公费医疗	0.1892***	0.0945	0.0310	0.0625	0.3845***	0.0811
	(0.0655)	(0.0758)	(0.0889)	(0.1178)	(0.0990)	(0.0953)
城职保	0.1575***	0.1231***	0.0273	0.0107	0.2564***	0.1914***
	(0.0433)	(0.0427)	(0.0475)	(0.0731)	(0.0639)	(0.0665)
城居保	0.0708	0.0286	-0.0499	-0.0659	0.1434**	0.1085
	(0.0494)	(0.0443)	(0.0552)	(0.0792)	(0.0672)	(0.0684)
新农合	-0.0576	-0.1536***	-0.1134***	-0.1476**	-0.0667	-0.1264**
	(0.0378)	(0.0344)	(0.0387)	(0.0619)	(0.0536)	(0.0553)
常数项	4.6671***	4.9339***	3.9529***	4.5595***	5.5266***	5.0943***
	(0.1191)	(0.1104)	(0.1586)	(0.2658)	(0.2217)	(0.2204)
N	7941	9084	4430	2585	5348	4662
R-squared	0.3946	0.3844	0.4249	0.4111	0.3164	0.3813

注：括号中是标准误，*** $P<0.01$、** $P<0.05$、* $P<0.1$。影响消费支出的控制变量还有个体的受教育年限、年龄和性别、工作状态（是否有工作）、是否患有慢性病、健康等级指标、吸烟与否、喝酒与否、每周锻炼时间、家庭人均收入对数、城乡属性和地区类别。

表7.16的分样本回归表明：在分有无工作的子样本回归中，公费医疗显著地促进了有工作群体的非医疗支出，城职保同时促进了有工作和无工作的两个群体的非医疗支出，城居保对两个群体的非医疗支出都

没有显著作用，新农合则显著降低了两个群体的非医疗支出。在分地区的子样本回归中，公费医疗对非医疗支出的促进作用在统计上不显著，城职保对非医疗支出的促进作用在中部、西部和东北三个样本中都显著，城居保对非医疗支出的效应在四个样本中都不显著。在东部和东北两个样本中，新农合参保者的非医疗支出显著低于没有医疗保险的个体。

表 7.16 非医疗支出的分样本回归 II

变量	自付医疗支出对数					
	有工作	无工作	东部	中部	西部	东北
	(1)	(2)	(3)	(4)	(5)	(6)
公费医疗	0.1808***	0.0673	0.1021	0.1257	0.1574	0.0911
	(0.0635)	(0.0787)	(0.0721)	(0.1160)	(0.1242)	(0.1039)
城职保	0.1253***	0.1418***	0.0692	0.1192*	0.2386***	0.1301*
	(0.0392)	(0.0496)	(0.0467)	(0.0701)	(0.0673)	(0.0669)
城居保	0.0320	0.0562	0.0238	0.0403	0.0536	−0.0243
	(0.0460)	(0.0482)	(0.0495)	(0.0754)	(0.0758)	(0.0735)
新农合	−0.088***	−0.148***	−0.1962***	−0.0817	−0.0162	−0.1008*
	(0.0332)	(0.0400)	(0.0406)	(0.0589)	(0.0521)	(0.0569)
常数项	4.7280***	4.9416***	4.1904***	4.6210***	5.2242***	5.0767***
	(0.1017)	(0.1358)	(0.1359)	(0.1755)	(0.1385)	(0.2207)
N	11504	5521	5204	4006	5786	2029
R-squared	0.3960	0.3743	0.4585	0.3463	0.2871	0.3871

注：括号中是标准误，*** $P<0.01$、** $P<0.05$、* $P<0.1$。控制变量还包括：年龄、性别、教育年限、工作状态、是否有慢性病、健康等级、是否吸烟、每周是否喝三次酒以上、每周锻炼时间、家庭人均收入对数、城乡和地区。

7.4.3 稳健性检验

（1）基于户主样本的检验

由于消费只有家庭层面的数据，而基准回归的样本既包含了户主，也包含了其他家庭成员，虽然他们的因变量都是家庭人均消费，但医疗保险的参保类型不同,这就导致基准回归得到的估计结果并不一定能够反映真实的政策效应。对此,本书将样本限定为户主之后重新估计医疗保险对城乡居民非医疗支出的影响,结果如表 7.17 所示。从该表可以看到:将样本限定到户主之后,公费医疗和城职保对非医疗支出的促进作用仍然在统计保持显著,城居保对非医疗支出的促进作用在统计不显著,新农合的非医疗支出仍然显著低于没有医疗保险的个体。在控制个体特征、健康行为、家庭经济水平和地区特征的前提下,公费医疗参保者的非医疗支出比没有医疗保险的个体高 23.6%,城职保参保者的非医疗支出比没有医疗保险的个体高 20.16%,城居保参保者的非医疗支出与没有医疗保险的个体无显著差别,而新农合参保者的非医疗支出比没有医疗保险的个体低 12.5%,效应比全样本的估计结果更大。

表 7.17 医疗保险对非医疗支出的影响(户主样本)

变量	非医疗支出对数				
	(1)	(2)	(3)	(4)	(5)
公费医疗	0.8774***	0.2467***	0.2328***	0.2333***	0.2363***
	(0.0913)	(0.0834)	(0.0831)	(0.0831)	(0.0830)
城职保	0.7408***	0.2224***	0.1958***	0.2027***	0.2006***
	(0.0627)	(0.0578)	(0.0580)	(0.0580)	(0.0580)
城居保	0.4875***	0.1370**	0.0912	0.0917	0.0861
	(0.0690)	(0.0617)	(0.0618)	(0.0617)	(0.0617)
新农合	-0.2932***	-0.1931***	-0.1371***	-0.1366***	-0.1247**
	(0.0554)	(0.0491)	(0.0495)	(0.0494)	(0.0495)
收入对数		0.4498***	0.4281***	0.4251***	0.4249***
		(0.0130)	(0.0132)	(0.0132)	(0.0132)
年龄		-0.0038***	-0.0042***	-0.0044***	-0.0056***
		(0.0010)	(0.0010)	(0.0011)	(0.0011)
性别		-0.0433*	-0.0268	-0.0792***	-0.0669**
		(0.0235)	(0.0238)	(0.0289)	(0.0291)
教育		0.0131***	0.0117***	0.0118***	0.0120***
		(0.0030)	(0.0030)	(0.0030)	(0.0030)

续表7.17

变量	非医疗支出对数				
	(1)	(2)	(3)	(4)	(5)
城镇			0.1846***	0.1820***	0.1736***
			(0.0266)	(0.0265)	(0.0267)
抽烟				0.0413	0.0443
				(0.0285)	(0.0285)
喝酒				0.1170***	0.1203***
				(0.0309)	(0.0309)
慢性病				−0.0461*	−0.0475*
				(0.0265)	(0.0265)
每周锻炼时间				0.0076**	0.0069**
				(0.0033)	(0.0033)
工作					−0.0884***
					(0.0279)
健康	不控制	控制	控制	控制	控制
地区	不控制	不控制	控制	控制	控制
常数项	9.2301***	4.9921***	5.1739***	5.2122***	5.3266***
	(0.0532)	(0.1470)	(0.1504)	(0.1506)	(0.1548)
N	5607	5607	5607	5607	5607
R-squared	0.1665	0.3546	0.3622	0.3651	0.3662

注：括号中是标准误，*** $P<0.01$、** $P<0.05$、* $P<0.1$。

(2) 参保自选择问题的解决

本小节将采用倾向性得分匹配方法来解决医疗保险参保的自选择问题，在此基础上估计医疗保险对非医疗支出的效应。与前面保持一致，本小节将分四次进行倾向性得分匹配，分别估计每一种医疗保险对非医疗支出的作用，结果如表7.18所示，限于篇幅，本小节仅列出核匹配的结果。从表7.18可以看到，解决参保的自选择问题后，公费医疗、城职保、城居保的参保者都与无医疗保险的个体在非医疗支出方面没有显著差异，但新农合参保者的非医疗支出仍然显著低于无医疗保险的个体，进一步验证了新农合在缓解农村居民医疗负担、促进农村居民消费方面的劣势。

表 7.18 基于倾向性得分匹配的检验

控制组	处理组	共同支撑演样本/个	ATT	标准误	T 值
无保险	公费医疗	1575	0.01	0.11	0.05
无保险	城职保	3745	-0.02	0.06	-0.33
无保险	城居保	2596	-0.04	0.05	-0.71
无保险	新农合	12676	-0.08	0.04	-2.08

注：匹配方法为核匹配。

7.5 本章小结

本章在剖析基本医疗保险促进消费的作用机制的基础上，依托 CFPS 数据，考察基本医疗保险的消费促进效应。基本医疗保险对医疗支出和非医疗支出的作用机制存在差异，在医疗支出方面，医疗保险既能通过提高医疗服务可及性释放医疗需求提高医疗总支出，也能通过缓解医疗负担降低自付医疗支出。在非医疗支出方面，医疗保险通过减轻预防性储蓄动机提高当期消费，同时医疗负担的减轻也能放松参保者的预算约束，增加更多非医疗支出，尤其是人力资本投资型消费；如教育培训支出。消费结构的变化不仅带来人力资本水平的差异，从而影响增收能力，并最终影响收入分配格局；还会带来储蓄和投资的变化，从而改变财产分配格局。

本章在预防性储蓄动机的框架下剖析基本医疗保险促进消费的作用机制，并且依托中国家庭追踪调查数据，考察基本医疗保险四种类别（公费医疗、城职保、城居保和新农合）对医疗支出和非医疗支出的影响效应。实证结果表明以下四点。

第一，在医疗支出方面，公费医疗、城职保和城居保都显著增加了医疗总支出，降低了自付医疗支出。其他因素保持不变的情况下，三种类型医疗保险的医疗总支出比没有医疗保险的个体分别高 33%、16.4% 和 7.1%；自付医疗支出比没有医疗保险的个体分别低 57.5%、

20.5%和16.1%。新农合没有起到降低农村居民医疗负担的效果,原因在于报销待遇以住院报销为主。

第二,医疗保险降低了城乡间医疗支出的不平等。O-B 分解结果表明,医疗总支出的特征效应可以解释城乡医疗总支出差异的 67.6%,系数效应可以解释城乡医疗总支出差异的 32.4%;自付医疗支出的特征效应可以解释城乡自付医疗支出差距的 73.2%,26.8% 由不可解释因素导致。这就意味着,经过医疗保险报销之后,城乡间医疗服务使用差异中不可解释因素的贡献下降了,即医疗保险调节了城乡间医疗服务使用不平等。

第三,在非医疗支出方面,公费医疗和城职保具有显著的促进作用,而城居保和新农合都没有发挥促进消费的作用。其他因素不变,公费医疗和城职保参保者的非医疗支出比没有医疗保险的个体分别高 14.3% 和 13.3%。居民医保报销待遇较低,未能有效减轻居民的医疗负担,导致预防性储蓄动机仍然较高,消费水平未能得到提升。

第四,就分项支出而言,职工医保和居民医保都显著地促进了教育支出和商业性保险支出。教育支出的增加源于"挤入效应"——医疗保险缓解了参保者的医疗负担,从而在其他项目中支出更多;商业性保险支出的增加源于"偏好一致性"——社会医疗保险的参保促进了商业性保险的参保。就其他消费而言,公费医疗在促进食品支出方面更有效果,城职保在促进耐用消费品支出和食品支出方面都有显著效果,城居保在促进食品支出方面有显著效果。新农合只在促进教育支出和商业性保险支出方面有显著效果,在食品支出和住房支出方面,拥有该类型医疗保险的个体显著低于没有医疗保险的个体。

第8章 基本医疗保险的财产再分配效应

相比收入分配的不平等，财产分配不平等更加严重，基尼系数超过0.7，比收入基尼系数高50%以上，因此调节财产分配差距迫在眉睫。医疗保险作为分散疾病风险的再分配机制，可以降低居民面临的不确定性，从而缓解预防性储蓄动机，优化消费结构和投资结构，以此促进财产积累。本章在剖析基本医疗保险促进财产积累作用机制的基础上，依托CFPS 2018数据，检验不同的医疗保险类型对家庭净资产的影响效应，开展不同性别、年龄、地区群体的异质性分析，并且采用倾向性得分匹配进行稳健性检验。除此之外，本章还将考察医疗保险对县域财产差距的影响，以此检验基本医疗保险的财产再分配效应。

8.1 共同富裕下医疗保险调节财产差距的机制

在生命周期的框架下，消费者在一生中均匀分配其消费水平，预测到未来有不确定性时，会增加预防性储蓄动机而减少当期消费。预防性储蓄动机的增加一方面会挤占教育等方面的人力资本投资型消费，另一方面也会削弱财产积累的速度，因为储蓄的利率往往较低。在医疗保险制度覆盖率较低的情况下，居民不仅要负担高昂的医疗费用，还要储蓄一部分钱来备用——作为应对将来疾病风险的储备，这就挤占了居民家庭在教育等投资方面的支出，影响人力资本积累。随着医疗保险制度覆盖面的提高，居民家庭的医疗负担减轻，医疗支出下降，教育培训等非医疗支出增加，消费结构得以优化，人力资本水平提升。与此同时，预防性储蓄动机下降，回报率更高的投资性储蓄增加，财产配置更加优化，低收入者财产积累速度加快，财产差距得以调节。基本医疗保险促进城乡居民财产积累的作用机制如图8.1所示。

一方面，医疗保险降低居民面临的不确定性，缓解预防性储蓄动机，优化家庭消费结构，减少医疗消费，增加教育等人力资本投资型消

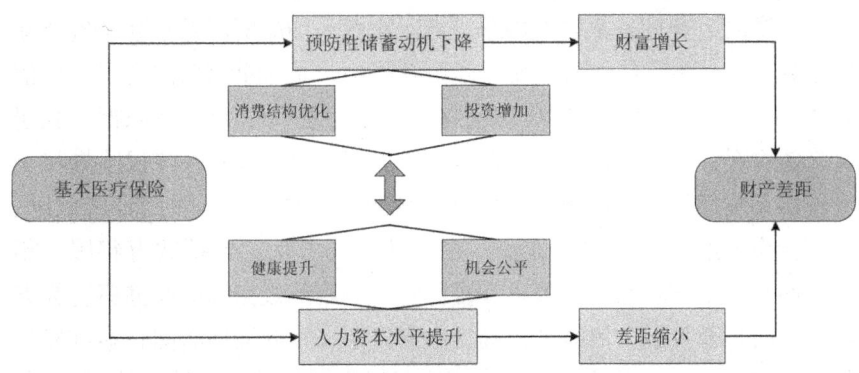

图 8.1 基本医疗保险促进财产积累的机制

费,在回报率更高的金融产品方面分配更多,促进财富增长。另一方面,医疗保险通过提高居民医疗服务可及性,提升居民健康水平和增收能力,促进财产分配机会均等,缩小城乡间、地区间和群体间的差距。

2002—2013 年,城乡居民人均净资产的实际增长率年均为 17%,2013—2018 年,城乡居民人均净资产的实际增长率年均为 12%,2018 年全国家庭人均财产净值平均为 20.6 万元,其中城镇家庭为 32 万元,农村家庭为 8.1 万元(Knight et al.,2016;李实,2021)。如果未来继续保持 12% 的年均增长率,那么到 2035 年,全国家庭人均财产净值平均为 141.44 万元,其中城镇家庭为 219.71 万元,农村家庭为 55.61 万元。医疗保险不仅可以通过提高医疗服务可及性和医疗服务均等化,促进居民健康水平的提升,提高人力资本水平,增强收入挣得能力,还可以通过缓解医疗费用负担、优化消费结构和财产配置结构,促进财富再分配,助力城乡居民共同富裕。

8.2 数据介绍与描述性统计

本章使用的数据主要来自 CFPS2018。为了提高样本的同质性,本章将样本限定为 18 岁及以上的成年人,并且去掉了家庭人均收入超过 500 万元的个体①,剔除缺失值后最终进入实证分析的样本有 16038 个。

---

① 家庭人均收入超过 500 万元的有一个样本,医疗总支出超过 50 万元的也只有一个个体,为了保证样本同质性,本章将其删去。

本章的因变量是家庭人均净资产。家庭人均净资产是家庭净资产除以家庭人数。本章的核心自变量是医疗保险，是一个离散型变量，取值有0，1，2，3和4，分别代表无医疗保险、公费医疗、城职保、城居保、新农合，回归分析部分将设置四个虚拟变量来表示医疗保险参保类型，以无医疗保险为基准组。控制变量包括个体特征、家庭经济状况、健康行为及地区特征四个方面，在个体特征方面，包括教育年限、年龄、性别、工作状态、是否患有慢性病、健康等级指标；在健康行为方面，包括是否吸烟、每周是否喝三次酒以上、每周锻炼时间；家庭经济状况用家庭人均收入对数来表示；地区特征包括城乡属性和地区类别。健康行为变量主要用于控制个体风险偏好，经常锻炼身体、不抽烟、不喝酒的个体往往更看重健康水平，从而对消费和投资行为产生影响。因变量和自变量初步的描述性统计结果如表8.1所示。

表8.1 因变量和自变量初步的描述性统计结果

变量	样本量	均值	标准差	最小值	最大值
家庭人均净资产/元	16038	253067.35	719870.98	62.5	25088444
家庭人均收入/（元/年）	16038	25711.99	54734.51	28	3300000
年龄/岁	16038	48.66	16.28	18	96
教育/年	16038	7.35	5.08	0	23
健康	16038	2.79	1.19	1	5
每周锻炼时间/小时	16038	2.68	3.35	0	50
男性占比	16038	0.47	0.5	0	1
城镇占比	16038	0.5	0.5	0	1
工作占比	16038	0.68	0.47	0	1
吸烟占比	16038	0.28	0.45	0	1
喝酒占比	16038	0.14	0.35	0	1
慢性病占比	16038	0.22	0.41	0	1
东部占比	16038	0.3	0.46	0	1

从表8.1可以看到：样本家庭人均净资产均值为253067.35元，标准差为719870.98元/年，变异系数达到2.84，表明财产分配差距非常大。从样本的家庭人均收入来看，均值为25711.99元，标准差为54734.51，变异系数为2.13，收入分配差距小于财产分配差距。收入是

流量，财产是存量，财产的回报是流量成为财产性收入，因此收入与财产存在相互影响关系，收入不平等与财产不平等也会共同变化。从其他控制变量的特征来看，样本平均年龄为48.66岁，教育水平较低，健康水平一般，每周锻炼时间平均为2.68小时，样本城镇和农村各占一半，有工作的人占比68%，表明中国的劳动力市场比较活跃。

从不同医疗保险类型的家庭人均净资产来看，公费医疗参保者的家庭人均净资产较高，达到602068.10元；其次是城职保的参保者，家庭人均净资产达到553830.80元；城居保参保者的家庭人均净资产也达到了498513.90，但新农合参保者的家庭人均净资产只有133487.30元，比无保险者还低，具体数值见表8.2。

表8.2 不同医疗保险类型的家庭人均净资产

单位：元

保险类型	观测值	均值	标准差	最小值	最大值
无保险	1130.00	270252.30	686942.90	0	13400000.00
公费医疗	376.00	602068.10	882423.60	62.50	6052500.00
城职保	2451.00	553830.80	927209.90	0	10700000.00
城居保	1354.00	498513.90	875935.20	0	10400000.00
新农合	11114.00	133487.30	589813.80	0	25100000.00

从表8.2还可以发现，公费医疗、城职保、城居保和新农合的占比分别为2.27%、15.01%、8.26%和67.47%，只有6.98%的个体没有基本医疗保险，表明基本医疗保险覆盖率已达到较高水平。图8.2展示了不同医疗保险类型个体的家庭人均净资产分布，可以发现：就集中趋

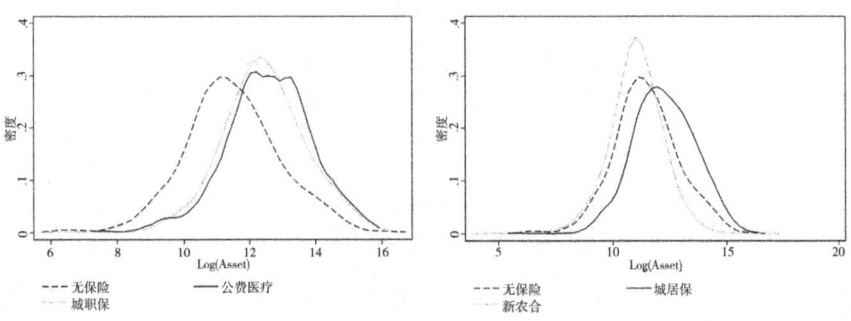

图8.2 家庭人均净资产核密度分布

势而言，公费医疗和城职保的参保者家庭人均净资产水平较为接近，两者的均值在差不多位置，而新农合参保者与无医疗保险个体的家庭人均净资产比较接近。从尖削程度来看，新农合参保者的家庭人均净资产分布最尖，大多集中在均值周围，表明财产离散程度较低，而公费医疗参保者的家庭人均净资产分布最平缓，表明离散程度最大。

8.3 医疗保险的财产积累效应

8.3.1 基准结果

本小节采用如下回归模型考察医疗保险对家庭人均净资产的影响。

$$\log(y) = \alpha_0 + \alpha_1 insurance + \beta X + \varepsilon \tag{8.1}$$

式中，y 表示家庭人均净资产。$insurance$ 代表四个虚拟变量，表示公费医疗、城职保、城居保及新农合四种医疗保险类型，基准组是无医疗保险。X 是控制变量，包括年龄、性别、教育年限、工作状态、是否有慢性病、健康等级、是否吸烟、每周是否喝三次酒以上、每周锻炼时间、家庭人均收入对数、城乡属性和地区类别。ε 是随机干扰项，回归结果如表8.3所示。全样本的回归结果表明，在控制个体特征、家庭收入和地区特征的前提下，公费医疗、城职保、城居保三种保险类型的参保者家庭人均净资产显著高于无医疗保险的个体，分别高出13.76%、14.22%、13.58%，而新农合参保者的家庭人均净资产却比无医疗保险的个体显著低12.29%。上述结果在控制家庭人均收入对数的情况下保持稳健，说明新农合由于待遇水平较低，无法发挥降低农村居民医疗负担的作用，也无法促进他们的财产积累。

表8.3 医疗保险对财产积累的影响

变量	家庭人均净资产对数			
	(1)	(2)	(3)	(4)
公费医疗	1.1151***	0.1485**	0.1335**	0.1376**
	(0.0753)	(0.0620)	(0.0619)	(0.0620)
城职保	0.9718***	0.1407***	0.1368***	0.1422***
	(0.0457)	(0.0386)	(0.0386)	(0.0386)

续表8.3

变量	家庭人均净资产对数			
	(1)	(2)	(3)	(4)
城居保	0.7874*** (0.0511)	0.1434*** (0.0419)	0.1371*** (0.0419)	0.1358*** (0.0419)
新农合	-0.4417*** (0.0398)	-0.1343*** (0.0325)	-0.1292*** (0.0324)	-0.1229*** (0.0326)
收入对数		0.6479*** (0.0095)	0.6463*** (0.0095)	0.6470*** (0.0095)
年龄		0.0084*** (0.0006)	0.0076*** (0.0006)	0.0074*** (0.0006)
性别		-0.0621*** (0.0164)	-0.0211 (0.0206)	-0.0172 (0.0207)
教育		0.0264*** (0.0022)	0.0252*** (0.0022)	0.0251*** (0.0022)
城镇		0.4161*** (0.0185)	0.4148*** (0.0184)	0.4107*** (0.0185)
工作				-0.0411** (0.0182)
抽烟			-0.0696*** (0.0222)	-0.0666*** (0.0222)
喝酒			-0.0139 (0.0244)	-0.0110 (0.0244)
慢性病			0.0536** (0.0208)	0.0521** (0.0208)
每周锻炼时间			0.0101*** (0.0025)	0.0096*** (0.0025)
健康	不控制	控制	控制	控制
地区	不控制	控制	控制	控制
常数项	11.4619*** (0.0379)	4.7187*** (0.1027)	4.7349*** (0.1028)	4.7596*** (0.1034)

续表 8.3

变量	家庭人均净资产对数			
	（1）	（2）	（3）	（4）
N	16038	16038	16038	16038
R-squared	0.1826	0.4761	0.4773	0.4775

注：括号中是标准误，*** $P<0.01$、** $P<0.05$、* $P<0.1$。

从其他控制变量来看，家庭人均收入每增加 1%，人均净资产增加 0.65%。教育每增加 1 年，家庭人均净资产提高 2.51%，表明人力资本水平的提高不仅有助于收入的提升，也有助于财产的积累。抽烟者的家庭人均净资产显著比不抽烟者低，原因在于抽烟的人健康水平较差，健康水平差又制约了财产积累的速度。每周锻炼时间也对家庭人均净资产产生显著的正向影响。因此，教育、技能、经验、健康等人力资本的提升不仅可以带来收入的增长，也会带来财产规模的扩张，是实现共同富裕的重要路径。

8.3.2 异质性分析

为了考察医疗保险对家庭人均净资产的影响效应在不同群体中呈现的差异，本小节进行了分样本回归，控制变量与模型（8.1）保持一致，回归结果如表 8.4 所示。可以看到：公费医疗在女性、35 岁以下样本中发挥着显著的促进财产积累的作用，影响效应在 25% 以上。城职保在男性和女性群体中都促进了财产积累，并且对青年、中年群体的财产积累都产生正向影响，尤其是 35～45 岁的群体，正向效应达到 37.29%，但对老年人的财产积累影响不显著。中年群体面临较大的养老和育幼压力，医疗保险对于他们的预防性储蓄动机缓解作用更强，财产积累效果也更明显。城居保在男性和 46～60 岁群体中发挥了显著的财产积累促进效应，而新农合在任何样本中都没有对家庭净资产发挥显著的正向作用。

表8.4 医疗保险影响财产积累的异质性 I

变量	家庭人均净资产对数					
	男性	女性	35岁以下	36～45岁	46～60岁	61岁以上
	(1)	(2)	(3)	(4)	(5)	(6)
公费医疗	0.0624	0.2529***	0.2994**	0.1271	0.1582	0.0084
	(0.0829)	(0.0950)	(0.1185)	(0.1561)	(0.1199)	(0.1167)
城职保	0.1340**	0.1551***	0.1300**	0.3729***	0.1465*	-0.0196
	(0.0552)	(0.0543)	(0.0634)	(0.0980)	(0.0784)	(0.0825)
城居保	0.2120***	0.0830	0.1134	0.0859	0.1647**	0.1018
	(0.0629)	(0.0563)	(0.0734)	(0.1062)	(0.0823)	(0.0849)
新农合	-0.0945*	-0.1423***	-0.0755	0.0254	-0.1214*	-0.2312***
	(0.0483)	(0.0442)	(0.0518)	(0.0837)	(0.0664)	(0.0686)
常数项	4.5094***	4.9439***	3.9228***	4.2202***	5.5334***	6.2311***
	(0.1531)	(0.1411)	(0.2142)	(0.3568)	(0.2734)	(0.2726)
N	7504	8534	4146	2456	5008	4428
R-squared	0.4839	0.4747	0.5083	0.5321	0.4326	0.4918

注：括号中是标准误，*** $P<0.01$、** $P<0.05$、* $P<0.1$。控制变量同表8.3第（4）列。

医疗保险对财产积累的促进效应在就业状态和地区之间的差异性如表8.5所示。可以看到：公费医疗、城职保和城居保都在有工作和东部地区的样本中显著地增加了家庭人均净资产，在其他样本中，不存在显著的正向作用。尤其是在东北地区，城职保和城居保的家庭人均净资产低于无保险的个体。同样，新农合参保者在两种工作状态和四个地区都没有产生显著的财产积累效应。

表8.5 医疗保险影响财产积累的异质性 II

变量	家庭人均净资产对数					
	有工作	无工作	东部	中部	西部	东北
	(1)	(2)	(3)	(4)	(5)	(6)
公费医疗	0.2272***	0.0179	0.2650***	-0.0279	-0.0282	0.0423
	(0.0787)	(0.1011)	(0.0992)	(0.1297)	(0.1531)	(0.1242)

续表8.5

变量	家庭人均净资产对数					
	有工作	无工作	东部	中部	西部	东北
	(1)	(2)	(3)	(4)	(5)	(6)
城职保	0.2666***	-0.0281	0.3331***	0.0991	0.1090	-0.1353*
	(0.0492)	(0.0642)	(0.0650)	(0.0789)	(0.0846)	(0.0802)
城居保	0.2246***	0.0288	0.3215***	0.1519*	0.0511	-0.4350***
	(0.0576)	(0.0624)	(0.0686)	(0.0847)	(0.0955)	(0.0884)
新农合	-0.0341	-0.2151***	-0.1512***	-0.1521**	-0.0462	-0.0003
	(0.0419)	(0.0522)	(0.0570)	(0.0659)	(0.0660)	(0.0691)
常数项	4.4944***	5.1859***	3.5601***	5.1880***	4.9004***	4.4214***
	(0.1286)	(0.1772)	(0.1882)	(0.2019)	(0.1741)	(0.2693)
N	10842	5196	4888	3777	5427	1946
R-squared	0.4742	0.4891	0.5264	0.4017	0.3340	0.4064

注：括号中是标准误，*** $P<0.01$、** $P<0.05$、* $P<0.1$。控制变量同表8.3第（4）列。

最后，考察基本医疗保险对财产积累的影响在不同财产分位上的异质性。如果相比高收入群体，医疗保险对低收入群体的财产积累效应更强，那么就可以起到财产再分配的作用，结果如表8.6所示。

表8.6 医疗保险影响财产积累的异质性Ⅲ

变量	家庭人均净资产对数				
	(1)	(2)	(3)	(4)	(5)
	10分位	25分位	50分位	75分位	90分位
公费医疗	0.2193*	0.2775***	0.1851***	0.0012	-0.0457
	(0.1157)	(0.0784)	(0.0648)	(0.0732)	(0.1043)
城职保	0.2042***	0.2342***	0.1565***	0.0718	0.0595
	(0.0721)	(0.0489)	(0.0404)	(0.0456)	(0.0650)
城居保	0.1585**	0.2278***	0.1586***	0.1223**	0.0630
	(0.0782)	(0.0530)	(0.0438)	(0.0495)	(0.0705)

续表 8.6

变量	家庭人均净资产对数				
	(1)	(2)	(3)	(4)	(5)
	10 分位	25 分位	50 分位	75 分位	90 分位
新农合	-0.0219	0.0168	-0.0826**	-0.1755***	-0.2456***
	(0.0608)	(0.0412)	(0.0340)	(0.0384)	(0.0548)
常数项	2.3671***	3.5681***	4.3858***	5.6226***	6.8907***
	(0.1930)	(0.1308)	(0.1081)	(0.1220)	(0.1739)
N	16038	16038	16038	16038	16038

注：括号中是标准误，*** $P<0.01$、** $P<0.05$、* $P<0.1$，本表采用的是分位数回归，控制变量同表 8.3 第（4）列。

表 8.6 的分位数回归结果表明：基本医疗保险对家庭人均净资产的正效应在 10 分位、25 分位和 50 分位上更强更显著，尤其是公费医疗、城职保和城居保。与此相反，新农合则对家庭人均净资产产生了负效应，尤其是在 50 分位、75 分位和 90 分位。由此可以推测：两大职工医保可以产生财产再分配效应，而居民医保的财产再分配效应则不明显。下一小节将检验医疗保险对财产差距的效应。

8.3.3 稳健性检验

（1）基于户主样本的检验

稳健性检验部分首先对样本进行了重新限定——户主样本，原因在于医疗保险参保是个体层面的信息，家庭人均净资产是家庭层面的信息。一个家庭中既有户主也有非户主，他们的医疗保险参保状态可能不同，但他们的家庭人均净资产可能相同，将户主和非户主样本放在一起，会干扰医疗保险对财产积累影响效应的估计。基于户主样本的回归结果如表 8.7 所示，可以看到公费医疗、城职保和城居保仍然存在促进财产积累的作用，新农合参保者的家庭人均净资产仍然比无基本医疗保险的个体低。

表8.7 医疗保险对家庭人均净资产的影响（户主样本）

变量	家庭人均净资产对数			
	（1）	（2）	（3）	（4）
公费医疗	1.1144***	0.1120	0.0791	0.0805
	（0.1227）	（0.1045）	（0.1046）	（0.1046）
城职保	0.9120***	0.1368*	0.1198	0.1188
	（0.0855）	（0.0739）	（0.0739）	（0.0739）
城居保	0.8062***	0.1387*	0.1274	0.1249
	（0.0940）	（0.0787）	（0.0786）	（0.0786）
新农合	-0.4857***	-0.1631**	-0.1645***	-0.1594**
	（0.0761）	（0.0635）	（0.0634）	（0.0635）
收入对数		0.5975***	0.5949***	0.5948***
		（0.0168）	（0.0168）	（0.0168）
年龄		0.0106***	0.0092***	0.0086***
		（0.0013）	（0.0013）	（0.0014）
性别		-0.1423***	-0.0780**	-0.0730**
		（0.0300）	（0.0364）	（0.0367）
教育		0.0269***	0.0251***	0.0252***
		（0.0038）	（0.0038）	（0.0038）
城镇		0.4351***	0.4309***	0.4272***
		（0.0336）	（0.0335）	（0.0337）
工作				-0.0382
				（0.0353）
抽烟			-0.1208***	-0.1194***
			（0.0359）	（0.0359）
喝酒			0.0122	0.0136
			（0.0388）	（0.0388）
慢性病			0.0364	0.0358
			（0.0333）	（0.0333）
每周锻炼时间			0.0143***	0.0140***
			（0.0042）	（0.0042）

续表8.7

变量	家庭人均净资产对数			
	（1）	（2）	（3）	（4）
健康	不控制	控制	控制	控制
地区	不控制	控制	控制	控制
常数项	11.4725***	5.1379***	5.2039***	5.2530***
	(0.0732)	(0.1913)	(0.1916)	(0.1968)
N	5306	5306	5306	5306
R-squared	0.1910	0.4591	0.4617	0.4618

注：括号中是标准误，*** $P<0.01$、** $P<0.05$、* $P<0.1$。

（2）参保自选择问题的解决

评估医疗保险财产积累效应的实证研究同样面临医疗保险参保的自选择问题，也就是说参保与否并非随机，而是与个体特征或者家庭特征有关的选择。因此，本章仍然采用倾向性得分匹配来解决医疗保险参保的基于可观测因素的自选择问题。倾向性得分匹配包括两个步骤：第一步，构建一个影响医疗保险参保与否的 Logit 回归模型，并估计得到医疗保险参保的预测概率作为倾向性得分值；第二步，采用最小近邻匹配、半径匹配、核匹配等匹配方法将处理组和控制组具有相同倾向性得分值的个体匹配起来，通过计算处理组的平均处理效应得到医疗保险参保对财产积累的作用。

由于倾向性得分匹配只有控制组和处理组两个组，而本章使用的医疗保险有五个组，因此本小节将分四次进行倾向性得分匹配，分别估计每一种医疗保险对财产积累的作用。倾向性得分匹配的估计结果如表8.8所示，限于篇幅，本小节仅列出核匹配的结果。可以看到解决自选择偏误之后，医疗保险对家庭净资产的提升作用不再显著。

表8.8　基于倾向性得分匹配的检验

控制组	处理组	共同支撑样本	ATT	标准误	T值
无保险	公费医疗	1464	-0.0267	0.1543	-0.17
无保险	城职保	3526	-0.0409	0.093	-0.44

续表 8.8

控制组	处理组	共同支撑样本	ATT	标准误	T 值
无保险	城居保	2423	-0.0579	0.0818	-0.71
无保险	新农合	11881	-0.0419	0.0585	-0.72

8.4 医疗保险的财产再分配效应

上一小节的实证表明基本医疗保险促进了财产积累,本小节进一步考察医疗保险对县域财产差距的影响效应,如表 8.9 所示。由于 CFPS 个人没有填写财产信息,因此本小节用家庭人均净资产表示财产。回归模型中因变量是基于家庭人均净资产计算的县级基尼系数,核心自变量有两个——县级层面的医疗保险覆盖率和平均报销比,控制变量包括教育年限、健康水平、男性比重、工作比重、家庭规模、人均收入对数和人均支出对数,上述变量均为县级层面的平均值。由于样本量较小,表 8.9 没有控制更多影响因素。

表 8.9 医疗保险覆盖率对县域财产差距的影响效应

变量	基尼系数					
	(1)	(2)	(3)	(4)	(5)	(6)
覆盖率	-0.1577 (0.1106)	-0.1014 (0.1027)	-0.1288 (0.1010)			
报销比				-0.0066 (0.0080)	0.0052 (0.0077)	0.0038 (0.0076)
教育年限		-0.028*** (0.0040)	-0.030*** (0.0048)		-0.029*** (0.0041)	-0.030*** (0.0048)
健康水平		0.0158 (0.0201)	0.0107 (0.0198)		0.0157 (0.0201)	0.0112 (0.0199)
男性比重		0.0872* (0.0469)	0.0880* (0.0469)		0.0885* (0.0470)	0.0889* (0.0471)
工作比重		-0.0254 (0.0473)	-0.0174 (0.0479)		-0.0213 (0.0482)	-0.0163 (0.0486)

续表 8.9

变量	基尼系数					
	（1）	（2）	（3）	（4）	（5）	（6）
家庭规模			0.0299***			0.0290***
			(0.0105)			(0.0106)
人均收入对数			0.0730***			0.0706***
			(0.0255)			(0.0255)
人均支出对数			-0.0607*			-0.0591*
			(0.0337)			(0.0338)
常数项	0.4388***	0.5434***	0.3535	0.2964***	0.4474***	0.2443
	(0.1052)	(0.1126)	(0.2960)	(0.0167)	(0.0607)	(0.2820)
观测值	266	266	263	266	266	263
R-squared	0.0076	0.1656	0.2101	0.0026	0.1640	0.2058

注：括号中是标准误，*** $P<0.01$、** $P<0.05$、* $P<0.1$。

从表 8.9 第（1）—（3）列的回归结果可以发现：基本医疗保险覆盖率对县域财产差距有降低作用，但这种财产再分配效应在统计上不显著。第（4）—（6）列的结果表明基本医疗保险报销待遇对财产差距也没有显著的影响效应，意味着财产再分配效应不明显。就其他控制变量而言，教育可以降低财产差距，且在 1% 的显著性水平上保持显著；男性比重、家庭规模和家庭人均收入都显著提高了财产差距，而家庭人均消费支出则显著降低了财产差距。

8.5 本章小结

相比收入分配的不平等，财产分配不平等情况更加严重，其基尼系数超过 0.7，比收入基尼系数高 50% 以上，因此调节财产分配差距迫在眉睫。医疗保险作为分散疾病风险的再分配机制，可以降低居民面临的不确定性，从而缓解预防性储蓄动机，优化消费结构和投资结构，以此促进财产积累。本章在剖析基本医疗保险促进财产积累作用机制的基础上，依托 2018 年中国家庭追踪调查数据，检验不同的医疗保险类型对家庭净资产的影响效应，并且开展异质性分析和稳健性检验。实证结果表明：

第一，医疗保险显著地促进了财产积累。在控制个体特征、家庭收入和地区特征的前提下，公费医疗、城职保、城居保三种保险类型的参保者家庭人均净资产显著高于无医疗保险的个体，分别高出 13.76%、14.22%、13.589%，而新农合参保者的家庭人均净资产却比无医疗保险的个体显著低 12.29%。表明新农合由于待遇水平较低，无法发挥降低农村居民医疗负担的作用，也无法促进他们的财产积累。

第二，从异质性分析来看，不同医疗保险类型在不同群体中发挥的效应有差别。公费医疗在女性、35 岁以下、有工作和东部地区样本中产生着显著的促进财产积累的作用，影响效应在 25% 以上。城职保在男性和女性群体中都促进了财产积累，并且对青年、中年群体、有工作和东部地区的财产积累都产生正向影响，尤其是 35～45 岁的群体，正向效应达到 37.29%，但对老年人的财产积累影响不显著。城居保在男性、46～60 岁、有工作和东部地区的样本中产生了显著的财产积累促进效应，而新农合在任何样本中都没有对家庭净资产发挥显著的正向作用。

第三，就县域财产差距而言，基本医疗保险的再分配效应不显著。基本医疗保险覆盖率对县域财产差距有降低作用，但这种财产再分配效应在统计上不显著；报销待遇对财产差距也没有显著的影响效应。就其他因素而言，教育和家庭人均消费支出都显著地降低了财产差距，而家庭规模和人均收入则扩大了财产差距。在建设共同富裕的进程中，须进一步提升基本医疗保险的制度公平，充分发挥其再分配作用。

第9章 基本医疗保险再分配效应的机会平等机制

基本医疗保险通过提升医疗服务可及性，保障城乡居民医疗服务机会平等，从而发挥收入再分配和财产再分配作用。本章在机会平等理论的框架下，剖析基本医疗保险的机会平等机制，在此基础上依托中国家庭追踪调查微观数据，测算收入分配领域和医疗服务领域机会不平等的变动趋势。同时，采用Shapley值分解估计基本医疗保险对机会不平等的贡献。在稳健性检验方面，本章采用Heckman两步法修正医疗支出的样本选择偏误，提高实证结论的可靠性。

9.1 共同富裕下医疗保险的机会平等机制

在Roemer机会平等理论的框架下，个体优势（如收入、消费、财产等）可以分为个体可控的努力因素和个体不可控的环境因素，由努力因素造成的不平等是合理的，由环境因素造成的不平等即机会不平等是不合理的。基本医疗保险作为分散疾病风险、缓解医疗负担的再分配制度安排，旨在提高居民的医疗服务可及性和医疗服务均等化程度，促进机会公平，弥补健康等人力资本水平的劣势。人力资本水平的提升又可以促进收入增长和财产积累，从而对分配格局产生影响。基本医疗保险的机会平等作用机制如图9.1所示。

一般而言，低收入者健康状况更差，医疗需求更高，但其收入水平制约了对医疗服务的获取，从而陷入疾病—低收入的陷阱。因此，确保低收入者的医疗服务可及性和医保报销待遇平等性是实现医疗保险机会公平的关键。然而，在当前中国的医疗保险制度框架下，存在高收入群体获得更高质量医疗服务和更多医保报销的正向选择。不仅如此，由于医疗保险统筹水平较低，流动人口的参保地和居住地的存在不一致，导

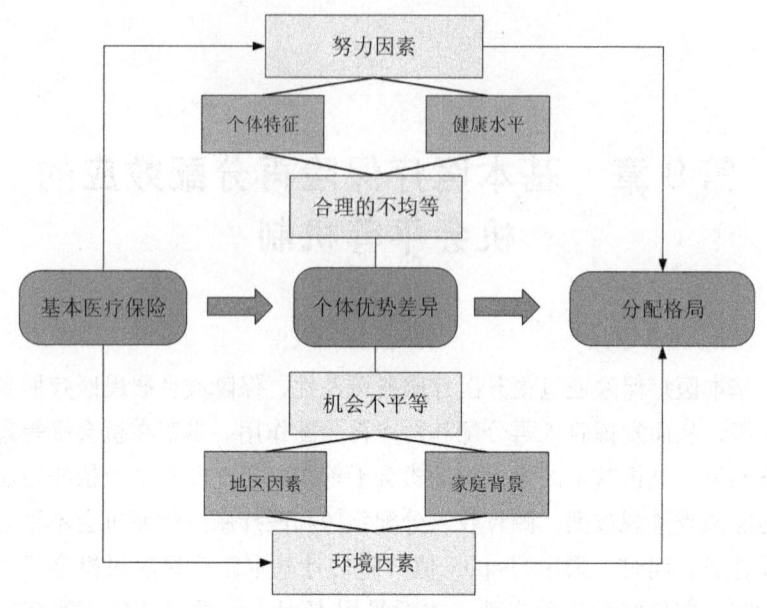

图9.1 医疗保险的机会平等机制

致他们的医疗服务使用率较低。因此，应当通过提高基本医疗保险制度的机会公平和受益公平，提高低收入者的医疗服务可及性，促进医疗公共服务均等化，助力城乡居民共同富裕。本书结合现有文献，将年龄、性别、婚姻状态及健康水平等个体特征归为努力因素，将教育年限、工作状态、收入水平、地区特征、医保类型、医疗服务可及性等归为环境因素。

9.2 数据介绍与描述性统计

9.2.1 数据介绍与样本限定

本章使用数据来自中国家庭追踪调查（CFPS），它是由北京大学中国社会科学调查中心（Institute of Social Science Survey，ISSS）实施的一项全国性、综合性的社会追踪调查项目，通过追踪个体、家庭、社区三个层次的数据，反映中国社会、经济、人口、教育和健康的变迁，为学术研究提供数据基础。CFPS覆盖了25个省、市和自治区，目标样本规模为 16000 户，调查对象包含样本家户中的全部家庭成员，主要调查经济、教育、家庭关系与家庭动态等问题。CFPS 于 2010 年正式开展调查，以 2010 年为基线调查，此后经过 2012、2014、2016、2018、2020 年五轮追踪调查。相较于 2014、2016 和 2018 年，2010 和 2012 年关于医疗支出变量在问询方式上和后面三年有所差异，因此本章选择后三年开展测算。

本章使用的样本限定如下：其一，限定为 18 岁以上的成年人。其二，医疗保险参保方面，为更具体地区分医疗保险制度的影响，本章将医疗保险分为公费医疗、城职保、城居保、新农合、无保险五种参保类型，同时由于数据库中补充医疗保险占比均小于 1%，为减少异常值对估计结果的影响，本章去掉了参加补充医疗保险的样本。

9.2.2 变量界定与描述性统计

在机会不平等的测算部分，本章使用的结果变量为医疗支出，分为医疗总支出和自付医疗支出两个变量。医疗总支出是指检查、治疗、住宿、看护等各项费用，包括已报销和预计可报销的部分。自付医疗支出是医疗总支出中不含已经报销或预计能报销的部分，对应的问题是"过去 12 个月，您伤病所产生的医疗总花费中，您自家直接支付了多少钱？"。在机会不平等的成因分析部分，本研究将考察四类因素：城乡属性、个体和经济特征、医疗保险、到医疗点距离。城乡属性即个体所在地为城镇还是农村；个体特征包括个体的年龄、性别、婚姻、受教育年限、健康以及地区；经济特征包括有无工作和收入；医疗保险参保类型，包括无保险、公费医疗、职工医保和居民医保；医疗资源可及性用到最近医疗点的距离来表示。

描述性统计部分主要展示 2014、2016、2018 年三年的医疗支出、城乡属性、个体和经济特征、医疗保险、医疗资源可及性的基本情况，三个年份的样本量分别为：15175、16579 和 12761。如表 9.1 所示。首先，来看医疗总支出的均值，从 2014 年的 3800.03 元上升到 2016 年的 4323.19 元，又下降至 2018 年的 3387.90 元，个人自付医疗支出均值从 2014 年的 2474.42 元上升到 2018 年的 2034.98 元，表明居民医疗负担不断下降。从城乡分布来看，城镇占比逐年升高，城镇化水平进一步提升。样本平均年龄在 50 岁以上，最小年龄为 18 岁。性别上三个年份的性别比均为 0.46，女性比重略高于男性，样本平均受教育程度均为初中。健康均值为 2.69，意味着样本的健康状况一般。收入均值从 2014 年的 15186.14 元上升至 2018 年的 24556.42 元，收入水平的提升带来医疗需求的增加，从而促进医疗支出的上涨。医疗保险参保类型方面，大部分个体参加了城居保，未参保占比不到 10%。到医疗点距离均值稳定在 1500 米左右。

表 9.1 医疗支出描述性统计

变量	2014 年		2016 年		2018 年	
	均值	标准差	均值	标准差	均值	标准差
医疗总支出/元	3800.03	12230.17	4323.19	14009.49	3387.90	9248.23
个人自付医疗支出/元	2474.42	7279.26	2827.72	8656.15	2034.98	4310.74
城乡	0.45	0.50	0.46	0.50	0.48	0.50
年龄/岁	50.32	15.32	50.37	15.57	51.17	14.84
性别	0.46	0.50	0.46	0.50	0.46	0.50
教育	6.04	4.93	6.35	4.97	6.88	5.03
健康	2.69	1.23	2.64	1.19	2.70	1.19
收入/元	15186.14	35335.99	21468.70	71214.13	24556.42	53808.53
工作	0.68	0.47	0.66	0.47	0.70	0.46
地区	2.26	1.05	2.24	1.04	0.31	0.46
到医疗点距离/米	1601.8	4217.24	1568.04	3651.08	1657.08	4488.12
样本量/个	15175		16579		12761	

9.3 医疗服务机会不平等的变动趋势

本章采用基于事前参数法的反事实构建来测度医疗服务使用的机会不平等，将医疗支出作为医疗服务使用的代理变量，分为医疗总支出和自付医疗支出。基于 CFPS 2014、2016、2018 年测算得到医疗服务机会不平等绝对量及相对量变动趋势如表 9.2 和表 9.3 所示。

第9章 基本医疗保险再分配效应的机会平等机制

表9.2 城乡医疗服务机会不平等绝对量

变量	结果不平等			机会不平等		
	2014年	2016年	2018年	2014年	2016年	2018年
医疗总支出	0.7848	0.7847	0.7335	0.2999	0.2781	0.2662
城镇	0.7841	0.7855	0.7469	0.3256	0.3137	0.3103
农村	0.7791	0.7774	0.7014	0.2456	0.2266	0.1818
自付医疗支出	0.7534	0.7630	0.6723	0.2591	0.2475	0.2146
城镇	0.7475	0.7635	0.6846	0.2712	0.2705	0.2480
农村	0.7575	0.7607	0.6507	0.2326	0.2192	0.1612

注：表中数值为基尼系数。

从全样本来看，医疗总支出机会不平等的绝对量从2014年的0.2999下降到2018年的0.2662，机会不平等的相对量由2014年的38.2%下降到2018年的36.29%；自付医疗支出的机会不平等绝对量从2014年的0.2591下降到2018年的0.2146，机会不平等相对量由2014年的34.88%下降到2018年的31.93%。分城乡来看，一方面，不管是医疗总支出还是自付医疗支出，城镇的机会不平等绝对量和相对量都大于农村；另一方面，城镇和农村医疗支出机会不平等的绝对量和相对量都存在下降的趋势。

表9.3 城乡医疗服务使用差距机会不平等相对量

变量	机会不平等占比[1]			机会不平等占比[2]		
	2014年	2016年	2018年	2014年	2016年	2018年
医疗总支出	38.22%	38.22%	35.45%	36.29%	35.45%	36.29%
城镇	41.53%	41.53%	39.94%	41.55%	39.94%	41.55%
农村	31.53%	31.53%	29.15%	25.92%	29.15%	25.92%
自付医疗支出	34.38%	34.38%	32.44%	31.93%	32.44%	31.93%
城镇	36.29%	36.29%	35.43%	36.23%	35.43%	36.23%
农村	30.71%	30.71%	28.82%	24.78%	28.82%	24.78%

注：机会不平等占比[1]和机会不平等占比[2]表示在两种不同的环境变量设置规则下的测算结果。

现有研究对环境变量和努力变量的选取并不唯一,本章在原有分类的基础上,变化环境变量与努力变量的内容,以此来检验医疗服务使用机会不平等的测度结果是否稳健。在机会不平等占比^{2}的测算中,环境因素包括城乡、收入、工作、地区、医疗保险和到医疗点距离,努力因素则包括了年龄、性别、教育和健康。变化环境变量的结果如表9.3后三列所示,机会不平等占比的变动趋势与前三列保持一致。

9.4 基本医疗保险的机会平等效应估计

9.4.1 基准结果

本小节采用Shapley值方法对机会不平等的成因进行分解,并且测算基本医疗保险对机会不平等的贡献,结果如表9.4所示。可以看到,2014、2016、2018年医疗保险对医疗服务使用机会不平等程度的贡献呈现波动趋势,但仍然达到40%以上。首先,医疗保险对医疗总支出机会不平等的贡献从2014年的46.45%下降到2018年的44.24%,医疗保险对自付医疗支出机会不平等的贡献从2014年的39.05%上升到2018年的42.41%。城乡属性在城乡医疗支出机会不平等中的贡献率总体上呈现出下降趋势,对医疗总支出机会不平等的贡献率从2014年的46.38%下降到2018年的39.56%,对自付医疗支出机会不平等的贡献率从2014年的41.14%下降到2018年的36.71%。2016年以前,收入水平对医疗总支出机会不平等中的贡献不足1%,而对自付医疗支出机会不平等的贡献超过18%;2018年,收入水平对医疗总支出机会不平等中的贡献达到15.36%,而对自付医疗支出机会不平等的贡献下降至9.38%。

表9.4 医疗服务使用机会不平等的Shapley值分解

变量	医疗总支出	自付医疗支出
2014年		
城乡	46.38%	41.14%
地区	6.11%	0.51%

续表 9.4

变量	医疗总支出	自付医疗支出
收入	0.53%	18.34%
医疗保险	46.45%	39.05%
到医疗点距离	0.53%	0.97%
2016 年		
城乡	40.06%	35.42%
地区	4.60%	1.09%
收入	0.13%	20.59%
医疗保险	54.85%	42.65%
到医疗点距离	0.35%	0.25%
2018 年		
城乡	39.56%	36.71%
地区	0.54%	11.09%
收入	15.36%	9.38%
医疗保险	44.24%	42.41%
到医疗点距离	0.31%	0.41%

9.4.2 异质性分析

从表 9.5 的分解结果来看，医疗保险对医疗服务机会不平等的贡献在城镇、东部和中部地区更大，在农村、西部和东北地区相对较小。分城乡来看，医疗保险对城镇居民医疗总支出机会不平等的贡献达到 80%，对自付医疗支出机会不平等的贡献也在 65%。2016 年，医疗保险对农村居民医疗服务使用机会不平等的贡献不足 1%。分地区来看，医疗保险对东部地区居民医疗服务使用机会不平等的贡献在 40% 以上，对中部地区居民医疗服务使用机会不平等的贡献在 50% 以上，对西部地区居民医疗服务使用机会不平等的贡献在 30% 左右，对东北地区居民医疗服务使用机会不平等的贡献不到 10%。

表9.5 医疗保险对机会不平等贡献的地区差异

因变量	城乡		地区			
	城镇	农村	东部	中部	西部	东北
2014年						
医疗总支出	80.81%	56.25%	46.70%	50.79%	31.63%	36.99%
自付医疗支出	65.87%	33.08%	32.05%	57.95%	36.58%	24.58%
2016年						
医疗总支出	94.97%	0.47%	57.29%	68.47%	26.46%	10.64%
自付医疗支出	76.66%	1.85%	48.94%	65.69%	33.28%	10.82%
2018年						
医疗总支出	84.27%	0.51%	46.73%	60.19%	20.75%	7.97%
自付医疗支出	65.27%	0.27%	48.44%	63.46%	26.79%	4.74%

9.4.3 稳健性检验

由于医疗支出缺失值较多，因此基准估计结果可能存在样本选择偏误，对此，本书采用Heckman两步法修正估计偏误，在此基础上开展Shapley值分解，结果如表9.6所示。可以看到：在纠正样本选择偏误的基础上，医疗保险对医疗服务机会不平等的贡献保持稳健，仍然达到30%~58%。城乡、收入、地区和医疗资源可及性对机会不平等的贡献也与表9.5保持一致。

表9.6 2014—2018年城乡医疗支出机会不平等分解

2014年		
变量	医疗总支出	自付医疗支出
城乡	51.95%	39.72%
收入	1.49%	0.97%
地区	0.10%	0.33%
医疗保险	46.16%	58.33%
到医疗点距离	0.31%	0.66%

续表9.6

2016 年		
变量	医疗总支出	自付医疗支出
城乡	51.80%	41.08%
收入	14.03%	1.99%
地区	2.14%	1.00%
医疗保险	30.36%	55.30%
到医疗点距离	1.68%	0.63%
2018 年		
变量	医疗总支出	自付医疗支出
城乡	31.62%	33.52%
收入	13.16%	11.64%
地区	0.64%	1.86%
医疗保险	54.24%	52.76%
到医疗点距离	0.34%	0.21%

9.5 本章小结

本章在机会平等的理论框架下，剖析基本医疗服务对收入分配和医疗服务机会平等的影响机制，考察医疗保险在确保起点公平方面的作用。接着，基于CFPS微观数据，剖析医疗服务机会不平等的变动趋势，并且考察医疗保险对医疗服务机会不平等的贡献。在此基础上，采用基于回归方程的分解，考察医疗保险对机会不平等的影响效应，并且开展稳健性检验。实证结果如下：

第一，医疗服务机会不平等自2014年来略有下降。医疗总支出机会不平等的绝对量从2014年的0.2999下降到2018年的0.2662，机会不平等的相对量由2014年的38.22%下降到2018年的36.29%；自付医疗支出的机会不平等绝对量从2014年的0.2591下降到2018年的0.2146，机会不平等相对量由2014年的34.38%下降到2018年的31.93%。这就意味着医疗保险降低了医疗服务的机会不平等程度。医疗保险对于机会不平等的贡献在10%左右，且2018年相比2016年略有下降。

第二，医疗保险对机会不平等的贡献近年来虽有下降，但仍达到40%以上。医疗保险对医疗总支出机会不平等的贡献从 2014 年的 46.45% 下降到 2018 年的 44.24%；对自付医疗支出机会不平等的贡献从 2014 年的 39.05% 上升到 2018 年的 42.41%。城乡属性在城乡医疗支出机会不平等中的贡献率总体上呈现出下降趋势，对医疗总支出机会不平等的贡献率从 2014 年的 46.38% 下降到 2018 年的 39.56%，对自付医疗支出机会不平等的贡献率从 2014 年的 41.14% 下降到 2018 年的 36.71%。

第 10 章 基本医疗保险再分配效应的健康提升机制

本章基于 2018 年中国流动人口动态监测调查数据考察基本医疗保险的健康提升机制。医疗保障制度是解决因病致贫、因病返贫问题的重要举措，也是实现"健康中国"的重要保障。目前我国建立了覆盖全民的基本医疗保障体系，有效提高了居民医疗服务的可及性，并提升了居民健康。受到户籍制度的历史影响，流动人口在享受医疗服务方面存在劣势，主要表现为参保地和工作地不一致产生的医疗服务使用和医疗报销收益问题，因而更容易遭受健康风险。提升流动人口医疗保险的参保率，合理提高城乡居民医疗保险的相关待遇水平，进一步完善医保制度异地报销转移接续制度，对于增强流动人口医疗服务可及性提升其健康水平有着重要的现实意义。

10.1 共同富裕下医疗保险的健康提升机制

近年来，流动人口群体规模越来越大，第七次人口普查公报数据显示，2020 年我国的流动人口高达 3.76 亿人①。然而，流动人口的参保率低于全国平均水平，而且大部分流动人口参加的是居民医保。在健康需求理论的框架下，医疗保险通过分散疾病风险提高居民的医疗卫生可及性，提升其健康水平（Grossman，1977）。医疗保险、医疗支出和健康水平之间的影响机制如图 10.1 所示。

首先，个体健康与医疗保险的相互作用——逆向选择和行为效应。一方面，个体健康差异会影响医疗保险的参与情况，即逆向选择——健

---

① 国家统计局：《第七次全国人口普查公报（第七号）》，2021 - 05 - 11，http://www.gov.cn/xinwen/2021 - 05/11/content_ 5605791. htm。

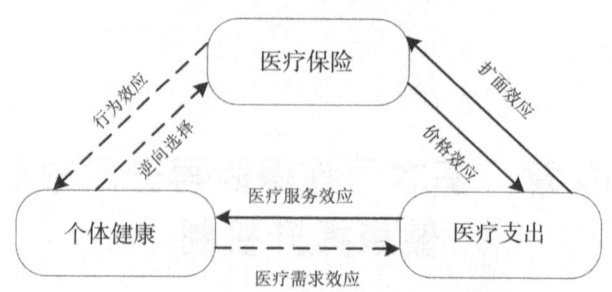

图 10.1　医疗保险对个体健康的影响机制

康水平较差的个体预期到未来医疗服务的需求更高，更倾向于参与医疗保险。另一方面，由于参保者有了医疗保险解决后顾之忧，他们会减少对自己健康水平的关注，更容易采取不利于自身健康的行为（如抽烟、喝酒、不积极锻炼身体等），即事前道德风险。无论是逆向选择机制还是行为效应机制，个体健康与医疗保险之间呈现负向的关系，表现为图 10.1 中的虚线。当然，也存在正向选择，健康水平更高的个体更加注重个体健康，更有可能参与医疗保险。

其次，个体健康与医疗支出的相互作用——医疗需求效应和医疗服务效应。一方面，个体健康水平的差异导致医疗服务需求的不同，健康水平越低，医疗服务需求越高，从而医疗支出也更高。另一方面，随着医疗支出的增加，个体接受的医疗服务增多，健康水平相应提升。因此，在医疗需求效应机制上，个体健康与医疗支出呈负相关，表现为图 10.1 的虚线；在医疗服务效应上，个体健康与医疗支出呈正相关，表现为图 10.1 的实线。

最后，医疗保险与医疗支出的相互作用——价格效应和扩面效应。一方面，医疗保险通过第三方费用承担机制，降低了个体的医疗服务成本，从而增加了个体的医疗需求，提高了医疗支出。另一方面，医疗支出的增加，尤其是国家和社会医疗支出的增加有助于扩大医疗保险的覆盖面。无论是价格效应还是扩面效应，医疗保险与医疗支出之间都呈现正相关关系，表现为图 10.1 中的实线。

第 10 章 基本医疗保险再分配效应的健康提升机制

10.2 数据介绍与描述性统计

本章使用的数据来自 2018 年全国流动人口动态监测调查（China Migrants Dynamic Survey，CMDS）。CMDS 以全国省级单位前一年度流动人口年报数据作为抽样框，采用 PPS（Probability Proprotional to Size Sampling）方法进行抽样，用以剖析流动人口健康、就业、医疗服务、迁移行为等方面的问题。CMDS 的调查对象是 15 周岁及以上、在流入地至少居住一个月、非本区（县、市）户口的流入人口，2018 年度的样本量为 152000 个。由于当前医疗保险参保率已经达到 95% 以上，无保险的居民不到 5%，而且医疗保险的类型（职工医保和居民医保）主要由工作状态决定，因此在全体居民中考察医疗保险对健康的影响效应存在估计偏误。相比之下，流动人口群体内部的异质性较小，即便从事同样的非农受雇工作，也存在医疗保险类型的差异，而且流动人口的医保参保率更低，这样一来，核心自变量的变异更大，更有利于开展实证检验。为了提高样本同质性，本章选取年龄在 60 周岁以下，剔除少数参加公费医疗和商业保险的样本并清理异常值和缺失值后，最终得到有效样本量 15626 个。

本章考察的是医疗保险对流动人口的健康提升效应，被解释变量为流动人口的健康状况——自评健康。健康自评的指标使用起来更加简便，不需要专门对调查员进行培训，同时也可以避免调查对象的回忆偏倚及调查员偏倚（孟琴琴、张拓红，2010）。因此，本章选取问卷中的自评健康作为被解释变量，健康状态有 1 和 0 两种取值，1 代表健康，0 代表不健康。关键自变量是流动人口医疗保险的参保情况，用两个虚拟变量表示三种参保状态——无保险、城职保及城居保。

控制变量包括流动人口的个体特征、社会经济特征、流动行为及社会融入情况。个体特征主要包括年龄、性别、教育、婚姻状况、户口类型；社会经济特征包括月平均收入对数、党员、就业单位性质；流动行为包括流动范围、参保地点；社会融入特征选取了传染病及职业病防治教育、长期居住意愿。各变量的定义说明如表 10.1 所示。

表 10.1 变量界定说明

变量类型	变量名称	变量定义
被解释变量	自评健康	健康 =1，一般 =0
核心解释变量	医疗保险 城居保 城职保 未参保	赋值1 赋值2 赋值0
控制变量	参保地点	流入地 =2，户籍地 =1，未参保 =0
	年龄	当年问卷调查年龄
	户口	农业 =1，非农 =2，农转非 =3
	性别	男 =1，女 =2
	教育年限	按教育年限分类
	婚姻	在婚 =1，未婚 =0
	家庭成员	流入地家庭成员数
	是否为党员	党员 =1，非党员 =0
	单位性质	国有单位 =1，其他 =0
	流动范围	跨省 =1，省内 =2，市内 =3
	工资对数	月工资取对数
	长期居住意愿	长期留在当地 =1，反之 =0
	职业病培训	接受过 =1，反之 =0
	传染病培训	接受过 =1，反之 =0
中介变量	医疗服务使用	使用 =1，未使用 =0

如表10.2所示，流动人口的健康状况总体较好，回答者中，健康的个体占比67%，健康状况一般的个体为33%；医疗保险参保情况方面，总参保率为93%，低于全国平均参保水平，其中城居保占比较高，为62%，城职保仅为32%，未参保比例为6%。个体特征方面，调查对象的平均年龄为37岁，其中男女占比基本一致，女性略多，占比为50.17%；教育年限均值为10，以初、高中学历为主；81%的流动人口为已婚状态，68%的调查样本为农村户口。社会经济特征方面，国有单位、机关就业的比例为9%，党员占比仅为6%，流动人口的月平均工资为4760元。流动特征方面，52%的流动人口为跨省流动；其次是省

内流动,为33.1%。参保地点方面,64%的流动人口在户籍地参加医疗保险,选择在居住地参保的为30%。此外,接受过职业病、传染病教育的流动人口占比分别为34%、37%;愿意长期留在居住地的占86%。

表10.2 自变量和因变量的描述性统计(CMDS2018)

变量	样本数量/个	平均值	标准差	最小值	最大值
自评健康	11558	0.66	0.47	0	1
医疗保险	11558	1.26	0.56	0	2
参保地点	11558	1.24	0.55	0	2
年龄	11558	36.75	10.06	15	60
户口	11558	1.46	0.73	1	3
性别	11558	1.5	0.5	1	2
教育年限	11558	10.28	3.7	0	19
婚姻	11558	0.81	0.39	0	1
家庭成员	11558	3.18	1.24	1	10
是否为党员	11558	0.06	0.23	0	1
单位性质	11558	0.09	0.29	0	1
流动范围	11558	1.64	0.73	1	3
工资对数	11558	8.24	0.65	3.69	11.7
长期居住意愿	11558	0.86	0.35	0	1
职业病培训	11558	0.34	0.48	0	1
传染病培训	11558	0.37	0.48	0	1

为了进一步考察不同参保类型流动人口的自评健康、参保地、性别的差异,本章进行了分样本统计,如表10.3所示。结果表明,自评健康状况最佳的参保类型是城职保,回答健康的占比为97%;其次是未参保群体,回答健康的占比为94%;参加城居保的健康比例较低,为93%。城居保中户籍地参保的占比较高,为90%;城职保方面则是流入地参保的比例高,为74%,参保地的选择与户籍地的情况基本匹配。性别方面,不同制度类型的参保群体性别分布较为均衡。

表10.3 分样本描述性统计结果

变量	未参保		城居保		城职保	
	频数	频率	频数	频率	频数	频率
一般	41	5.99	503	6.97	95	2.59
健康	644	94.01	6709	93.03	3566	97.41
男性	332	48.47	3622	50.22	1805	49.30
女性	353	51.53	3590	49.78	1856	50.70
户籍地参保	—	—	6459	89.56	956	26.11
流入地参保	—	—	753	10.44	2705	73.89
观测值	685	5.93	7212	62.40	3661	31.68

10.3 基准回归结果

鉴于被解释变量健康为二值变量，本小节基准回归中选择 Logistic 回归模型。回归结果均采用比值比（odds ratio）的形式呈现，大于1为正效应，小于1为负效应。回归模型如下所示：

$$\mathrm{Ln}\left(\frac{p}{1-p}\right) = \alpha_0 + \alpha_1 insurance + \beta X \tag{10.1}$$

式中，p 表示健康的概率；$insurance$ 代表两个虚拟变量，表示是否参加城职保和是否参加城居保，基准组是无医疗保险。X 是控制变量，包括参保地点、年龄、户口、性别、教育年限、婚姻、家庭成员数量、是否为党员、单位性质、流动范围、工资对数、长期居住意愿、是否参加职业病培训和是否参加传染病培训。回归结果如表10.4所示。

表10.4 基准回归结果

变量	健康				
	(1)	(2)	(3)	(4)	(5)
城乡居民基本医疗保险	0.9657 (0.0800)	1.3159** (0.1484)	1.3155** (0.1484)	1.2994** (0.1484)	1.2902** (0.1477)
城镇职工基本医疗保险	1.7264*** (0.1518)	1.6625*** (0.2368)	1.6683*** (0.2378)	1.5694*** (0.2263)	1.5153*** (0.2194)

续表10.4

变量	健康				
	(1)	(2)	(3)	(4)	(5)
参保地点		0.9372 (0.0578)	0.9372 (0.0578)	0.9531 (0.0595)	0.9406 (0.0589)
年龄		0.9333*** (0.0024)	0.9336*** (0.0024)	0.9361*** (0.0025)	0.9366*** (0.0025)
户口		1.0676** (0.0319)	1.0684** (0.0319)	1.0751** (0.0324)	1.0662** (0.0323)
性别		0.9745 (0.0417)	0.9747 (0.0417)	1.1077** (0.0498)	1.1213** (0.0507)
教育年限		1.0371*** (0.0073)	1.0388*** (0.0076)	1.0263*** (0.0077)	1.0247*** (0.0077)
婚姻		1.2081*** (0.0756)	1.1815** (0.0886)	1.1346* (0.0856)	1.1229 (0.0850)
家庭成员数量			1.0126 (0.0218)	1.0082 (0.0218)	1.0064 (0.0218)
是否为党员			0.9268 (0.0902)	0.9355 (0.0922)	0.9277 (0.0915)
单位性质				0.9313 (0.0752)	0.8998 (0.0729)
流动范围				0.8770*** (0.0256)	0.8632*** (0.0253)
工资对数				1.4053*** (0.0522)	1.3964*** (0.0519)
长期居住意愿					1.2440*** (0.0745)
职业病培训					1.2368*** (0.0652)
传染病培训					1.0911* (0.0554)

续表 10.4

变量	健康				
	(1)	(2)	(3)	(4)	(5)
观测值	11558	11558	11558	11558	11558

注：括号内为稳健标准误，*** $P<0.01$，** $P<0.05$ 和 * $P<0.1$。

表 10.4 采用逐步放入相关变量的方法进行回归分析，共分为五个模型。模型（1）在未放入个体特征、社会经济特征等因素的情况下考察医疗保险对自评健康的影响，可以看到相比未参保的流动人口，参加城镇职工医疗保险对自评健康为正效应，且在 1% 的水平上显著，而参加城乡居民医保对自评健康没有显著的促进作用。模型（2）、（3）在控制了流动人口的个体特征、家庭成员数量、党员身份的情况下，城职保和城居保均对流动人口的健康状况为正效应，其中参加城居保和参加城职保的流动人口身体状况更加健康的概率分别是未参保群体的 1.33 倍、1.66 倍，且均在 1% 的显著性水平上显著。个体特征中的户口、教育年限、婚姻状况对自评健康为正效应，年龄则为负效应，这主要是因为年龄越大患病的风险越高，自评健康越差。教育年限对健康状况的正效应在 1% 的显著性水平上显著，而户口和婚姻状况在 5% 的显著性水平上显著，城镇户口相对农村户口来说生活条件（饮食、医疗服务资源）较好，因而健康状况较好，而婚姻能显著提高流动人口抵抗风险的能力。

模型（4）中控制了相关流动特征和社会经济特征后，较模型（3）相比无较大变化，城职保和城居保对自评健康的正效应分别在 1% 和 5% 的显著性水平上保持显著，年龄、流动范围均为负效应，且在 1% 的水平上显著。相比省内、市内流动群体，跨省流动人口更加健康；教育年限和婚姻状况依旧为正效应，婚姻状况的显著水平由 1% 降为 10%。性别对自评健康呈现显著正效应，工资水平对自评健康为正效应，在 1% 的水平上显著。党员、家庭成员数、单位性质对流动人口的自评健康不显著。

模型（5）中控制了所有变量，可以看到城职保的正效应从 1.54 降为 1.51，但仍然在 1% 的水平上显著；城居保同样为正效应，健康状况是未参保群体的 1.29 倍（$P<0.05$）。个体特征、社会经济特征方面：

户口、性别、教育年限对自评健康为正效应，年龄为负效应，婚姻状况对自评健康的影响转为不显著。流动特征和社会融入方面：流动范围仍然为负效应（$P<0.01$），工资对数在1%的水平上呈现正效应；长期居住意愿、传染病及职业病教育对流动人口的健康状况均为正效应，相对于短期居住意愿的群体，打算长期居住的流动人口健康状况是前者的1.24倍（$P<0.01$），接受职业病教育的群体的健康状况是未接受群体的1.23倍（$P<0.01$），传染病教育对自评健康的正效应相对较低，其健康状况是未接受群体的1.09倍（$P<0.1$），健康教育的普及能有效地改善流动人口的健康水平。基准回归分析表明，不论是何种制度类型，参加医疗保险均显著提升了流动人口的健康状况。

医疗保险的参保和缴费是流动人口获得医疗服务资源的重要凭证，影响个体健康的因素相对复杂（医疗资源、自身习惯、其他因素等），医疗保险可能通过直接或间接的方式影响健康。现有的研究表明，医疗保险可能通过三个间接渠道对健康产生影响：首先是提高参保人群医疗服务的可及性，其次是改变个人健康行为，最后是其他渠道间接影响健康，如降低预防性储蓄（潘杰、秦雪征，2014）。医疗保险最直接的功能在于保障参保人群患病时医疗服务利用的可及性，因此医疗保险会对健康产生直接和间接两种效应。

表10.5 展示了间接效应的回归结果，模型（1）考察的是医疗保险对医疗服务使用的影响，被解释变量为医疗服务利用。相对于未参保群体，参加医疗保险显著提升了流动人口医疗服务资源的可及性，参加城职保、城居保的流动人口享受医疗服务利用的概率分别是未参保群体的1.74倍、1.66倍，且均在1%的水平上显著。模型（2）考察的是健康与医疗服务利用之间的关系，被解释变量为自评健康，可以看到医疗服务利用对参保群体的健康状况为负效应，显著水平为10%，这主要是因为医疗资源利用越多的个体，身体状况相对较差，也可能是因为医疗保险参保的自选择问题（身体状况越差的人越可能参保）。模型（3）则是综合考察直接效应和间接效应的回归结果，可以看到在加入保险类型后，医疗保险对健康的影响依旧为正效应，城职保健康提升效应大于城居保（$P<0.01$），这说明医疗保险确实通过影响流动人口的医疗服务利用来影响其健康水平。

表10.5 医疗保险提升健康水平的机制

变量	医疗服务利用 (1) OLS	健康 (2) ologit	健康 (3) ologit
医疗服务利用		0.9066* (0.0463)	0.9003** (0.0460)
城乡居民 基本医疗保险	1.6692*** (0.2030)		1.1837* (0.1038)
城镇职工 基本医疗保险	1.7413*** (0.2217)		1.3348*** (0.1278)
年龄	0.9897*** (0.0029)	0.9354*** (0.0024)	0.9352*** (0.0024)
户口	1.1130*** (0.0351)	1.0666** (0.0313)	1.0653** (0.0314)
性别	1.6035*** (0.0803)	1.1573*** (0.0511)	1.1492*** (0.0508)
教育年限	1.0215** (0.0085)	1.0400*** (0.0073)	1.0348*** (0.0076)
婚姻	2.2904*** (0.2044)	1.1821** (0.0873)	1.1674** (0.0864)
经济流动特征	控制	控制	控制
社会融入特征	控制	控制	控制
cut1		0.2181*** (0.0770)	0.2222*** (0.0797)
cut2		2.4146** (0.8522)	2.4627** (0.8827)
Constant	0.0209*** (0.0086)		
观测值	11557	11557	11557

注：括号内为标准误，*** $P<0.01$、** $P<0.05$、* $P<0.1$。

10.4 异质性分析

为了进一步探讨医疗保险对不同流动人口群体健康状况影响的结构差异,依据基准回归的相关结果,选取了性别、户口、流动范围、年龄、教育年限五个变量进行分样本回归,其中将年龄分为30岁以下、30~45岁、45~60岁三个年龄段,教育年限按小学及以下,初、高中,大学及以上分三个阶段,结果如表10.6所示。

表10.6 分样本回归结果

变量	男性	女性	农业	非农业	跨省	跨市	市内
	Logit	Logit	Logit	Logit	Logit	Logit	Logit
城居保	1.2691	1.3042	1.3958**	1.0530	1.4003**	1.0647	1.4865
	(0.2045)	(0.2138)	(0.1991)	(0.2068)	(0.2080)	(0.2245)	(0.5636)
城职保	1.5172**	1.5092*	1.8075***	1.0527	1.7019***	1.2124	1.5417
	(0.3052)	(0.3174)	(0.3274)	(0.2587)	(0.3214)	(0.3172)	(0.7425)
控制变量	有	有	有	有	有	有	有
样本量	5759	5799	7850	3708	5963	3815	1780

变量	30岁以下	30~45岁	45~60岁	小学及以下	初高中	大学及以上
	Logit	Logit	Logit	Logit	Logit	Logit
城居保	0.8925	1.5355**	1.5443*	1.9739***	1.0671	1.2876
	(0.2048)	(0.2601)	(0.3544)	(0.4740)	(0.1594)	(0.3940)
城职保	1.1053	1.9654***	1.5921	3.7926***	1.1100	1.7837*
	(0.3307)	(0.4150)	(0.4520)	−1.2523	(0.2094)	(0.6167)
控制变量	有	有	有	有	有	有
样本量	3722	5092	2744	2199	6830	2529

注:括号内为标准误,*** $P<0.01$、** $P<0.05$、* $P<0.1$。因变量是自评健康等级。

由表10.6可知,无论是分性别、户口还是流动范围,城职保对流动人口健康状况的提升最为显著。性别方面,城职保对女性、男性流动人口的健康状况均为正效应,分别在5%、10%的水平上显著,而城居保则均不显著，相比未参保的群体，男性参保群体更加健康的概率为前者的 1.51 倍，女性则是 1.5 倍。户口方面，城居保和城职保对农业户口群体的健康状况提升效应显著，城职保对健康的正效应高于城居保，在 1% 的水平上显著；而对于非农户口流动群体而言，医疗保险对其健康状况则不显著。原因在于非农户口的流动人口医疗服务可及性更强，医疗资源的获取也更加便捷，而且非农户口的流动人口从事的工作环境更好，身体状况也更佳，因此医疗保险的效应较弱。

流动范围分为跨省、跨市、市内流动三个层面，相对于未参保的流动人口，参加医疗保险对跨省流动的群体健康状况为正效应，其中城居保提升的概率为 40%，城职保的提升概率为 70%，显著水平分别为 5%、1%，而对于流动范围较小的省内跨市、市内流动群体是不显著的。

从分年龄段的结果来看，医疗保险对 30～45 岁这个阶段的流动人口自评健康状况呈现正效应，其中参加城职保的健康状况是未参保群体的 1.96 倍（$P<0.01$），城居保则是 1.53 倍（$P<0.05$）。对于 45～60 岁这个年龄段的流动人口，居民医保对健康的正效应在 10% 的显著性水平上显著，城职保则不显著。教育年限方面，医疗保险对学历为小学及以下、大学及以上这两个群体的健康状况为正效应，其中医疗保险对低学历群体的健康提升效应最显著，且均在 1% 的水平上显著，但对于初、高中学历群体的健康状况不显著。

概而言之，参加医疗保险对于改善流动人口的健康状况是显著的。无论是城居保还是城职保，都对流动人口的健康状况起到显著的正效应。分样本回归可以看出，对于相对弱势群体的健康状况的提升效应更为显著（如农业户籍、低学历群体、跨省流动群体），且城职保的健康促进效应显著高于城居保，城居保对流动人口健康状况的提升较为有限，一方面是因为制度本身的待遇差异，另一方面一个重要的原因是制度间的兼容性及异地报销手续的烦琐困难，导致流动人口在流入地无法完全享受医保待遇，从而降低了医疗服务的可得性，因此对提升参保群体健康效应的作用有限。

10.5 稳健性检验

为了进一步检验实证结果的稳健性，本章通过更换被解释变量的度量方式来考察结果的显著性。前文的回归分析中因变量采用的是健康、一般二值变量，稳健性分析中依据调查问卷的回答将自评健康的等级更换为健康、次健康、一般三类，并依次赋值2、1、0，核心解释变量和控制变量不作更改。鉴于被解释变量为多分类有序变量，因此使用 Lologit 回归分析模型，大于1为正效应，小于1为负效应，结果如表10.7 所示。

表10.7 稳健性检验

变量	（1）	（2）	（3）	（4）
城居保	1.0327	1.3752***	1.3610***	1.3565***
	(0.1075)	(0.1511)	(0.1513)	(0.1510)
城职保	1.9792***	1.8029***	1.6964***	1.6472***
	(0.2655)	(0.2523)	(0.2400)	(0.2337)
参保地点	0.9306	0.8767**	0.8911*	0.8785**
	(0.0545)	(0.0534)	(0.0548)	(0.0542)
个体特征变量	无	有	有	有
流动特征变量	无	无	有	有
社会融入变量	无	无	无	有
cut1	0.0657***	0.0090***	0.1912***	0.2232***
	(0.0056)	(0.0017)	(0.0684)	(0.0800)
cut2	0.5802***	0.0951***	2.1010**	2.4728**
	(0.0453)	(0.0175)	(0.7505)	(0.8863)
观测值	11558	11558	11558	11558

注：括号内为标准误，*** $P<0.01$、** $P<0.05$、* $P<0.1$。

表10.7中模型（1）至模型（4）同样采用逐步放入个体特征、经济流动特征、社会融入特征的方式来考察医疗保险对自评健康的效应。结果显示：模型（1）至模型（4）城职保对流动人口的自评健康始终为正效应，且在1%的显著水平上保持显著；城居保从模型（2）至模

型（4）中对流动人口的自评健康为正效应，同样在1%的水平上显著；且模型（1）至模型（4）中，城职保对流动人口健康的提升效应始终大于城居保的正效应。这与前文得出的结论基本一致，参加医疗保险显著提升了流动人口的健康状况。

10.6 本章小结

在健康需求理论的框架下，医疗保险通过分散疾病风险提高居民的医疗卫生可及性，提升其健康水平。健康水平的提升带来人力资本的增强，从而增加居民收入，与此同时改变消费结构和投资行为，最终影响财产分配的格局。医疗保险不仅对健康产生直接效应，还会产生间接效应，间接效应来自医疗服务使用这个渠道。本章基于2018年CMDS数据检验医疗保险再分配效应的健康提升机制，并且开展异质性分析和稳健性检验。

2018CMDS的实证结果表明：相比没有医疗保险的流动人口，参加城职保的个体更加健康的概率是未参保个体的1.51倍；参加城居保的个体更加健康的概率是未参保个体的1.29倍，两类医疗保险均提升了参保群体的健康状况，而且城职保的健康提升效应更高。从群体异质性来看，医疗保险对于弱势群体的健康状况提升最为显著。在更换健康的度量方式后，医疗保险对健康的正效应保持稳健。

针对现行的医保制度，应该看到流动人口医疗保险参保率低于全国平均水平，应进一步扩大制度的覆盖面，将边缘群体纳入医保制度；同时适当提高城乡医保制度的待遇水平。此外，推进基本医疗保险省级统筹和异地就医政策落实，打破医疗保险属地管理对医疗服务使用的限制，提升流动人口的医疗服务可及性。最后，加强流动人口群体健康教育，强化健康意识以及对医疗保险政策的认知。

下编　通往未来之路

第 11 章 基本医疗保险制度改革专题 I
——省级统筹

下篇共 4 章,前 3 章是改革专题,评估基本医疗保险领域三项改革政策的再分配效应,最后一章设计面向共同富裕的基本医疗保险改革路径。本章在梳理基本医疗保险省级统筹实施进展、管理模式、阻碍因素的基础上,从微观和宏观两个视角考察医疗保险省级统筹的政策效应。在微观视角方面,依托 2014 和 2018 年全国流动人口动态监测调查混合截面数据,采用双重差分识别省级统筹对医疗服务使用的影响;在宏观视角方面,依托 2016—2020 年省级面板数据,采用面板数据回归模型评估省级统筹对医疗资源配置和收入再分配的效应。目前,已有五个省(区/市)采用不同的模式开展医疗保险省级统筹,但以调剂金模式为主,因此无法发挥再分配效应。因此,应当进一步推进基本医疗保险省级统筹,提升制度公平,充分发挥收入再分配和财产再分配效应。

11.1 共同富裕背景下医疗保险省级统筹的实施进展

11.1.1 医疗保险省级统筹的改革背景

国民经济和社会发展的"十四五"规划提出要推动基本医疗保险省级统筹,实行基本医保基金的统一筹集、使用和管理。《"十四五"全民医疗保障规划》中也提到要提高基金统筹层次,从做实地市级统筹到推进省级统筹。通过基本医疗保险统筹层次的提升为城乡居民提供更均等的基本医疗服务,满足居民基本医疗服务需求,提升医疗保险制度公平。

由于不同地区经济发展水平、医疗资源、人口结构等方面存在差异,医疗保险建立初期以县级为统筹单位,且很长一段时间内统筹层次

第11章 基本医疗保险制度改革专题 I——省级统筹

都没有提升，如图 11.1 所示。2003 年发布的《国务院办公厅转发卫生部等部门关于建立新农合制度意见的通知》和 2007 年发布的《国务院关于开展城镇居民基本医疗保险试点的指导意见》也没有明确要求市级统筹。①直到 2009 年，人社部发布的《关于进一步加强基本医疗保险基金管理的指导意见》提出"各地根据本地实际情况，加快推进基本医疗保险统筹层次的提高，到 2011 年基本实现市级统筹。"② 2016 年，《人力资源和社会保障事业发展"十三五"规划纲要》提出"全面巩固市级统筹，推动有条件的省（区/市）实行省级统筹。"③ 2020 年《中共中央国务院关于深化医疗保障制度改革的意见》出台，明确提出推进医疗保险省级统筹。④

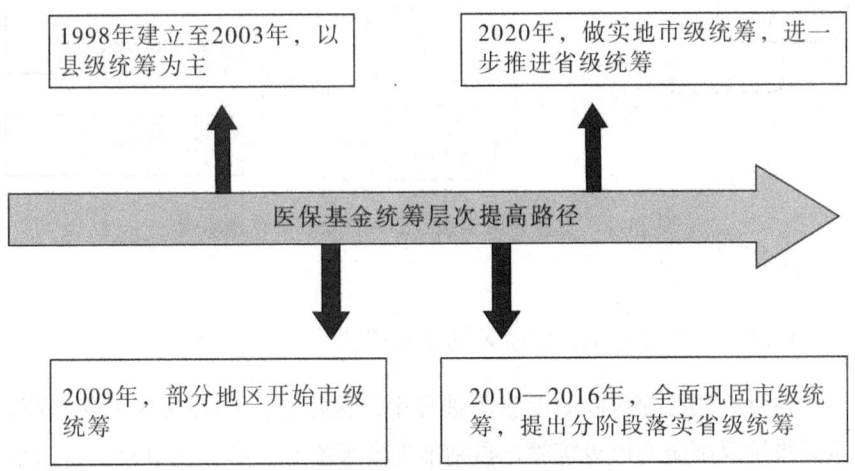

图 11.1　医疗保险统筹层次提升的进程

---

① 国务院：《国务院关于开展城镇居民基本医疗保险试点的指导意见》（国发〔2007〕20 号），2007 - 07 - 10，http：//www. gov. cn/zhuanti/2015 - 06/13/content_ 2878973. htm。国务院：《国务院办公厅转发卫生部等部门关于建立新农合制度意见的通知》（国办发〔2003〕3 号），2003 - 01 - 16，http：//www. gov. cn/zhuanti/2015 - 06/13/content_ 2879014. htm。

② 人社部：《关于进一步加强基本医疗保险基金管理的指导意见》（人社部发〔2009〕67 号），2009 - 08 - 05，http：//www. gov. cn/zwgk/2009 - 08/05/content_ 1384088. htm。

③ 人社部：《人力资源和社会保障事业发展"十三五"规划纲要》，2016 - 07 - 14，http：//www. gov. cn/xinwen/2016 - 07/14/content_ 5091368. htm。

④ 国务院：《中共中央国务院关于深化医疗保障制度改革的意见》，2020 - 02 - 25，http：//www. gov. cn/zhengce/2020 - 03/05/content_ 5487407. htm。

医疗保险省级统筹从微观和宏观两个层面产生影响，作用机制如图11.2所示。微观方面，通过提升医疗服务可及性和医疗公共服务均等化，实现居民医疗服务机会平等及健康水平提升；宏观方面，通过基金的统筹调剂和责任共担，促进医疗资源的优化配置及地区收入差距的缩小。实证部分，本书将分别从微观和宏观两个层面开展基本医疗保险省级统筹的政策效应评估。

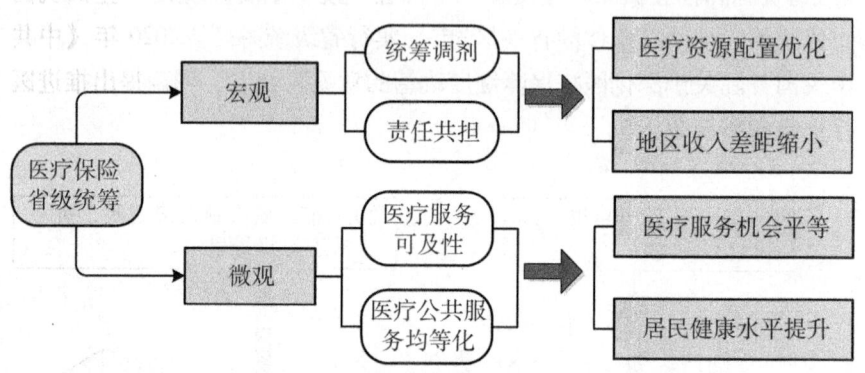

图11.2　医疗保险省级统筹政策效应的作用机制

11.1.2　医疗保险省级统筹的基本现状

在过去的医疗保险制度改革进程中，医疗保险统筹层次不断提高，从县级统筹到做实市级统筹，再到推进省级统筹。除直辖市外，目前已经开始进行省级统筹的省（区/市）有福建、青海、海南、宁夏、陕西。从现有推行省级统筹的省（区/市）来看，统筹模式主要有三种：统收统支、分级管理，统收统支、垂直管理和调剂金制度。这些省（区/市）的实施模式和推行时间如表11.1所示。

表11.1　省级统筹省（区/市）及推行时间

省（区/市）	统筹模式	政策出台时间	政策实行时间
福建	调剂金	2018-08-30	2019-01-01
海南	统收统支、分级管理	2019-12-18	2020-01-01
青海	职工医保：调剂金	2016-04-28	2016-06-30
	居民医保：统收统支、垂直管理	2021-05-11	2021-07-03

续表11.1

省（区/市）	统筹模式	政策出台时间	政策实行时间
宁夏	调剂金	2021-06-17	2021-07-01
陕西	调剂金	2021-08-27	2021-11-04

各省（区/市）基本医疗保险省级统筹的实施模式与经济发展水平、医疗资源、医疗保险参保规模和地区收入差距等因素有关。上述五个省（区/市）的经济和人口特征如表11.2所示。首先是经济发展水平的差异带来政府财政收入的差别，为医保基金（尤其是居民医保）提供重要的物质基础，也能承受省级统筹的改革成本。其次是医疗资源配置差异，地区间医疗资源配置越不均衡，省级统筹越容易导致居民向医疗资源质量高的地区就医，造成三甲医院等医疗机构负担过重，影响患者就医满意度。然后是基本医保参保规模，参保人数越多医疗保险基金收支规模越大，基金监管难度越高。最后是地区收入差距，各地区收入差距越大，区域间购买力越不平衡，省级统筹释放的医疗需求差异性越大，改革成本测算难度高。

表11.2　2020年省级统筹省（区/市）基本特征

省（区/市）	人均GDP/万元	人均收入/元	城镇化率	基本医疗保险参保人数/万人	人均预期寿命/岁
福建	10.58	37202	68.8%	3840.48	78.29
青海	5.64	24037	61.02%	563.27	73.7
海南	5.51	27904	60.27%	未公布	79.05
宁夏	5.05	25735	64.96%	658.76	76
陕西	6.63	26226	62.66%	3899.74	77.3

数据来源：各省（区/市）政府2020年国民经济和社会发展公报和第七次人口普查数据。

(1) 福建省

福建省下辖九个地级市，2020年常住人口3973万人，人均GDP 10.58万元，参加城职保的有2947.35万人，参加城居保的有2947.35万人。2018年8月福建省政府宣布于2019年1月1日起，按照积极稳妥、分步推进的原则,建立职工医保调剂基金省级筹集机制,发挥医疗保险基金"大数法则"效应。全省职工医保调剂基金由各地调剂集中的职工医保基金构成,各地当年应调剂集中的职工医保基金,按照各地当年度实际征收的职工医保基金收入乘以调剂集中比例计算。2019年起调剂集中比例为30%,今后筹集比例将根据改革情况适当调整,并逐步过渡到基金统收统支的全省统筹模式。

福建省按照"省级统筹调剂,分级管理使用"原则,强化各级政府医疗保障责任,推进医保体制机制改革,规范了调剂基金管理,同时建立基金增收激励机制。2019年第一季度,按照当期基金收入的30%,共集中全省职工医保统筹调剂25.63亿元,其中分配下拨24.91亿元,留存全省风险调剂金0.57亿元,医改激励金0.15亿元。全省调剂受益统筹区七个,调剂结果与各地市经济发展水平、医保基金收支状况相吻合,初步达到预期效果。

(2) 青海省

青海省管辖两个地级市、六个自治州。2020年,青海省常住人口592万人,全省完成生产总值3346.63亿元,人均GDP 5.64万元,基本医疗保险参保的有563.27万人,其中参加城职保的有108.54万人,参加城居保的有454.73万人。2016年7月,青海省政府发布《关于印发城居保省级统筹方案的通知》,宣布将城居保的统筹层次从市级统筹提高到省级层面,并且在参保管理、基金收支、政策待遇、经办服务和信息系统等方面实现统一[①]。省级财政和市级财政按照8∶2比例承担居民医保的财政筹资职责,并逐步提高个人缴费额。

(3) 海南省

海南省管辖四个地级市。2020年,海南省常住人口1020.46万人,实现生产总值5532.39亿元,人均GDP 5.51万元。全省基本医疗保险参保人数934万人,参保率稳定在95%以上。2019年12月18日,海南省医保局发布《海南省城居保暂行办法》,推进基本医疗保险基金在

---

① 青海省人民政府,《青海省城居保省级统筹实施方案》,2016-07-06. http://www.guoluo.gov.cn/html/33/237027.html.

省域范围内实现统收统支①。

截至目前,海南省基本医疗保险(包括城职保和城居保)的门诊慢性特殊疾病病种总数增至 52 个,居民医保和职工医保的年度较高待遇支付限额分别为 45 万元和 56 万元。同时,医疗保险的信息化水平显著提升,定点医疗机构全部接入国家异地就医管理系统,接入率达到 100%,海南省被纳入门诊费用跨省异地就医直接结算的试点。

(4) 宁夏

宁夏回族自治区管辖五个地市,2020 年末常住人口为 721 万人,人均 GDP 5.05 万元。② 2020 年,城职保参保人数 152.95 万人,基本医疗保险基金收入 1.2 亿元,支出 2120 万元,结余 1.88 亿元。2016 年 12 月 20 日,宁夏发布《自治区人民政府关于城职保自治区级统筹管理意见》(以下简称《意见》),宣布从 2017 年起,建立覆盖全区的统一参保征缴、统一待遇标准、统一基金管理、统一经办服务、统一协议管理、统一信息系统的医保自治区级统筹制度。③ 2017 年,宁夏实行调剂金模式的基本医疗保险省级统筹。根据《意见》,实行自治区级统筹后,各地级市(含所辖县、市、区)成为分统筹区,分统筹区财政专户会将上一年度统筹基金收入的 3% 作为省级统筹调剂金上解至自治区社会保障基金的财政专户。④

(5) 陕西省

陕西管辖 10 个地级市,2020 年常住人口为 3955 万人,实现生产总值 26181.86 亿元。2020 年末,陕西人均 GDP 为 6.63 万元,参加基本医疗保险 3899.74 万人,其中参加城职保 742.21 万人,城居保 3157.53 万人。2021 年 8 月 27 日,陕西省政府印发《关于深化医疗保障制度改

---

① 海南省医保局:《海南省城居保暂行办法》,2019 - 12 - 28,http://www.hi.chinanews.com.cn/hnnew/2019 - 11 - 25/507563.html。

② 宁夏回族自治区统计局:《宁夏回族自治区 2020 年国民经济和社会发展统计公报》,2021 - 05 - 24, http://tj.nx.gov.cn/tjsj_ htr/tjgb_ htr/202105/t20210524_ 2852265.html。

③ 宁夏区人民政府:《自治区人民政府关于城职保自治区级统筹管理意见》,2016 - 12 - 27,http://www.gov.cn/xinwen/2016 - 12/27/content_ 5153486.htm。

④ 付明卫、徐文慧:《中国基本医疗保险省级统筹的影响因素和经验模式研究》,载《消费经济》2019 年第 35 期,第 6 - 13 页。

革的若干措施》的通知,宣布自 2021 年 11 月起,做实基本医疗保险市级统筹,提高医保基金统筹层次。①陕西省建立调剂金制度,在市级以下建立医疗保障部门的垂直管理,为基本医疗保险省级统筹提供管理基础。各省(区/市)基本医疗保险省级统筹的政策比较如表 11.3 所示。

表 11.3 省级统筹政策比较

省(区/市)	实施对象	统筹方式	统筹内容	政策文件
福建	职工医保	调剂金:当年度实际征收的职工医保基金收入的30%	政策待遇、基金收支、经办服务	福建省城镇职工医保基金全省统筹调剂实施意见
青海	居民医保	调剂金:(1)当年医保筹资各级财政增加部分直接划入省社会保险服务局。(2)年度医保结余基金划转	参保管理、政策待遇、基金收支、经办服务和信息系统	关于印发青海省城居保省级统筹实施方案的通知
	职工医保	统收统支、垂直管理		推进医疗保障基金监管制度体系改革的实施意见

---

① 中共陕西省委 陕西省人民政府:《关于深化医疗保障制度改革的若干措施》,2021-08-27, http://www.shaanxi.gov.cn/zfxxgk/fdzdgknr/zcwj/szfwj/qt/202111/t20211104_2198064.html.

续表 11.3

省（区/市）	实施对象	统筹方式	统筹内容	政策文件
海南	职工医保	（1）基础调剂金：上年度基金收入的 10%。（2）附加调剂金：根据上年度支出情况 1%~6% 不等。（3）当累计结余等于上年度基金收入，暂停上解调剂金	基金收支管理；加强基金预决算管理；健全基金核算、收缴、拨付等经办服务；构建责任分担机制；建设集中信息系统	海南省城居保暂行办法
	城乡居民医保	统收统支、分级管理		
宁夏	职工医保	调剂金：按各市上一年度基金收入的 3%	参保征缴、待遇标准、基金管理、经办服务、协议管理、信息系统	自治区人民政府关于城职保自治区级统筹管理意见
	居民医保	调剂金：上年度城乡居民统筹基金收入的 7%		
陕西	职工医保	调剂金（比例未公布）	医疗保障业务和技术标准，经办管理体系，医疗保障信息系统	关于深化医疗保障制度改革的若干措施
	居民医保			

11.1.3 医疗保险省级统筹的实践模式

（1）统收统支与垂直管理

统收统支+垂直管理模式是指全省的医保统筹基金在一个池子，下辖市级和县级医保经办机构均是省级经办机构的分支。统收统支模式下，全省统一医保制度，11 个地级市的医保统筹基金都在一个"水池"，医保基金收支由省级政府管理。统收统支具有两大优势，一是管理效率高，基金收支由省级政府直接管理，市—县两级政府没有支配医保基金的权力；二是医疗保险制度在省域范围内无差异，跨市就医的障碍和报销待遇差异完全消失。然而，现阶段实施统收统支存在较大困难，一是各地上解滚存结余造成潜在的金融风险；二是统筹层次提升过程中市级和县级政府的监管和控费职责弱化，容易引发医保基金支付风险；三是地区间医保筹资政策和待遇政策的统一会造成基金收支缺口，产生隐性债务。

在统收统支＋垂直管理的模式下，市级和县级经办机构属于省级经办机构的分支，经办人员由省级经办机构统招统管。这种垂直管理的模式便于医保基金的监管，能化解下级政府的道德风险，也实现了对市县级经办人员的统招统管，排除了市县级政府的掣肘，很大程度上降低了医保监管的道德风险。但是，垂直管理的经办服务体系难以突破我国"分级管理、分灶吃饭"的行政管理体制，灵活性较低，不能有效调动市级和县级政府的管理积极性，目前只有天津和青海的居民医保采用该模式。

（2）统收统支与分级管理

统收统支＋分级管理模式下，全省的医保统筹基金在一个池子，但下辖市级和县级医保经办机构不是省级经办机构的分支，而是相应层级政府的组成部门，经办人员的人事任免由市县级政府决定、行政经费由市县级政府保障。分级管理模式充分考虑了地市之间经济发展的差异，给予市级政府一定的管理自由度，具有较高的灵活性，推广难度比垂直管理模式低。目前北京、上海、重庆及海南采用该模式。

重庆于2012年实现医保全市统筹联网，建成统收统支＋分级管理的省级统筹模式。为了克服省级统筹后区县经办机构的道德风险，重庆市财政局、市人力资源和社会保障局及市地税局等相关部门每年联合向各区县下达目标考核任务，对区县扩面征缴、基金收支预算管理、定点服务机构管理等有关工作实行量化考核，以强化区县医疗保险的管理责任。

（3）调剂金模式

调剂金模式下全省医保基金未形成一个池子，而是一个地市一个基金池子；省级医保经办部门每年按各地市统筹基金（收入、支出或者结余）的一定比例收取调剂金，用于填补某些统筹区的医保基金收支缺口，实现省域范围内医疗风险的分散。调剂金的性质是风险兜底基金，通过区域间互助共济实现医疗保险基金支付风险在省域范围内的分散。

调剂金模式下医保基金没有实行统收统支，经办也是分级管理。调剂金模式的优点是管理体制和医保制度调整少，下级政府不需要上解滚存结余，改革阻力小，但该模式只是扩大了风险分散的范围，跨市就医的障碍和报销待遇差异仍然存在。不仅如此，调剂金模式仍然采取多个"基金池子"的方式，跨市就医仍然存在障碍。这种模式只是在省域范围内实现医保基金支付风险的分散，并未实现制度政策的统一和基金的统收统支，可以作为过渡时期的实施方式。目前福建、宁夏、青海、陕西都采用调剂金模式。

宁夏于2017年实现调剂金模式的省级统筹，建立覆盖全区的统一参保征缴、统一待遇标准、统一基金管理（统筹基金实行调剂金制度）、统一经办服务、统一协议管理、统一信息系统的医保自治区级统筹制度。实行省级（自治区）统筹后，各地级市（含所辖县、市、区）为分统筹区，各分统筹区每年在上一年度社会保险基金决算批复下达后20日内，由分统筹区财政专户将上一年度统筹基金收入的3%作为省级统筹调剂金上解至自治区社会保障基金财政专户。各分统筹区统筹基金当年出现缺口时，先动用分统筹区的历年累计结余，当历年结余不足以支付时，再动用调剂金。调剂金的计算公式如下：

应调剂金额 =［（上年度分统筹区统筹基金当期缺口×70%）+（上年度分统筹区统筹基金当期缺口×30%）×考核分担比例］－上年度违规整改未落实资金－上年度住院率增幅扣减资金－上年度住院统筹基金支付医疗费用总额增幅扣减资金－次均住院医疗费用增幅扣减资金－上年度历年累计结余统筹基金。

风险调剂金模式的运行依赖于各下级统筹单位上解的风险调剂金，尽管我国的调剂金模式规定了一个粗略的调剂金计提比例，但未能清晰划分横向政府间的责任，各省（区/市）所设定的风险调剂金划拨比例存在很大差异。风险调剂金的计提比例应当与统筹单位的资金充裕度、疾病风险预期等因素相关，而不是随意确定的百分比。

11.1.4 医疗保险省级统筹的阻碍因素

医疗保险作为重要的社会保障制度安排，应当发挥调节收入差距的功能。然而，现行医疗保险制度存在机会、受益和结果三方面的不公平因素，不适应共同富裕的发展要求。医疗保险省级统筹的实施有助于提升医疗保险制度公平，促进医疗公共服务均等化，助力共同富裕。然而，现阶段推进医疗保险省级统筹仍然存在以下四个方面的阻碍：

第一，医疗保险省级统筹实施模式不清晰。《关于深化医疗保障制度改革的意见》提出按照"统筹调剂"的原则推进省级统筹，但未明确采用哪种模式。省级统筹有调剂金和统收统支两种模式。相比统收统支，调剂金模式不需要大幅调整省—市—县三级政府的财权和事权，基金收支仍由市级政府负责，滚存结余也无须全部上解，改革阻力小。从福建、宁夏、青海和陕西等省级统筹先行省（区/市）来看，都采用调剂金模式。但问题在于，调剂金模式下省域范围内医保待遇差异和异地就医障碍仍然存在，不利于共同富裕的推进。

第二，筹资政策和待遇政策统一增加基金支付压力。省级统筹的主要问题在于是否需要统一全省医保筹资水平和待遇水平，如果需要统一，需按照怎样的标准统一。以浙江省为例，目前职工医保单位缴费率为 $5.6\% \sim 9.5\%$，居民医保人均筹资额为 1570～2900 元/年。如果按照高水平"拉平"，不仅增加企业人工负担，也会增加财政压力，经济欠发达地市无法承担。就待遇水平而言，由于涉及门诊类型、群体类别、医疗机构等级等差异性更大的因素，如果同样按照高缴费水平"拉平"，那么很多地市就会出现收支赤字。

第三，经济发达地市统筹动机不强烈。统收统支模式下，全省医保基金在一个池子，各市需要上解全部滚存结余，结余越多上解也越多，不利于发挥市级政府费用控制和风险监管的积极性。调剂金模式下，各市按照上年度医保基金收入的一定比例作为风险调剂金进入专项账户，当年结余按照一定比例上解省级和留存市级。如此一来，仍然存在结余越多上解越多的情况。课题组在浙江省各市调研过程中发现，像杭州、绍兴等经济发达且医保基金结余较多的地市统筹动机较弱，需要建立相应的激励机制。

第四，医疗需求的释放引发道德风险。就微观层面而言，医疗保险统筹层次的提高不仅意味着医保报销待遇的提升，也意味着更多优质医疗资源的普及。这种普及性增加了三甲医院等医疗机构的负荷，以浙江大学医学院附属第一医院为例，庆春院区单日患者约 16000 人，三个院区共约 28000 人。相关研究发现医疗市场存在特殊性，患者的正向选择使得高收入的轻症患者更容易匹配到优质专家资源，造成医疗资源错配。因此，要对省级统筹改革进程中可能产生的个体医疗行为变化做出预判，设计相应的风险防范机制。

11.2 数据介绍与描述性统计

11.2.1 微观数据来源

为了评估微观层面基本医疗保险省级统筹的再分配效应，本章依托 CMDS 2014 和 CMDS 2018 年的混合截面数据，采用双重差分开展政策效应评估。医疗保险省级统筹主要影响省内跨市流动人口的医疗服务使用，因此本章将样本限定为省内跨市流动人口，2014 年和 2018 年两个年份的有效样本量分别为 667 和 607。CMDS 2018 和 CMDS 2014 调查的是住院医疗服务使用，由于住院概率较低，因此样本量较小。主要变量描述性统计结果如表 11.4 所示。

表 11.4 主要变量描述性统计（微观数据）

变量	N	均值/比重	标准差	最小值	最大值
医疗总支出/（元/年）	1274	10515.35	23115.58	180	500000
自付医疗支出/（元/年）	1274	6746.05	16005.01	30	360000
政策变量	1274	0.15	0.36	0	1
年份变量	1274	0.48	0.50	0	1
交互项	1274	0.10	0.30	0	1
性别/岁	1274	0.70	0.46	0	1
年龄/岁	1274	33.73	8.82	17	59.83

续表 11.4

变量	N	均值/比重	标准差	最小值	最大值
教育	1274	11.05	3.39	0	19
国有单位	1274	0.08	0.27	0	1
民族	1274	0.91	0.29	0	1
农业户口	1274	0.82	0.39	0	1
婚姻	1274	0.95	0.23	0	1
月收入/元	1274	3891.85	3069.15	200.00	45000.00
房租/元	1274	1375.65	1329.64	50.00	16000.00
健康档案	1274	0.28	0.45	0	1
流动时间/元	1274	5.10	5.00	0	33.00
工作状态	1274				
雇员	721	56.59%			
雇主	111	8.71%			
自营	442	34.69%			
医疗保险	1274				
无保险	81	6.36%			
职工医保	383	30.06%			
居民医保	810	63.58%			
地区	1274				
东部	430	33.75%			
中部	308	24.18%			
西部	470	36.89%			
东北	66	5.18%			

表11.4的描述性统计结果表明：样本流动人口的医疗支出均值为10515.35元/年，自付医疗支出均值为6746.05元/年，实际报销比均值为35.85%。15%的样本处于省级统筹实施的省（区/市），意味着省级统筹推进的步伐较缓。样本年龄平均为33.73岁，平均受教育年限为11年，82%的流动人口为农业户口，平均流动时间为5年。平均月收入为3891.85元，月房租支出平均为1376.65元。56%以上的流动人口从事的是受雇工作，35%从事自营业工作。94%的流动人口拥有医疗保险，

基本医疗保险覆盖率较高，但职工医保参保率只有30%。

11.2.2 宏观数据来源

为了评估宏观上基本医疗保险省级统筹对医疗资源配置和收入再分配的政策效应，本章还构建了2016—2020省级面板数据，采用面板数据回归模型开展实证检验。省级面板数据来自国家统计局分省年度数据，即31个省（区/市）5年的面板，样本量为155。变量包括每万人卫生技术人员数、城乡收入差距、城镇基本医疗保险参保率、财政医疗支出占比、人均可支配收入、基本医疗保险基金支付能力、城镇化率、统筹类型，变量的界定如表11.5所示。

表11.5 变量界定

类型	名称	定义/取值
因变量	每万人卫生技术人员数	每万人口卫生技术人员 = 卫生技术人员数/该省年末常住人口数×10000
	城乡收入差距指标	（城镇居民家庭人均可支配收入）/（农村居民家庭人均可支配收入）
核心自变量	统筹类型	0 = 尚未实行省级统筹的省（区/市），1 = 直辖市（北京、上海、天津、重庆），2 = 统收统支+分级管理的省级统筹（青海、福建、海南），3 = 调剂金模式的省级统筹（陕西和宁夏）
控制变量	人均可支配收入	全体居民人均可支配收入
	医保参保比率	（城职保参保人数+城居保参保人数）/总人口数
	财政医疗支出占比	财政医疗卫生支出/财政一般预算支出
	职工医保基金支付能力	城职保滚存结余/年度基金支出
	居民医保基金支付能力	城镇居民基本医疗保险滚存结余/年度基金支出
	城镇化率	城镇人口/总人口

注：由于在统计年鉴中无法获取全体居民基本医疗保险参保率的数据，因此本书构造了医保参保比率指标。但在计算过程中发现，由于城镇基本医疗保险参保群体中包括了流动人口，城职保和城居保两者的参保人数加起来超过了城镇人口数，因此本书将城镇基本医疗保险参保率的分母设置为总人口数量。

在对主要变量进行界定的基础上，本小节考察其描述性统计特征，如表 11.6 所示。可以看到每万人卫生技术人员数从 2016 年的 62.26 上升到 2020 年的 77.61。城乡收入差距从 2016 年的 2.59 下降到 2020 年的 2.43，城镇基本医疗保险（包括职工医保和居民医保）参保比率从 2016 年的 50% 上升到 2020 年的 96%。财政中医疗卫生支出占比从 2016 年的 8% 上升到 2020 年的 9%，人均可支配收入从 2016 年的 23793.84 元上升到 2020 年的 32086.35 元，城镇化率从 2016 年的 59% 上升到 2020 年的 64%。职工医保的支付能力相比居民医保要高，从 2016 年的 1.56 上升到 2020 年的 2.08，而居民医保的支付能力从 2016 年的 1.14 下降为 2020 年的 0.85。

表 11.6 主要变量描述性统计（省级面板数据）

变量	观测值	均值	标准差	最小值	最大值
2016 年					
卫生技术人员数	31	62.26	11.48	45	108
城乡收入差距	31	2.59	0.37	1.85	3.45
医保参保比率	31	0.50	0.25	0.19	1.05
财政医疗支出占比	31	0.08	0.02	0.04	0.11
人均可支配收入/元	31	23793.84	9743.50	13639.00	54305.00
职工医保支付能力	31	1.56	0.54	0.55	2.95
居民医保支付能力	31	1.14	0.84	-1.10	3.43
城镇化	31	0.59	0.12	0.31	0.89
2017 年					
卫生技术人员数	31	65.87	11.72	49	113
城乡收入差距	31	2.58	0.36	1.85	3.44
医保参保比率	31	0.78	0.26	0.20	1.06
财政医疗支出占比	31	0.08	0.01	0.05	0.10
人均可支配收入/元	31	25923.35	10568.90	15457.00	58988.00
职工医保支付能力	31	1.68	0.62	0.64	3.45
居民医保支付能力	31	0.86	0.6	0.54	2.06
城镇化	31	0.6	0.12	0.33	0.89

续表 11.6

变量	观测值	均值	标准差	最小值	最大值
2018 年					
卫生技术人员数	31	69.39	12.12	53	119
城乡收入差距	31	2.55	0.35	1.86	3.40
医保参保比率	31	0.95	0.08	0.75	1.11
财政医疗支出占比	31	0.08	0.01	0.05	0.10
人均可支配收入/元	31	28166.13	11465.46	17286.00	64183.00
职工医保支付能力	31	1.79	0.68	0.83	4.27
居民医保支付能力	31	0.70	0.36	0.02	2.05
城镇化	31	0.61	0.12	0.34	0.89
2019 年					
卫生技术人员数	31	73.55	12.49	57	126
城乡收入差距	31	2.51	0.34	1.86	3.36
医保参保比率	31	0.95	0.08	0.76	1.10
财政医疗支出占比	31	0.08	0.01	0.06	0.10
人均可支配收入/元	31	30643.23	12367.15	19139.00	69442.00
职工医保支付能力	31	1.87	0.81	0.89	5.33
居民医保支付能力	31	0.66	0.37	0.11	2.11
城镇化	31	0.63	0.11	0.35	0.89
2020 年					
卫生技术人员数	31	77.61	11.43	62	126
城乡收入差距	31	2.43	0.33	1.86	3.27
医保参保比率	31	0.96	0.07	0.78	1.10
财政医疗支出占比	31	0.09	0.01	0.06	0.12
人均可支配收入/元	31	32086.35	12661.00	20335.00	72232.00
职工医保支付能力	31	2.08	0.90	1.06	6.21
居民医保支付能力	31	0.85	0.38	0.29	2.22
城镇化	31	0.64	0.11	0.36	0.89

11.3 省级统筹的医疗服务使用效应

11.3.1 基准回归结果

本小节采用双重差分模型（differences-in-differences，DID）考察省级统筹对流动人口医疗服务利用的影响效应，模型建立如下：

$$Y_{it} = \beta_0 + \beta_1 Policy_i + \beta_2 Year_t + \beta_3 Policy_i * Year_t + X_{it}\gamma + \varepsilon_{it} \tag{11.1}$$

式中，Y_{it} 代表个体 i 在 t 时期的医疗费用，作为医疗服务使用的代理变量；$Policy_i$ 为政策虚拟变量，代表省（区/市）i 是否已实施医疗保险省级统筹；$Year_t$ 为时间虚拟变量，政策发生前为 0，政策发生后为 1。为了检验省级统筹对流动人口住院医疗费用的影响效应，本文设置交互项 $Policy_i * Year_t$，通过估计 β_3 的值来测算省级统筹对流动人口住院医疗费用的影响效应。X_{it} 表示其他控制变量，主要包括年龄、性别、户口性质、民族、婚姻状况、受教育程度、流动范围、个体的月收入、家庭平均每月住房支出、就业单位性质、就业身份、医疗保险类型、地区等。ε_{it} 为随机干扰项。本小节根据 CMDS 2018 数据开展实证检验，DID 估计结果如表 11.7 所示。

表 11.7 基准回归结果

变量	医疗总支出对数			自付医疗支出对数		
	(1)	(2)	(3)	(4)	(5)	(6)
政策	-0.2830**	-0.2537**	-0.2585**	-0.2801*	-0.2574*	-0.1850
	(0.1158)	(0.1152)	(0.1167)	(0.1428)	(0.1424)	(0.1431)
年份	0.2643***	0.2570***	0.1449**	0.1481**	0.1657**	0.1349*
	(0.0547)	(0.0548)	(0.0574)	(0.0674)	(0.0678)	(0.0704)
交互项	0.3905***	0.3438**	0.4075***	0.4334**	0.4227**	0.4931***
	(0.1461)	(0.1459)	(0.1461)	(0.1802)	(0.1804)	(0.1791)
年龄			0.0151***			0.0081*
			(0.0036)			(0.0044)

续表 11.7

变量	医疗总支出对数			自付医疗支出对数		
	(1)	(2)	(3)	(4)	(5)	(6)
性别		-0.257***	-0.158**		-0.218***	-0.0919
		(0.0550)	(0.0613)		(0.0680)	(0.0752)
教育			-0.0094			-0.0263**
			(0.0101)			(0.0124)
国有单位		0.1293	0.1285		-0.2001*	0.0094
		(0.0963)	(0.1005)		(0.1191)	(0.1233)
民族		0.0829	0.0290		0.1311	0.0882
		(0.0852)	(0.0883)		(0.1054)	(0.1084)
农业户口		-0.0517	-0.0122		-0.0194	-0.1003
		(0.0667)	(0.0717)		(0.0825)	(0.0879)
婚姻		0.0423	-0.1728		-0.1296	-0.2960**
		(0.1103)	(0.1128)		(0.1364)	(0.1384)
收入对数			0.0988**			0.0723
			(0.0477)			(0.0586)
房租对数			0.1286***			0.1346***
			(0.0309)			(0.0379)
健康档案			-0.0651			-0.0959
			(0.0548)			(0.0672)
工作状态	不控制	不控制	控制	不控制	不控制	控制
医疗保险	不控制	不控制	控制	不控制	不控制	控制
地区	不控制	不控制	控制	不控制	不控制	控制
流动时间	不控制	不控制	控制	不控制	不控制	控制
常数项	8.6138***	8.7154***	6.7783***	8.0541***	8.2320***	7.0651***
	(0.0364)	(0.1459)	(0.4491)	(0.0449)	(0.1804)	(0.5508)
N	1274	1274	1274	1274	1274	1274
R-squared	0.0356	0.0543	0.1078	0.0133	0.0262	0.0962

注：括号中的值为标准误，*** $P<0.01$、** $P<0.05$、* $P<0.1$。交互项是政策虚拟变量乘以年份虚拟变量。

表 11.7 的 DID 估计结果表明：省级统筹显著地促进了省内跨市流动人口的医疗服务使用，作用效应达到 40% 以上，并且在 1% 的显著性水平上保持显著。省级统筹对自付医疗费用也产生了显著的促进作用，原因在于医疗需求的释放导致患者整体医疗支出的增加，自付医疗支出也有所提升。①从其他控制变量的结果来看：年龄越大医疗支出越多，男性医疗支出更少，教育水平降低了自付医疗支出，但对医疗总支出没有显著影响，收支水平越高，医疗支出越多。

11.3.2 异质性分析

本小节按性别、户口和医疗保险类型分组检验省级统筹对医疗服务使用的影响在不同群体间的异质性。从表 11.8 可以看到，省级统筹对医疗总支出的正效应在男性、农业户口群体中更显著。换言之，省级统筹的作用效应在医疗服务利用较少的群体中更明显。在职工医保和居民医保参保者两个群体中都显著，但在职工医保参保者群体中效应更强。省级统筹对自付医疗支出的正效应在男性群体和居民医保参保者中更强，且在农业户口和非农户口群体中都显著。

表 11.8 异质性分析

变量	医疗总支出对数					
	(1)	(2)	(3)	(4)	(5)	(6)
	男性	女性	农业户口	非农户口	职工医保	居民医保
政策	−0.2817**	−0.0907	−0.3170**	−0.0409	−0.3782**	−0.2091
	(0.1116)	(0.3269)	(0.1283)	(0.3036)	(0.1751)	(0.1548)
年份	0.1672***	0.0960	0.1472**	0.1178	0.1600*	0.1909**
	(0.0580)	(0.1407)	(0.0641)	(0.1377)	(0.0880)	(0.0755)
交互项	0.3733***	0.2761	0.4143**	0.3843	0.4502**	0.3717*
	(0.1443)	(0.3809)	(0.1661)	(0.3430)	(0.2053)	(0.2041)
常数项	6.3970***	7.4027***	6.7512***	6.7620***	7.3100***	7.1167***
	(0.4586)	(1.0382)	(0.4908)	(1.0823)	(0.7633)	(0.5987)

---

① 本书也开展了省级统筹对报销待遇的回归，结果不显著。原因在于：目前省级统筹以调剂金模式为主，未能充分发挥再分配效应。

续表 11.8

变量	医疗总支出对数					
	(1)	(2)	(3)	(4)	(5)	(6)
	男性	女性	农业户口	非农户口	职工医保	居民医保
N	895	379	1,043	231	383	810
R-squared	0.1161	0.1150	0.0961	0.2146	0.2092	0.0955
变量	自付医疗支出对数					
	(7)	(8)	(9)	(10)	(11)	(12)
	男性	女性	农业户口	非农户口	职工医保	居民医保
政策	−0.1347	−0.2044	−0.1992	−0.2639	−0.1794	−0.1915
	(0.1466)	(0.3696)	(0.1553)	(0.3957)	(0.2429)	(0.1838)
年份	0.2615***	−0.1700	0.1290*	0.1874	0.2758**	0.1463
	(0.0763)	(0.1590)	(0.0775)	(0.1795)	(0.1220)	(0.0897)
交互项	0.3666*	0.5803	0.4653**	0.7714*	0.4369	0.5147**
	(0.1897)	(0.4306)	(0.2010)	(0.4470)	(0.2848)	(0.2424)
常数项	6.5930***	7.3474***	6.8452***	7.5356***	8.8174***	6.4917***
	(0.6027)	(1.1737)	(0.5938)	(1.4106)	(1.0589)	(0.7110)
N	895	379	1043	231	383	810
R-squared	0.1198	0.0968	0.0966	0.1663	0.1542	0.0872

注：括号中的值为标准误，*** $P<0.01$、** $P<0.05$、* $P<0.1$。其他控制变量与表 11.7 第（4）列保持一致。

11.3.3 稳健性检验

双重差分的前提假定是处理组和对照组不存在异质性，因此可以将对照组的时间趋势作为处理组，如果没有接受政策处理（treat）的反事实。为解决处理组和对照组可能存在的异质性对估计结果的影响，本小节采取 PSM-DID 开展稳健性检验。从表 11.9 可以发现：解决政策干预的自选择问题后，省级统筹对医疗服务利用的正效应仍然为正，且在 1% 的显著性水平上保持显著。

表 11.9 稳健性检验

变量	医疗总支出对数			自付医疗支出对数		
	(1)	(2)	(3)	(4)	(5)	(6)
政策	-0.2854**	-0.2547**	-0.2577**	-0.2791*	-0.2577*	-0.1860
	(0.1159)	(0.1151)	(0.1167)	(0.1428)	(0.1424)	(0.1433)
年份	0.2619***	0.2530***	0.1393**	0.1564**	0.1712**	0.1494**
	(0.0549)	(0.0550)	(0.0575)	(0.0677)	(0.0680)	(0.0706)
交互项	0.3929***	0.3467**	0.4101***	0.4251**	0.4166**	0.4903***
	(0.1462)	(0.1458)	(0.1460)	(0.1802)	(0.1804)	(0.1794)
年龄			0.0150***			0.0077*
			(0.0036)			(0.0044)
性别		-0.267***	-0.174***		-0.225***	-0.0992
		(0.0552)	(0.0618)		(0.0683)	(0.0759)
教育			-0.0070			-0.0243*
			(0.0102)			(0.0125)
国有单位		0.1292	0.1260		-0.2043*	0.0088
		(0.0962)	(0.1005)		(0.1191)	(0.1234)
民族		0.0819	0.0342		0.1024	0.0637
		(0.0860)	(0.0891)		(0.1064)	(0.1095)
农业户口		-0.0510	-0.0077		-0.0170	-0.0910
		(0.0666)	(0.0717)		(0.0825)	(0.0879)
婚姻		0.0128	-0.1845		-0.1580	-0.2986**
		(0.1132)	(0.1157)		(0.1401)	(0.1422)
收入对数			0.0998**			0.0702
			(0.0481)			(0.0591)
房租对数			0.1262***			0.1185***
			(0.0313)			(0.0384)
健康档案			-0.0558			-0.0867
			(0.0551)			(0.0676)
工作状态	不控制	不控制	控制	不控制	不控制	控制
医疗保险	不控制	不控制	控制	不控制	不控制	控制

续表11.9

变量	医疗总支出对数			自付医疗支出对数		
	(1)	(2)	(3)	(4)	(5)	(6)
地区	不控制	不控制	控制	不控制	不控制	控制
流动时间	不控制	不控制	控制	不控制	不控制	控制
常数项	8.6161***	8.7554***	6.7673***	8.0531***	8.2885***	7.1816***
	(0.0367)	(0.1491)	(0.4538)	(0.0452)	(0.1845)	(0.5576)
N	1264	1264	1264	1264	1264	1264
R-squared	0.0354	0.0558	0.1084	0.0138	0.0272	0.0943

注：括号中的值为标准误，*** $P<0.01$、** $P<0.05$、* $P<0.1$。

从图11.3的匹配效果来看，匹配之后协变量在处理组和对照组之间的差异大大缩小。

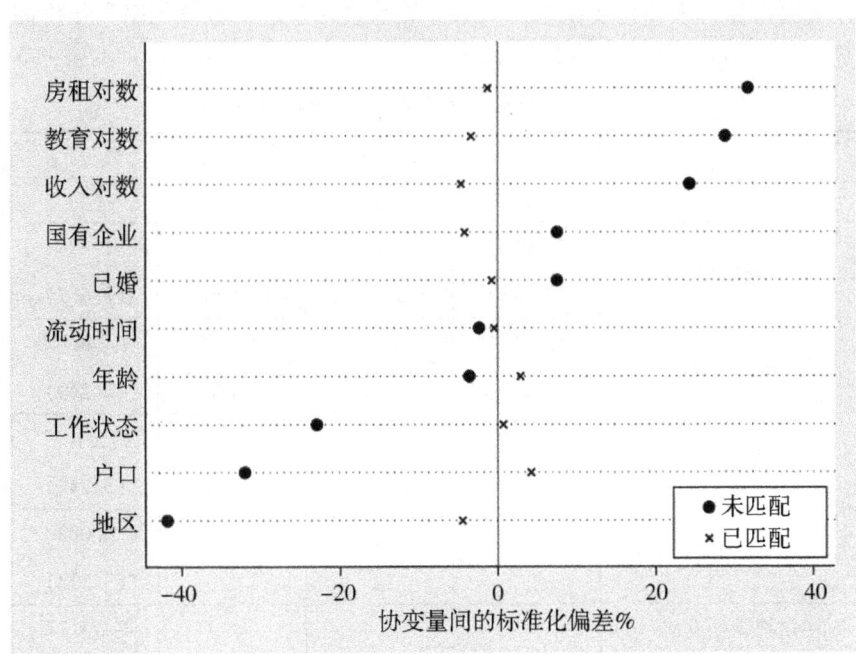

图11.3 匹配效果

11.4 省级统筹的医疗资源配置效应

11.4.1 基准回归结果

在考察基本医疗保险省级统筹微观效应的基础上，本小节从宏观视角考察省级统筹对医疗卫生资源配置的影响效应，基准回归模型设置如下：

$$Professional = \alpha_0 + \alpha_1 Pool\_1_i + \beta X + \varepsilon \quad (11.1)$$

式中，因变量 $Professional$ 代表每万人卫生技术人员数，作为医疗资源的代理变量。$Pool\_1_i$ 代表三个虚拟变量，分别表示是否直辖市、是否统收统支分级管理、是否调剂金模式下的省级统筹，基准组是尚未实施省级统筹的省（区/市）。X 表示控制变量，包括医疗保险参保率、财政医疗支出占比、人均可支配收入对数、城乡收入差距、城镇化率和年份固定效应。回归结果如表11.10所示。

表11.10 省级统筹对医疗资源配置的回归结果

变量	每万人卫生技术人员数			
	(1)	(2)	(3)	(4)
直辖市	17.35***	5.165*	2.291	1.374
	(2.413)	(2.746)	(2.620)	(2.667)
分级管理	6.096**	8.936***	7.082***	7.144***
	(2.734)	(2.382)	(2.246)	(2.240)
调剂金	18.70***	21.48***	16.55***	17.31***
	(4.549)	(3.860)	(3.727)	(3.742)
参保率				5.082
				(3.822)
财政医疗支出占比				-75.17
				(50.40)
人均可支配收入对数		26.37***	27.22***	27.83***
		(5.363)	(4.987)	(4.983)

续表 11.10

变量	每万人卫生技术人员数			
	(1)	(2)	(3)	(4)
城乡收入差距			11.27***	11.30***
			(2.309)	(2.302)
城镇化率		−14.80	7.144	3.346
		(15.73)	(15.29)	(15.38)
年份固定效应	控制	控制	控制	控制
Constant	58.83***	−195.3***	−245.3***	−245.7***
	(1.850)	(46.06)	(44.01)	(44.25)
Observations	155	155	155	155
R-squared	0.432	0.610	0.666	0.673

注：括号中的值为标准误，*** $P<0.01$、** $P<0.05$、* $P<0.1$。省级统筹虚拟变量以未实施省级统筹为基准组。年份固定效应以 2016 年为基准组。

从表 11.10 可以发现：首先，在控制时间趋势、收入水平和城镇化率的前提下，省级统筹对医疗卫生资源发挥着显著的促进作用。简言之，相比尚未实施省级统筹的省（区/市），直辖市每万人卫生技术人员数高达 5.17 个，在 10% 的显著性水平上保持显著；统收统支分级管理的省（区/市）每万人卫生技术人员数高 8.94 个，在 1% 的显著性水平上保持显著；调剂金模式的省（区/市）每万人卫生技术人员数高 21.48 个，在 1% 的显著性水平上保持显著。其次，增加城乡收入差距控制变量时，直辖市的医疗资源优势不再显著，但两种模式下的省级统筹省（区/市）都保持显著的医疗卫生资源优势。最后，在控制时间趋势、收入水平和差距、城镇化率、医疗保险参保率及财政医疗卫生支出占比的前提下，直辖市的医疗资源优势仍然不显著，但统收统支分级管理的省（区/市）每万人卫生技术人员数高 7.14 个，在 1% 显著性水平上保持显著；调剂金模式的省（区/市）每万人卫生技术人员数高 17.31 个，在 1% 显著性水平上保持显著。上述结果意味着基本医疗保险省级统筹能够有效提升该地区的医疗卫生资源配置效率。

11.4.2 稳健性检验

OLS 回归难以剔除不随时间变化的不可观测因素的影响，因此本书采用面板数据回归模型考察医疗保险省级统筹对医疗卫生资源配置的效应。模型设置如下：

$$Y_{it} = Z_{it}\gamma + \beta_j Pool\_1_j + a_j + \xi_{it} \tag{11.2}$$

式中，Y_{it} 代表第 i 个省 t 年的每万人卫生技术人员数。$Pool\_1_j$ 代表三个虚拟变量，分别表示是否直辖市、是否统收统支分级管理、是否调剂金模式下的省级统筹，基准组是尚未实施省级统筹的省（区/市）。Z_{it} 包括医疗保险参保率、财政医疗支出占比、人均可支配收入对数、城乡收入差距、城镇化率和年份固定效应。a_j 代表不随时间变化的不可观测因素的影响。ξ_{it} 由于省级统筹虚拟变量在不同年份之间并无变异，采用固定效应模型会导致这些虚拟变量被差分掉，因此本书采用随机效应模型来估计 (11.2)。结果如表 11.11 所示。

表 11.11 医疗资源配置效应的随机效应估计结果

变量	每万人卫生技术人员数			
	(1)	(2)	(3)	(4)
直辖市	17.35***	-3.783	-3.257	-2.886
	(5.475)	(5.864)	(5.828)	(5.944)
分级管理	6.096	12.08**	12.21**	12.12**
	(6.203)	(5.493)	(5.335)	(5.367)
调剂金	18.70*	24.63***	24.92***	24.78***
	(10.32)	(9.103)	(8.950)	(9.016)
参保率				0.372
				(1.281)
财政医疗支出占比				11.44
				(41.05)
人均可支配收入对数		54.00***	54.06***	53.27***
		(4.245)	(4.266)	(4.774)
城乡收入差距			-0.582	-0.420
			(4.103)	(4.240)
城镇化率		-46.57**	-49.57**	-48.22*
		(23.13)	(24.20)	(24.81)

续表 11.11

变量	每万人卫生技术人员数			
	(1)	(2)	(3)	(4)
Constant	66.30***	-452.8***	-450.2***	-444.7***
	(2.107)	(31.44)	(37.96)	(42.56)
Observations	155	155	155	155
No. of Pid	31	31	31	31
chi2	12.73	642.8	626.1	618.0

注：括号中的值为标准误，*** $P<0.01$、** $P<0.05$、* $P<0.1$。省级统筹虚拟变量以未实施省级统筹为基准组。

表 11.11 显示，面板数据回归模型的估计结果与混合截面数据的 OLS 结果保持一致，意味着医疗保险省级统筹对医疗卫生资源配置的影响效应具有较强的稳健性。具体而言，在控制收入水平和差距、时间趋势、城镇化率、医疗保险参保率及财政医疗卫生支出占比的前提下，直辖市的医疗资源优势不显著，但统收统支分级管理的省（区/市）每万人卫生技术人员数高达 12.12 个，在 5% 的显著性水平上保持显著；调剂金模式的省（区/市）每万人卫生技术人员数高达 24.78 个，在 1% 的显著性水平上保持显著。面板数据回归模型得到的医疗保险省级统筹对医疗卫生资源配置的影响效应高于 OLS 结果。医疗保险省级统筹通过提高制度公平性，增强地区间医疗风险互助共济，提升医疗资源配置效率，从而提高人均医疗资源占有量。

11.5 省级统筹的收入再分配效应

11.5.1 基准回归结果

在考察医疗保险省级统筹对医疗卫生资源配置的影响效应的基础上，本书进一步考察省级统筹对收入差距的影响效应。基准回归同样采用模型（11.2），只不过将因变量换成了城乡收入差距，控制变量包括医疗保险参保率、财政医疗支出占比、人均可支配收入对数、职工医保基金支付能力、居民医保基金支付能力、城镇化率和年份固定效应。回归结果如表 11.12 所示。

表 11.12 省级统筹对收入差距的回归结果

变量	城乡收入差距			
	(1)	(2)	(3)	(4)
直辖市	-0.247***	0.255***	0.251***	0.261***
	(0.0803)	(0.0918)	(0.0946)	(0.0930)
分级管理	0.152*	0.164**	0.162**	0.182**
	(0.0910)	(0.0796)	(0.0802)	(0.0820)
				(0.0434)
调剂金 分级管理	0.418***	0.437***	0.431***	0.423***
	(0.151)	(0.129)	(0.131)	(0.131)
	-0.247***	0.255***	0.251***	0.261***
参保率			-0.0639	-0.160
			(0.139)	(0.145)
财政医疗支出占比			-0.463	-0.929
			(1.830)	(1.979)
人均可支配收入对数		-0.0754	-0.0807	0.0656
	(0.179)	(0.181)	(0.238)	
职工医保基金支付能力				-0.101**
				(0.0434)
居民医保基金支付能力				-0.102**
			(0.0494)	
城镇化率		-1.946***	-1.941***	-2.479***
		(0.526)	(0.535)	(0.732)
年份固定效应	控制	控制	控制	控制
Constant	2.593***	4.428***	4.548***	3.754*
	(0.0615)	(1.540)	(1.562)	(1.957)
Observations	155	155	155	155
R-squared	0.154	0.415	0.416	0.451

注：括号中的值为标准误，***$P<0.01$、**$P<0.05$、*$P<0.1$。省级统筹虚拟变量以未实施省级统筹为基准组。年份固定效应以 2016 年为基准组。

表11.12显示,在控制上述影响因素的前提下,直辖市的城乡收入差距显著高于未实施医疗保险省级统筹的省(区/市),但统收统支分级管理和调剂金两种模式下的省级统筹省(区/市)城乡收入差距与未实施医疗保险省级统筹的省(区/市)无显著差异。这表明医疗保险省级统筹尚未发挥收入差距的调节作用,这与省级统筹实施的时间有关,而且已经开展省级统筹的省(区/市)目前仍然只有少数经济发展水平不高的省(区/市),如陕西、青海、宁夏等。从表11.12还可以发现,医疗保险基金的支付能力对城乡收入差距具有显著的降低作用,城镇化率对城乡收入差距也有显著的降低作用。因此,要在省级统筹的推进过程中,增强医疗保险基金的支付能力,发挥医疗保险收入再分配的作用。

11.5.2 稳健性检验

同样本书采用面板数据回归模型检验医疗保险省级统筹对收入差距影响效应的稳健性,因变量仍然为城乡收入差距,控制变量包括医疗保险参保率、财政医疗支出占比、人均可支配收入对数、职工医保基金支付能力、居民医保基金支付能力、城镇化率和年份固定效应。回归结果如表11.13所示。可以看到,在控制医疗保险参保率、财政医疗支出占比、人均可支配收入对数、职工医保基金支付能力、居民医保基金支付能力、城镇化率等变量的前提下,直辖市的城乡收入差距显著高于未实施医疗保险省级统筹的省(区/市),但统收统支分级管理和调剂金两种模式下的省级统筹省(区/市)城乡收入差距与未实施医疗保险省级统筹的省(区/市)无明显差异,表明目前开展的基本医疗保险省级统筹尚未发挥调节收入差距的作用。

表11.13 收入差距调节效应的随机效应估计结果

变量	城乡收入差距			
	(1)	(2)	(3)	(4)
直辖市	-0.247	0.355**	0.363**	0.390**
	(0.186)	(0.176)	(0.181)	(0.175)
分级管理	0.152	0.165	0.167	0.194
	(0.211)	(0.182)	(0.188)	(0.181)

续表 11.13

变量	城乡收入差距			
	(1)	(2)	(3)	(4)
调剂金	0.418	0.439	0.452	0.472
	(0.351)	(0.302)	(0.312)	(0.301)
参保率			0.0326*	0.0540**
			(0.0191)	(0.0236)
财政医疗支出占比			-2.105***	-1.525**
			(0.603)	(0.608)
人均可支配收入对数		-0.108	-0.0835	0.0735
		(0.0825)	(0.0829)	(0.0926)
职工医保基金支付能力				-0.0606***
				(0.0184)
居民医保基金支付能力				0.00533
				(0.0110)
城镇化率		-2.291***	-2.544***	-3.125***
		(0.492)	(0.478)	(0.494)
Constant	2.537***	4.959***	5.012***	3.802***
	(0.0717)	(0.580)	(0.598)	(0.680)
Observations	155	155	155	155
No. of Pid	31	31	31	31
chi2	4.109	270.9	318.0	352.5

注：括号中的值为标准误，*** $P<0.01$、** $P<0.05$、* $P<0.1$。省级统筹虚拟变量以未实施省级统筹为基准组。

11.6 本章小结

本章在梳理基本医疗保险省级统筹改革背景和实施进展的基础上，比较统收统支+垂直管理、统收统支+分级管理及调剂金三种管理模式在各级政府财政筹资责任、滚存结余处理、监管风险及推行难度等方面的差异。同时，剖析现阶段推进医疗保险省级统筹面临的阻碍：省级统筹实施模式不清晰、筹资政策和待遇政策统一增加基金支付压力、经济发达地市统筹动机不强烈，以及医疗需求释放引发道德风险。

本章从微观和宏观两个视角考察医疗保险省级统筹的政策效应。在微观视角方面，依托 CMDS 2014 和 CMDS 2018 年的混合截面数据，采用双重差分考察省级统筹对医疗服务使用的影响。实证结果表明：省级统筹显著地促进了省内跨市流动人口的医疗服务使用，这种促进效应在男性、农业户口和居民医保参保者群体中更强。基于 PSM-DID 的稳健性检验表明，在解决政策干预自选择偏误的前提下，省级统筹对医疗服务使用的影响效应保持稳健。

在宏观视角方面，依托 2016—2020 年省级面板数据，采用面板数据回归模型评估省级统筹对医疗资源配置和收入再分配的效应。实证结果表明，在控制时间趋势、收入水平和差距、城镇化率、医疗保险参保率及财政医疗卫生支出占比的前提下，统收统支＋分级管理和调剂金两种模式下的省级统筹区域每万人卫生技术人员数都显著更高。原因在于医疗保险省级统筹通过提高制度公平性，增强地区间医疗风险互助共济，提升医疗资源配置效率，从而提高人均医疗资源占有量。

遗憾的是，医疗保险省级统筹尚未发挥收入差距的调节作用，这与省级统筹实施的时间有关，而且目前实施省级统筹的省（区/市）以经济发展水平较低、收入差距较大的省（区/市）为主，如陕西、青海、宁夏等。相比之下，财政中医疗卫生支出占比和医疗保险基金的支付能力对城乡收入差距具有显著的降低作用。因此，要在省级统筹的推进过程中，提高财政医疗支出占比，增强医疗保险基金的支付能力，充分发挥医疗保险的收入再分配作用。由于目前实施医疗保险省级统筹的省（区/市）不足五个（不包括直辖市），开展相应的政策效应评估可能存在一定的偏误，但本章的实证结论仍然可以为下一阶段继续推进基本医疗保险省级统筹提供参考。

第 12 章　基本医疗保险制度改革专题 II
——异地就医

本章考察基本医疗保险另一项改革的政策效应——异地就医。异地就医直接结算是指参保人就医之后直接在就医地结算相关费用，仅须承担个人负担部分，而不须要先行垫付。医疗保险制度层面的地域区隔，在一定程度上抑制了流动人口对卫生服务的利用。异地就医政策不仅简化了报销流程，也节约了时间和经济成本，提高了流动人口"病有所医"的获得感。本章在梳理异地就医政策实施进展的基础上，比较各省异地就医的费用结算模式和服务监管模式。同时，依托 2014 和 2018 年的 CMDS 数据，采用双重差分模型考察跨省异地就医政策对流动人口医疗服务使用的影响，并且开展异质性分析和稳健性检验。

12.1　共同富裕背景下异地就医政策的实施进展

党的二十大报告提出"促进多层次医疗保障有序衔接，落实异地就医结算"。2023 年第二季度，全国跨省异地就医直接结算 2854.13 万人次，减少个人垫付 394.1 亿元，分别较一季度增长 46.02% 和 32.63%，跨省异地就医直接结算工作稳步推进。①

我国异地就医结算工作分先省内、后跨省住院费用结算、再门诊费用结算的三步走战略。早在 2009 年，国家就开展了基本医疗保险异地就医的指导工作；2016 年，推出了异地就医结算系统。在此期间，各地在推进医保市、省级统筹情况下，主要解决省内异地就医的结算工作，这个阶段是异地就医结算的第一步。2016 年，人社部发布《关于

---

① 中国医疗保险：《二季度全国跨省异地就医直接结算减少个人垫付 394.1 亿元》，2023-08-02，https://mp.weixin.qq.com/s/LdRGLmFhpFNTyyoMo2RvYQ。

做好基本医疗保险跨省异地就医住院医疗费用直接结算工作的通知》，开启了异地就医结算的第二步。① 2020 年，12 个省（区/市）进行了跨省门诊医疗费用直接结算的试点工作，其中门诊费用还区分了门诊慢特病费用，于 2021 年进行试点工作。2022 年 7 月，国家医保局颁布《关于进一步做好基本医疗保险跨省异地就医直接结算工作的通知》，正式统一了各类别医疗费用跨省直接结算基金支付政策，从此，我国异地就医结算工作开始驶入改革攻坚阶段。② 如图 12.1 所示。

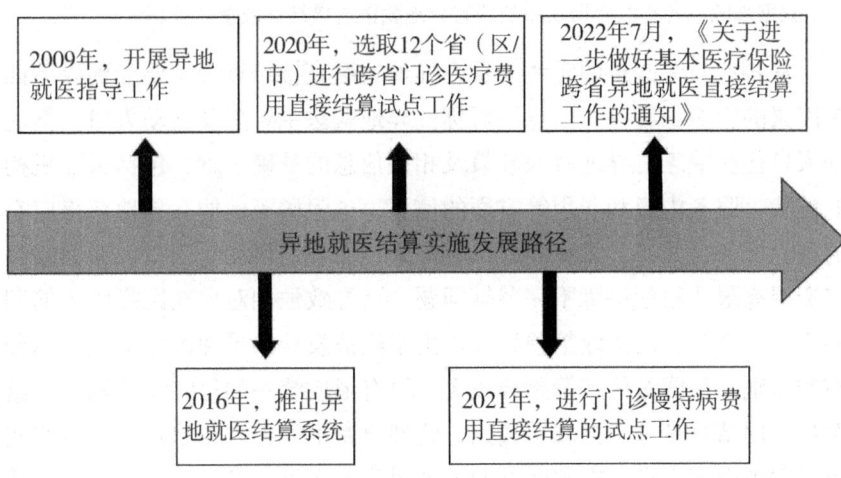

图 12.1　异地就医结算政策实施进程

通过收集和比较 20 个省级行政区基本医疗保险跨省异地就医住院费用相关政策文件，发现各省异地就医的结算模式和监管方式存在差异。从表 12.1 可以看到：江西和河南由参保地经办机构直接或委托结算，河北、山西、吉林、浙江、湖北、湖南、云南、陕西、天津和北京采用就医地经办机构先垫付后清算的结算模式，内蒙古、安徽、广东、四川、贵州、青海、宁夏回族自治区和新疆维吾尔自治区则设立了异地就医结算周转金。

---

①　人力资源社会保障部：《人力资源社会保障部财政部关于做好基本医疗保险跨省异地就医住院医疗费用直接结算工作的通知》，2016 - 12 - 08，http://www.mohrss.gov.cn/wap/zc/zcwj/201612/t20161215_262040.html.

②　国家医保局：《财政部关于进一步做好基本医疗保险跨省异地就医直接结算工作的通知》，2022 - 07 - 26，http://www.nhsa.gov.cn/art/2022/7/26/art_104_8629.html.

表12.1 各省（区/市）异地就医费用结算模式

省（区/市）	结算模式
江西、海南	参保地经办机构直接（委托）结算
河北、山西、吉林、浙江、湖北、湖南、云南、陕西、天津、北京	就医地经办机构先垫付后清算
内蒙古、安徽、广东、四川、贵州、青海、宁夏回族自治区、新疆维吾尔自治区	设立异地就医结算周转金（基金）

数据来源：各省医保局发布的跨省异地就医直接结算政策文件。

从各地政策改革的实践来看，异地就医直接结算现主要受到以下四个因素的影响：其一，信息不对称。异地就医主要惠及流动人口，但流动人口往往缺乏对异地就医政策及相关信息的准确了解，包括医疗机构的位置、服务内容和费用等方面的信息，这阻碍了他们在异地获得应有的医疗服务。其二，城乡医疗机会差异。农业户口流动人口往往面临经济资源有限、医疗保障不完善等问题，这导致他们对异地医疗服务的利用不足。其三，医保政策差异大。由于经济发展水平和医疗卫生资源分布的差别，我国医保政策差异较大，没有形成统一的医疗结算标准，给医疗费用结算带来了挑战。其四，管理机制不完善。异地就医政策在实施过程中面临来自供方和需方的道德风险，而目前各省异地结算的监管模式不一，须进一步完善管理监督机制，规避由供需双方道德风险引发的医保支付危机。

12.2 数据介绍与描述性统计

本章实证部分所用数据来源于2014年和2018年全国流动人口卫生计生动态监测调查数据。由于本研究重点考察异地就医住院跨省直接结算政策对流动人口住院医疗费用的影响，因此将样本限定为有工作、在户籍地参加医保的流动人口，最近一次住院医疗服务使用地在居住地。本研究构造混合截面数据，最后得到有效样本数为1105个。

本章的因变量有2个：①住院医疗总费用，为连续型变量；②自付住院医疗费用，也是连续型变量。核心自变量为是否在该地试点异地就医跨省直接结算政策，政策试点＝1，未试点＝0。控制变量包括年龄、性别、民族、婚姻状况、受教育程度、流动范围、个体的月收入、家庭平均每月总支出、就业单位性质、健康、就业身份、工作性质、地区、医保类型、流动范围和就医选择等。主要变量描述性统计如表12.2所示。

表12.2 主要变量描述性统计

变量	全样本 ($n=1105$)		实施异地就医 ($n=435$)		未实施异地就医 ($n=670$)	
	均值	标准差	均值	标准差	均值	标准差
住院总费用/元	6788.60	2.39	7723.32	2.40	6247.90	2.36
住院自付费用/元	3371.12	2.87	3428.92	2.84	3334.24	2.88
政策试点	0.57	0.50	0.59	0.49	0.55	0.50
实施时间	0.39	0.49	1.00	0.00	0.00	0.00
DID	0.23	0.42	0.59	0.49	0.00	0.00
年龄	33.72	9.03	37.25	10.36	31.42	7.18
性别	0.72	0.45	0.63	0.49	0.78	0.41
民族	0.92	0.27	0.90	0.30	0.94	0.24
受教育程度	13.70	3.07	13.41	3.22	13.89	2.97
婚姻状态	0.93	0.25	0.93	0.26	0.94	0.25
单位性质	0.25	0.43	0.28	0.45	0.23	0.42
收入/元	3827.63	1.93	4146.42	2.10	3604.72	1.82
支出/元	4230.18	1.86	4582.50	1.90	3983.83	1.84
健康档案	0.31	0.46	0.36	0.48	0.27	0.45
工作性质	—	—	—	—	—	—
雇员	0.72	0.45	0.74	0.44	0.71	0.45
雇主	0.08	0.28	0.08	0.28	0.08	0.28
自营业	0.19	0.40	0.17	0.38	0.21	0.41
地区	—	—	—	—	—	—
东部	0.47	0.50	0.40	0.49	0.52	0.50
中部	0.16	0.36	0.20	0.40	0.13	0.34
西部	0.30	0.46	0.35	0.48	0.27	0.44
东北	0.07	0.26	0.06	0.23	0.08	0.27

续表12.2

变量	全样本 ($n=1105$)		实施异地就医 ($n=435$)		未实施异地就医 ($n=670$)	
	均值	标准差	均值	标准差	均值	标准差
医保类型	—	—	—	—	—	—
无医保	0.11	0.31	0.06	0.23	0.14	0.35
职工医保	0.26	0.44	0.30	0.46	0.23	0.42
居民医保	0.64	0.48	0.65	0.48	0.63	0.48
流动范围	—	—	—	—	—	—
跨省流动	0.50	0.50	0.38	0.49	0.58	0.50
省内跨市	0.35	0.48	0.46	0.50	0.28	0.45
市内跨县	0.15	0.36	0.16	0.36	0.15	0.36
就医选择	0.83	0.38	0.85	0.36	0.81	0.39

由表12.2可以看到实施异地就医政策的区域，流动人口的住院总费用和住院自付费用都更高，而自付比例却更低，意味着异地就医政策有助于改善流动人口对医疗服务的利用。具体而言，实施异地就医政策的区域，流动人口的住院总费用和住院自付费用分别为7723.32元和3428.92元；未实施异地就医政策的区域，流动人口的住院总费用和住院自付费用分别为6247.90元和3334.24元。样本年龄均值为33.72岁，72%是男性，92.3%是汉族，93.3%已婚，教育年限均值为13.7，30.6%在本地建立了健康档案。15.2%的流动范围是本市其他县，34.9%是省内跨市，49.9%是跨省。25.6%的流动人口参加城职保，63.7%参加城居保，10.7%没有基本医疗保险。82.7%的流动人口在就医时倾向于本地，异地就医政策试点后流动人口愈发倾向于在本地就医。

12.3 异地就医的政策效应评估

12.3.1 基准回归结果

本小节采用双重差分模型（DID）识别异地就医政策对流动人口住

第12章 基本医疗保险制度改革专题Ⅱ——异地就医

院医疗费用的影响效应,模型如下:

$$Y_{it} = \beta_0 + \beta_1 Policy_i + \beta_2 Year_t + \beta_3 Policy_i * Year_t + X_{it}\gamma + \varepsilon_{it} \quad (12.1)$$

式中,Y_{it} 代表个体 i 在 t 时期的住院医疗费用;$Policy_i$ 为政策虚拟变量,代表该城市 i 是否已实施异地就医政策;$Year_t$ 为时间虚拟变量,政策发生前为0,政策发生后为1。为了检验异地就医政策对流动人口住院医疗费用的影响效应,本文设置交互项 $Policy_i * Year_t$,通过估计 β_3 的数值可以识别异地就医政策对流动人口住院医疗费用的影响。X_{it} 表示其他控制变量,主要包括年龄、性别、户口性质、民族、婚姻状况、受教育程度、流动范围、个体的月收入、家庭平均每月总支出、就业单位性质、就业身份等。ε_{it} 为随机干扰项。回归结果如表12.3所示。

表12.3 基准回归结果

变量	Y=最近一次住院总费用			Y=最近一次住院自付费用		
	(1)	(2)	(3)	(4)	(5)	(6)
政策试点	-0.138*	-0.136*	-0.140*	-0.372***	-0.340***	-0.233**
	(0.0717)	(0.0700)	(0.0770)	(0.0885)	(0.0875)	(0.0949)
实施时间	0.0609	-0.115	-0.131	-0.240**	-0.370***	-0.382***
	(0.0793)	(0.0837)	(0.0926)	(0.0978)	(0.104)	(0.114)
交互项	0.322***	0.295***	0.289**	0.596***	0.565***	0.553***
	(0.108)	(0.110)	(0.119)	(0.133)	(0.137)	(0.146)
年龄		0.0227***	0.0202***		0.0123***	0.0129**
		(0.0037)	(0.0041)		(0.00453)	(0.0050)
性别		-0.195***	-0.166**		-0.235***	-0.171*
		(0.0686)	(0.0746)		(0.0851)	(0.0913)
民族		0.0083	-0.0029		-0.101	-0.0952
		(0.103)	(0.108)		(0.128)	(0.133)
受教育程度		0.0136	0.0052		-0.0195	-0.0022
		(0.0107)	(0.0121)		(0.0133)	(0.0148)
婚姻状态		-0.0610	-0.0303		0.00314	-0.0141
		(0.107)	(0.120)		(0.134)	(0.148)
单位性质		0.0807	0.0283		-0.125	-0.0807
		(0.0641)	(0.0729)		(0.0806)	(0.0905)

续表 12.3

变量	Y = 最近一次住院总费用			Y = 最近一次住院自付费用		
	(1)	(2)	(3)	(4)	(5)	(6)
月收入		−0.0130	0.0341		−0.130**	−0.0797
		(0.0488)	(0.0541)		(0.0610)	(0.0668)
月支出		0.250***	0.273***		0.245***	0.322***
		(0.0519)	(0.0580)		(0.0644)	(0.0710)
健康档案		−0.0326	−0.0654		−0.0657	−0.0332
		(0.0590)	(0.0637)		(0.0736)	(0.0782)
就医选择			0.0924			0.0717
			(0.0761)			(0.0934)
雇佣类别	否	否	控制	否	否	控制
地区	否	否	控制	否	否	控制
医保类型	否	否	控制	否	否	控制
常数项	8.822***	6.149***	5.518***	8.336***	7.558***	6.423***
	(0.0522)	(0.441)	(0.546)	(0.0646)	(0.548)	(0.668)
观测值	1105	1018	882	1063	979	849
R-squared	0.025	0.109	0.120	0.022	0.071	0.119

注：括号里是标准误，*** $P<0.01$、** $P<0.05$、* $P<0.1$。交互项是指政策虚拟变量和时间虚拟变量的交互项。

通过表 12.3 发现，跨省异地就医住院医疗费用直接结算政策总体对跨省流动人口的医疗服务使用产生正效应。在住院总费用方面，促进效应达到 28.9%，在 10% 的显著性水平上保持显著；在自付住院费用方面，促进效应达到 55.3%，在 1% 的显著性水平上保持显著。上述结论意味着异地就医结算政策的实施在一定程度上提高了跨省流动人口对医疗服务利用，但同时可能扩大了流动人口的医疗需求，因而导致自付医疗费用也出现了显著上涨。

从其他控制变量的影响效应来看，年龄越高医疗支出越高，在 1% 的显著性水平上保持显著；教育程度越高医疗总费用越高，自付医疗支出越低，但在统计上不显著。收支水平对医疗服务的使用具有正效应，且在 1% 的显著性水平上保持显著。

12.3.2 异质性分析

本小节从性别和户口两个维度考察异地就医政策影响医疗服务使用的异质性。表 12.4 的结果表明，异地就医政策对住院总费用的影响在女性群体中更加显著，可能的原因在于女性使用医疗服务更多，因而政策调整的效应更明显。同时，也可以看到在农业户口的群体中异地就医政策对住院总费用的影响效应更显著，这是由于农业户口的流动人口大多参与的是户籍地的基本医疗保险，在居住地使用医疗服务不仅手续更加麻烦，而且报销待遇更低，异地就医结算政策的影响效应更强。

表 12.4 异质性分析

变量	$Y=$ 最近一次住院总费用					
	男性	女性	农业 & 男性	农业 & 女性	非农业 & 男性	非农业 & 女性
政策实施	0.278**	0.00170	0.366***	0.0413	−0.742*	−0.155
	(0.132)	(0.0711)	(0.138)	(0.0844)	(0.374)	(0.130)
实施时间	0.110	0.101	0.137	0.171	−0.0970	−0.730
	(0.172)	(0.105)	(0.179)	(0.112)	(0.607)	(0.497)
DID	0.0448	0.317**	−0.0414	0.319**	0.296	0.566
	(0.228)	(0.147)	(0.239)	(0.161)	(0.692)	(0.589)
常数项	5.599***	6.130***	6.623***	6.019***	−0.144	−0.0277
	(0.994)	(0.584)	(1.039)	(0.657)	(0.237)	(0.144)
观测值	414	693	376	546	38	147
R-squared	0.081	0.093	0.076	0.078	0.553	0.129

注：括号里是标准误，***$P<0.01$、**$P<0.05$、*$P<0.1$。控制变量与表 12.3 第（3）列保持一致。

12.3.3 稳健性检验

双重差分的前提假定是处理组和对照组不存在异质性，因此可以将对照组的时间趋势作为处理组，如果没有接受政策处理（treat）的反事实。为减少处理组和对照组可能存在的异质性对估计结果的影响，本小节采取 PSM-DID 开展稳健性检验。从表 12.5 可以看到：在解决样本自选择偏误的基础上，异地就医政策对跨省流动人口住院总医疗费用的正效应在 10% 显著水平上保持显著，对住院自付费用的正效应在 1% 显著水平上保持显著。

表 12.5 PSM-DID 结果

变量	$Y=$ 最近一次住院总费用			$Y=$ 最近一次住院自付费用		
	(1)	(2)	(3)	(4)	(5)	(6)
政策实施	0.118*	0.0992	0.0930	−0.109*	−0.0753	−0.0756
	(0.0673)	(0.0658)	(0.0654)	(0.0568)	(0.0561)	(0.0560)
实施时间	0.0393	0.0758	0.0930	8.599***	8.532***	8.477***
	(0.0870)	(0.0879)	(0.0919)	(0.0761)	(0.0772)	(0.0823)
DID	0.209	0.213*	0.223*	0.388***	0.366***	0.356***
	(0.128)	(0.125)	(0.125)	(0.113)	(0.111)	(0.111)
常数项	8.587***	7.350***	6.635***	−0.383***	−0.0179	0.00141
	(0.0467)	(0.507)	(0.538)	(0.0395)	(0.447)	(0.483)
观测值	1107	1107	1107	1079	1079	1079
R-squared	0.015	0.080	0.093	0.958	0.960	0.960

注：括号里是标准误，*** $P<0.01$、** $P<0.05$、* $P<0.1$。控制变量与表 12.3 第 (3) 列保持一致。

比较图 12.2（a）和图 12.2（b）可以发现，匹配后处理组和对照组的倾向性得分值不存在明显差异，表明匹配效果较好。

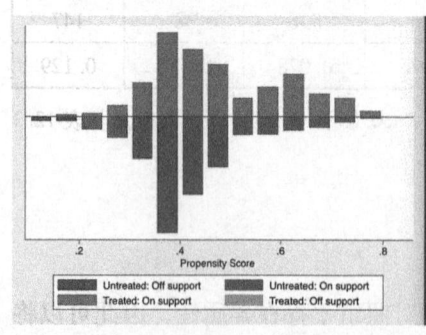

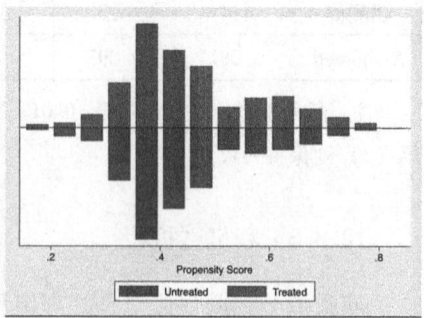

(a) 匹配前　　　　　　　　　　　(b) 匹配后

图 12.2 PSM 匹配效果

第12章 基本医疗保险制度改革专题Ⅱ——异地就医

12.4 本章小节

经过十几年的改革探索，异地就医直接结算经历了从市内异地就医结算、省内异地就医结算到跨省异地就医结算的历程。全国各省均整体或部分接入了国家基本医疗保险异地就医结算系统。异地就医政策主要惠及四类人群：异地安置退休、长期派驻外地工作、异地长期居住和异地转诊人员四类。异地就医政策不仅简化了报销流程，也节约了时间和经济成本，提高了居民病有所医的获得感，缓解了看病难、看病贵问题。

本章依托CMDS 2014和CMDS 2018的数据，通过构造混合截面数据，采用双重差分识别跨省异地就医直接结算政策对流动人口医疗服务使用的影响效应，并且采用PSM-DID开展稳健性检验。实证结果表明：其一，跨省异地就医直接结算政策能够显著提高跨省流动人口的住院总费用，同时也会显著提高流动人口的住院自付费用，两种促进效应分别为28.9%和55.3%；其二，相对于男性，住院费用跨省异地就医直接结算政策对跨省流动人口中的女性特别是农村女性的实施效应更明显。

我国社会经济发展存在明显的区域差异，异地就医政策的实施可以有效打破医疗保险政策的地域壁垒，优化居民对医疗服务的利用。未来的改革方向主要有三个方面：首先，建立全国统一的医疗信息系统，促进跨地区医疗机构的信息互通互联，实现医疗大数据的共享与交流，利用区块链技术提高医疗数据的保密性，提升医疗领域的数字化水平。其次，探索统一的异地就医费用结算模式。比较现有的结算模式，周转金制度较为科学，不仅能有效利用省级结算平台，与省级统筹层次保持一致，还可以提高医保基金拨转效率。最后，建立科学的管理监督机制。通过加强公共教育和宣传，重点强调对医疗资源的合理使用，使医保参保者树立正确的就医观念和道德意识，同时加强对异地就医实施的监督和评估，缓解由供需双方道德风险引发的医保支付危机。

第13章 基本医疗保险制度改革专题Ⅲ
——家庭医生签约

推广家庭医生签约是"十四五"时期加快建设分级诊疗体系的重要内容。本章在机会平等理论的框架下考察家庭医生签约对流动人口医疗服务使用的影响,基于 CMDS 2018 的实证结果表明:签约家庭医生可以使流动人口在居住地的医疗服务使用率提高31%,但对医疗总支出没有显著影响。解决内生性、自选择等问题后,上述影响效应保持稳健。家庭医生签约对流动人口医疗服务使用机会不平等的贡献为5%~8%,并且在不同群体中呈现差异。在作用机制方面,家庭医生签约主要通过提高流动人口居留意愿来提升居住地医疗服务的使用率。因此,应当进一步扩大家庭医生签约覆盖率,提高流动人口医疗服务可及性。

13.1 家庭医生签约的实施进展

党的二十大报告提出"人民健康是民族昌盛和国家强盛的重要标志。"[①]流动人口作为城市经济发展的关键力量,其健康问题被国内外研究广泛关注。关于流动人口有两个"健康之谜":一是健康移民效应——相比本地居民,流动人口更健康;二是健康损耗效应——由于流动人口通常从事的是更危险、更辛苦的体力劳动,他们的健康优势会逐渐消失(McDonald and Kennedy, 2004; Antecol and Bedard, 2015; 陆铭, 2016; 马超、曲兆鹏, 2022)。健康移民效应来自流动人口的自选择,

---

① 中共中央:《习近平:高举中国特色社会主义伟大旗帜 为全面建设社会主义现代化国家而团结奋斗——在中国共产党第二十次全国代表大会上的报告》, 2022 - 10 - 25, http://www.gov.cn/xinwen/2022 -10/25/content_ 5721685. htm.

第13章 基本医疗保险制度改革专题 III——家庭医生签约

健康损耗效应囿于健康意识的薄弱和医疗服务使用的劣势。①

中国已建成世界上规模最大的医疗卫生体系，为医疗服务的普及和居民健康的提升做出了重要贡献。然而，由于我国基本医疗保险统筹层次较低，跨统筹区就医不仅手续复杂，而且报销待遇更低，这给异地参保流动人口的医疗服务使用带来了不便，阻碍了基本公共服务均等化的进程。②医疗保险制度层面的地域区隔，在一定程度上抑制了流动人口对卫生服务的利用（孟颖颖、韩俊强，2019）。相比养老保险、失业保险等其他社会保险，医疗保险更具复杂性。这种复杂性体现为：相关政策多，除了参保、缴费、报销等主体政策外，还涉及统筹层次、异地就医、分级诊疗、医保付费方式、医保目录、医药采购方式、公立医院改革等配套政策。在医疗保险覆盖率达到95%以上的背景下，考察医疗配套政策对医疗服务使用的影响效应更具现实意义。近年来，流动人口数量不断增长，从2000年的1.21亿上升到2021年的3.85亿，占总人口的27.23%。因此，通过完善基层医疗卫生体系，促进医疗服务使用机会平等，对于保障流动人口健康具有重要的战略意义。③医疗市场存在特殊性，专家所具有的保险功能会使患者正向选择，从而导致高收入的轻症患者更容易匹配到优质专家，造成医疗资源错配与浪费（叶初升等，2021）。

为了促进优质医疗资源有序有效下沉，2015年9月，国务院办公厅印发《关于推进分级诊疗制度建设的指导意见》，提出通过政策引导，推进居民或家庭自愿与签约医生团队签订服务协议，满足居民多层次服务需求。④2022年3月，国家卫健委、财政部、医保局等部门联合发布《关于推进家庭医生签约服务高质量发展的指导意见》，提出"到

---

① 中国家庭收入调查（CHIP）2018显示流动人口的家庭人均医疗支出是城镇本地居民的65%，家庭人均消费总支出是城镇本地居民的70%。
② 异地参保是指流动人口医疗保险的参保地在户籍地。全国流动人口动态监测调查（CMDS）2018显示60%以上的流动人口医疗保险参保地在户籍地。
③ 国家统计局：《2021年国民经济和社会发展统计公报》，2022-02-28，http://www.stats.gov.cn/tjsj/zxfb/202202/t20220227_1827960.html。
④ 国务院办公厅：《国务院办公厅关于推进分级诊疗制度建设的指导意见》，2015-09-08，http://www.gov.cn/gongbao/content/2015/content_2937321.htm。

2035年，签约服务覆盖率达到75%以上，基本实现家庭全覆盖"。①然而，CMDS 2018显示，流动人口签约本地家庭医生的比重不足20%。家庭医生签约制度通过全方位、全周期的健康管理服务，让家庭医生成为居民健康的"守门人"。

推广家庭医生签约是"十四五"时期加快建设分级诊疗体系的重要内容。家庭医生签约服务是居民以自愿为原则，与基层医疗卫生机构签订服务协议，与家庭医生建立长期稳定的契约关系，同时享受约定的基本医疗、公共卫生和健康管理等服务。②以浙江省杭州市萧山区义桥镇家庭医生签约为例，基本服务包括：健康管理、定制个人健康档案、联系转诊检查、预约就医绿色通道、慢性病长期处方服务、部分居家医疗项目、十类人群精准服务等。签约服务费个人承担12元，基本医疗保险参保人员选择家庭医生签约服务后，在签约的社区卫生服务机构门诊就医时，统筹基金承担比例提高3个百分点；参保人员在签约的社区卫生服务机构首诊，或经签约的社区卫生服务机构转诊至其他的医疗机构继续治疗的，门诊起付标准减免300元。③

家庭医生签约是流动人口共享城市基本医疗服务的凭证。在Roemer机会平等理论的框架下，流动人口医疗服务使用不平等来自两个方面：由环境因素造成的机会不平等和由个体行为带来的努力不平等，前者是不合理的，后者是合理的。环境因素包括家庭医生签约、户口类型、地区特征、医疗保险、就业状态等，努力因素包括年龄、性别、婚姻状态等。家庭医生签约主要通过居留意愿和健康意识两条路径影响流动人口在居住地的医疗服务使用，如图13.1所示。一方面，流动人口签约本地家庭医生后可以增强他们在城市社会的归属感和融入感，提高他们在城市社会的居留意愿，从而提升他们在居住地的医疗服务使用概

---

① 国家卫健委、财政部、人社部、医保局、中医药局、疾控局：《关于推进家庭医生签约服务高质量发展的指导意见》，2022 – 03 – 15，http://www.nhsa.gov.cn/art/2022/3/15/art_104_7986.html.

② 北京市人民政府：《什么是家庭医生签约》，2022 – 07 – 05，http://www.beijing.gov.cn/hudong/bmwd/jsjbmyyt/jsjbylfw/jsjbylsqyy/202207/t20220705_2763617.html.

③ 健康义桥：《2022年签约"家庭医生"这项服务，可别错过啦!》，2022 – 10 – 29，https://mp.weixin.qq.com/s?__biz = MzI2NjYxOTg5MQ = = &mid = 2247490983&idx = 1&sn = 0ff8504df2966693555501df17bdc6fe&chksm = ea8a033bddfd8a2d6da8abf2c72face6a14659af87c834bdf7fffb2c0e68f57a7b9b8a799.

率,本章称之为"定居效应"。另一方面,签约本地家庭医生后,流动人口更加关注健康知识和自身健康问题,同样可以提高他们对医疗服务的使用率,减少有病不医等行为,本章称之为"健康效应"。本章将在第三小节识别家庭医生签约影响流动人口医疗服务使用的主导机制。

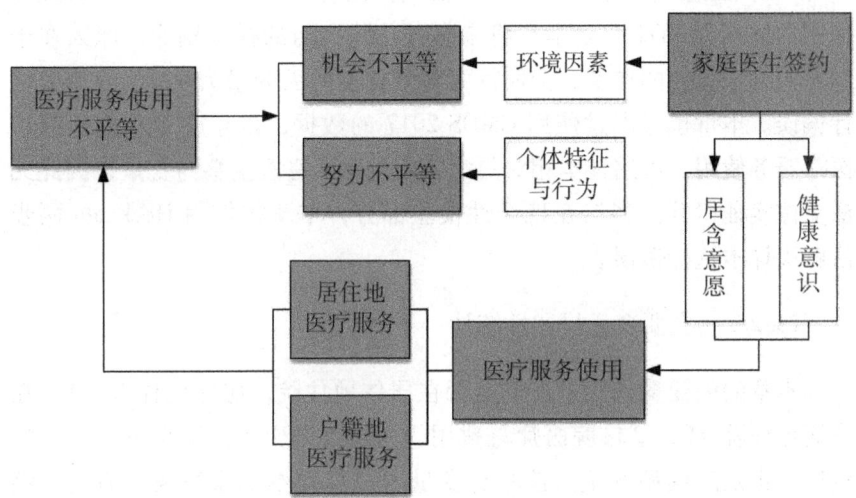

图 13.1　家庭医生签约影响流动人口医疗服务使用的机制

13.2　数据介绍与描述性统计

13.2.1　数据介绍

本章采用 2018 年中国流动人口动态监测调查(CMDS)数据开展实证检验。CMDS 是国家卫健委自 2009 年起开展的全国性流动人口抽样调查,覆盖全国 31 个省(区/市)和新疆生产建设兵团中流动人口较为集中的流入地,每年样本量近 20 万户,内容包括流动人口及家庭成员人口特征、流动范围和趋向、就业和社会保障、收支和居住、公共卫生服务等。①

---

① 国家卫健委:《中国流动人口动态监测调查数据》,https://www.chinaldrk.org.cn/wjw/#/home。

本章从 CMDS 2018 中筛选出到流入地半年以上、年龄 16～60 周岁、过去一年有过住院经历的样本，包括在居住地住院和户籍地住院。CMDS 2018 总样本量为 15.2 万，过去一年有过身体不适的样本为 17313 个，占 11.39%，有过住院经历的样本为 4850 个，占身体不适样本的 28.02%，占总样本的 3.19%。除去缺失值和异常值后，实证分析最终使用的样本为 3072 个。本章将未有过住院经历的样本剔除，原因在于如果包含未住院的样本，会使得大部分样本的因变量为 0，从而造成估计偏误。本章也考虑过使用 CMDS 2017 的数据，该年度调查的是门诊医疗服务使用，可用样本相对更大，但没有家庭医生签约变量，因此无法支撑实证检验。当然在稳健性检验部分，本章将使用 Heckman 两步法解决样本选择偏误。

13.2.2 主要变量描述性统计

本章的因变量有三个：①是否在居住地住院，居住地住院＝1，在户籍地住院＝0；②住院医疗总费用，为连续型变量；③自付住院医疗费用，也是连续型变量。核心自变量为是否跟本地家庭医生签约，签约＝1，未签约＝0。相比其他文献，本章的医疗保险变量设置得更加细致，不仅考察制度类型差异，还考察参保地点差异。如此一来，医疗保险分成四类，无保险＝0，居住地城居保＝1，户籍地城居保＝2，居住地城职保＝3，户籍地城职保＝4。控制变量包括家庭人均收入、家庭人均住房支出、年龄、户口、性别、教育年限、已婚、健康、居留意愿、是否在业、流动范围和地区等。主要变量描述性统计如表 13.1 所示：

表 13.1 主要变量描述性统计

变量	样本量	均值	标准差	最小值	最大值
居住地住院	3072	0.84	0.36	0	1
住院医疗总费用/元	3072	11425.64	20860.86	100.00	500000.00
自付住院医疗费用/元	3072	7178.59	14645.43	8.00	360000.00
自付比例	3072	0.65	0.29	0	1
签约家庭医生	3072	0.16	0.36	0	1
家庭人均收入/元	3072	8234.53	9257.29	125.00	300000.00

续表 13.1

变量	样本量	均值	标准差	最小值	最大值
家庭人均住房支出/元	3072	1090.12	1473.93	0	22000.00
年龄	3072	35.55	10.14	17.33	60
户口	3072	0.36	0.48	0	1
性别	3072	0.28	0.45	0	1
教育年限	3072	10.59	3.67	0	19
已婚	3072	0.92	0.27	0	1
健康	3072	0.67	0.47	0	1
在业	3072	0.59	0.49	0	1
居留意愿	3072	0.6	0.49	0	1
流动范围	3072				
市内跨县		0.21	0.41	0	1
省内跨市		0.39	0.49	0	1
跨省		0.4	0.49	0	1
慢性病教育	3072	0.29	0.45	0	1
地区	3072				
东部		0.39	0.49	0	1
中部		0.22	0.41	0	1
西部		0.33	0.47	0	1
东北		0.06	0.24	0	1
参保类型	3072				
居住地城居保		0.11	0.32	0	1
户籍地城居保		0.56	0.5	0	1
居住地城职保		0.22	0.41	0	1
户籍地城职保		0.06	0.24	0	1

注：自付比例=自付住院医疗费用/住院医疗总费用。

从表 13.1 可以看到，样本中 84% 的流动人口选择在居住地住院，住院医疗总费用（以下简称"住院总费用"）平均为 11425.64 元，自付住院医疗费用（以下简称"自付住院费用"）平均为7178.59元，自付比例为65%。签约家庭医生的比例是16%，还远远没有达到75%的预期目标。样本年龄均值是35.55岁，36%是非农户口，92%已婚；70%以上是女性，原因在于生育行为使得女性住院概率更高。教育年限均值为10.59年，愿意在当地居住10年以上的比例为60%。21%的流动范围是本市其他县，39%是省内跨市，40%是跨省。11%的流动人口在居住地参加城居保，56%在户籍地参加城居保，22%在居住地参加城职保，6%在户籍地参加城职保，5%没有基本医疗保险。

从表13.2可以看到，签约本地家庭医生的流动人口在居住地住院的概率更高，医疗总支出和自付医疗支出都更少，医疗负担更小，因而可以推测家庭医生签约会影响流动人口在城市本地的医疗服务使用。

表13.2 不同参保类型的住院医疗服务使用

签约本地家庭医生	居住地住院/%	住院医疗总费用/元	自付住院费用/元	自付比例/%
否	83.78	11928.56	7480.34	64.83
是	89.23	9038.32	5729.87	62.96

13.3 家庭医生签约的政策效应评估

13.3.1 基准回归结果

本章采用如下回归模型估计家庭医生签约对流动人口医疗服务使用的影响效应：

$$Medical_{ij} = \alpha_0 + \alpha_1 Doctor_{ij} + X_{ij}\beta + \theta_j + \varepsilon_i \quad (13.1)$$

式中，$Medical_i$是第i个流动人口的住院医疗服务使用。$Doctor_i$是一个虚拟变量，表示是否签约本地家庭医生。X_{ij}表示其他控制变量，包括家庭人均收入、家庭人均住房支出、年龄、户口、性别、教育年限、已婚、健康、居留意愿、是否在业和流动范围。θ_j代表地区固定效应。ε_i是随机干扰项。基准回归结果如表13.3所示：

表 13.3 基准回归结果

变量	是否居住地住院		住院总费用		自付住院费用	
	(1)	(2)	(3)	(4)	(5)	(6)
家庭医生签约	0.3740**	0.2706*	-0.0321	-0.0265	-0.1045**	-0.0849*
	(0.1607)	(0.1631)	(0.0439)	(0.0440)	(0.0513)	(0.0513)
城居保	-0.7091**		0.0111		-0.1799**	
	(0.2834)		(0.0739)		(0.0863)	
城职保	-0.0364		0.1337*		-0.479***	
	(0.3069)		(0.0794)		(0.0928)	
居住地城居保		0.6599*		-0.0351		-0.399***
		(0.3617)		(0.0851)		(0.0991)
户籍地城职保		-0.7999**		0.2014**		-0.371***
		(0.3388)		(0.0968)		(0.1128)
居住地城职保		0.2949		0.1140		-0.505***
		(0.3244)		(0.0813)		(0.0947)
户籍地城居保		-0.919***		0.0222		-0.1273
		(0.2849)		(0.0746)		(0.0869)
年龄	-0.0108*	-0.0128**	0.0081***	0.0081***	0.0016	0.0021
	(0.0063)	(0.0063)	(0.0020)	(0.0020)	(0.0024)	(0.0024)
户口	0.1274	0.0416	0.0509	0.0554	0.0814**	0.0972**
	(0.1194)	(0.1218)	(0.0354)	(0.0355)	(0.0413)	(0.0413)
性别	0.1033	0.1344	0.2521***	0.2503***	0.1782***	0.1743***
	(0.1223)	(0.1242)	(0.0391)	(0.0392)	(0.0457)	(0.0456)
教育	0.0201	0.0110	0.0077	0.0082	-0.0015	0.0005
	(0.0173)	(0.0176)	(0.0054)	(0.0054)	(0.0063)	(0.0063)
已婚	-0.0141	-0.0295	0.0580	0.0585	0.0673	0.0702
	(0.1897)	(0.1924)	(0.0606)	(0.0606)	(0.0709)	(0.0706)
健康	0.1512	0.1718	-0.207***	-0.207***	-0.157***	-0.159***
	(0.1225)	(0.1237)	(0.0394)	(0.0394)	(0.0460)	(0.0459)
家庭人均收入对数	0.1475	0.1656*	0.0602**	0.0593**	0.0794**	0.0761**
	(0.0967)	(0.0980)	(0.0300)	(0.0300)	(0.0350)	(0.0349)

续表 13.3

变量	是否居住地住院		住院总费用		自付住院费用	
	(1)	(2)	(3)	(4)	(5)	(6)
家庭人均住房支出	0.0107 (0.0172)	0.0184 (0.0176)	0.0131** (0.0052)	0.0130** (0.0052)	0.0210*** (0.0061)	0.0193*** (0.0061)
在业	-0.339*** (0.1149)	-0.367*** (0.1163)	-0.105*** (0.0353)	-0.102*** (0.0354)	-0.172*** (0.0412)	-0.170*** (0.0413)
流动范围	控制	控制	控制	控制	控制	控制
地区	控制	控制	控制	控制	控制	控制
常数项	1.2673 (0.9048)	1.4903 (0.9133)	7.8806*** (0.2776)	7.8708*** (0.2777)	7.6342*** (0.3244)	7.5865*** (0.3235)
N	3072	3072	3072	3072	3072	3072
R-square	0.0399	0.0700	0.0631	0.0639	0.0563	0.0632

注：括号里是标准误，*** $P<0.01$、** $P<0.05$、* $P<0.1$。第（1）和（2）列的因变量是二值变量，居住地住院 =1，户籍地住院 =0，采用的是 Logit 回归，表中显示的是系数。

从表 13.3 第（1）列可以看到，签约本地家庭医生可以使流动人口在本地住院的概率提高 45.35%，这种影响效应在 5% 的显著性水平上是显著的。①当模型中控制细分类的医疗保险类型时，家庭医生签约的影响效应下降到 31.08%，但在统计上依旧保持显著。从细分类的医疗保险类型来看，不管是城居保还是城职保，在户籍地参保都会降低在本地住院的概率，而在居住地参保都会增加本地住院的概率。从第（3）和（4）列可以看到，家庭医生签约对住院医疗总支出没有显著的影响，这就意味着家庭医生签约对流动人口医疗服务使用的影响更多体现在广延边际（extensive margin）而非集约边际（intensive margin）。从第（5）和（6）列来看，家庭医生签约降低了流动人口的自付医疗支出，这与这项政策减轻患者医疗负担的初衷保持一致。

从医疗保险参保地区来看，在居住地参保可以提高在居住地住院的概率，而在户籍地参保则会显著降低在居住地住院的概率，说明目前的

---

① $e^{0.374}=1.4535$。

医疗保险制度存在明显的"地域区隔"。从制度类型来看，无论是在居住地还是在户籍地参加城职保都可以降低流动人口的医疗负担，而城居保只有在居住地参保才能显著减轻流动人口医疗负担。因此，除了医疗保险制度类型，参保地点同样影响着流动人口的医疗服务使用。

从其他控制变量来看，年龄越高的流动人口在居住地住院的概率低于在户籍地住院的概率，可能的原因在于年长的患者需要陪护，在户籍地住院方便家人照顾。健康水平越高，医疗总支出和自付医疗支出都显著更少。家庭人均收入越高，在居住地住院的概率更高，且医疗总支出和自付医疗支出也更高。

13.3.2 异质性分析

本小节进一步考察家庭医生签约对流动人口医疗服务使用的影响在不同群体中的异质性。首先，来看家庭医生签约对流动人口医疗服务的影响效应在不同户籍和不同流动范围群体中的异质性，如表13.4所示。从表13.4可以看到家庭医生签约对居住地住院概率的正效应在非农户口、省内跨市流动人口群体中更明显；家庭医生签约对住院总费用的影响无论在哪个群体中都不显著；家庭医生签约对自付医疗支出的降低作用在市内跨县流动的群体中更明显，在其他群体中不显著。这就意味着流动范围越小，家庭医生签约对医疗负担的缓解作用越明显。这与基本医疗保险的统筹层次有关，目前大部分省（区/市）以市级统筹为主。

表13.4 异质性分析（按户口和流动范围分类）

变量	是否居住地住院				
	非农户口	农业户口	市内跨县	省内跨市	跨省
	(1)	(2)	(3)	(4)	(5)
家庭医生签约	0.5243*	0.1200	-0.2470	0.5968**	0.2595
	(0.2987)	(0.1978)	(0.3184)	(0.2850)	(0.2691)
N	1115	1957	662	1188	1222
R-square	0.0816	0.0703	0.0736	0.0703	0.0889
家庭医生签约	-0.0009	-0.0305	-0.0433	0.0141	-0.0681
	(0.0630)	(0.0604)	(0.0935)	(0.0612)	(0.0839)
N	1115	1957	662	1188	1222

续表13.4

变量	住院总费用				
	非农户口	农业户口	市内跨县	省内跨市	跨省
	(1)	(2)	(3)	(4)	(5)
R-square	0.0907	0.0589	0.0687	0.0629	0.0749

变量	自付住院费用				
	非农户口	农业户口	市内跨县	省内跨市	跨省
	(1)	(2)	(3)	(4)	(5)
家庭医生签约	-0.1259 (0.0769)	-0.0613 (0.0688)	-0.2062** (0.1036)	-0.0418 (0.0739)	-0.0697 (0.0971)
N	1115	1957	662	1188	1222
R-square	0.0867	0.0635	0.1010	0.0522	0.0682

注：括号里是标准误，*** $P<0.01$、** $P<0.05$、* $P<0.1$。控制变量与表13.3第（2）列保持一致。

接着，本章进一步将样本限定为参保群体，考察家庭医生签约对流动人口医疗服务使用的影响效应在居住地参保和户籍地参保群体中的异质性，如表13.5所示。可以看到，家庭医生签约显著提高了户籍地参保的流动人口在居住地住院的概率，但对户籍地参保者的医疗总支出和自付医疗支出没有显著影响。在居住地参保的样本中，家庭医生签约对居住地住院概率和医疗总支出没有显著影响，但显著降低了居住地参保者的自付医疗支出。上述结论意味着家庭医生签约对居住地参保的流动人口医疗服务使用的影响更多体现集约边际，而对户籍地参保的流动人口医疗服务使用的影响更多体现在广延边际。

表13.5 异质性分析（按参保地分类）

变量	是否居住地住院		住院总费用		自付住院费用	
	居住地参保	户籍地参保	居住地参保	户籍地参保	居住地参保	户籍地参保
	(1)	(2)	(3)	(4)	(5)	(6)
家庭医生签约	-0.1644 (0.3209)	0.3550* (0.1916)	-0.0191 (0.0652)	-0.0245 (0.0618)	-0.1548* (0.0802)	-0.0433 (0.0703)

续表13.5

变量	是否居住地住院		住院总费用		自付住院费用	
	居住地参保	户籍地参保	居住地参保	户籍地参保	居住地参保	户籍地参保
	(1)	(2)	(3)	(4)	(5)	(6)
控制变量	控制	控制	控制	控制	控制	控制
N	1026	1893	1026	1893	1026	1893
R-square	0.0119	0.0343	0.0778	0.0681	0.0488	0.0464

注：括号里是标准误，*** $P<0.01$、** $P<0.05$、* $P<0.1$。控制变量与表13.3第（2）列保持一致。

13.3.3 稳健性检验

（1）工具变量回归

本章基准回归部分采用单方程考察家庭医生签约对流动人口医疗服务使用的影响，但是该模型可能存在遗漏变量（如患病概率、风险偏好等），而这些遗漏变量与家庭医生签约存在联系，从而导致内生性问题。对此，本小节采用工具变量回归开展稳健性检验。本章选择的工具变量是流动人口所在省（区/市）家庭医生签约的比重，全省签约概率影响流动人口是否与本地家庭医生签约，但不会直接影响流动人口的医疗服务使用。表13.6第一阶段的回归结果表明，全省签约概率显著提高了流动人口个体的家庭医生签约概率，且 F 值大于10。第二阶段的回归结果表明，解决内生性问题后家庭医生签约仍然显著影响流动人口在居住地住院的概率，但对住院总费用和自付住院费用没有显著影响。

表13.6 工具变量回归结果

变量	居住地住院 IV Probit (1)	住院总费用 2SLS (2)	自付住院费用 2SLS (3)
家庭医生签约	0.5158* (0.2876)	0.1071 (0.1567)	0.0001 (0.1827)
年龄	-0.0068* (0.0036)	0.0081*** (0.0021)	0.0019 (0.0024)
户口	0.0159 (0.0664)	0.0523 (0.0360)	0.0973** (0.0420)
性别	0.0242 (0.0670)	0.2232*** (0.0380)	0.1260*** (0.0443)
教育	0.0080 (0.0098)	0.0090* (0.0054)	0.0019 (0.0064)
已婚	-0.0278 (0.1088)	0.0580 (0.0618)	0.0800 (0.0721)
健康	0.0483 (0.0710)	-0.2239*** (0.0403)	-0.1785*** (0.0470)
家庭人均收入对数	0.0822 (0.0542)	0.0540* (0.0303)	0.0624* (0.0353)
家庭人均住房支出对数	0.0113 (0.0098)	0.0133** (0.0054)	0.0189*** (0.0062)
医疗保险种类	控制	控制	控制
流动范围	控制	控制	控制
地区	控制	控制	控制
常数项	0.8326 (0.5134)	7.8717*** (0.2845)	7.6439*** (0.3316)
Cragg-Donald Wald F值		262.91	262.90
N	3072	3072	3072
R-square		0.0587	0.0573

注：括号里是标准误，*** $P<0.01$、** $P<0.05$、* $P<0.1$。工具变量为流动人口所在省（区/市）家庭医生签约概率。

(2) 样本选择偏误修正

基准回归中本章将研究样本限定为有过住院经历的流动人口，这在某种程度上造成了非随机偏误。对此，本章依据 CMDS 2018 全样本数据，采用 Heckman 两步法，在纠正样本选择偏误的基础上检验家庭医生签约对流动人口医疗服务使用的影响。[①] Heckman 两步法的第一步是构建一个选择方程，即考察住院概率的影响因素，并得到逆米尔斯比；第二步是估计加入逆米尔斯比的医疗服务使用方程，通过检验逆米尔斯比的显著性来判断是否存在样本选择偏误。为了能够识别，选择方程需要包含至少一个医疗服务使用方程没有的变量，本章采用的是慢性病教育变量。[②] 从表 13.7 可以看到，在解决样本选择偏误之后，家庭医生签约仍然显著提高流动人口在居住地住院的概率，但对于住院医疗总费用和自付医疗费用的影响则在统计上不显著。

表 13.7　Heckman 两步法回归结果

变量	是否住院 (1)	居住地住院 (2)	住院总费用 (3)	自付住院费用 (4)
家庭医生签约	0.0745*** (0.0229)	0.0520* (0.0278)	0.0860 (0.0691)	-0.0274 (0.0681)
居住地城居保	0.1670*** (0.0431)	0.0827 (0.0608)	0.2020 (0.1696)	-0.2435 (0.1740)
户籍地城居保	0.0362 (0.0368)	-0.1085*** (0.0316)	0.1077 (0.0915)	-0.0755 (0.0920)
居住地城职保	0.2382*** (0.0403)	0.0657 (0.0794)	0.4641** (0.2126)	-0.2672 (0.2106)

---

① 全样本是指到流入地半年以上、年龄 16～60 周岁的流动人口，包括住院和未住院的样本。

② 接受过慢性病教育的流动人口可能自身健康状况较差或者更关注自身健康，住院概率（无论是在本地还是在户籍地）更高，但在控制个体特征、健康状况和收入水平的前提下，它不会影响在居住地医疗服务使用的多少。本文在医疗服务方程中加入慢性病教育变量，发现它在统计上不显著。

续表 13.7

变量	是否住院 (1)	居住地住院 (2)	住院总费用 (3)	自付住院费用 (4)
户籍地城职保	0.1867*** (0.0478)	-0.0643 (0.0685)	0.4838*** (0.1870)	-0.1855 (0.1810)
慢性病教育	-0.0387** (0.0175)			
控制变量	控制	控制	控制	控制
常数项	-1.4180*** (0.1370)	0.2965 (0.6877)	4.6210** (1.8226)	5.4731*** (1.8804)
λ		0.2965 (0.6877)	1.670 (0.9624)	1.170 (1.0050)
N	124770	124770	124770	124770

注：括号里是标准误，*** $P<0.01$、** $P<0.05$、* $P<0.1$。其他控制变量包括年龄、户口、性别、教育、已婚、健康、家庭人均收入对数、家庭人均住房支出对数、在业、流动范围和地区。第（1）列的因变量是二值变量，在居住地住院或户籍地住院 =1，未住院 =0。

(3) 倾向性得分匹配

评估政策效应的实证研究面临的主要挑战是政策干预的自选择问题，也就意味着签约家庭医生与否并不是随机的，而是基于个体可观测特征（如健康、年龄、家庭收入等）的选择，这种自选择同样会导致基准回归存在估计偏误。解决自选择问题的常用方法是倾向性得分匹配（propensity score matching，PSM），其主要思想是通过构建一个倾向性得分值（propensity score）来解决处理组（签约者）和控制组（未签约者）之间可观测到的系统性差异对估计结果的影响。倾向性得分匹配可以分成两步，第一步是基于 Logit 模型估计签约的影响因素，并以预测概率为基础计算倾向性得分值。第二步是按照一定的方法将处理组的个体与控制组中具有相同倾向性得分值的个体匹配起来，计算处理组的平均处理效应（average treatment effect on the treated，ATT），即家庭医生签约对流动人口医疗服务使用的效应。表 13.8 的结果表明，在解决基于可观测因素的自选择后，家庭医生签约仍然显著提高流动人口在居住地住院的概率,对自付住院费用有微弱的降低作用,但对住院医疗总支出仍然没有显著影响,这与基准回归结果保持一致。

表 13.8 倾向性得分匹配结果 (ATT)

选择变量	因变量	处理组	控制组	差异	标准误	T 值	样本量
最小临近匹配	是否居住地住院	0.8923	0.8499	0.0424	0.0205	2.07	3072
	住院总费用	8.7918	8.7893	0.0025	0.0582	0.04	3072
	自付住院费用	8.1726	8.2112	−0.0387	0.0689	−0.56	3072
半径匹配	是否居住地住院	0.8923	0.8597	0.0326	0.0164	1.98	3072
	住院总费用	8.7918	8.8119	−0.0201	0.0393	−0.51	3072
	自付住院费用	8.1726	8.2543	−0.0818	0.0492	−1.66	3072
核匹配	是否居住地住院	0.8923	0.8602	0.0322	0.0165	1.95	3072
	住院总费用	8.7918	8.8106	−0.0189	0.0394	−0.48	3072
	自付住院费用	8.1726	8.2542	−0.0816	0.0493	−1.65	3072

13.3.4 机制识别

本章在理论分析部分构建了家庭医生签约影响流动人口医疗服务使用的两条路径——居留意愿和健康意识,表 13.9 对影响机制进行了检验,居留意愿的代理变量为是否愿在本地居住 10 年以上,健康意识的代理变量为是否接受过职业病、传染病等健康教育。从第(1)列可以看到,家庭医生签约可以使流动人口在本地待 10 年以上的概率提高 55.07%,这种影响效应在 1% 的显著性水平上保持显著。从第(2)列可以看到,家庭医生签约可以使流动人口在本地接受健康教育的概率提高 2 倍,这种影响效应在 1% 的显著性水平上保持显著。从第(3)列可以看到居留意愿显著提升了流动人口在本地住院的概率,而健康教育对流动人口医疗服务使用的影响效应在统计上不显著。不仅如此,在模型中控制居留意愿和健康教育后家庭医生签约的系数小于表 13.3 第(2)列,而且在统计上不再显著。这就意味着家庭医生签约通过影响流动人口的居留意愿来提升他们在居住地对医疗服务的使用。不仅如此,居留意愿还显著提高了流动人口的住院医疗总费用和自付住院费用。

表 13.9 机制检验结果

变量	居留意愿 (1)	健康意识 (2)	居住地住院 (3)	住院总费用 (4)	自付住院费用 (5)
家庭医生签约	0.4387***	1.0985***	0.2060	-0.0402	-0.0929*
	(0.1199)	(0.1804)	(0.1652)	(0.0443)	(0.0517)
居留意愿			0.6579***	0.1199***	0.1075***
			(0.1121)	(0.0347)	(0.0405)
健康意识			0.0477	0.0290	-0.0094
			(0.1273)	(0.0403)	(0.0470)
户籍地参保	0.0229	0.4439*	0.6779*	-0.0380	-0.3983***
	(0.2296)	(0.2328)	(0.3623)	(0.0850)	(0.0991)
居住地城居保	-0.803***	0.4353**	-0.7946***	0.0395	-0.1091
	(0.1978)	(0.1978)	(0.2858)	(0.0747)	(0.0871)
户籍地城居保	-0.3032	0.7962***	0.3581	0.1175	-0.4975***
	(0.2163)	(0.2284)	(0.3252)	(0.0814)	(0.0949)
居住地城职保	-0.860***	0.5255*	-0.6619*	0.2200**	-0.3506***
	(0.2532)	(0.2694)	(0.3405)	(0.0969)	(0.1130)
控制变量	控制	控制	控制	控制	控制
常数项	-2.744***	1.1093	1.4952	7.8578***	7.6011***
	(0.7164)	(0.8018)	(0.9281)	(0.2788)	(0.3251)
N	3072	3072	3072	3072	3072
R-square	0.123	0.0806	0.0832	0.0677	0.0654

注：括号里是标准误，*** $P<0.01$、** $P<0.05$、* $P<0.1$。第（1）和第（2）列采用的都是 Logit 回归，显示的是系数。居留意愿是二值变量，1 代表流动人口预计将在本地待 10 年以上或者定居，0 代表流动人口预计在本地待 10 年以下。健康意识也是二值变量，1 代表在本地接受过职业病、传染病、心理健康等教育。控制变量包括年龄、户口、性别、教育、已婚、健康、家庭人均收入对数、家庭人均住房支出对数、在业、流动范围和地区。

13.4 基于医疗服务机会不平等的考察

在 Roemer 机会平等理论的框架下,医疗服务使用的结果不平等可以分解成两个部分,一是由个体行为(努力因素)带来的努力不平等,这是合理的部分;二是由制度和环境因素带来的机会不平等,这是不合理的部分。本章选取的努力因素包括年龄、性别、健康和婚姻状态,环境因素包括收入、教育、户口、就业状态、地区、医疗保险类型和家庭医生签约。本章采用事前参数法测算流动人口医疗服务使用的机会不平等程度,如表 13.10 所示。可以发现,流动人口在医疗服务使用方面面临的机会不平等情况较少,绝对值在 0.05 以下,占总体不平等的比重在 3% 左右。

表 13.10 流动人口医疗服务使用机会不平等

变量	住院总费用		住院自付费用	
	总体不平等	机会不平等	总体不平等	机会不平等
全样本	0.4830	0.0055	0.5997	0.0202
市内流动	0.4522	0.0137	0.5547	0.0453
省内跨市	0.4267	0.0046	0.5391	0.0161
跨省流动	0.5458	0.0083	0.6644	0.0208
居住地参保	0.4359	0.0080	0.6007	0.0144
户籍地参保	0.5087	0.0081	0.5856	0.0140

注:不平等指标采用的是对数均值离差(MLD)。

在测算医疗服务使用机会不平等的基础上,本章采用 Shapley 值分解法考察家庭医生签约、教育、生活水平、地区等因素对机会不平等的贡献,如表 13.11 所示。可以看到:总体而言,家庭医生签约对流动人口医疗服务使用机会不平等的贡献为 5%~8%,但在不同群体中呈现差异。在住院总费用机会不平等方面,家庭医生签约对跨省流动群体的贡献最大;在自付住院费用的机会不平等方面,家庭医生签约对居住地参保群体的贡献最大。同时,可以看到医疗保险对流动人口医疗服务使用机会不平等的贡献较大,为 31%~45%。

表 13.11 流动人口医疗服务使用机会不平等的因素分解

变量	住院总费用						
	签约	户口	教育	生活水平	地区	在业	医保
全样本	8.72%	9.36%	4.31%	11.80%	33.89%	0.86%	31.06%
市内流动	1.83%	0.90%	0.99%	13.62%	69.66%	10.32%	2.67%
省内跨市	5.41%	5.71%	5.70%	0.72%	27.51%	11.70%	43.26%
跨省流动	10.71%	19.01%	3.90%	25.66%	10.28%	2.44%	28.02%
居住地参保	9.06%	2.94%	1.56%	24.99%	32.73%	14.30%	14.41%
户籍地参保	3.93%	8.72%	9.28%	5.00%	34.03%	0.61%	38.43%

变量	自付住院费用						
	签约	户口	教育	生活水平	地区	在业	医保
全样本	5.68%	1.46%	5.25%	10.27%	16.61%	15.36%	45.37%
市内流动	6.79%	0.39%	2.16%	13.35%	29.23%	19.18%	28.87%
省内跨市	2.84%	1.83%	7.96%	2.53%	28.92%	8.87%	47.04%
跨省流动	4.97%	5.31%	4.62%	20.88%	5.69%	16.21%	42.32%
居住地参保	15.40%	4.30%	3.28%	10.90%	2.17%	47.69%	16.26%
户籍地参保	2.23%	3.32%	3.22%	22.20%	47.69%	8.06%	13.30%

注：生活水平包括家庭人均收入对数和家庭人均住房支出对数。

13.5 本章小节

中国已建成世界上规模最大的医疗卫生体系，为医疗服务的普及和居民健康的提升做出了重要贡献。然而，由于我国基本医疗保险统筹层次较低，跨统筹区就医不仅手续复杂，而且报销待遇更低，这给异地参保流动人口的医疗服务使用带来了不便，阻碍了基本公共服务均等化的进程。推广家庭医生签约是"十四五"时期加快建设分级诊疗体系的重要内容，对保障流动人口健康权益、提升健康水平具有重要的意义。

本章依托 CMDS 2018 考察家庭医生签约对流动人口医疗服务使用的影响，实证结果表明：签约本地家庭医生可以使流动人口在本地住院的概率提高 31.08%，并且在统计上显著。在解决内生性、修正样本选择偏误和基于可观测因素的自选择问题的基础上，上述影响效应保持稳健。家庭医生签约对住院医疗总支出没有显著的影响，这就意味着家庭医生签约对流动人口医疗服务使用的影响更多体现在广延边际而非集约边际。家庭医生签约对流动人口医疗服务使用的促进效应在户籍地参保、非农户口、省内跨市流动的群体中更加明显。家庭医生签约对流动人口医疗服务使用机会不平等的贡献为5%~8%，但在不同群体中呈现差异。在影响机制方面，家庭医生签约主要通过提高流动人口居留意愿来提升本地医疗服务使用。

因此，应当进一步推广家庭医生签约，提高流动人口医疗服务的可及性。依托全民健康信息平台，完善家庭医生服务管理系统，实现线上签约、疾病预防、健康咨询、就诊指导、慢病随访、双向转诊等服务。同时，推进基本医疗保险统筹层次提升，缓解流动人口异地就医障碍。虽然目前医疗保险参保率已经达到95%以上，但56%以上的流动人口仍然参加的是户籍地的城居保，这就给异地医疗服务使用带来了手续上的烦琐和待遇上的劣势。对此，应当进一步推进家庭医生签约，保障流动人口就医权益，促进医疗公共服务均等化，助力共同富裕。

第 14 章　面向共同富裕的基本医疗保险改革路径

本章从推进基本医疗保险省级统筹、健全基本医疗保险稳定筹资机制、完善基本医疗保险待遇调整机制、构建多层次医疗保障体系及提升医疗保障数字化水平五个方面设计面向共同富裕的基本医疗保险改革路径。首先，在测算医疗保险省级统筹改革成本的基础上，从基本原则、待遇调整、筹资机制和风险控制四个方面设计医疗保险省级统筹的实施方案。其次，在测算基本医疗保险基金支付能力、预测医疗保险隐性债务的基础上，设计健全基本医疗保险稳定筹资机制的政策路径。接着，在剖析医疗保险待遇水平适度性的基础上，根据经济社会发展水平和基金承受能力，完善基本医疗保险待遇调整机制。然后，从完善大病保险、健全医疗救助、鼓励商业保险、推进医疗互助及发展慈善捐赠五个方面构建多层次医疗保障体系，全方位提升居民健康福祉。最后，从构建全国统一医保信息平台、完善"互联网+医疗"管理服务、区块链赋能医保治理现代化三个方面提升医疗保障数字化水平。

14.1　推进基本医疗保险省级统筹

《国民经济和社会发展第十四个五年规划》提出"健全基本医疗保险稳定可持续筹资和待遇调整机制，推动基本医疗保险省级统筹。"然而，截至2022年底，除直辖市外只有五个省（区/市）实行医疗保险省级统筹，而且以调剂金模式为主，地区间的筹资差异和待遇差别仍然存在。省级统筹核心在于统一各地医疗保险制度，关键在于解决由筹资政策统一和待遇政策统一产生的改革成本（即医保基金收支缺口）的分担问题。因此，需要在清晰界定省级统筹内涵的基础上，预测统一省内各市医疗保险筹资政策和待遇政策可能产生的基金收支缺口，并测算不同的统筹方案产生的改革成本差异。

14.1.1 基本医疗保险省级统筹的改革成本

（1）数据介绍

测算基本医疗保险省级统筹改革成本需要每个省的各市（统筹区）医保基金决算数据，而由于课题组只搜集到了浙江省的相关数据，因此本书以浙江省为例测算改革成本。所用数据来自以下三个方面：①2009—2014年浙江省医疗保险基金决算数据，该决算数据既有全省的数据，也有80个县级统筹区的数据，既包含城职保，也包含城居保；②各统筹区医疗保险政策参数的问卷调查数据，目前已有42个统筹区6年的面板数据，该数据用于测算医疗保险待遇支出的影响因素；③统计年鉴数据，包括浙江省历年人口结构、人均GDP等，用于测算报销待遇提升对医疗保险基金支出的影响，从而估算省级统筹过程中由于筹资和待遇调整而产生的改革成本。

（2）精算假设与测算模型

基本医疗保险省级统筹改革成本测算的基本假定：筹资水平不变、人口结构不变。从第4章医疗保险领域典型事实的分析来看，当前医疗保险待遇政策的地区差异大于筹资政策，因此改革成本主要来自待遇调整的收支缺口。改革成本精算的基本思路如下：第一步，估计报销待遇每增加1个百分点的医保基金则人均待遇支出增加的规模。第二步，测算统一各市门诊报销待遇和住院报销待遇后各市报销待遇的上升幅度，本书采用回归模型来估计。此处按照较高待遇"拉平"，目前已达到全省较高待遇的地级市不用承担改革成本，待遇较低的地级市改革成本较高。第三步，将各市参保人数乘以前两步得到的数值并加总即可估算省级统筹的改革成本。

测算报销待遇对基金支出影响效应的回归模型有两种，首先是多元线性回归模型，形式如下：

$$y_i = X_i\beta + \varepsilon_i \tag{14.1}$$

式中，X_i包括人均GDP、企业缴费率、个人缴费率、门诊起付线、住院封顶线、门诊报销比、是否分段、住院报销比、退休人口比重、门诊报销数量与住院之比、年份等变量。年份虚拟变量是为了控制时间趋势。y_i是当年人均结余的对数。

截面数据的弊端在于不可观测因素产生的估计偏误，因此本书采用面板数据回归模型，其优势在于控制不随时间变化的地区（统筹区）异质性因素。

面板数据回归模型如下所示：

$$y_{it} = Z_{it} + a_i + \xi_{it} \qquad (14.2)$$

式中，Z_{it}包括人均GDP、企业缴费率、个人缴费率、门诊起付线、住院封顶线、门诊报销比、是否分段、住院报销比、退休人口比重、门诊报销与住院之比这些控制变量。面板数据回归模型通过差分消除那些不可观测的，但不随时间变化的地区因素（即a_i）对人均结余产生的影响，如地区文化因素、群体偏好、制度等。

采用2009—2014年42个统筹区的面板数据①进行医疗保险待遇支出的影响因素分析，回归模型为（14.1）和（14.2），回归结果如表14.1所示。面板数据回归模型主要有固定效应估计法（fixed effect，FE）和随机效应估计法（random effect，RE），到底采用哪种估计法可以用Hausman检验。检验结果显示应当采用随机效应估计法的结果。也就是说门诊报销比每提高1%，人均待遇支出则增加4.43元，住院报销比每增加1%，人均待遇支出则增加25.40元，这是预测基本医疗保险省级统筹改革成本的关键。

表14.1 人均待遇支出影响因素的回归结果

变量	人均待遇支出		
	OLS	面板模型FE	面板模型RE
人均GDP	0.0081***	0.0335***	0.0248***
	(0.0028)	(0.0042)	(0.0035)
企业缴费率	-7049**	14597	-5777
	(3044)	(12232)	(5523)

---

① 42个统筹区包括：临安区、桐庐县、湖州市、长兴县、浦江区、金华市、兰溪县、磐安县、武义县、永康县、缙云县、龙泉县、青田县、庆元县、云和县、景宁县、松阳县、丽水市、遂昌县、宁波市、江山县、开化县、衢州市、柯城区、绍兴市、上虞区、嵊州区、新昌县、诸暨市、临海县、三门区、台州市、天台县、温岭区、仙居区、玉环县、洞头区、温州市、文成县、永嘉县、舟山市。

续表 14.1

变量	人均待遇支出		
	OLS	面板模型 FE	面板模型 RE
个人缴费率	7209*	10295	8906
	(4202)	(19325)	(7401)
门诊起付线	−0.0353	−0.0314	−0.0924*
	(0.0329)	(0.103)	(0.0526)
住院封顶线	0.00001	0.00002	0.000001
	(0.00002)	(0.00002)	(0.00002)
门诊报销比	−3.234	0.0956	4.434
	(2.851)	(2.979)	(2.737)
是否分段	133.7	83.69	−69.14
	(125.0)	(246.0)	(183.8)
住院报销比	5.375	39.15**	25.40*
	(11.00)	(19.28)	(14.56)
退休人口比重	8513***	8854***	8861***
	(279.7)	(197.0)	(200.0)
门诊报销与住院之比	−0.478	1.237	0.901
	(1.486)	(2.042)	(1.763)
年份	Yes	No	No
常数项	−226.8	−6228***	−3140***
	(911.5)	(1869)	(1216)
R-square	0.853	0.940	0.782
N	189	189	189

注：括号中是标准误，***代表1%显著性水平上显著，**代表5%显著性水平上显著，*代表10%显著性水平上显著。

(3) 职工医保省级统筹改革成本精算

本书以浙江省为例，测算城职保省级统筹的改革成本。由于门诊和住院的报销待遇不同，因此本小节分别估计两者的统筹成本。根据面板数据回归的估计结果、各市的较低门诊报销比和较高门诊报销比，得到

表 14.2 的改革成本。为了与表 14.1 基础数据的年份保持一致，表 14.2 的报销比来自 2015 年浙江省各市职工医保的政策文件，而且本方案假定筹资水平不变，因此测算得到的是改革成本的上限。由于当时尚未全面做实市级统筹，因此各市内部仍然有报销待遇的差异，本书将统一各市内部报销待遇产生的成本称为市级统筹成本，统一各市之间报销待遇产生的成本称为省级统筹成本。

表 14.2 城职保省级统筹改革成本（门诊）

城市	较低报销比	较高报销比	市级统筹成本/亿元	省级统筹成本/亿元
杭州	0.75	0.76	0.01	0.10
湖州	0.50	0.81	0.32	0.00
嘉兴	0.50	0.50	0	2.67
金华	0.20	0.40	0.59	1.47
丽水	0.07	0.20	0.03	1.00
宁波	0.75	0.75	0.00	1.03
衢州	0.50	0.50	0.00	0.52
绍兴	0.50	0.65	0.36	0.91
台州	0.60	0.70	0.49	0.59
温州	0.60	0.60	0.00	0.82
舟山	0.30	0.30	0.00	0.83
合计			1.80	9.95

注：由于数据缺失，嘉兴的报销比为实际报销比，其他地区为政策报销比。

表 14.2 显示，各统筹区门诊报销比差异较大，从 7%～81.3%，跨度较大。实行省级统筹后，门诊报销比统一设置为 81.3%。首先，要将地级市内部每个统筹区门诊待遇拉平到本市较高水平，该成本由市级财政负担，合计为 1.8 亿元。接着，将 11 个地级市之间的门诊待遇进行拉平，该成本由省级财政负担，合计为 9.95 亿元。

接着来看住院待遇的改革成本。由于住院报销比每增加 1%，人均待遇支出则增加 25.40 元，因此，住院待遇省级统筹的成本更高，住院待遇省级统筹的改革成本如表 14.3 所示。可以发现相比门诊待遇，住院待遇的地区差异较小，为 75%～90%。将 11 个地级市内部的住院待遇拉平的改革成本为 4.1 亿元，11 个地市之间将住院报销比拉平为 90% 的改革成本为 20.99 亿元。综合来看，城职保实行省级统筹的改革成本为 36.84 亿元。

表 14.3 城职保省级统筹改革成本（住院）

城市	较低报销比	较高报销比	市级统筹成本/亿元	省级统筹成本/亿元
杭州	0.75	0.8	0.34	1.10
湖州	0.83	0.88	0.55	0.35
嘉兴	0.8	0.8	0	4.89
金华	0.85	0.9	0.72	0.00
丽水	0.75	0.86	0.34	0.38
宁波	0.8	0.8	0.00	9.36
衢州	0.84	0.84	0.00	0.57
绍兴	0.8	0.85	0.87	1.61
台州	0.76	0.84	1.29	1.81
温州	0.9	0.9	0.00	0.00
舟山	0.8	0.8	0.00	0.93
合计			4.10	20.99

注：由于数据缺失，嘉兴的报销比为实际报销比，其他地区为政策报销比。

（4）居民医保省级统筹改革成本精算

本书同样以浙江省为例，测算城居保实行省级统筹的改革成本。医疗保险报销待遇的政策差异性越大，省级统筹的改革成本就越高。值得注意的是，相比职工医保，居民医保的筹资主要依靠财政，因此居民医保省级统筹的改革成本更高。仍然按照报销待遇提升 1 个百分点的待遇支出增长规模来预测省级统筹的改革成本。①

---

① 门诊报销比每提高 1%，人均待遇支出增加 4.43 元，住院报销比每增加 1%，人均待遇支出增加 25.40 元。

表14.4显示，各地城居保门诊待遇相差较大，从9%至75%，省级统筹后，各地城居保的门诊报销比统一为75%，所需的改革成本为35.01亿元，其中市级财政负担8.82亿元，省级财政负担26.19亿元。可见城居保省级统筹的改革成本大大高于城职保的改革成本。

表14.4 城居保省级统筹财政负担（门诊）

城市	较低报销比	较高报销比	市级统筹成本/亿元	省级统筹成本/亿元
杭州	0.2	0.25	0.08	1.34
金华	0.2	0.3	0.36	4.73
丽水	0.09	0.1	0.01	5.99
衢州	0.2	0.4	0.53	2.89
绍兴	0.3	0.75	4.55	0.00
台州	0.1	0.45	1.93	4.73
温州	0.2	0.45	1.36	3.69
舟山	0.1	0.1	0.00	1.68
嘉兴	0.1	0.1	0.00	1.13
合计			8.82	26.19

注：由于湖州和宁波在2014年尚未完成城居保和新农合的整合，两市没有提供城居保缴费政策和待遇政策的数据，因此本章关于城居保省级统筹的改革成本测算中未包含湖州和宁波市级、省级统筹的改革成本。

城居保省级统筹后，住院报销比设置为82%。表14.5显示：总体而言，城居保省级统筹的成本为60.16亿元，省市两级需要承担的改革成本分别为42.51亿元和17.65亿元，大大高于城职保（29.28亿元）。本书是按照全省较高待遇对各统筹区的医疗保险待遇进行拉平，从而测算省级统筹的改革成本。如果按照全省医疗保险待遇的中上水平来拉平各统筹区的待遇，那么省级统筹的改革成本将比上面的数值要低。医保部门可以根据医保基金的支付能力，选择统筹的水平。

表14.5 城居保省级统筹财政负担（住院）

城市	较低报销比	较高报销比	市级统筹成本/亿元	省级统筹成本/亿元
杭州	0.5	0.55	0.17	2.08

续表 14.5

城市	较低报销比	较高报销比	市级统筹成本/亿元	省级统筹成本/亿元
金华	0.65	0.75	1.12	2.11
丽水	0.53	0.7	0.71	3.17
衢州	0.65	0.8	1.38	0.47
绍兴	0.75	0.82	2.27	0.00
台州	0.55	0.75	2.95	3.17
温州	0.7	0.75	0.22	2.47
舟山	0.55	0.55	0.00	2.00
嘉兴	0.5	0.55	0.00	0.84
合计			8.83	16.32

14.1.2 基本医疗保险省级统筹的实施方案

在对基本医疗保险省级统筹的改革成本进行精算，以及对政策效应进行评估的基础上，本书从基本原则、待遇调整、筹资机制和风险控制四个方面设计医疗保险省级统筹的实施方案，基本框架如图 14.1 所示。

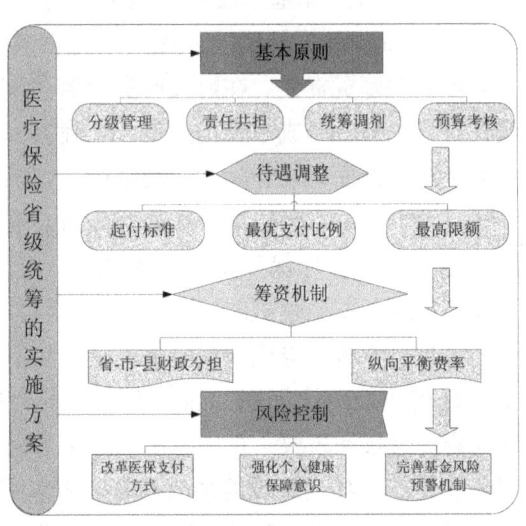

图 14.1 医疗保险省级统筹实施方案

依据《关于深化医疗保障制度改革的意见》要求，按照分级管理、责任共担、统筹调剂、预算考核的基本原则推进省级统筹。考虑到各地经济发展水平、人口结构、基金支付能力等方面的差异，设计渐进式推进基本医疗保险省级统筹的方案。具体而言可以分成以下四个步骤。

第一，以调剂金为初始模式动态调整省级统筹模式。现阶段实施统收统支存在三方面困难：省－市－县三级政府财权事权大幅调整弱化市－县两级政府的监管职责，各地上解滚存结余造成潜在金融风险，医保待遇政策统一产生隐性债务。考虑到省级统筹的艰巨性，可以设置3～5年过渡期，以调剂金为初始模式，待条件成熟后再过渡到统收统支。在过渡期，各市按照上年度医保基金收入的一定比例（如5%）作为风险调剂金进入调剂金账户。待条件成熟，如各地基本医疗保险配套政策基本统一，全省医保基金滚存结余比较可观的情况下（满足大约2个年度支出），逐步调整到统收统支模式，医保基金由省政府统一调拨管理。对于各市医保基金滚存结余，暂存各地开展保值增值，结果上报省财政厅。

第二，量入为出健全基本医疗保险筹资和待遇调整机制。本研究通过测算发现，门诊报销比和住院报销比每提高1%，人均待遇支出分别增加4.40元和25.40元。筹资水平和待遇水平的统一不能"一刀切"，而要考虑到各地经济发展水平、人口结构、医疗资源等差异，设置阶梯式标准。基于社会福利函数测算基本医疗保险最优筹资水平（区间）、最优待遇水平（区间）和省级统筹成本，作为政策调整的参考，协调政府、社会和个人各方的筹资责任。在财政筹资方面，基于财权与事权相对等的原则设计省级统筹改革成本分担方案，明确省－市－县各级财政筹资职责。在缴费筹资方面，设计阶梯式费率调整方案，通过5～10年的过渡，逐步缩小地市筹资水平差异。在待遇方面，依据基本医疗保险"保基本"的定位，健全医疗保障待遇清单制度，厘清医疗保险待遇支付的边界，完善待遇动态调整机制。

第三，健全各级政府考核监督机制和激励机制。为了防范省级统筹过程中出现的地方政府职能弱化问题，强化考核监督机制，清晰界定省－市－县三级政府的财权和事权。首先，明确医保基金结余的归属和赤字的分担，划分省－市－县三级政府的筹资职责和监管职责。其次，设计省级统筹考核评价指标体系，激励市级部门和县级部门控制医疗费用。最后，发挥国家医疗保障平台"智慧医保"系统的数据回流作用，健全基金运行风险预警机制。

第四,强化个体健康责任意识,倡导健康生活方式。人民健康是民族昌盛和国家富强的重要标志。当前,一些省(区/市)居民主要健康指标已经优于中高收入国家平均水平,但调查显示居民健康管理意识比较薄弱。对此,应当加强关于疾病预防、日常健康管理、急救避险等方面的技能培训,倡导积极锻炼身体、合理膳食等健康生活习惯,营造人人爱护个体健康的氛围。随着人口老龄化的加深,慢性病已经成为世界各国面临的主要挑战,其治疗费用也达到卫生支出的60%以上。因此,要加强慢性病的预防与日常管理,提升个体健康意识,通过疾病预防缓解医疗费用的快速上涨情况。

14.2 健全基本医疗保险稳定的筹资机制

本小节在考察基本医疗保险基金支付能力的基础上,以浙江省为例,测算基本医疗保险基金的隐性债务。在支付能力方面,基于省级层面的基本医疗保险基金收支数据,采用描述性统计分析方法分别测算城职保和城居保基金支付能力的地区差异。在隐性债务的测算方面,基于浙江省县级层面的医保基金决算数据、宏观统计数据和人口预测数据,采用保险精算方法,预测高、中、低三种不同增长率方案下职工医保和居民医保基金的隐性债务。

14.2.1 基本医疗保险基金的支付能力

(1) 城职保基金的支付能力

城职保的原则是"以收定支、收支平衡"。从基金收入来看,2020年规模较大的五个省(区/市)是广东、北京、江苏、上海和浙江,规模较小的五个省(区/市)是西藏、宁夏、青海、海南和甘肃。可以推测城职保基金收入规模与经济发展水平有着高度相关性。本书计算得到城职保基金收入和人均地区生产总值之间的相关系数是0.73。从基金支出来看,规模较大的五个省(区/市)同样是广东、北京、江苏、上海和浙江,规模较小的五个省(区/市)同样是西藏、宁夏、青海、海南和甘肃。城职保基金支出和人均地区生产总值之间的相关系数也是

0.73。从累计结余来看,规模较大的五个省(区/市)是上海、广东、浙江、江苏和四川,规模较小的五个省(区/市)是宁夏、西藏、青海、海南和甘肃,城职保基金累计结余和人均地区生产总值之间的相关系数是0.66。

本书将累计结余除以医疗保险基金年度支出作为医保基金支付能力的度量,2020年各省城职保基金支付能力如表14.6所示。城职保基金支付能力较低的五个省(区/市)是天津、北京、辽宁、重庆、山东,在1.4以下;基金支付能力较高的五个省(区/市)是浙江、福建、四川、上海、西藏,在2.4以上。支付能力较高和较低的两个省(区/市)(天津和西藏),支付能力相差6。

考虑到2020年的特殊性——新冠疫情的影响导致医疗报销基金支出增加,本书将2018—2020年城职保基金支出三年移动平均作为下一年度医保基金支出的预测值,在此基础上测算城职保基金的支付能力。两种口径得到的支付能力差异并不大。

表14.6 2020年城职保基金支付能力

省(区/市)	基金收入/万元	基金支出/万元	累计结余/万元	三年移动平均支出/万元	支付能力[1]	支付能力[2]
北京	13804693	11669917	12994111	11226015	1.11	1.16
天津	3243162	2947022	3117036	2921050.7	1.06	1.07
河北	5118303	4106246	9221306	3782366	2.25	2.44
山西	2784158	2335743	4320172	2265949.7	1.85	1.91
内蒙古	2569589	1970140	4087426	1902295.7	2.07	2.15
辽宁	5440836	4745693	5698069	4800603.3	1.20	1.19
吉林	1932482	1562220	3634228	1569210.7	2.33	2.32
黑龙江	3699729	2840782	5178891	2849388.3	1.82	1.82
上海	12230961	9598986	31835547	8870602	3.32	3.59
江苏	12977533	11061545	20493138	10363485	1.85	1.98
浙江	12210911	9384549	22237042	8918426.7	2.37	2.49
安徽	3268480	2865756	5426257	2606526.7	1.89	2.08
福建	3776615	3146033	7639830	2871880	2.43	2.66

续表 14.6

省（区/市）	基金收入/万元	基金支出/万元	累计结余/万元	三年移动平均支出/万元	支付能力[1]	支付能力[2]
江西	2482733	2024779	3892243	1827565.3	1.92	2.13
山东	9398292	8683697	12298132	8185004.3	1.42	1.50
河南	5205417	4266548	7589326	3959281.3	1.78	1.92
湖北	5797207	4333240	6565035	4086085.3	1.52	1.61
湖南	4162118	3398793	6620959	3131453.7	1.95	2.11
广东	16471753	13799609	31809488	12196364	2.31	2.61
广西	2822634	2335903	4498805	2090204.3	1.93	2.15
海南	953818	774318	1777024	655078.33	2.29	2.71
重庆	3273266	2737773	3344465	2731030.7	1.22	1.22
四川	7793628	5848693	14616458	5488574	2.50	2.66
贵州	2205327	1744355	3056022	1571210.7	1.75	1.95
云南	3409868	2598720	5243477	2443766.3	2.02	2.15
西藏	447594	220437	1369529	208690.67	6.21	6.56
陕西	3438375	2641716	5416060	2430770.3	2.05	2.23
甘肃	1594554	1249661	2027812	1188655.3	1.62	1.71
青海	832743	646366	1407537	595399.67	2.18	2.36
宁夏	750663	602822	1173612	534317.33	1.95	2.20
新疆	3218386	2527704	5646071	2518140	2.23	2.24

资料来源：国家统计局分省年度数据。三年移动平均支出是 2018—2020 年三年医疗保险基金支出的均值。支付能力[1] = 2020 年医疗保险基金累计结余/2020 年支出，支付能力[2] = 2020 年医疗保险基金累计结余/2018—2020 年三年移动平均支出。

将 2020 年省（区/市）的城职保基金支付能力与人均地区生产总值进行简单拟合（图 14.2），可以看到两者呈现微弱的正相关，经济发展水平越高，基金支付能力越高。原因在于经济发展水平越高的省（区/市），企业盈利状况更好，税收收入规模更大，财政对于医疗保险基金的支持力度更强，医疗保险基金支付能力更高。

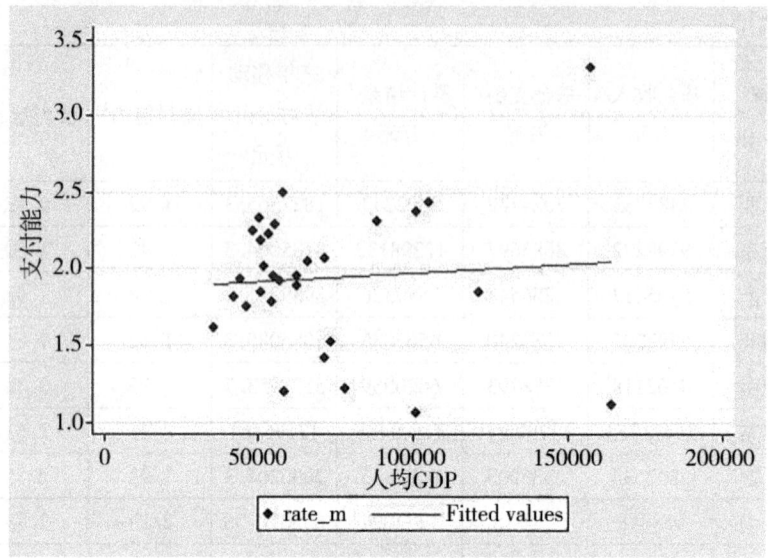

图 14.2　职工医保基金支付能力与经济发展水平的关系

(2) 城居保基金的支付能力

国家统计局并未公布城居保基金的收支情况，只公布了城居保基金的收支情况；国家医疗保障局只公布城居保基金收支情况的全国数据，而各省医疗保障局并未全部公布该省城居保基金的收支情况，因此本书只收集到若干年某些省（区/市）的城居保基金收支情况，如表 14.7 所示。

表 14.7　城居保基金支付能力

省 （区/市）	基金收入/ 亿元	基金支出/ 亿元	当年结余/ 亿元	累计结余/ 亿元	支付能力
2021 年					
内蒙古	152.59	133.32	19.27		
江苏	561.60	538.95	22.65	276.86	0.51
安徽	483.67	430.47	53.20		
湖北	278.31	285.89	−7.58		
湖南	502.80	458.30	44.50	293.10	0.64

续表 14.7

省(区/市)	基金收入/亿元	基金支出/亿元	当年结余/亿元	累计结余/亿元	支付能力
广东	633.48	563.73	69.75		
贵州	322.95	272.07	50.88	50.88	0.19
新疆	145.34	121.65	23.69		
2020 年					
天津	46.07	45.69	0.38	101.43	2.22
河北	484.80	460.10	24.70		
内蒙古	256.96	197.01	59.95		
江苏	490.31	473.68	16.63	248.77	0.53
浙江	469.64	401.67	67.97	233.16	0.58
安徽	472.16	446.98	25.18		
山东	645.30	588.70	56.60	435.90	0.74
湖北	301.91	296.21	5.70		
湖南	478.71	460.22	18.49	248.60	0.54
广东	556.8	488.85	77.95		
广西	398.67	373.85	24.82	410.32	1.10
重庆	212.57	195.97	16.60	180.51	0.92
四川	577.16	522.64	54.52	481.49	0.92
贵州	313.74	256.65	57.09		
云南	344.00	311.00	33.00		
新疆	128.53	107.30	21.23		
2019 年					
北京	70.07	93.86	-23.79		
天津	59.21	47.83	11.38	101.05	2.11
河北	476.70	443.10	33.60	237.10	0.54
内蒙古	137.20	128.10	9.10		
浙江	473.60	424.55	49.05	165.20	0.39

续表 14.7

省（区/市）	基金收入/亿元	基金支出/亿元	当年结余/亿元	累计结余/亿元	支付能力
安徽	430.90	404.59	26.31		
山东	613.70	559.20	54.50	379.30	0.68
河南	690.67	718.39	-27.72	271.90	0.38
湖北	364.09	357.12	6.97		
湖南	437.22	427.87	9.35	230.11	0.54
广东	447.52	438.25	9.27		
广西	361.75	340.17	21.58	385.50	1.13
重庆	201.79	186.89	14.90	163.91	0.88
贵州	311.21	264.23	46.98		
云南	328.47	565.86	-237.39		
甘肃	169.00	163.20	5.80		
新疆	119.64	103.43	16.21		
2018 年					
河北	421.67	405.38	16.29	201.29	0.50
浙江	402.90	371.22	31.68	117.32	0.32
山东	658.00	533.50	124.50	323.30	0.61
湖北	326.11	304.27	21.84		
湖南	408.44	381.84	26.60	220.76	0.58
广西	345.69	249.11	96.58	363.49	1.46
贵州	28.39	27.51	0.88		

注：数据来自各省医疗保障局公布的年度医疗保险数据，支付能力 = 累计结余/年度基金支出。

从表 14.7 来看，2021 年湖北省城居保出现当年收支赤字，这与新冠疫情的持续影响有关。2019 年北京、河南和云南出现当年收支赤字。由于数据缺失，无法推测其他省（区/市）城居保收支状况。从现有的数据来看，2021 年这些省（区/市）城居保基金的支付能力都在 0.5 以下。受新冠病毒疫苗及接种费用保障支出等因素影响，从全国来看，

第14章 面向共同富裕的基本医疗保险改革路径

2021年城居保基金支出同比增速高于收入，基金累计结余减少，支付能力下降。天津城居保支付能力较高，2019年和2020年在2以上。支付能力较低的是贵州，2021年只有0.19。

考虑到城居保基金收支情况的分省数据不完整，因此本书在此基础上考察了2020年各省城居保基金的支付能力，如表14.8所示。城居保基金收入较高的五个省（区/市）是河南、山东、四川、广东和江苏，较低的五个省（区/市）是海南、宁夏、天津、青海和西藏。城居保基金支出较高的五个省（区/市）是河南、山东、四川、广东和江苏，较低的五个省（区/市）是海南、天津、宁夏、青海和西藏。累计结余较高的五个省（区/市）是广东、四川、山东、广西和河南，较低的五个省（区/市）是青海、海南、宁夏、上海和西藏。基金支付能力较高的五个省（区/市）是天津、黑龙江、青海、辽宁和广西，较低的五个省（区/市）是江苏、安徽、河南、福建和上海，支付能力较高和较低的两个省（区/市）（天津和上海）相差1.9。

表14.8 2020年城居保基金支付能力

省（区/市）	基金收入/万元	基金支出/万元	累计结余/万元	三年移动平均支出/万元	支付能力1	支付能力2
北京	1107891	793072	543380	920551.67	0.69	0.59
天津	460691	456904	1014278	453395.33	2.22	2.24
河北	4865474	4582803	2612948	4357854	0.57	0.60
山西	2194477	2045908	1355767	2004988	0.66	0.68
内蒙古	1398467	1130493	978169	1222956	0.87	0.80
辽宁	2136256	1523428	1998577	1593033.7	1.31	1.25
吉林	1598962	1175783	1171404	1286084.3	1.00	0.91
黑龙江	1755606	1306262	1902848	1374305.3	1.46	1.38
上海	949519	818684	239272	819880	0.29	0.29
江苏	5007783	4787289	2542083	4436429	0.53	0.57
浙江	4767337	4045453	2390149	3986104	0.59	0.60
安徽	4763005	4487822	2359645	4087792	0.53	0.58

续表 14.8

省（区/市）	基金收入/万元	基金支出/万元	累计结余/万元	三年移动平均支出/万元	支付能力^1	支付能力^2
福建	2471057	2399393	1029077	2292106	0.43	0.45
江西	3755250	3533109	2863797	3191955	0.81	0.90
山东	6452621	5887253	4358641	5604713.7	0.74	0.78
河南	7038393	6799287	2945495	6546272.7	0.43	0.45
湖北	3641490	3468385	2771882	3355079	0.80	0.83
湖南	4787092	4602184	2485976	4233075.7	0.54	0.59
广东	5584054	4900391	4836713	4720474.3	0.99	1.02
广西	3986656	3738475	4103157	3210436.7	1.10	1.28
海南	571150	528860	443900	463127.67	0.84	0.96
重庆	2125663	1959693	1805052	1853563.3	0.92	0.97
四川	5771649	5226359	4814947	4860681.7	0.92	0.99
贵州	3137406	2566473	2426585	2452672.7	0.95	0.99
云南	3441920	3111839	2093530	2937472.7	0.67	0.71
西藏	216317	108894	107422	184912.33	0.99	0.58
陕西	2868583	2054125	1632043	2278494.7	0.79	0.72
甘肃	1838772	1589797	896877	1576762.3	0.56	0.57
青海	428120	321514	455638	310974.67	1.42	1.47
宁夏	462769	392464	346054	389882.67	0.88	0.89
新疆	1560943	1308798	1239447	1233951.3	0.95	1.00

资料来源：国家统计局分省年度数据。三年移动平均支出是 2018—2020 年三年医疗保险基金支出的均值。支付能力^1 = 2020 年医疗保险基金累计结余/2020 年支出，支付能力^2 = 2020 年医疗保险基金累计结余/2018—2020 年三年移动平均支出。

城居保基金支付能力与经济发展水平之间呈现负向关系，如图 14.3 所示。可能的原因有两个方面：一是经济发达省（区/市）高质量医疗资源多，居民使用医疗服务多，医保基金支出多，结余少；二是经济发达省（区/市）财政收入高，能为居民医保提供充足的保障，因此医保基金结余少。

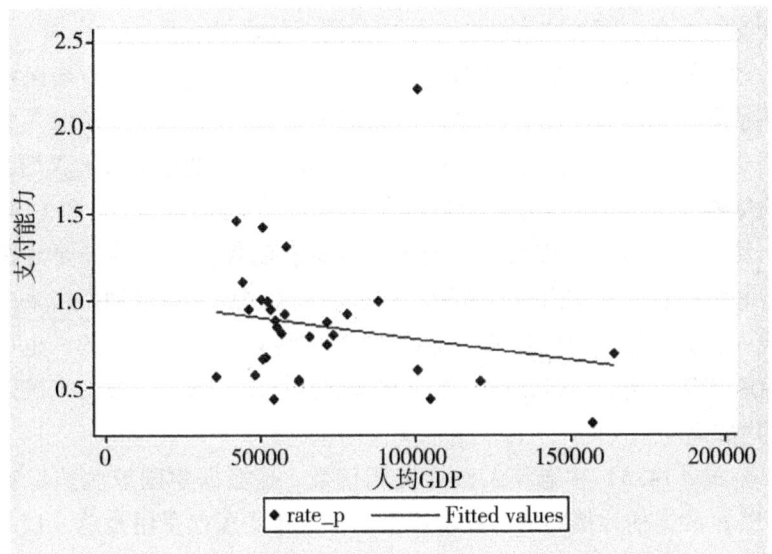

图 14.3　居民医保基金支付能力与经济发展水平的关系

14.2.2　基本医疗保险基金的隐性债务

（1）数据介绍

本书测算使用的数据来源于以下三个方面：①2009—2014 年浙江省医疗保险基金决算数据，该决算数据既有全省的数据，也有 80 个统筹区的数据，既包含城职保及城居保，主要用于隐性债务规模的测算；②各统筹区医疗保险政策参数的问卷调查数据，目前已有 42 个统筹区六年的面板数据，该数据用于测算医疗保险待遇支出的影响因素；③人口趋势预测数据，尤其是老年人口增长趋势数据。

（2）精算假设

隐性债务的测算主要采用时间序列的方法对医疗保险的缴费收入、待遇支出、人口结构的变动趋势进行预测，主要考察由于老年人口增长所带来的医疗保险待遇支出的增加,从而预测医疗保险收支的变动趋势。基本思路如下:基于医保基金收入和支出自然增长的基础上,加上由于新增老年人口(退休人口)所带来的医疗待遇支出的增长规模,从而测算基金当年的收支结余。采用的测算公式如下:

预测的医保基金收支结余=预测的医保缴费收入-(新增医疗费用+预测医保待遇支出)=预测的医保缴费收入-(当年参保人数*预测老年人口比例-上年老年人口)*老年人医疗费用倍数*人均医疗保险待遇支出-预测医疗保险待遇支出 (14.3)

从式(14.3)可以看出,若要测算基金隐性债务,首先要对医疗保险基金的收入和支出进行预测,这是不考虑退休人口增加所带来的基金收入和支出的"自然增长",这些增长可能是由物价带来的,也可能是由医疗需求增加所带来的。本书将按照高、中、低三个方案来确定相应的增长率。

公式(14.3)中老年人医疗费用倍数,是根据中国家庭追踪调查(CFPS)数据估计得到的:60岁以上老年人年均医疗费用是总人口的年人均医疗费用的2.69倍。

(3) 职工医保隐性债务预测

本书以浙江省为例测算城职保的隐性债务。本书按照高、中、低三种方案对城职保的隐性债务进行测算,方案Ⅰ为按照年增长率10%来预测待遇支出,方案Ⅱ为按照年增长率15%来预测待遇支出,方案Ⅲ为按照年增长率18%来预测待遇支出,方案Ⅳ按照年增长率20%来预测待遇支出。医疗保险费收入都按照1985—2013年平均工资年均增长率推算,为12.8%。基本的参数设置如下:①老年人口预测。全国老年人口比重为+3.47%~-2%;+3.47%是因为历史数据显示,平均而言浙江省老年人口比重比全国高3.47%,-2%是因为城镇职工医保的老年人口(退休人口)比重平均而言比总体人口低2%;老年人口定义为60岁及以上人口。②参保人数预测。增长率按照2014年浙江省人口自然增长率0.5%计算。

从表14.9可以看到,如果待遇支出保持10%的增长率,那么到2025年城职保基金仍然不会出现赤字,而且滚存结余将会越来越大。这是由于缴费收入的增长快于待遇支出的增长。

表 14.9 城职保基金隐性债务（方案Ⅰ）

年份	老年人口比例	人均医疗保险待遇支出/元	新增医保待遇/亿元	医保待遇支出/亿元	新的医保待遇/亿元	医保费收入/亿元	结余/亿元	滚存结余/亿元
2014	17.06%	2258.71	—	429.17	—	575.75	146.58	876.03
2015	18.16%	2484.58	14.10	472.09	486.19	649.44	163.25	1039.28
2016	18.80%	2733.04	10.37	519.30	529.67	732.57	202.90	1242.19
2017	19.53%	3006.34	12.74	571.23	583.97	826.34	242.37	1484.56
2018	20.13%	3306.98	11.87	628.35	640.22	932.11	291.89	1776.45
2019	20.44%	3637.68	7.78	691.18	698.96	1051.42	352.46	2128.91
2020	20.84%	4001.44	10.55	760.30	770.85	1186.01	415.16	2544.08
2021	21.03%	4401.59	7.01	836.33	843.34	1337.82	494.48	3038.56
2022	21.81%	4841.75	22.65	919.96	942.61	1509.06	566.45	3605.01
2023	23.04%	5325.92	37.95	1011.96	1049.91	1702.22	652.31	4257.32
2024	24.01%	5858.51	33.93	1113.16	1147.09	1920.10	773.01	5030.33
2025	24.99%	6444.36	37.93	1224.47	1262.40	2165.87	903.47	5933.80

注：①表中仅考虑了基本医疗保险费收入和医疗保险待遇支出之间的收支关系，不包括政府资助、上年结余和其他支出。②新增医保待遇是指由于老年人口增加导致的医疗保险待遇的增加，医保待遇支出是按照2009—2014年均增长率18%预测的医疗待遇支出，它没有考虑老年人口的增加，新的医保待遇=新增医保待遇+医保待遇支出。③结余=医保费收入-新的医保待遇。

从表14.10可以看到，如果待遇支出保持15%的年增长率，那么到2025年城职保仍然不会出现赤字，但结余规模从2022年开始缩小，可能在将来的20～30年会出现赤字。

表 14.10 城职保基金隐性债务（方案Ⅱ）

年份	老年人口比例	人均医疗保险待遇支出/元	新增医保待遇/亿元	医保待遇支出/亿元	新的医保待遇/亿元	医保费收入/亿元	结余/亿元	滚存结余/亿元
2014	17.06%	2258.71	—	429.17	—	575.75	146.58	876.03
2015	18.16%	2597.52	13.40	493.55	508.29	649.44	141.15	1017.18
2016	18.80%	2987.14	16.73	567.58	578.91	732.57	153.66	1170.84
2017	19.53%	3435.22	19.42	652.71	667.26	826.34	159.08	1329.92
2018	20.13%	3950.50	2.04	750.62	764.80	932.11	167.31	1497.23
2019	20.44%	4543.07	2.36	863.21	872.93	1051.42	178.49	1675.73
2020	20.84%	5224.53	30.12	992.70	1006.47	1186.01	179.54	1855.26
2021	21.03%	6008.21	3.31	1141.60	1151.17	1337.82	186.65	2041.92
2022	21.81%	6909.45	40.41	1312.84	1345.16	1509.06	163.90	2205.82
2023	23.04%	7945.86	46.92	1509.77	1566.39	1702.22	135.83	2341.64
2024	24.01%	9137.74	54.47	1736.23	1789.15	1920.10	130.95	2472.59
2025	24.99%	10508.40	63.23	1996.67	2058.52	2165.87	107.35	2579.94

从表 14.11 可以看到，如果待遇支出保持 18% 的年增长率，那么到 2020 年城职保基金开始出现当年收支赤字。考虑滚存结余后，从 2025 年开始出现赤字。此时待遇支出的增长快于缴费收入 5 个百分点，因此，医疗保险基金逐渐出现收不抵支。

表 14.11 城职保基金隐性债务（方案Ⅲ）

年份	老年人口比例	人均医疗保险待遇支出/元	新增医保待遇/亿元	医保待遇支出/亿元	新的医保待遇/亿元	医保费收入/亿元	结余/亿元	滚存结余/亿元
2014	17.06%	2258.71	—	429.17	—	575.75	146.58	876.03
2015	18.16%	2665.28	15.12	506.42	521.54	649.44	127.90	1003.93
2016	18.80%	3145.03	11.93	597.58	609.51	732.57	123.06	1126.99
2017	19.53%	3711.13	15.72	705.14	720.86	826.34	105.48	1232.47

续表 14.11

年份	老年人口比例	人均医疗保险待遇支出/元	新增医保待遇支出/亿元	医保待遇支出/亿元	新的医保待遇/亿元	医保费收入/亿元	结余/亿元	滚存结余/亿元
2018	20.13%	4379.14	15.71	832.07	847.78	932.11	84.33	1316.79
2019	20.44%	5167.38	11.05	981.84	992.89	1051.42	58.53	1375.32
2020	20.84%	6097.51	16.07	1158.57	1174.64	1186.01	11.37	1386.69
2021	21.03%	7195.06	11.46	1367.11	1378.57	1337.82	-40.75	1345.94
2022	21.81%	8490.17	39.72	1613.19	1652.91	1509.06	-143.85	1202.09
2023	23.04%	10018.40	71.39	1903.56	1974.95	1702.22	-272.73	929.36
2024	24.01%	11821.72	68.47	2246.21	2314.68	1920.10	-394.58	534.79
2025	24.99%	13949.63	82.10	2650.52	2732.62	2165.87	-566.75	-31.97

从表 14.12 可以看到，如果待遇支出保持 20% 的年增长率，那么到 2019 年城职保基金当年就会出现收支赤字。滚存结余从 2023 年开始出现赤字。因此，在人口老龄化加剧的背景下，更要控制医疗费用的增长，才能减轻医疗保险基金的负担。浙江省各统筹区职工医保隐性债务的预测如附表 1 至附表 3 所示。

表 14.12 城职保基金隐性债务（方案 Ⅳ）

年份	老年人口比例	人均医疗保险待遇支出/元	新增医保待遇支出/亿元	医保待遇支出/亿元	新的医保待遇/亿元	医保费收入/亿元	结余/亿元	滚存结余/亿元
2014	17.06%	2258.71	—	429.17	—	575.75	146.58	876.03
2015	18.16%	2710.45	15.38	515	530.38	649.44	119.06	995.09
2016	18.80%	3252.54	12.34	618.00	630.34	732.57	102.23	1097.32
2017	19.53%	3903.05	16.54	741.1	758.14	826.34	68.20	1165.52
2018	20.13%	4683.66	16.81	889.93	906.73	932.11	25.38	1190.89
2019	20.44%	5620.39	12.02	1067.91	1079.93	1051.42	-28.51	1162.38

续表 14.12

年份	老年人口比例	人均医疗保险待遇支出/元	新增医保待遇支出/亿元	医保待遇支出/亿元	新的医保待遇/亿元	医保费收入/亿元	结余/亿元	滚存结余/亿元
2020	20.84%	6744.47	17.78	1281.49	1299.27	1186.01	-113.26	1049.12
2021	21.03%	8093.37	12.89	1537.79	1550.68	1337.82	-212.86	836.25
2022	21.81%	9712.04	45.43	1845.35	1890.78	1509.06	-381.72	454.53
2023	23.04%	11654.45	83.05	2214.42	2297.47	1702.22	-595.25	-140.72
2024	24.01%	13985.34	81.00	2657.31	2738.30	1920.1	-818.20	-958.93
2025	24.99%	16782.4	98.78	3188.77	3287.55	2165.87	-1121.68	-2080.60

(4) 居民医保隐性债务预测

本书以浙江省为例测算城居保的隐形债务。按照高、中、低三种方案对全省2015—2025年城居保基金的收支变动趋势进行预测。低方案为按照10%的增长率来预测医疗保险费收入、人均待遇支出和医保基金总体待遇支出的变动趋势；中方案为按照2014年的增长率来预测医疗保险费收入、人均待遇支出和医保基金总体待遇支出的变动趋势，分别为10%、15%、15%；高方案为按照20%来预测人均待遇支出和医保基金总体待遇支出的变动趋势，医疗保险费收入仍然为10%的年增长率。按照公式（14.3）对城居保基金的隐性债务进行测算，首先要对参数进行设置，具体如下：①老年人口预测。全国老年人口比重为+3.47%；城居保参保人的年龄结构与总体人口的年龄结构相同。②参保人数预测。2014年浙江省人口自然增长率为0.5‰。

2014年城居保的政府资助是缴费收入的2.5倍，在当前的政府资助和滚存结余水平下，城居保基金将在2017年出现赤字。如果2025年政府资助规模依然是缴费收入的2.5倍，那么城居保基金仍然存在23.6亿元的缺口。如果政府资助每年保持10%的增长率，那么缴费收入需要保持12%的增长率，那么城居保基金不会出现当年收支赤字（表14.13）。

第14章　面向共同富裕的基本医疗保险改革路径

表14.13　城居保基金隐性债务（低方案）

年份	参保人数/万人	老年人口比例	人均医疗保险待遇支出/元	新增医保待遇/亿元	医保待遇支出/亿元	新的医保待遇/亿元	医保费收入/亿元	结余/亿元
2014	3248.91	19.00%	696.43	—	226.26	—	64.28	-161.98
2015	3263.73	20.16%	766.07	8.36	248.89	257.25	70.71	-186.54
2016	3278.61	20.80%	842.68	5.49	273.77	279.26	77.78	-201.48
2017	3293.56	21.53%	926.95	6.75	301.15	307.90	85.56	-222.34
2018	3308.58	22.13%	1019.64	6.28	331.27	337.55	94.11	-243.44
2019	3323.67	22.44%	1121.61	4.12	364.39	368.51	103.52	-264.99
2020	3338.82	22.84%	1233.77	5.57	400.83	406.40	113.88	-292.52
2021	3354.05	23.03%	1357.15	3.70	440.92	444.62	125.26	-319.36
2022	3369.34	23.81%	1492.86	11.95	485.01	496.96	137.79	-359.17
2023	3384.71	25.04%	1642.15	20.01	533.51	553.52	151.57	-401.95
2024	3400.14	26.01%	1806.36	17.87	586.86	604.73	166.73	-438.00
2025	3415.65	26.99%	1987.00	19.97	645.55	665.52	183.40	-482.12

表14.14显示，中等增长率方案下2015—2025年城居保基金的收支缺口更大，如果政府资助规模仍然为缴费收入的2.5倍，那么基金仍然会出现较大的赤字。如果政府资助每年保持10%的增长率，那么缴费收入要保持25%的增长率才能扭转赤字局面。

表14.14　城居保基金隐性债务（中方案）

年份	参保人数/万人	老年人口比例	人均医疗保险待遇支出/元	新增医疗待遇/亿元	医保基金支出/亿元	新医保待遇支出/亿元	医疗保险费收入/亿元	结余/亿元
2014	3248.91	19.00%	696.43	—	226.26	—	64.28	-161.98
2015	3263.73	20.16%	800.89	8.74	260.20	268.94	70.71	-198.23
2016	3278.61	20.80%	921.03	6.00	299.23	305.23	77.78	-227.45
2017	3293.56	21.53%	1059.18	7.71	344.11	351.82	85.56	-266.26

续表 14.14

年份	参保人数/万人	老年人口比例	人均医疗保险待遇支出/元	新增医疗待遇/亿元	医保基金支出/亿元	新医保待遇支出/亿元	医疗保险费收入/亿元	结余/亿元
2018	3308.58	22.13%	1218.06	7.50	395.73	403.23	94.11	-309.12
2019	3323.67	22.44%	1400.77	5.14	455.09	460.23	103.52	-356.71
2020	3338.82	22.84%	1610.88	7.28	523.35	530.63	113.88	-416.75
2021	3354.05	23.03%	1852.52	5.05	601.86	606.91	125.26	-481.65
2022	3369.34	23.81%	2130.40	17.05	692.13	709.19	137.79	-571.40
2023	3384.71	25.04%	2449.95	29.86	795.95	825.82	151.57	-674.25
2024	3400.14	26.01%	2817.45	27.88	915.35	943.22	166.73	-776.49
2025	3415.65	26.99%	3240.06	32.55	1052.65	1085.20	183.40	-901.80

当缴费收入增长率为 10%，待遇支出增长率为 20% 时赤字规模进一步增大，如表 14.15 所示。若政府资助每年增加 10%，那么要保证在待遇支出年增长率为 20% 的情况下不出现赤字，缴费收入应当每年增加 35%。见表 14.15。

表 14.15 城居保基金隐性债务（高方案）

年份	参保人数/万人	老年人口比例	人均医疗保险待遇支出/元	新增医疗待遇/亿元	医保基金支出/亿元	新医保待遇支出/亿元	医疗保险费收入/亿元	结余/亿元
2014	3248.91	19.00%	696.43	—	226.26	—	64.28	-161.98
2015	3263.73	20.16%	835.72	9.12	271.51	280.63	70.71	-209.92
2016	3278.61	20.80%	1002.86	6.54	325.81	332.35	77.78	-254.57
2017	3293.56	21.53%	1203.43	8.76	390.98	399.73	85.56	-314.17
2018	3308.58	22.13%	1444.12	8.89	469.17	478.06	94.11	-383.95
2019	3323.67	22.44%	1732.94	6.36	563.01	569.37	103.52	-465.85
2020	3338.82	22.84%	2079.53	9.39	675.61	685.00	113.88	-571.12
2021	3354.05	23.03%	2495.43	6.81	810.73	817.54	125.26	-692.28
2022	3369.34	23.81%	2994.52	23.97	972.88	996.85	137.79	-859.06

续表 14.15

年份	参保人数/万人	老年人口比例	人均医疗保险待遇支出/元	新增医疗待遇/亿元	医保基金支出/亿元	新医保待遇支出/亿元	医疗保险费收入/亿元	结余/亿元
2023	3384.71	25.04%	3593.43	43.80	1167.45	1211.25	151.57	-1059.68
2024	3400.14	26.01%	4312.11	42.66	1400.94	1443.61	166.73	-1276.88
2025	3415.65	26.99%	5174.53	51.99	1681.13	1733.12	183.40	-1549.72

14.2.3 健全稳健可持续的筹资机制

新冠疫情的大流行对医疗保险基金提出了挑战。截至2022年5月3日，各地累计报告接种新冠病毒疫苗334552.4万剂次。受新冠病毒疫苗及接种费用保障支出等因素影响，2021年职工医保和居民医保基金支出同比增速高于收入。为了应对不确定性健康风险，应当对基本医疗保险基金可持续能力进行精算评估，科学确定筹资水平和待遇水平，有助于基金运行稳健持续，提升基本医疗保险制度的安全性和可持续性。

在依据经济发展水平和居民收入水平测算最优缴费率的基础上，根据稳健可持续的原则，确定基本医疗保险筹资水平，协调政府、社会和个体的筹资责任，建立医疗保险基准费率，强化疾病风险的统筹共济，提升疾病医疗保险基金的偿付能力。针对医疗保险基金运行过程中可能出现的供需双方道德风险及系统性的重大突发风险，设计风险控制机制。在供方道德风险方面，引入按疾病诊断相关分组付费（diagnosis related groups，DRGs）改革医疗保险付费方式，缓解过度医疗现象，发挥医疗保险对医药费用的控制作用。在需方道德风险方面，首先，引入疾病风险调整因子作为医疗费用报销依据，强化个人健康保障意识；其次，加强疾病预防宣传，倡导全民健身，降低疾病发病率。在系统性重大突发风险方面，健全基金运行风险预警机制，以应对新冠等重大公共卫生事件的基金支付风险。在职工医保方面，提高统筹账户基金在医保基金总体中的占比。在居民医保方面，建立筹资水平与经济社会发展水平和居民人均收入水平相挂钩的机制，优化个人缴费和政府补助的比例结构。

14.3 完善基本医疗保险的待遇调整机制

14.3.1 基本医疗保险人均待遇的适度性

(1) 全国层面

公平适度的医疗保险待遇是增进人民健康福祉的内在要求,随着医疗保险覆盖率的提升及城居保的整合,群体间面临的医疗保险机会、受益和结果差别逐渐减弱,地区间的医疗保险机会、受益和结果差异对于共同富裕建设的影响更为突出。当然,医疗保险的待遇水平还应当与经济发展水平和基金承受能力相匹配,兼顾公平和适度两个基本原则。本书将医疗保险人均待遇支出与职工平均工资、居民可支配收入、居民消费水平、人均医疗支出和人均卫生费用进行比较,考察基本医疗保险待遇的适度性,如表 14.16 所示①。

表 14.16 职工医保待遇支出变动趋势

单位:元

年份	人均基金支出①	城镇在岗职工平均工资②	城镇居民可支配收入③	城镇居民消费支出④	城镇居民人均医疗保健支出⑤	人均卫生费用⑥
2007	861.08	24932.00	13603.00	10196.00	719.00	875.96
2008	1010.07	29229.00	15549.00	11489.00	805.00	1094.52
2009	1198.91	32736.00	16901.00	12558.00	878.00	1314.49
2010	1378.40	37147.00	18779.00	13821.00	895.00	1490.06
2011	1592.85	42452.00	21427.00	15554.00	999.00	1804.52
2012	1838.17	47593.00	24127.00	17107.00	1099.00	2068.76
2013	2124.36	52388.00	26467.00	18488.00	1136.00	2316.23
2014	2366.62	57361.00	28844.00	19968.00	1306.00	2565.45

① 由于没有全国层面的医疗保险待遇支出的数据,因此本书只能用人均基金支出来替代人均待遇支出。考虑到报销待遇支出是医疗保险基金支出的大部分,因此这种替代方式误差较小。

续表 14.16

年份	人均基金支出①	城镇在岗职工平均工资②	城镇居民可支配收入③	城镇居民消费支出④	城镇居民人均医疗保健支出⑤	人均卫生费用⑥
2015	2606.68	63241.00	31195.00	21392.00	1443.00	2962.18
2016	2806.05	68993.00	33616.00	23079.00	1631.00	3328.61
2017	3122.05	76121.00	36396.00	24445.00	1777.00	3756.72
2018	3379.52	84744.00	39251.00	26112.00	2046.00	4206.74
2019	3846.11	93383.00	42359.00	28063.00	2283.00	4669.34
2020	3734.43	100512.00	43834.00	27007.00	2172.00	5112.34

表 14.16 显示，职工医保人均基金支出从 2007 年的 861.08 元上升至 2020 年的 3734.43 元，剔除价格因素后实际增长 2 倍，年均增长 16.3%。从表 14.17 可以看到，城职保的基金支出占城镇在岗职工平均工资的 3% 左右，这与职工医保的缴费率接近。职工医保人均基金支出占城镇居民可支配收入的比重在上升，从 2007 年的 6.33% 上升到 2020 年的 8.52%，表明职工工资的涨幅超过了居民收入的增速。职工医保人均基金支出占城镇居民消费支出的比重也在上升，从 2007 年的 8.45% 上升到 2020 年的 13.83%，表明职工工资的涨幅超过了居民消费的增速。职工医保人均基金支出超过了居民人均医疗保健支出，从 2007 年的 1.20 倍上升到 2020 年的 1.72 倍，表明医疗保险为劳动者减轻了大部分的医疗负担。职工医保人均基金支出与人均卫生费用接近，但后者的增速更快。

表 14.17　职工医保待遇支出适度性

年份	①/②	①/③	①/④	①/⑤	①/⑥
2007	3.45%	6.33%	8.45%	1.1976	0.9830
2008	3.46%	6.50%	8.79%	1.2547	0.9228
2009	3.66%	7.09%	9.55%	1.3655	0.9121
2010	3.71%	7.34%	9.97%	1.5401	0.9251
2011	3.75%	7.43%	10.24%	1.5944	0.8827
2012	3.86%	7.62%	10.75%	1.6726	0.8885

续表14.17

年份	①/②	①/③	①/④	①/⑤	①/⑥
2013	4.06%	8.03%	11.49%	1.8700	0.9172
2014	4.13%	8.20%	11.85%	1.8121	0.9225
2015	4.12%	8.36%	12.19%	1.8064	0.8800
2016	4.07%	8.35%	12.16%	1.7205	0.8430
2017	4.10%	8.58%	12.77%	1.7569	0.8311
2018	3.99%	8.61%	12.94%	1.6518	0.8034
2019	4.12%	9.08%	13.71%	1.6847	0.8237
2020	3.72%	8.52%	13.83%	1.7193	0.7305

表14.18展示了居民医保人均基金支出的变化趋势，居民医保以财政为主，因此待遇比职工医保低。2020年居民医保人均基金支出为803.05元，职工医保人均基金支出为3734.43元，后者是前者的4.65倍。但居民医保人均基金支出的上升幅度大于职工医保，剔除价格因素后从2011年到2020年增长2.5倍，年均实际增长率达28%。

表14.18 居民医保待遇支出变动趋势

单位：元

年份	人均基金支出①	城镇在岗职工平均工资②	城镇居民可支配收入③	城镇居民消费支出④	城镇居民人均医疗保健支出⑤	人均卫生费用⑥
2011	186.79	42452.00	21427.00	15554.00	999.00	1804.52
2012	248.60	47593.00	24127.00	17107.00	1099.00	2068.76
2013	327.75	52388.00	26467.00	18488.00	1136.00	2316.23
2014	456.90	57361.00	28844.00	19968.00	1306.00	2565.45
2015	472.45	63241.00	31195.00	21392.00	1443.00	2962.18
2016	552.92	68993.00	33616.00	23079.00	1631.00	3328.61
2017	567.18	76121.00	36396.00	24445.00	1777.00	3756.72
2018	692.36	84744.00	39251.00	26112.00	2046.00	4206.74
2019	799.26	93383.00	42359.00	28063.00	2283.00	4669.34

续表 14.18

年份	人均基金支出①	城镇在岗职工平均工资②	城镇居民可支配收入③	城镇居民消费支出④	城镇居民人均医疗保健支出⑤	人均卫生费用⑥
2020	803.05	100512.00	43834.00	27007.00	2172.00	5112.34

注：人均基金支出 = 城居保基金年度支出/参保人数。

从表 14.19 来看，居民医保的待遇支出水平明显比职工医保低，占居民可支配收入不到 2%，占居民消费支出不到 3%，占居民医疗保健支出的 40% 以下，但比重一直在上升。居民医保支出占人均卫生费用 15% 左右，呈现先上升后下降的波动趋势。

表 14.19 居民医保待遇支出适度性

年份	①/②	①/③	①/④	①/⑤	①/⑥
2011	0.44%	0.87%	1.20%	18.70%	10.35%
2012	0.52%	1.03%	1.45%	22.62%	12.02%
2013	0.63%	1.24%	1.77%	28.85%	14.15%
2014	0.80%	1.58%	2.29%	34.98%	17.81%
2015	0.75%	1.51%	2.21%	32.74%	15.95%
2016	0.80%	1.64%	2.40%	33.90%	16.61%
2017	0.75%	1.56%	2.32%	31.92%	15.10%
2018	0.82%	1.76%	2.65%	33.84%	16.46%
2019	0.86%	1.89%	2.85%	35.01%	17.12%
2020	0.80%	1.83%	2.97%	36.97%	15.71%

（2）地区层面

省（区/市）职工医保人均待遇支出的适度性如表 14.20 所示。由于地区层面的卫生费用数据不可得，因此无法比较职工医保人均待遇支出与人均卫生费用的差异。职工医保人均待遇支出较高的是北京，2020 年达到 6700.69 元，较低是吉林，为 2948.70 元。可以看到职工医保人均待遇支出并没有呈现与人均可支配收入一样的分布，如广东 2020 年人均待遇支出为 3014.27 元，而青海达到 5957.29 元。医疗保险待遇支出与当地居民的健康水平、人口结构、医疗服务资源都有密切的联系，并不只由经济发展水平来决定。应当结合当地居民健康水平、医疗需求和医保基金支付能力来确定报销待遇，否则就会降低医疗保险制度的可持续性。

表14.20 2020年各省职工医保待遇支出

单位：元

省（区/市）	人均基金支出①	城镇在岗职工平均工资②	城镇居民可支配收入③	城镇居民消费支出④	城镇居民人均医疗保健支出⑤
北京	6700.69	185026.00	75602.00	41726.00	3755.00
天津	4765.56	118918.00	47659.00	30895.00	2811.00
河北	3616.24	79964.00	37286.00	23167.00	1988.80
山西	3260.39	77364.00	34793.00	20332.00	1854.00
内蒙古	3562.64	87916.00	41353.00	23888.00	2040.00
辽宁	2987.72	82223.00	40376.00	24849.00	2595.20
吉林	2948.70	81050.00	33396.00	21623.00	2396.44
黑龙江	3241.42	78972.00	31115.00	20397.00	2351.00
上海	6047.75	174678.00	76437.00	44839.00	3189.00
江苏	3565.59	106034.00	53102.00	30882.00	2174.00
浙江	3638.13	111722.00	62699.00	36197.00	2162.00
安徽	3011.51	89381.00	39442.00	22683.00	1637.60
福建	3522.60	91072.00	47160.00	30487.00	1774.00
江西	3380.27	80503.00	38556.00	22134.00	1724.34
山东	3737.66	90661.00	43726.00	27291.00	2298.00
河南	3192.33	71351.00	34750.00	20645.00	1515.12
湖北	3811.45	87782.00	36706.00	22885.00	1922.34
湖南	3433.82	82356.00	41698.00	26796.00	2350.50
广东	3014.27	110324.00	50257.00	33511.00	1748.59
广西	3559.74	86111.00	35859.00	20907.00	1904.00
海南	3096.03	89642.00	37097.00	23560.00	1668.30
重庆	3569.46	98380.00	40006.00	26464.00	2445.00
四川	3117.81	91928.00	38253.00	25133.00	2193.00

续表 14.20

省 (区/市)	人均基金 支出①	城镇在岗 职工平均 工资②	城镇居民 可支配收入 ③	城镇居民 消费支出 ④	城镇居民 人均医疗 保健支出⑤
贵州	3668.46	94276.00	36096.00	20587.00	1307.00
云南	4738.73	98287.00	37500.00	24569.00	—
西藏	4373.75	126226.00	41156.00	24927.00	—
陕西	3559.30	87054.00	37868.00	22866.00	2608.00
甘肃	3453.06	83392.00	33822.00	24615.00	2090.00
青海	5957.29	104157.00	35506.00	24315.00	2525.00
宁夏	3940.01	101827.00	35720.00	22379.00	1599.80
新疆	4017.97	88782.00	34838.00	22952.00	1752.00

注：分省层面的人均卫生费用暂时无法找到。

表 14.21 的结果显示，职工医保待遇支出占职工工资比重与经济发展水平呈现负相关，如广东、浙江和江苏职工医保待遇支出占职工工资比重分别为 2.73%、3.26% 和 3.36%，而新疆、云南和青海职工医保待遇支出占职工工资比重分别为 4.53%、4.82% 和 5.72%。职工待遇支出占居民可支配收入、消费支出的比重呈现同样规律。

表 14.21 2020 年各省职工医保待遇支出适度性

省（区/市）	①/②	①/③	①/④	①/⑤
北京	3.62%	8.86%	16.06%	1.7845
天津	4.01%	10.00%	15.43%	1.6953
河北	4.52%	9.70%	15.61%	1.8183
山西	4.21%	9.37%	16.04%	1.7586
内蒙古	4.05%	8.62%	14.91%	1.7464
辽宁	3.63%	7.40%	12.02%	1.1512
吉林	3.64%	8.83%	13.64%	1.2305
黑龙江	4.10%	10.42%	15.89%	1.3787
上海	3.46%	7.91%	13.49%	1.8964

续表 14.21

省（区/市）	①/②	①/③	①/④	①/⑤
江苏	3.36%	6.71%	11.55%	1.6401
浙江	3.26%	5.80%	10.05%	1.6828
安徽	3.37%	7.64%	13.28%	1.8390
福建	3.87%	7.47%	11.55%	1.9857
江西	4.20%	8.77%	15.27%	1.9603
山东	4.12%	8.55%	13.70%	1.6265
河南	4.47%	9.19%	15.46%	2.1070
湖北	4.34%	10.38%	16.65%	1.9827
湖南	4.17%	8.23%	12.81%	1.4609
广东	2.73%	6.00%	8.99%	1.7238
广西	4.13%	9.93%	17.03%	1.8696
海南	3.45%	8.35%	13.14%	1.8558
重庆	3.63%	8.92%	13.49%	1.4599
四川	3.39%	8.15%	12.41%	1.4217
贵州	3.89%	10.16%	17.82%	2.8068
云南	4.82%	12.64%	19.29%	—
西藏	3.47%	10.63%	17.55%	—
陕西	4.09%	9.40%	15.57%	1.3648
甘肃	4.14%	10.21%	14.03%	1.6522
青海	5.72%	16.78%	24.50%	2.3593
宁夏	3.87%	11.03%	17.61%	2.4628
新疆	4.53%	11.53%	17.51%	2.2934

居民医保由于筹资水平较低，而且以财政补贴为主，因此人均待遇支出主要由经济发展水平决定。居民医保人均待遇支出大约为职工医保的 20%，如表 14.22 所示。居民医保人均待遇支出较高的三个省（区/市）是上海、北京和浙江，2020 年分别达到 2299.67 元、1991.14 元和 1358.90 元，这三个省（区/市）都是经济发展水平和人均收入排名靠

前的省（区/市）；排名靠后的是西藏、吉林和陕西，分别为 372.54 元、608.55 元和 650.55 元。可以看到居民医保人均待遇支出与经济发展水平之间呈高度相关。

表 14.22　2020 年各省居民医保待遇支出

单位：元

省（区/市）	人均基金支出①	城镇在岗职工平均工资②	城镇居民可支配收入③	城镇居民消费支出④	城镇居民人均医疗保健支出⑤
北京	1991.14	185026.00	75602.00	41726.00	3755.00
天津	837.28	118918.00	47659.00	30895.00	2811.00
河北	789.69	79964.00	37286.00	23167.00	1988.80
山西	809.08	77364.00	34793.00	20332.00	1854.00
内蒙古	693.17	87916.00	41353.00	23888.00	2040.00
辽宁	668.43	82223.00	40376.00	24849.00	2595.20
吉林	608.55	81050.00	33396.00	21623.00	2396.44
黑龙江	669.67	78972.00	31115.00	20397.00	2351.00
上海	2299.67	174678.00	76437.00	44839.00	3189.00
江苏	983.93	106034.00	53102.00	30882.00	2174.00
浙江	1358.90	111722.00	62699.00	36197.00	2162.00
安徽	780.08	89381.00	39442.00	22683.00	1637.60
福建	814.10	91072.00	47160.00	30487.00	1774.00
江西	845.06	80503.00	38556.00	22134.00	1724.34
山东	798.33	90661.00	43726.00	27291.00	2298.00
河南	754.39	71351.00	34750.00	20645.00	1515.12
湖北	780.11	87782.00	36706.00	22885.00	1922.34
湖南	801.49	82356.00	41698.00	26796.00	2350.50
广东	764.10	110324.00	50257.00	33511.00	1748.59
广西	819.66	86111.00	35859.00	20907.00	1904.00
海南	773.30	89642.00	37097.00	23560.00	1668.30

续表 14.22

省 (区/市)	人均基金 支出①	城镇在岗 职工平均 工资②	城镇居民 可支配收入 ③	城镇居民 消费支出 ④	城镇居民 人均医疗 保健支出⑤
重庆	783.94	98380.00	40006.00	26464.00	2445.00
四川	778.23	91928.00	38253.00	25133.00	2193.00
贵州	690.12	94276.00	36096.00	20587.00	1307.00
云南	771.63	98287.00	37500.00	24569.00	—
西藏	372.54	126226.00	41156.00	24927.00	—
陕西	650.55	87054.00	37868.00	22866.00	2608.00
甘肃	713.39	83392.00	33822.00	24615.00	2090.00
青海	707.09	104157.00	35506.00	24315.00	2525.00
宁夏	775.93	101827.00	35720.00	22379.00	1599.80
新疆	775.54	88782.00	34838.00	22952.00	1752.00

从表 14.23 可以看到居民医保待遇支出占居民收入比重较低的五个省（区/市）是西藏、广东、辽宁、内蒙古和陕西，都在 1.7% 以下；较高的五个省（区/市）是上海、北京、山西、广西和新疆，上海较高，达到 3%；居民医保待遇支出占居民消费支出比重较低的五省（区/市）是天津、辽宁、福建、广东和西藏，西藏较低，为 1.49%；较高的五个省（区/市）是上海、北京、山西、广西和江西，上海较高，达到 5.13%。居民医保待遇支出占居民医疗保健支出比重较低的五个省（区/市）是黑龙江、青海、辽宁、吉林和陕西，都在 30% 以下；较高的五个省（区/市）是上海、浙江、北京、贵州和河南，都在 50% 以上，较高是上海，达到 72.11%，表明城居保解决了居民大部分的医疗负担。

表 14.23 2020 年各省居民医保待遇支出适度性

省（区/市）	①/②	①/③	①/④	①/⑤
北京	1.08%	2.63%	4.77%	53.03%
天津	0.70%	1.76%	2.71%	29.79%

续表14.23

省（区/市）	①/②	①/③	①/④	①/⑤
河北	0.99%	2.12%	3.41%	39.71%
山西	1.05%	2.33%	3.98%	43.64%
内蒙古	0.79%	1.68%	2.90%	33.98%
辽宁	0.81%	1.66%	2.69%	25.76%
吉林	0.75%	1.82%	2.81%	25.39%
黑龙江	0.85%	2.15%	3.28%	28.48%
上海	1.32%	3.01%	5.13%	72.11%
江苏	0.93%	1.85%	3.19%	45.26%
浙江	1.22%	2.17%	3.75%	62.85%
安徽	0.87%	1.98%	3.44%	47.64%
福建	0.89%	1.73%	2.67%	45.89%
江西	1.05%	2.19%	3.82%	49.01%
山东	0.88%	1.83%	2.93%	34.74%
河南	1.06%	2.17%	3.65%	49.79%
湖北	0.89%	2.13%	3.41%	40.58%
湖南	0.97%	1.92%	2.99%	34.10%
广东	0.69%	1.52%	2.28%	43.70%
广西	0.95%	2.29%	3.92%	43.05%
海南	0.86%	2.08%	3.28%	46.35%
重庆	0.80%	1.96%	2.96%	32.06%
四川	0.85%	2.03%	3.10%	35.49%
贵州	0.73%	1.91%	3.35%	52.80%
云南	0.79%	2.06%	3.14%	—
西藏	0.30%	0.91%	1.49%	—
陕西	0.75%	1.72%	2.85%	24.94%
甘肃	0.86%	2.11%	2.90%	34.13%
青海	0.68%	1.99%	2.91%	28.00%
宁夏	0.76%	2.17%	3.47%	48.50%
新疆	0.87%	2.23%	3.38%	44.27%

(3) 共同富裕示范区

现有的浙江省医疗保险基金决算数据年份较早,只有2014年以前的,因此只能大致推测该省职工医保待遇支出的适度性,如表14.24所示。人均待遇支出占人均基金支出的比值在95%以上,因此用人均基金支出来替代人均待遇支出误差不超过5%,而且本书考察的是相对量,因此人均待遇支出度量误差带来的估计偏误影响较小。浙江省职工医保人均待遇支出占职工工资的4%不到,保持稳定,占居民可支配收入的5.5%左右,占居民消费支出的8%左右,是城镇居民人均医疗保健支出的1.5倍。

表14.24 浙江省职工医保待遇支出适度性

单位:元

年份	人均基金支出①	人均待遇支出②	城镇在岗职工平均工资③	城镇居民可支配收入④	城镇居民消费支出⑤	城镇居民人均医疗保健支出⑥
2009	1342.64	1318.47	37395.00	24611.00	16683.00	985.00
2010	1635.85	1436.39	41505.00	27359.00	17858.00	1034.00
2011	1610.77	1565.41	46660.00	30971.00	20437.00	1249.00
2012	1873.65	1833.01	50813.00	34550.00	21545.00	1228.00
2013	2104.53	2016.22	56571.00	37080.00	25254.00	1335.00
2014	2361.14	2258.71	61572.00	40393.00	27242.00	1527.00
年份		②/①	②/③	②/④	②/⑤	②/⑥
2009		98.20%	3.59%	5.36%	7.90%	1.338548
2010		87.81%	3.94%	5.25%	8.04%	1.389159
2011		97.18%	3.45%	5.05%	7.66%	1.253331
2012		97.83%	3.69%	5.31%	8.51%	1.492679
2013		95.80%	3.72%	5.44%	7.98%	1.510277
2014		95.66%	3.83%	5.59%	8.29%	1.479181

14.3.2 公平适度的待遇调整机制

完善基本医疗保险的待遇调整机制,减轻居民医疗费用负担。坚持医疗保险"保基本"的定位，健全医疗保障待遇清单制度，厘清医疗保险待遇支付边界，规范医疗保险待遇政策的制定过程。根据经济社会发展水平和基金承受能力，稳定基本医疗保险的门诊报销待遇和住院报销待遇，并且做好门诊待遇和住院待遇的统筹衔接。职工医保方面，改革个人账户制度，健全门诊共济保障机制。居民医保方面，完善门诊保障政策，合理确定待遇保障范围和基金支付水平。

公平适度的待遇是增进人民健康福祉的内在要求，随着医疗保险覆盖率的提升及城乡居民医保的整合，不同收入水平居民面临的医疗保险机会、受益和结果差别逐渐减弱，而不同地区之间的机会、受益和结果差异对于共同富裕建设的影响更为突出。尤其是在推进省级统筹的过程中，省内各市医保待遇的统一会带来报销待遇的大幅调整，若一次性拉平各地待遇差异，就会造成医疗保险基金收支失衡，产生支付风险。因此，应当基于社会福利函数测算医疗保险最优待遇水平，作为省级统筹待遇调整的参考。在此基础上，本着公平适度的原则设计阶段性待遇调整方案，实现待遇的动态统一。当然，医疗保险的待遇水平还应当与经济发展水平和基金承受能力相匹配，兼顾公平和适度两个基本原则。

14.4 构建多层次的医疗保障体系

构建多层次医疗保障体系，全方位提升居民健康福祉。按照公平适度及稳健运行的原则，持续完善基本医疗保障制度。鼓励支持商业健康保险、慈善捐赠、医疗互助等多种医疗保障制度协调发展。坚持"以人民为中心"的发展理念，深入实施"健康中国"战略，在深化医药卫生体制改革的进程中建立健全多层次的中国特色医疗保障制度——以基本医疗保险为主体，以医疗救助为社会安全网，促进补充医疗保险、商业健康保险、医疗互助、慈善捐赠基金等多种方式协调发展。充分发挥基本医疗保险基金战略性购买的调节作用，以医疗保障需求侧管理和医药服务供给侧改革为主要路线，构建多层次医疗保障体系，提升城乡居民健康福祉。充分调动社会组织与个人的积极性，大力发展医疗慈善事业。

14.4.1 完善大病保险

21世纪以来，我国基本医疗保险制度不断完善，建立了覆盖城乡的基本医疗保障网，能够满足人民日益增长的医疗服务需求。然而，基本医疗保险发挥的作用有限，尤其是在我国规定起付线、封顶线和共付费用制度设计且医保基金支付能力有限的情况下，大病医疗的负担仍然沉重。为了减轻居民的大病医疗负担，2012年，发改委、人社部等部门联合发布《关于开展城乡居民大病保险工作的指导意见》提出"从城镇居民医保基金、新农合基金中划出一定比例的基金作为大病保险资金来源。待遇水平实际支付比例不低于50%，并且按医疗费用高低分段制定支付比例。承办方式采取向商业保险机构战略购买的方式实行"。①

未来在逐步开展完善大病保险制度的进程中可建立多元化筹资渠道，如政府可设立个人筹资渠道窗口以适应市场个性化的风险保障需要，让大病保险需求者以补充缴费形式提高大病保险的保障水平；设立公共筹资渠道以拓展风险基金池，让财政、民政及慈善资金流入大病保险融资渠道以彰显社会风险共担原则。起付线、封顶线和共付费用的设置与当地居民的收入水平相适应，建立相应的筹资标准弹性调整机制。2021年11月19日，国务院发布《关于健全重特大疾病医疗保险和救助制度的意见》表明要"加强预警监测，建立健全防范和化解因病致贫返贫的长效机制②"。在大病保险的风险管理方面，应当充分发挥大数据和互联网手段，提高报销和审核的效率，降低基金支付风险，并且做好制度之间的衔接。

14.4.2 健全医疗救助

医疗社会救助制度是我国多层次医疗保障体系的安全网，对提高贫困人口的健康水平和社会文明程度具有重要作用。城市医疗救助的对象

---

① 国家发展和改革委员会、卫生部、财政部、人力资源和社会保障部、民政部、保险监督管理委员会：《关于开展城乡居民大病保险工作的指导意见》，2012-08-30，http://www.gov.cn/jrzg/2012-08/30/content_2213783.htm.

② 国务院：《国务院办公厅关于健全重特大疾病医疗保险和救助制度的意见》，2021-11-19，http://www.nhsa.gov.cn/art/2021/11/19/art_37_7353.html.

主要以城市低保对象和因患大病致贫的家庭及无力参加基本医疗保险的劳动者为主，农村医疗救助的对象是农村五保户和贫困农民家庭。我国医疗救助目前存在救助对象不明、信息交换不对称、在共同富裕大背景下医疗救助责任加大等问题。2021年11月，中共中央、国务院发布《关于健全重特大疾病医疗保险和救助制度的意见》，提出"科学确定医疗救助的对象范围、强化三重制度综合保障、夯实医疗救助托底保障、建立健全防范和化解因病致贫返贫长效机制、积极引导慈善等社会力量参与救助保障、规范经办管理服务和强化组织保障[①]"。

健全医疗救助首先要及时精准确定救助对象，结合当地实际情况，确立认定救助对象的具体指标并定期结合区域实际进行调整，可联合大病保险监管体系及时将因患大病而造成生活贫困、难以维持基本生活的家庭纳入医疗救助范围，聚焦减轻困难群众重特大疾病医疗费用负担。其次，综合建立依申请救助工作机制，宣传普及医疗救助政策和办理程序，疏通低保边缘家庭成员及农村易返贫致贫人口和因病致贫重病患者的就医申请通道，提高救助的时效性。最后，加大医疗救助筹资力度，动员社会力量积极探索多元筹资渠道，加强资金预算管理执行监督。此外，医疗救助的方式可从保全面的同时转向保重点，如划分重点人群，确定重点病种和资金向重点贫困区域倾斜。在医疗救助制度相对成熟、运行有序且资金充裕情况下可适当扩宽重点病种范围，进一步破解民众看病难、看病贵的问题。未来医疗救助发展也趋向于"一站式"服务、"一窗口"办理，因此相关工作人员须抓紧提升自身管理水平和素质，掌握相关信息技术和平台操作方式，洞悉医疗救助改革进程，为群众解难答惑，切实依靠合法程序帮助困难群众摆脱困境。

14.4.3 鼓励商业保险

在社会保障体系中，基本医疗保险和医疗社会救助的主要职能是为人民提供最基本的医疗保障，而非满足高层次的医疗需求。要想大幅提升城乡居民健康福祉，满足人民多元化的需求，建设起多层次的医疗保障体系，必然离不开商业保险的参与。商业医疗保险主要是由保险人和

---

① 国务院：《国务院办公厅关于健全重特大疾病医疗保险和救助制度的意见》，2021 - 11 - 19，http://www.nhsa.gov.cn/art/2021/11/19/art_ 37_ 7353.html。

投保人双方按照自愿原则签订合同来实现,并遵循多投多保的原则,居民可根据自身经济实力进行投保,从而缓解未来患大病就医的压力。据统计数据表明,在新冠疫情流行时,居民健康意识与风险意识不断提升,保险需求进一步释放。纵观近十年的发展历史,中国银行保险监督管理委员会数据统计,2021 年健康险保费已达 8447 亿元,是 2011 年的 12.21 倍。①如今市面上已推出的商业健康保险受到民众广泛关注,未来更应积极鼓励商业保险发展。

2021 年 9 月,国务院发布《"十四五"国民健康规划》,提出"要做优做强健康产业,增加商业健康保险供给"。②因此,应当鼓励社会力量以签约服务为载体,提供差异化的健康管理服务,探索以商业健康保险为合作渠道,与基本医疗保险协同发展,缓解居民医疗负担,促进居民健康水平的提升。

14.4.4 推进医疗互助

互助行为一直是人们生存的重要形式,最早可以追溯到人类社会初期,即当有人遭遇生活困难或者生命遭受威胁时,其他群体提供力所能及的帮助。这种互助互济的行为是人类社会得以繁衍和生存的重要基础。2020 年 2 月我国发布的《中共中央 国务院关于深化医疗保障制度改革的意见》中明确提出"到 2030 年,全面建成以基本医疗保险为主体,医疗救助为托底,补充医疗保险、商业健康保险、慈善捐赠、医疗互助共同发展的医疗保障制度体系"。③我国目前医疗互助最主要的形式是职工医疗互助和网络医疗互助,在医疗互助工作发展过程中,也不可避免地出现了缺乏顶层设计、监管不明、效率不一等问题。针对这些现实问题,推进医疗互助工作应从顶层设计着手,出台相应规章政策,鼓励医疗互助平台建设。同时,完善医疗互助的风险监管机制,明确医疗互助平台监管归属机构。

---

① 统信部:《2021 年 12 月全国各地区原保险保费收入情况表》,2022 - 01 - 25, http://www.cbirc.gov.cn/cn/view/pages/ItemDetail.html?docId = 1034670&itemId = 954&generaltype = 0.
② 国务院:《国务院办公厅关于印发"十四五"全民医疗保障规划的通知》,2021 - 09 - 29, http://www.nhsa.gov.cn/art/2021/9/29/art_ 37_ 6137.html.
③ 中共中央、国务院:《中共中央 国务院关于深化医疗保障制度改革的意见》,2020 - 03 - 05, http://www.nhsa.gov.cn/art/2020/3/5/art_ 37_ 2808.html.

在《国务院办公厅关于健全重特大疾病医疗保险和救助制度的意见》提出"支持开展职工医疗互助,规范互联网平台互助,加强风险管控,引导医疗互助健康发展"的指导下,鼓励网络医疗互助平台发展的同时也要加强网络医疗互助组织管理规范,对网络平台资质、流程规范、互助对象定期进行核查,鼓励医疗救助和医疗互助间的衔接。此外,可对医疗互助平台给予适当补贴,充分调动网络平台和网络个人的互助积极性,实现政府、社会和市场多元资源组合,从而促进我国医疗事业发展。①

14.4.5 发展医疗慈善

慈善捐赠作为第三次分配的主要形式,在构建多层次的医疗保障体系中同样发挥着不可忽视的作用。如今我国慈善事业正稳步推进,社会捐赠总额逐年增长,人民慈善捐赠意识日益增强。在互联网时代大背景下,慈善捐赠平台也更趋向于网络化、小额化、年轻化。但支持慈善事业发展的主体仍然是企业,相较于国外,个人捐赠额虽有所上升但占比仍较小,不断出现的慈善负面事件也给公众和社会造成了信任危机。因此,如何可持续良性发展慈善捐赠工作也成了一个值得思考的问题。

2021年11月19日,国务院发布《关于健全重特大疾病医疗保险和救助制度的意见》,提出"充分调动社会组织与个人的积极性,大力发展医疗慈善事业"。② 积极引导慈善及其他社会力量加入救助保障工作中来,推动互联网公开募捐信息平台的发展及各平台之间慈善资源的分享,规范个人大病求助平台在互联网上的信息传播,实施阳光救助。支持在医疗救助领域开展社会工作服务、志愿服务等,充实救助服务。要结合经济社会发展水平及各方面承受能力,积极探索罕见病用药保障工作机制,将医疗保障、社会救助和慈善帮扶资源整合在一起,落实综合保障。建立慈善参与的激励机制并实施相应的税收优惠和费用减免政策。此外,未来要健全完善相关法律法规体系,加快出台"慈善法"及配套法规规章,明确慈善组织的功能定位和工作重点并与国家立法相

---

① 国务院办公厅:《国务院办公厅关于健全重特大疾病医疗保险和救助制度的意见》,2021-11-19,http://www.gov.cn/zhengce/content/2021-11/19/content_5651446.htm。

② 国务院办公厅:《国务院办公厅关于健全重特大疾病医疗保险和救助制度的意见》,2021-11-19,http://www.gov.cn/zhengce/content/2021-11/19/content_5651446.htm。

适应。要强化慈善工作监督机制，提高慈善捐赠过程的透明度，避免慈善款项应用未用等负面事件再次发生。要加大慈善事业宣传力度，可联合学校、社区开展相关活动，使慈善观念深入人心，提高人民的幸福感和获得感。

14.5 提升医疗保障数字化水平

"互联网+"时代，大数据、区块链等技术与医学的交汇酝酿着巨大的潜能，使得医疗健康和疾病预防策略更加精准。得益于物联网和信息技术的发展，以电子病历系统（electronic medical record）为主要依托的医疗信息系统产生了大量的医疗大数据，可以用于医疗行业治理、医疗临床和科研、公共卫生、商业模式开发等诸多领域。麦肯锡在其报告中指出，排除体制障碍，大数据分析可以帮助美国的医疗服务业一年创造3000亿美元的附加价值。

14.5.1 构建全国统一医保信息平台

国务院办公厅发布的《关于印发"十四五"全民医疗保障规划》提出："建设智慧医保，提升医疗保障信息化水平。"[1]在智慧医保的建设中，构建全国统一医保信息平台是极为关键的一环，其不仅能有效破除系统分割、烟囱林立等问题，满足医保制度统一规范的需要；而且有利于加强医保精细管理，提升医保数字化水平与服务水平。目前全国统一的医疗保障信息平台已基本建成，医保信息平台已在31个省（区/市）和新疆生产建设兵团全域上线，有效覆盖约40万家定点医疗机构、约40万家定点零售药店，为13.6亿参保人提供优质医保服务。[2]全国统一的医保信息平台的建设，是能让群众切身享受到医疗信息化、数字化发展红利的重要举措，其首要目标就是减少地区间在医疗保障领域系统、信息及管理上的差异，形成全国层面、区域层面相统一的医保大数据，以提升医保治理总体水平。

---

[1] 国务院办公厅：《国务院办公厅关于印发"十四五"全民医疗保障规划的通知》，2021-09-29，http://www.gov.cn/zhengce/content/2021-09/29/content_5639967.htm。

[2] 中国政府网：《全国统一医保信息平台建成》，2022-05-12，https://www.gov.cn/xinwen/2022-05/12/content_5689783.htm。

当前，全国统一医保信息平台初步建成，下一步的主要工作是完善该信息系统，并且充分发挥该信息平台的数据优势。首先，依托全国统一的医保信息平台，医保部门须重视医保全流程数据的收集整理，提高医保信息的真实性、全面性，形成能为政策制定提供科学支撑的医保大数据；医保部门在基金监管工作中，也要保证大数据全方位、全流程、全环节的智能监控，促进基金的有效使用；医保部门要持续推进与医疗保障各个环节的联结与应用，不断优化平台性能，将数字化水平的提升转化为服务水平的提升。其次，当前医保信息化已由平台建设阶段转向运维应用阶段，网络和数据安全风险更加凸显，信息平台的共享与深度利用等方面也还有许多需要改进的地方。最后，重视建立健全平台运维管理制度，规范平台流程，还须加强安全管理，持续提升技术能力，筑牢医保信息化安全屏障，同时在保障医保数据安全可控的前提下稳步有序推进数据共享，挖掘数据价值。

14.5.2 完善"互联网+医疗"管理服务

国务院办公厅发布的《关于促进"互联网+医疗健康"发展的意见》指出，要提升医疗卫生现代化管理水平，必须健全"互联网+医疗健康"服务体系，完善"互联网+医疗健康"支撑体系。[①]医疗卫生机构要加强与互联网企业的合作，医保部门内部的业务部门也要和信息化部门加强合作，不仅有利于快速完善技术手段与基础设施，还可以合作探索医疗卫生信息资源整合、疾病流行趋势预测、重大疾病防控等项目。医疗联合体要积极运用互联网技术、人工智能技术等，升级优化医疗服务内容与质量，推进医疗信息互通共享，实现医疗资源的合理配置，同时加快发展远程医疗、检验检查结果共享互认、医用机器人、云影像云急救等创新服务。医保部门还须加快建立健全基础医疗信息数据库、基于大数据技术的分级诊疗信息系统等信息资源，以帮助各级各类医院提升管理效率、完善分级诊疗制度，促进医疗资源的合理有效配置。利用互联网技术，医疗保障数据与相关部门的联通共享更加便捷，可以更好推进异地就医、线上结算、医保智能审核与实时监控等服务的

---

① 国务院办公厅：《国务院办公厅关于促进"互联网+医疗健康"发展的意见》，2018-04-28，https://www.gov.cn/zhengce/content/2018-04/28/content_5286645.htm。

发展，优化服务流程，提升服务效能，提高医疗服务供给与需求匹配度。

为适应"互联网+医疗健康"发展，医保支付政策也需要进一步完善。医保部门要逐步将符合条件的互联网诊疗服务纳入医保支付范围，健全互联网诊疗收费政策，及时完善配套政策。"互联网+医疗健康"也离不开全国统一医保信息平台的加持。此外，"互联网+医疗健康"管理服务也会带来一定的行业问题与信息技术风险，医保部门要加强医疗保障大数据法规建设，形成严格的管理制度，保障信息安全。同时要加强行业监管，建立医疗责任分担机制，防范和化解医疗风险。

14.5.3 区块链赋能医保治理现代化

区块链是一种去中心化基础架构与分布式计算范式，具有安全可信、时序性、可编程及集体维护等特点（袁勇、王飞跃，2016）。区块链为医疗保健行业的工作方式带来新的变革，中国也在不断推出区块链医疗项目，如阿里健康平台、腾讯智慧医院、天河国云、珠海医联盟等。在区块链技术的基础上，依托电子病历临床数据开发专病数据库，通过自然语言处理技术，实现对病情特征的有效提取，完成对患者的症状体征挖掘，为精准医疗提供信息服务和数据支持。

利用区块链技术，可以对医疗服务、医疗数据、医疗保险等多个方面进行系统优化，有效提升医疗保障的数字化水平。医疗机构通过区块链技术，可以对传统的导诊、咨询、挂号、缴费、检查、治疗等就医链进行简化，使各个节点信息共享，数据多方保存、有序流转，提升就医效率和服务质量。同时，电子病历管理也是区块链在医疗领域应用的典型案例，能保证不同医院、医院的不同部门轻松访问患者整个就医过程信息及治疗历史，这不仅提供了完整详细的数据记录，也有利于患者日后管理、转诊、复查等，同时利用区块链的防篡改功能，提高患者医疗信息的透明度和可靠性，也保证了医疗机构间信息共享的安全性，大大提升了医疗保障的数字化水平。

在区块链系统中，整个运作过程都是公开透明的，将其纳入全国统一医保信息平台的构建中，可以公开医疗机构内部的检查项目、收费标准及医保基金使用情况等各个环节，做到信息流程公开透明，提升科技赋能的监管效应，以达到对国家整体医疗卫生的资源配置，以及医药费用使用情况的优化与控制。医保部门利用区块链技术，可以对医保结算的各个环节进行优化与监管，避免因信息系统不同、对象不同而产生的管理盲区，保证智能结算系统的准确性与统一性，减少医保基金的管理成本。此外，区块链很重要的一个功能是由智能合约代替人工。在医疗保险领域，智能合约则作为三方联动的基础，通过为经办服务平台的用户管理、文件管理、项目管理等各个环节提供信息共享与监管，促成交易行为，减少虚假信息和恶意欺诈，在保护用户隐私的基础上提高公平性，完善医疗保险业务与基金安全，促进医保治理现代化。

14.6　本章小结

本章从推进基本医疗保险省级统筹、健全基本医疗保险稳定筹资机制、完善基本医疗保险待遇调整机制、构建多层次医疗保障体系及提升医疗保障数字化水平五个方面构建面向共同富裕的基本医疗保险改革路径。首先，在测算医疗保险省级统筹改革成本的基础上，设计医疗保险省级统筹的实施方案，以调剂金为初始模式动态调整省级统筹模式，量入为出健全基本医疗保险筹资和待遇调整机制，健全各级政府考核监督机制和激励机制。同时，强化个体健康责任意识，倡导健康生活方式。在风险控制方面，引入按疾病诊断相关分组付费（DRGs）改革医疗保险付费方式，缓解过度医疗现象，应对供方道德风险。在系统性重大突发风险方面，健全基金运行风险预警机制，以应对新冠等重大公共卫生事件的基金支付风险。

其次，在测算基本医疗保险基金支付能力的前提下，分别预测职工医保和居民医保的隐性债务。应当坚持稳健可持续的原则，科学确定基本医疗保险筹资水平，均衡政府、社会和个人的筹资责任，建立基准费率制度，合理确定费率，强化健康风险统筹共济，提升医疗保险基金支付能力。

再次，在剖析基本医疗保险待遇适度性的基础上，根据经济社会发展水平和基金承受能力，稳步提高基本医疗保险的门诊报销待遇和住院报销待遇，降低地区间医疗保险报销待遇的差距。职工医保方面，健全门诊共济保障机制，改革个人账户制度。居民医保方面，完善门诊保障政策，合理确定待遇保障范围和基金支付水平。

复次,从完善大病保险、健全医疗救助、鼓励商业保险、推进医疗互助及发展慈善捐赠五个方面构建多层次医疗保障体系,分散居民健康风险。坚持以人民为中心的发展理念,深入实施"健康中国"战略,在深化医药卫生体制改革的进程中建立健全多层次的中国特色医疗保障制度——以基本医疗保险为主体,以医疗救助为安全网,补充医疗保险、商业健康保险、医疗互助、慈善捐赠基金等共同发展。充分发挥基本医疗保险基金战略性购买对医疗服务和药品价格的调节作用,以医疗保障需求侧管理和医药服务供给侧改革为主路,构建多层次医疗保障体系,提升城乡居民健康福祉。

最后,从构建全国统一医保信息平台、完善"互联网+医疗"管理服务、区块链赋能医保治理现代化三个方面提升医疗保障数字化水平。依托全国统一的医疗保障信息平台,实现跨地区、跨部门数据共享,有效发挥国家智慧医保实验室作用。健全"互联网+"医疗服务价格和医保支付政策,将医保管理服务延伸到"互联网+医疗健康"医疗行为,形成完整的"互联网+医疗"服务体系。发挥全国统一的医疗保障信息平台优势,加强对医疗保障基础信息数据、结算数据、定点医药机构管理数据的采集、存储、清洗、使用,完善部门数据协同共享机制,探索多维度数据校验,提升精细化治理水平,提高医药资源配置效率。

第 15 章　结论与建议

本书从机会平等理论和收入分配理论出发，在构建共同富裕的基本医疗保险制度框架、剖析基本医疗保险和分配领域典型事实的基础上，基于中国家庭追踪调查、中国家庭收入调查等微观调查数据，采用因果关系识别和保险精算等方法测度基本医疗保险的收入再分配效应和财富再分配效应，为基本医疗保险改革指明方向，构建面向共同富裕的基本医疗保险制度。概言而止，本书沿着理论分析→现状描述→效应测度→改革对策的路线开展研究，理论分析部分构建共同富裕的基本医疗保险制度框架，梳理基本医疗保险再分配效应的形成机理，为实证分析奠定理论基础。在现状描述部分，从聚焦"历史趋势"的纵向视角、聚焦"三大差距"的横向视角梳理基本医疗保险和分配领域的典型事实。在效应测度部分，主要测度基本医疗保险的收入再分配效应和财富再分配效应，并且识别再分配效应的机会平等机制和健康提升机制。改革对策主要从省级统筹、筹资机制、待遇调整机制、多层次医疗保障体系及提升医疗保障数字化水平五个方面设计面向共同富裕的基本医疗保险制度改革路径。

15.1　研究结论

党的二十大报告提出："中国式现代化是全体人民共同富裕的现代化。到 2035 年基本公共服务实现均等化，人的全面发展、全体人民共同富裕取得更为明显的实质性进展。"当前，中国已建成世界上规模最大的基本医疗保障网，医疗保险领域进行的改革探索不仅实现了医疗服务的普及，也提升了居民健康。基本医疗保险主要通过机会均等和健康提升两条机制发挥再分配作用，在机会均等方面，医疗保险通过提高居民医疗服务可及性，促进医疗公共服务均等化，分散疾病风险，提升健康水平，缩小地区间、城乡间及人群间的差距。在健康提升方面，医疗保险通过缓解居民医疗费用负担，减轻居民预防性储蓄动机，优化消费结构，提高健康等人力资本水平，促进收入增长和财产积累。基于宏观统计数据和微观调查数据的测度结果表明：

第一，关于基本医疗保险的典型事实。改革开放以来，基本医疗保险在共享和富裕两个方面都取得了显著进展。截至2022年底，基本医疗保险参保率超过95%，医疗保险领域的各项改革措施也深入推进，为缓解居民医疗负担、促进居民健康发挥了重要作用。然而，基本医疗保险的缴费政策和待遇政策仍然存在较大的地区差异和群体差别。在127个代表性城市中，职工医保的较低和较高缴费率相差1倍；居民医保的较低和较高筹资水平相差15倍。相比缴费政策，待遇政策由于涉及不同等级的医疗机构及不同类型的医疗服务，因而差异更大。改革开放以来，医疗卫生资源不断丰富，人均医疗资源也在持续提升。人均卫生费用从1978年的11.45元增加到2021年的5439.97元，剔除价格因素实际增长67.6倍。从地区分布来看，医疗资源、医保基金支付能力都与经济发展水平呈现明显的正相关，应当调节地区间医疗保险的筹资差异和待遇差别，充分发挥医疗保险的再分配效应。

第二，关于分配领域的共富趋势。改革开放以来，城乡居民的收支水平和财产规模都实现了快速增长，而不平等程度也随之扩大。城镇居民的人均收入实际增长18.9倍，人均消费支出增长13.1倍；农村居民人均收入实际增长19.5倍，人均消费支出增长18.8倍。在总体收入差距方面，基尼系数较高值出现在2008年，达到0.49，此后略有下降，2021年仍然达到0.47。在城乡收入差距方面，1978年以来经历了快速下降、波动中上升、短暂下降、持续上升及缓慢下降五个阶段，2022年下降至改革开放初期水平（2.56）。地区收入差距从2005年以来一直呈现下降趋势。其次，消费不平等要小于收入不平等，而且下降幅度更大。城乡消费差距从1978年的2.68下降至2022年的1.83，但需要警惕的是流动人口内部的消费差距在扩大。再次，财产分配的不平等明显高于收入分配，2020年财产基尼系数达到0.7以上，而且城镇内部的财产差距大于农村内部。

第三，关于收入再分配效应。基本医疗保险作为分散疾病风险的制度安排，通过缓解低收入者的医疗负担来促进健康等人力资本的提升，以发挥调节收入差距的作用。基于MT指数的测算结果表明，相比初始收入的基尼系数，减去医疗支出后的基尼系数更大，表明医疗支出不平等程度大于收入；加上报销待遇后收入的基尼系数更小，但仍略大于初始收入。不同保险类型的收入再分配效应存在差异，公费医疗和城职保的收入再分配效应更为明显，居民医保的收入再分配效应较弱。在控制其他影响因素的前提下，医保报销待遇可以使县域基尼系数降低 0.15，但在统计上不显著；对于省域基尼系数而言，医疗保险存在明显的扩大作用，应当进一步提高统筹层次，降低地区间、群体间的医保待遇差别。除此之外，作为"十四五"时期基本医疗保险领域主要改革内容的省级统筹也没有发挥调节收入差距的作用，原因在于目前省级统筹主要以调剂金模式开展，地区间筹资差异和待遇差别仍然存在。

第四，关于财富再分配效应。基本医疗保险通过缓解医疗费用负担，显著降低居民自付医疗支出，刺激非医疗消费规模，从而优化消费支出结构，促进财产积累。其他因素控制不变，公费医疗、城职保和城居保分别使自付医疗支出降低 57.5%、20.5% 和 16.1%，使非医疗支出提升 14.2%、13.6% 和 4.5%，而新农合没有发挥显著的消费提升作用。不仅如此，医疗保险还显著地促进了财产积累，在控制个体特征、家庭收入和地区特征的前提下，公费医疗、城职保、城居保三种保险类型可以使家庭人均净资产提高 13.8%、14.2% 和 13.6%，而新农合由于待遇水平较低，没有发挥降低农村居民医疗负担的作用，也没有促进财产积累。从县域层面的测算结果来看，医疗保险覆盖率和报销待遇都没有显著影响财产差距，财产再分配效应不明显。

第五，关于再分配效应的作用机制。基本医疗保险通过提高医疗服务可及性来促进医疗服务机会平等和提升居民健康水平，促进收入和财产增长，改善分配格局。1989 年以来，收入分配领域的机会不平等经历了上升、小幅下降和明显下降的趋势。医疗保险制度等环境因素对于收入分配的机会不平等仍然发挥着 20% 以上的作用。医疗服务领域机会不平等的绝对量和相对量也在下降，医疗保险对机会不平等的贡献在 10% 左右，并且发挥了降低机会不平等的作用。不仅如此，医疗保险显著提升了居民健康状况，职工医保和居民医保均能使居民健康提升 20% 以上，而且对于弱势群体的健康提升效应更为显著。

15.2 对策建议

相比养老保险、失业保险等其他社会保险，医疗保险更具复杂性。这种复杂性体现在两个方面：首先，相关政策多，除了参保、缴费、报销等主体政策外，还涉及统筹层次、异地就医、分级诊疗、医保付费方式、医保目录、医药采购方式、公立医院改革等配套政策。其次，医疗保险涉及多个利益主体，除了政府、医保部门、参保人，还涉及医疗机构和其他部门（卫健委、财政部等）。现行医疗保险制度与共同富裕的要求仍然存在一定的差距，主要表现为医疗保险待遇的"三大差距"及医疗卫生资源分配不均产生的公平性问题。为了进一步发挥基本医疗保险在建设共同富裕过程中的再分配作用，本书提出以下五个方面的对策建议。

第一，推进基本医疗保险省级统筹，提升制度公平。依据《关于深化医疗保障制度改革的意见》，按照分级管理、统筹调剂、责任共担、预算考核四个方面的原则实施医疗保险省级统筹。考虑到各地经济发展水平、人口结构、基金支付能力等方面的差异，设计渐进式医疗保险省级统筹政策推进方案。本书提出设置3~5年过渡期，以调剂金为初始模式，待条件成熟后过渡到统收统支。过渡期，各市按照上年度医保基金收入的一定比例作为风险调剂金进入调剂金账户。待条件成熟，如各地基本医疗保险配套政策基本统一，全省医保基金滚存结余比较可观的情况下，逐步过渡到统收统支模式，医保基金由省政府统一调拨管理。在待遇政策统一方面，基于社会福利函数测算医疗保险最优待遇水平，作为省级统筹待遇调整的参考。在筹资政策统一方面，构建合理稳健、可持续的基本医疗保险筹资机制。在财政筹资方面，基于财权与事权相对等的原则设计省级统筹改革成本分担方案，明确省-市-县各级财政筹资职责，解决各级政府的委托-代理问题。在缴费筹资方面，考虑到人口老龄化和生育率下降的双重压力，基于长期平衡视角测算医疗保险省级统筹纵向平衡费率，作为提高基金可持续性的参考。

第二，健全基本医疗保险稳定的筹资机制，提升基金支付能力。依据稳健可持续的原则，依据经济发展水平测算基本医疗保险最优筹资水平，协调政府、社会和个人各方的筹资责任，建立基准费率制度，合理确定费率，强化健康风险统筹共济，提升医疗保险基金支付能力。在城职保方面，提高统筹账户基金在医保基金总体中的比重。在城居保方面，建立缴费与经济社会发展水平和居民人均可支配收入挂钩的机制，优化个人缴费和政府补助结构。针对基本医疗保险基金运行过程中可能出现的供需双方道德风险及系统性的重大突发风险，设计风险控制机制。在供方道德风险方面，引入按疾病诊断相关分组付费改革医疗保险付费方式，缓解过度医疗现象，发挥医疗保险对医药费用的控制作用。在需方道德风险方面，引入疾病风险调整因子作为医疗费用报销依据，同时加强疾病预防宣传，倡导全民健身，降低疾病发病率。在系统性重大突发风险方面，健全基金运行风险预警机制，以应对新冠等重大公共卫生事件的基金支付风险。

第三，完善基本医疗保险的待遇调整机制，减轻居民医疗负担。在测算医疗保险最优待遇的基础上，依据医疗保险"保基本"的定位，健全医疗保障待遇清单制度，厘清医疗保险待遇支付的边界，规范医保待遇政策制定流程。根据经济社会发展水平和基金承受能力，稳定基本医疗保险住院报销待遇，稳步提高门诊报销待遇，做好门诊待遇和住院待遇的统筹衔接。在职工医保方面，健全门诊共济保障机制，改革个人账户制度。在居民医保方面，完善门诊保障政策，合理确定待遇保障范围和基金支付水平。加强关于疾病预防、日常健康管理、急救避险等方面的技能培训，倡导积极锻炼身体、合理膳食等健康生活习惯，营造人人爱护个体健康的氛围。随着人口老龄化的加深，慢性病已经成为世界各国面临的主要挑战，其治疗费用也达到卫生支出的60%以上。因此，要加强慢性病的预防与日常管理，提升个体健康意识，通过疾病预防缓解医疗费用的快速上涨。

第四，构建多层次医疗保障体系，全方位提升居民健康福祉。坚持以人民为中心的发展理念，深入实施"健康中国"战略，在深化医药卫生体制改革进程中健全多层次、中国特色的医疗保障制度。以基本医疗保险为主体，以医疗救助为基本安全网，促进补充医疗保险、商业健康保险、医疗互助、慈善捐赠基金等多种保障方式协调发展。充分发挥基本医疗保险基金战略性购买的调节作用，以医疗保障需求侧管理和医药服务供给侧改革为主要路线，夯实多层次的医疗保障体系。建立多元化筹资渠道，完善大病保险制度，提高大病保险的保障水平。加大医疗救助筹资力度，动员社会力量积极探索多元筹资渠道，加强资金预算管理执行监督。鼓励支持商业健康保险、慈善捐赠、医疗互助等协调发展。充分调动社会组织与个人的积极性，大力发展医疗慈善事业。

  第五，建设智慧医保，提升医疗保障数字化水平。"互联网+"时代，大数据、区块链等技术与医学的交汇酝酿着巨大的潜能，使医疗健康和疾病预防策略更加精准。得益于物联网和信息技术的发展，以电子病历系统为主要依托的医疗信息系统产生了大量的医疗大数据，可以用于医疗行业治理、医疗临床和科研、公共卫生、商业模式开发等诸多领域。应当依托全国统一的医疗保障信息平台，实现跨地区、跨部门数据共享，有效发挥国家智慧医保实验室作用。与此同时，健全"互联网+"医疗服务价格和医保支付政策，将医保管理服务延伸到"互联网+医疗健康"医疗行为上，形成完整的"互联网+医疗"服务体系。发挥区块链技术的巨大优势，加强对医疗保障基础信息数据、结算数据、定点医药机构管理数据的采集、存储、清洗、使用，完善部门数据协同共享机制，探索多维度数据校验，提升精细化治理水平，提高医药资源配置效率。

参 考 文 献

[1] Aguiar M, Bils M, 2015: "Has Consumption Inequality Mirrored Income Inequality?" *American Economic Review*.

[2] Aketey J, Adjasi C, 2014: "The Impact of Microinsurance on Household Asset Accumulation in Ghana: An Asset Index Approach". *Geneva Papers on Risk and Insurance: Issues and Practice*.

[3] Al-Hanawi M K, 2021: "Decomposition of Inequalities in Out-of-Pocket Health Expenditure Burden in Saudi Arabia", *Social Science & Medicine*.

[4] Alleyne O, Casas J, Castillo-Salgado C, 2000: Equality Equity: Why Bother, *Bulletin of the World Health Organization*.

[5] Amroussia N, Gustafsson P E, Mosquera P A, 2017: "Explaining Mental Health Inequalities in Northern Sweden: A Decomposition Analysis", *Global Health Action*.

[6] Andersen T M, 2012: "Fiscal Sustainability and Demographics-Should We Save or Work More", *Journal of Macroeconomics*.

[7] Antecol H, Bedard K, 2015: "Immigrants and Immigrant Health", *In Handbook of the Economics of International Migration: The Immigrants*, edited by B. Chiswick, P. W. Miller.

[8] Arrow K J, 1963: "Uncertainty and The Welfare Economics of Medical Care", *American Economic Review*.

[9] Atkinson A B, Bourguignon F. *Handbook of Income Distribution*, Elsevier.

[10] Attanasio P, Pistaferri L, 2016: "Consumption Inequality", *Journal of Economic Perspectives*.

[11] Azzani M, Roslani A C, Su T T, 2019: "Determinants of household catastrophic health expenditure: a systematic review", *The Malaysian Journal of Medical Sciences: MJMS*.

[12] Bai C, Wu B, 2014: "Health Insurance and Consumption: Evidence from China's New Cooperative Medical Scheme", *Journal of Comparative Economics*.

[13] Bajari P, et al., 2014: "Adverse Selection, and Health Expenditures: A Semiparametric Analysis", *The Rand Journal of Economics*.

[14] Baltagi B, Moscone F, 2010: "Health Care Expenditure and Income in the OECD Reconsidered: Evidence from Panel Data", *Economic Modelling*.

[15] Barreca A I, Lindo J M, Waddell G R, 2016: "Heaping-Induced Bias in Regression-Discontinuity Designs", *Economic Inquiry*.

[16] Beck K, et al., 2020: "Improving Risk-Equalization in Switzerland: Effects of Alternative Reform Proposals on Reallocating Public Subsidies for Hospitals", *Health Policy*.

[17] Boadway R, Keen M, 2009: "Redistribution", *In Atkinson A. B. and Bourguignon F. Handbook of Income Distribution*, Elsevier.

[18] Bolhaar J, Lindeboom M, Klaauw B, et al., 2012: "A Dynamic Analysis of the Demand for Health Insurance and Health Care", *European Economic Review*.

[19] Bourguignon F, Ferreira F, Menéndez M, 2013: "Inequality of Opportunity in Brazil", *Review of Income & Wealth*.

[20] Breyer F, Haufler A, 2000: "Health Care Reform: Separating Insurance from Income Redistribution", *International Tax and Public Finance*.

[21] Brezger A, Lang S, 2006: "Generalized Structured Additive Regression Based on Bayesian P-splines", *Computational Statistics & Data Analysis*.

[22] Brixi, Hana, Polackova, 2012: "Avoiding Fiscal Crisis: Accounting for Contingent Liabilities to Manage Fiscal Risk", *World Economics*.

[23] Cagetti M, De Nardi M, 2008: "Wealth Inequality: Data and Models", *Macroeconomic Dynamic*.

[24] Cai S, 2020: "Migration Under Liquidity Constraints: Evidence from Randomized Credit Access in China", *Journal of Development Economics*.

［25］Callander E J, Fox H, Lindsay D, 2019："Out-of-Pocket Healthcare Expenditure in Australia: Trends, Inequalities and the Impact on Household Living Standards in a High-Income Country with a Universal Health Care System", *Health Economic Review*.

［26］Card D, Dobkin C, Maestas N, 2008："The Impact of Nearly Universal Insurance Coverage on Health Care Utilization: Evidence from Medicare", *American Economic Review*.

［27］Carroll C D, Hall R E, Zeldes S P, 1992："The Buffer-Stock Theory of Savings: Some Macroeconomic Evidence", *Brookings Papers on Economic Activity*.

［28］Castro-Leal F, Dayton J, Demery L, et al., 2000："Public Spending on Health Care in Africa: Do the Poor Benefit", *Bull World Health Organ*.

［29］Champernowne G, Cowell F A, 1998："Economic Inequality and Income Distribution", *African Studies Review*.

［30］Checchi D, Peragine V, 2010："Inequality of opportunity in Italy", *Journal of Economic Inequality*.

［31］Chen B, Lu M, Zhong N, 2015："How Urban Segregation Distorts Chinese Migrant's Consumption", *World Development*.

［32］Chen Y, Jin G, 2012："Does Health Insurance Coverage Lead to Better Health and Educational Outcomes? Evidence from Rural China", *Journal of Health Economics*.

［33］Chetty R, Finkelstein A, 2012："Social Insurance: Connecting Theory to Data", *Handbook of Public Economics*, Elsevier.

［34］Chetty R, 2006："A General Formula for the Optimal Level of Social Insurance", *Journal of Public Economics*.

［35］Chou S, Liu J, Huang C, 2004："Health Insurance and Savings over the Life Cycle: A Semiparametric Smooth Coefficient Estimation", *Journal of Applied Econometrics*.

［36］Combes P, Démurger S, Li S, et al., 2020："Unequal Migration and Urbanization Gains in China", *Journal of Development Economics*.

［37］Cowell F A, 2009："Measurement of Inequality", *In Handbook *of Income Distribution*, by Atkinson A. B. and Bourguignon F. , Elsevier.

[38] Cowell F, Kerm V, 2015: "Wealth Inequality: A Survey", *Journal of Economic Survey*.

[39] Currie J, Lin W, Meng J, 2014: "Addressing Antibiotic Abuse in China: An Experimental Audit Study", *Journal of Development Economics*.

[40] Currie J, Macleod W B, Van Parys J: 2016: "Provider Practice Style and Patient Health Outcomes: The Case of Heart Attacks", *Journal of Health Economics*.

[41] Cutler D M, Vigdor E R, 2005: "The Impact of Health Insurance on Health: Evidence from People Experiencing Health Shocks", *NBER Working Paper*, No. 16417.

[42] Davis B, Shorrocks A, 2000: "The Distribution of Wealth", *Handbook of Income Distribution*, North-Holland.

[43] Deaton A S, 1991: "Saving and Liquidity Constraints", *Econometrica*.

[44] Deaton A, Paxson C, 1994: "Intertemporal Choice and Inequality", *Journal of Political Economy*.

[45] Delpierre M, Verheyden B, 2014: "Remittances, Savings and Return Migration under Uncertainty", *IZA Journal of Migration*.

[46] Doorslaer van E, Koolman X, 2004: "Explaining the Difference in Income-Related Health Inequalities across European Countries", *Health Economics*.

[47] Evans T M, Whitehead F, Diderichsen A, 2001: *Challenging Inequities in Health: From Ethics to Action*, Oxford: Oxford University Press.

[48] Fahrmeir L, Kneib T, Lang S, 2013: "Regression-Models, Methods and Applications", *Springer*.

[49] Feldstein M, 1996: "Social Security and Saving: New Time Series Evidence", *National Tax Journal*.

[50] Finkelstein A, Gentzkow M, Williams H, 2016: "Sources of Geographic Variation in Health Care", *Quarterly Journal of Economics*.

[51] Finkelstein A, Oregon Health Study Group, 2012: "The Oregon health insurance experiment: evidence from the first year", *Quarterly Journal of Economics*.

[52] Firpo S, Fortin N, Lemieux T, 2009: "Unconditional Quantile Regressions", *Econometrica*.

[53] Fleurbaey M, Schokkaert E, 2011: "Equity in Health and Health Care", *Handbook of Health Economics*.

[54] Fleurbaey M, 2008: *Fairness, Responsibility, and Welfare*, London: Oxford University Press.

[55] Gamlath S, Lahiri R, 2019: "Health Expenditures and Inequality: A Political Economy Perspective", *Journal of Economic Studies*.

[56] García-Gómez P, Schokkaert E, Van O, et al., 2015: "T. Inequality in The Face of Death", *Health Economics*.

[57] Gertler P, Gruber J, 2002: "Insuring Consumption against Illness", *American Economic Review*.

[58] Gini C, 1921: "Measurement of Inequality of Incomes", *The Economic Journal*.

[59] Grossman M, 1972: "On the Concept of Health Capital and the Demand for Health", *Journal of Political Economy*.

[60] Grossman M, 1971: "A Survey of Recent Research in Health Economics", *The American Economist*.

[61] Gu H, Kou Y, You H, et al., 2019: "Measurement and Decomposition of Income-Related Inequality in Self-rated Health among the Elderly in China", *International Journal for Equity in Health*.

[62] Hackmann M, Kolstad J, Kowalski A, 2012: "Health Reform, Health Insurance, and Selection: Estimating Selection into Health Insurance Using the Massachusetts Health Reform", *American Economic Review*.

[63] Hamid S, Roberts J, Mosley P, 2011: "Can Micro Health Insurance Reduce Poverty? Evidence from Bangladesh", *Journal of Risk and Insurance*.

[64] Heckman J, 1979: "Sample Selection Bias as a Specification Error", *Econometrica*.

[65] Illsley R, Le Grand J, 1987: "The Measurement of Inequality in Health", *Health and Economics*, Macmillan.

[66] Jappelli T, Pistaferri L, 2010: "Does Consumption Inequality Track Income Inequality in Italy", *Review of Economic Dynamics*.

[67] Jusot F, Tubeuf S, Trannoy A, 2013: "Circumstances and Efforts: How Important is Their Correlation for the Measurement of Inequality of Opportunity in Health", *Health Economics*.

[68] Keynes J M, *The General Theory of Employment, Interest, and Money*, London: BN Publishing.

[69] Kimball M S, 1900: "Precautionary Savings in the Small and in the Large", *Econometrica*.

[70] Knight J, Li S, WAN H, 2016: "The Increasing Inequality of Wealth in China: 2002-2013", *Economics Series Working Papers* 816, University of Oxford.

[71] Lang S, Umlauf N, Wechselberger P, 2014: "Multilevel Structured Additive Regression", *Statistics and Computing*.

[72] Lei X, Lin W, 2009: "The New Cooperative Medical Scheme in Rural China: Does More Coverage Mean More Service and Better Health?", *Health Economics*.

[73] Leland H, 1968: "Saving and Uncertainty: the Precautionary Demand for Saving", *Quarterly Journal of Economics*.

[74] Levine D I, 2008: "A Literature Review on the Effects of Health Insurance and Selection into Health Insurance", *Working paper*, University of California.

[75] Li Y, 2008: "Asymmetric Decentralization, Intergovernmental Transfers, and Expenditure Policies of Local Governments", *Frontiers of Economics in China*.

[76] Lim S S, Updike R L, Kaldjian A S, et al., 2018: "Measuring Human Capital: A Systematic Analysis of 195 Countries and Territories, 1990-2016", *The Lancet*.

[77] Liu H, Zhao Z, 2014: "Does health insurance matter? Evidence from China's urban resident basic medical insurance", *Journal of Compara-*

tive Economics.

［78］Lopreite M, Milena M, 2017：" The Effects of Population Ageing on Health Care Expenditure：A Bayesian VAR Analysis using Data from Italy", Health Policy.

［79］Lorenz M O, 1905：" Method for Measuring Concentration of Wealth", Journal of American Statistical Association.

［80］Lu J, Leung G, Kwon S, et al., 2007：" Horizontal Equity in Health Care Utilization Evidence from Three High-Income Asian Economies", Social Science & Medicine.

［81］Manning W, Joseph P, Newhouse B, et al., 1987：" Health Insurance and the Demand for Medical care：Evidence from a Randomized Experiment", American Economic Review.

［82］Marone V R, Sabety A, 2022：" When Should There Be Vertical Choice in Health Insurance Markets", American Economic Review.

［83］Mathauer I, Saksena P, Kutzin J, 2019：" Pooling Arrangements in Health Financing Systems：a Proposed Classification", International Journal for Equity in Health.

［84］McDonald J, Kennedy S, 2004：" Insights into the 'Healthy Immigrant Effect'：Health Status and Health Service Use of Immigrants to Canada", Social Science & Medicine.

［85］Miller A, Tucker C, 2011：" Can Health Care Information Technology Save Babies", Journal of Political Economy.

［86］Miller R L, 1976：" The Effect on Optimal Consumption of Increased Uncertainty in Labour Income in the Multi-period", Journal of Economics Theory.

［87］Modigliani F, Brumberg R, 1954： " Utility Analysis and the Consumption Function：An Interpretation of Cross-Section Data", In：Kurihara, K., Ed., Post Keynesian Economics, New Brunswick：Rutgers University Press.

［88］Mutyambizi C, Booysen F, Stornes P, et al., 2019：" Subjective Social Status and Inequalities in Depressive Symptoms", International Journal for Equity in Health.

[89] Ogungbenle S, Olawumi O R, Obasuyi T, 2013: "Life Expectancy, Public Health Spending and Economic Growth in Nigeria", *European Scientific Journal*.

[90] Pan Y, Chen S, Chen M, 2016: "Disparity in Reimbursement for Tuberculosis Care among Different Health Insurance Schemes: Evidence from three Counties in Central China", *Infectious Diseases of Poverty*.

[91] Parker J, 1999: "The Reaction of Household Consumption to Predictable Changes in Social Security Taxes", *American Economic Review*.

[92] Pen J, 1971: *Income Distribution*, Allen Lane, Harmondsworth.

[93] Persson E, Barrafrem K, Meunier A, 2019: "The Effect of Decision Fatigue on Surgeons' Clinical Decision Making", *Health Economics*.

[94] Pigou A C, 1920: "The Economics of Welfare", *Cosimo Classics*.

[95] Quintal C, 2019: "Evolution of Catastrophic Health Expenditure in a High-Income Country", *International Journal for Equity in Health*.

[96] Ramos X, Dirk V, 2012: "Empirical Approaches to Inequality of Opportunity: Principles, Measures, and Evidence", *CORE Discussion Papers*.

[97] Ricardo D, 1911: *Principles of Political Economy*, Dent, London.

[98] Roemer J E, 2022: "Equality of Opportunity: A Progress Report", *Social Choice & Welfare*.

[99] Roemer J E, 1998: *Equality of Opportunity*, Cambridge: Cambridge University Press.

[100] Roemer J E, 2012: "On Several Approaches to Equality of Opportunity", *Economics & Philosophy*.

[101] Rosa D P, Jones A M, 2007: "Giving Equality of Opportunity a Fair Innings", *Health Economics*.

[102] Rosa P, 2010: "Modelling Opportunity in Health Under Partial Observability of Circumstances", *Health Economics*.

[103] Sandmo A, 1970: "The Effect of Uncertainty on Saving Decisions", *Review of Economics Studies*.

[104] Santen P, 2012: "Uncertain pension income and household saving", *Netspar Discussion Paper*.

[105] Schillo S, Lux G, Wasem J, et al., 2016: "High Cost Pool or High Cost Groups: How to Handle High Cost Cases in a Risk Adjustment Mechanism", *Health Policy*.

[106] Sen A, 1973: *On Economic Inequality*, Oxford: Oxford University Press.

[107] Sen A, 2012: "Why Health Equity", *Health Economics*.

[108] Shorrocks A F, 1982: "Inequality Decomposition by Factor Components", *Econometrica*.

[109] Shorrocks A F, 2013: "Decomposition Procedures for Distributional Analysis: A Unified Framework Based on the Shapley Value", *The Journal of Economic Inequality*.

[110] Sibley D S, 1975: "Permanent and Transitory Income Effects in a Model of Optimal Consumption with Wage Income Uncertainty", *Journal of Economics Theory*.

[111] Spadaro A, Mangiavacchi L, Moral-arce I, et al., 2013: "Evaluating the Redistributive Impact of Public Health Expenditure Using an Insurance Value Approach", *The European Journal of Health Economics: HEPAC*.

[112] Sun J, Lyu S, 2020: "TheEffect of Medical Insurance on Catastrophic Health Expenditure: Evidence from China", *Cost Effectiveness and Resource Allocation*.

[113] Ta Y, Zhu Y, Fu H, 2020: "Trends in Access to Health Services, Financial Protection and Satisfaction Between 2010 and 2016", *Social Science & Medicine*.

[114] Tebaldi P, Torgovitsky A, Yang H, 2023: "Nonparametric Estimates of Demand in the California Health Insurance Exchange", *Econometrica*.

[115] Theil H, 1967: *Economics and Information Theory*, Amsterdam: North-Holland Publishing Co.

[116] Trannoy A, et al., 2010: "Inequality of Opportunities in

Health in France: A First Pass", *Health Economics*.

[117] Uplekar M, Pathania V, Raviglione M, 2001: "Private Practitioners and Public Health: Weak Links in Tuberculosis Control", *The Lancet*.

[118] Vo T, Van P, 2019: "Can Health Insurance Reduce Household Vulnerability? Evidence from Viet Nam", *World Development*.

[119] Wagstaff A, Pradhan M P, 2005: "Health Insurance Impacts on Health and Nonmedical Consumption in a Developing Country", No 3563, *Policy Research Working Paper Series*, The World Bank.

[120] Wagstaff A, Doorslaer E, 2000: "Equity in Health Care Finance and Delivery", *Handbook of Health Economics*.

[121] Wagstaff A, Doorslaer van E, Watanabe N, 2003: "On Decomposing the Causes of Health Sector Inequalities with an Application to Malnutrition Inequalities in Vietnam", *Journal of Econometrics*.

[122] Wagstaff A, Lindelow M, Jun G, 2009: "Extending Health Insurance to the Rural Population: An Impact Evaluation of China's New Cooperative Medical Scheme", *Journal of Health Economics*.

[123] Wang Y, Xu D, 2019: "Can Basic Medical Insurance Reduce Catastrophic Health Spending for Residents? Evidence from Data of CHARLS", *Finance Theory & Practice*.

[124] Wang H, Yip W, Zhang L, et al., 2009: "The Impact of Rural Mutual Health Care on Health Status: Evaluation of a Social Experiment in Rural China", *Health Economics*.

[125] Wolff E, 2014: Changes in Household Wealth in the 1980s and 1990s in the U. S., in Edward Wolff, Editor, *International Perspectives on Household Wealth*, Elgar Publishing Ltd.

[126] World Health Organization, 2013: *Handbook on health inequality monitoring: with a special focus on low and middle-income countries*, Geneva, Switzerland.

[127] World Health Organization, 2010: Health Systems Financing: the Path to Universal Coverage. Geneva.

[128] Wu B, 2019: "Physician Agency in China: Evidence from a

Drug-Percentage Incentive Scheme", *Journal of Development Economics*.

［129］Yang M, 2018：" Demand for Social Health Insurance：Evidence from the Chinese New Rural Cooperative Medical Scheme", *China Economic Review*.

［130］Yang W, 2015：" Catastrophic Outpatient Health Payments and Health Payment-Induced Poverty Under China's New Rural Cooperative Medical Scheme", *Applied Economic Perspectives and Policy*.

［131］Zhang Y, Zhou Z, Si Y, 2019：" When More is Less：What Explains the Overuse of Health Care Services in China", *Social Science & Medicine*.

［132］阿玛蒂亚·森：《以自由看待发展》，北京，中国人民大学出版社，2012。

［133］白重恩，李宏彬，吴斌珍：《医疗保险与消费：来自新农合的证据》，《经济研究》2012年第2期。

［134］白重恩，吴斌珍，金烨：《中国养老保险缴费对消费和储蓄的影响》，《中国社会科学》2012年第8期。

［135］包国宪，刘宁：《中国公立医院改革（2009—2017）：基于PV-GPG理论的定性政策评估》，《南京社会科学》2019年第2期。

［136］鲍震宇，赵元凤：《农村居民基本医疗保险的最优支付水平研究》，《保险研究》2017年第10期。

［137］蔡昉，都阳，王美艳：《户籍制度与劳动力市场保护》，《经济研究》2001年第12期。

［138］蔡媛媛，郭继强，费舒澜：《中国收入机会不平等的趋势与成因：1989—2015》，《浙江社会科学》2020年第10期。

［139］陈斌开，陆铭，钟宁桦：《户籍制约下的居民消费》，《经济研究》2010年。

［140］陈东，黄旭锋：《机会不平等在多大程度上影响了收入不平等？——基于代际转移的视角》，《经济评论》2015年第1期。

［141］陈刚：《土地承包经营权流转与农民财产性收入增长——来自〈农村土地承包法〉的冲击实验》，《社会科学辑刊》2014年第2期。

［142］陈虹，王烊烊，秦立建：《医疗保险对农民工消费支出的影响研究》，《经济研究参考》2019年第19期。

[143] 陈建东，晋盛武，侯文轩，等：《我国城镇居民财产性收入的研究》，《财贸经济》2009 年第 1 期。

[144] 陈叶烽，黄娟，吴雅伊，等：《声誉能解决医疗保险的"双刃剑"难题吗？——来自实验的证据》，《南方经济》2022 年第 2 期。

[145] 陈醉，宋泽，张川川：《医药分开改革的政策效果——基于医疗保险报销数据的经验分析》，《金融研究》2018 年第 10 期。

[146] 程令国，张晔：《"新农合"：经济绩效还是健康绩效？》，《经济研究》2012 年第 1 期。

[147] 迟巍，蔡许许：《城市居民财产性收入与贫富差距的实证分析》，《数量经济技术经济研究》2012 年第 2 期。

[148] 丁少群，苏瑞珍：《我国农村医疗保险体系减贫效应的实现路径及政策效果研究——基于收入再分配实现机制视角》，《保险研究》2019 年第 10 期。

[149] 董昕，张翼：《农民工住房消费的影响因素分析》，《中国农村经济》2012 年第 10 期。

[150] 杜创，朱恒鹏：《中国城市医疗卫生体制的演变逻辑》，《中国社会科学》2016 年第 8 期。

[151] 范红丽，王英成，亓锐：《城乡统筹医保与健康实质公平——跨越农村"健康贫困"陷阱》，《中国农村经济》2021 年第 4 期。

[152] 范宪伟：《流动人口健康状况、问题及对策》，《宏观经济管理》2019 年第 4 期。

[153] 费舒澜，管晓婧，王智灿：《从工资溢价到福祉溢价——基于统计口径调整的户籍效应估计》，《财经论丛》2020 年第 9 期。

[154] 费舒澜，郭继强：《农民工收入统计归属对城乡收入差距的影响》，《统计研究》2014 年第 6 期。

[155] 费舒澜，郭继强：《户籍的作用还有多大——基于城乡劳动者收入差距分布分解的研究》，《浙江社会科学》2014 年第 11 期。

[156] 费舒澜，徐飞虎，王智灿：《积谷防饥：养老保险与流动人口消费》，《消费经济》2020 年第 4 期。

[157] 费舒澜：《中国城乡收入差距的度量改进及分解研究》，浙江大学，2014 年。

[158] 费舒澜：《禀赋差异还是分配不公？——基于财产及财产性

收入城乡差距的分布分解》,《农业经济问题》2017年第5期。

［159］费太安:《健康中国 百年求索——党领导下的我国医疗卫生事业发展历程及经验》,《管理世界》2021年第11期。

［160］封进,王贞,宋弘:《中国医疗保险体系中的自选择与医疗费用——基于灵活就业人员参保行为的研究》,《金融研究》2018年第8期。

［161］封进,王贞:《延迟退休年龄对城镇职工医保基金平衡的影响——基于政策模拟的研究》,《社会保障评论》2019年第2期。

［162］封进,刘芳,陈沁:《新农合对县村两级医疗价格的影响》,《经济研究》2010年第11期。

［163］封进,王贞,宋弘:《中国医疗保险体系中的自选择与医疗费用——基于灵活就业人员参保行为的研究》,《金融研究》2018年第8期。

［164］封进,余央央,楼平易:《医疗需求与中国医疗费用增长——基于城乡老年医疗支出差异的视角》,《中国社会科学》2015年第3期。

［165］冯莉,杨晶:《城职保基金可持续性评估——基于延迟退休和全面二孩政策调整的考察》,《财经问题研究》2019年第8期。

［166］付明卫,王普鹤,赵嘉珩,等:《市级统筹、制度设计与医保控费》,《产业经济评论》2020年第6期。

［167］付明卫,徐文慧:《中国基本医疗保险省级统筹的影响因素和经验模式研究》,《消费经济》2019年第5期。

［168］傅联英,吕重阳:《大变局下的消费升级:经济政策不确定性对消费结构的影响研究》,《消费经济》2022年第1期。

［169］甘犁,刘国恩,马双:《基本医疗保险对促进家庭消费的影响》,《经济研究》2010年第S1期。

［170］高健,徐英奇,李华:《德国经验对中国社会医疗保险省级统筹设计的启示》,《中国卫生政策研究》2019年第6期。

［171］高娜娜,胡宏兵,刘奥龙:《医疗保险异地就医直接结算对居民健康的影响研究》,《财经研究》2023年第6期。

［172］高秋明,杜创:《财政省直管县体制与基本公共服务均等化——以居民医保整合为例》,《经济学(季刊)》2019年第4期。

[173] 高秋明,王洪娜:《财政分权体制对医疗保险统筹层次的影响研究》,《中国特色社会主义研究》2020 年第 4 期。

[174] 耿蕊,付晓光,王翾:《基本医疗保险基金支出预测模型与实证》,《统计与决策》2022 年第 1 期。

[175] 顾海,马超,吉黎:《医疗领域的城乡差距与城乡不公正——以门诊患者为例》,《南京农业大学学报(社会科学版)》2015 年第 4 期。

[176] 顾昕,惠文:《全民医保的高质量发展与共同富裕:再分配效应的视角》,《社会保障研究》2023 年第 3 期。

[177] 郝秀琴:《社会再分配:强制与自愿的边界界定》,《郑州大学学报(哲学社会科学版)》2014 年第 5 期。

[178] 何文,申曙光:《城乡居民医保一体化政策缓解了健康不平等吗?——来自中国地级市准自然实验的经验证据》,《中国农村观察》2021 年第 3 期。

[179] 何文,申曙光:《灵活就业人员医疗保险参与及受益归属——基于逆向选择和正向分配效应的双重检验》,《财贸经济》2020 年第 3 期。

[180] 何文,申曙光:《医保支付方式与医疗服务供方道德风险——基于医疗保险报销数据的经验分析》,《统计研究》2020 年第 8 期。

[181] 何文,申曙光:《城乡居民医保一体化政策缓解了健康不平等吗?——来自中国地级市准自然实验的经验证据》,《中国农村观察》2021 年第 3 期。

[182] 何文炯,杨一心,刘晓婷,等:《社会医疗保险纵向平衡费率及其计算方法》,《中国人口科学》2010 年第 3 期。

[183] 何文炯,张雪:《基于共同富裕的健康扶贫政策优化》,《河北大学学报(哲学社会科学版)》2022 年第 1 期。

[184] 何文炯:《深化医保改革 助力共同富裕》,《中国医疗保险》2021 年第 12 期。

[185] 洪灏琪,宁满秀,罗叶:《城乡居民医保整合是否抑制了农村中老年人健康损耗?》,《中国农村经济》2021 年第 6 期。

[186] 胡宏伟,刘国恩:《城镇居民医疗保险对国民健康的影响效应与机制》,《南方经济》2012 年第 10 期。

[187] 黄枫，甘犁：《过度需求还是有效需求？——城镇老人健康与医疗保险的实证分析》，《经济研究》2010年第6期。

[188] 黄枫，吴纯杰：《城镇不同社会医疗保险待遇人群死亡率交叉现象研究》，《人口研究》2010年第1期。

[189] 黄枫，吴纯杰：《中国医疗保险对城镇老年人死亡率的影响》，《南开经济研究》2009年第6期。

[190] 黄明燕，陈昱臻，王前强：《我国基本医疗保险基金收支联动关系及趋势预测研究》，《中国卫生经济》2023年第5期。

[191] 黄明燕，王前强：《三级公立医院患者费用与基本医疗保险基金支出的关联性研究》，《中国卫生经济》2023年第3期。

[192] 黄薇：《医保政策精准扶贫效果研究——基于URBMI试点评估入户调查数据》，《经济研究》2017年第9期。

[193] 黄晓宁，李勇：《新农合对农民医疗负担和健康水平影响的实证分析》，《农业技术经济》2016年第4期。

[194] 黄学军，吴冲锋：《社会医疗保险对预防性储蓄的挤出效应研究》，《世界经济》2006年第8期。

[195] 黄燕芬，张志开，杨宜勇：《新中国70年的民生发展研究》，《中国人口科学》2019年第6期。

[196] 吉富星：《地方政府隐性债务的实质、规模与风险研究》，《财政研究》2018年第11期。

[197] 江求川，任洁，张克中：《中国城市居民机会不平等研究》，《世界经济》2014年第4期。

[198] 金双华，于洁：《医疗保险制度对收入分配的影响——基于陕西省的分析》，《中国人口科学》2017年第3期。

[199] 金双华，于洁，田人合：《中国基本医疗保险制度促进受益公平吗？——基于中国家庭金融调查的实证分析》，《经济学（季刊）》2020年第4期。

[200] 金燕华，刘昌平，汪连杰：《城乡居民医保整合改善了农村居民的生活质量吗——基于医疗、健康与经济三维视角的政策绩效评估》，《社会保障研究》2023年第7期。

[201] 李超然，刘举胜，宋美，等：《演化博弈视角下的医患关系分析及对策研究》，《复杂系统与复杂性科学》2022年第3期。

［202］李金昌，余卫：《共同富裕统计监测评价探讨》，《统计研究》2022年第2期。

［203］李柳颖，武佳藤：《新冠肺炎疫情对居民消费行为的影响及形成机制分析》，《消费经济》2020年第3期。

［204］李实，魏众，丁赛：《中国居民财产分布不均等及其原因的经验分析》，《经济研究》2005年第6期。

［205］李实，杨一心：《面向共同富裕的基本公共服务均等化：行动逻辑与路径选择》，《中国工业经济》2022年第2期。

［206］李实，岳希明，史泰丽，等：《中国收入分配格局的最新变化》，《劳动经济研究》2019年第1期。

［207］李实，詹鹏，陶彦君：《财富积累与共同富裕：中国居民财产积累机制（2002—2018）》，《社会学研究》2023年第4期。

［208］李实，朱梦冰：《推进收入分配制度改革 促进共同富裕实现》，《管理世界》2022年第1期。

［209］李实：《共同富裕的目标和实现路径选择》，《经济研究》2021年第11期。

［210］李实：《充分认识实现共同富裕的必要性和艰巨性》，《经济学动态》2021年第8期。

［211］李亚青：《城职保的"逆向再分配"问题研究——基于广东两市大样本数据的分析》，《广东财经大学学报》2014年第5期。

［212］李亚青：《社会医疗保险财政补贴增长及可持续性研究——以医保制度整合为背景》，《公共管理学报》2015年第1期。

［213］李亚青：《基本医疗保险财政补贴的动态调整机制研究》，《公共管理学报》2017年第1期。

［214］李亚青：《基本医保省级统筹后的政府间基金风险共担机制研究》，《中国医疗保险》2020年第2期。

［215］李亚青，罗耀：《中国医疗保障体系的收入再分配效应："劫贫"还是"济贫"？》，《保险研究》2023年第2期。

［216］李莹，吕光明：《中国机会不平等的生成源泉与作用渠道研究》，《中国工业经济》2019年第9期。

［217］李莹，吕光明：《机会不平等在多大程度上引致了我国城镇收入不平等》，《统计研究》2016年第8期。

[218] 李莹，吕光明：《中国机会不平等的生成源泉与作用渠道研究》，《中国工业经济》2019年第9期。

[219] 李永友，郑春荣：《我国公共医疗服务受益归宿及其收入分配效应——基于入户调查数据的微观分析》，《经济研究》2016年第7期。

[220] 梁文泉：《不安居，则不消费：为什么排斥外来人口不利于提高本地人口的收入？》，《管理世界》2018年第1期。

[221] 梁运文，霍震，刘凯：《中国城乡居民财产分布的实证研究》，《经济研究》2010年第10期。

[222] 林平，郭继强，费舒澜：《中国城乡综合基尼系数测算的一种新改进——基于间接洛伦兹曲线加总的视角》，《数量经济技术经济研究》2013年第11期。

[223] 林毅夫，沈艳，孙昂：《中国政府消费券政策的经济效应》，《经济研究》2020年第7期。

[224] 刘国恩，蔡春光，李林：《中国老人医疗保障与医疗服务需求的实证分析》，《经济研究》2011年第3期。

[225] 刘国恩：《后疫情时代的"健康中国"与经济增长》，《中华工商时报》2021年第4期。

[226] 刘江会，唐东波：《财产性收入差距、市场化程度与经济增长的关系——基于城乡间的比较分析》，《数量经济技术经济研究》2010年第4期。

[227] 刘军强，刘凯，曾益：《医疗费用持续增长机制——基于历史数据和田野资料的分析》，《中国社会科学》2015年第8期。

[228] 刘培林，钱滔，黄先海，等：《共同富裕的内涵、实现路径与测度方法》，《管理世界》2021年第8期。

[229] 刘守英：《中国城乡二元土地制度的特征、问题与改革》，《国际经济评论》2014年第3期。

[230] 刘渝琳，许新哲：《我国中等收入群体的界定标准与测度》，《统计研究》2017年第11期。

[231] 刘志军，王宏：《流动人口医保参保率影响因素研究——基于全国流动人口动态监测数据的分析》，《浙江大学学报（人文社会科学版）》2014年第5期。

［232］卢洪友，连玉君，卢盛峰：《中国医疗服务市场中的信息不对称程度测算》，《经济研究》2011 年第 4 期。

［233］陆铭：《大国大城：当代中国的统一、发展与平衡》，上海，上海人民出版社，2016 年。

［234］罗楚亮，李实，赵人伟：《我国居民的财产分布及其国际比较》，《经济学家》2009 年第 9 期。

［235］罗楚亮，颜迪：《消费结构与城镇居民消费不平等：2002—2018 年》，《消费经济》2020 年第 6 期。

［236］罗楚亮：《经济转轨、不确定性与城镇居民消费行为》，《经济研究》2004 年第 4 期。

［237］罗楚亮：《代际财产转移与财产分布不均等——基于房产的经验分析》，《财贸经济》2023 年第 2 期。

［238］吕光明，陈欣悦：《2035 年共同富裕阶段目标实现指数监测研究》，《统计研究》2022 年第 4 期。

［239］马超，顾海，韩建宇：《我国健康服务利用的机会不平等研究——基于 CHNS 2009 数据的实证分析》，《公共管理学报》2014 年第 2 期。

［240］马超，顾海，宋泽：《补偿原则下的城乡医疗服务利用机会不平等》，《经济学（季刊）》2017 年第 4 期。

［241］马超，顾海，孙徐辉：《医保统筹模式对城乡居民医疗服务利用和健康实质公平的影响——基于机会平等理论的分析》，《公共管理学报》2017 年第 2 期。

［242］马超，曲兆鹏：《机会平等哲学下对我国农民工"健康移民效应"的再考察》，《产业经济评论》2022 年第 2 期。

［243］马超，曲兆鹏，宋泽：《城乡医保统筹背景下流动人口医疗保健的机会不平等——事前补偿原则与事后补偿原则的悖论》，《中国工业经济》2018 年第 2 期。

［244］马超，顾海，孙徐辉：《参合更高档次的医疗保险能促进健康吗？——来自城乡医保统筹自然实验的证据》，《公共管理学报》2015 年第 2 期。

［245］马超，宋泽，顾海：《医保统筹对医疗服务公平利用的政策效果研究》，《中国人口科学》2016 年第 1 期。

[246] 马双, 臧文斌, 甘犁:《新农合保险对农村居民食物消费的影响分析》,《经济学（季刊）》2011 年第 1 期。

[247] 马悠然, 张毓辉, 王荣荣, 等:《马克思主义中国化进程下党领导医疗保障发展的百年探索》,《中国卫生政策研究》2021 年第 12 期。

[248] 毛捷, 徐军伟:《中国地方政府债务问题研究的现实基础——制度变迁、统计方法与重要事实》,《财政研究》2019 年第 1 期。

[249] 毛捷, 赵金冉:《政府公共卫生投入的经济效应——基于农村居民消费的检验》,《中国社会科学》2017 年第 10 期。

[250] 孟凡强, 上官茹霜, 林浩:《中国流动人口的住房消费及其不平等——基于农民工和城城流动人口的群体差异分析》,《消费经济》2020 年第 6 期。

[251] 孟琴琴, 张拓红:《老年人健康自评的影响因素分析》,《北京大学学报（医学版）》2010 年第 3 期。

[252] 孟颖颖, 韩俊强:《医疗保险制度对流动人口卫生服务利用的影响》,《中国人口科学》2019 年第 5 期。

[253] 宁光杰:《居民财产性收入差距: 能力差异还是制度阻碍?——来自中国家庭金融调查的证据》,《经济研究》2014 年第 S1 期。

[254] 宁满秀, 刘进:《新农合制度对农户医疗负担的影响——基于供给者诱导需求视角的实证分析》,《公共管理学报》2014 年第 3 期。

[255] 潘杰, 雷晓燕, 刘国恩:《医疗保险促进健康吗?——基于中国城镇居民基本医疗保险的实证分析》,《经济研究》2013 年第 4 期。

[256] 潘杰, 秦雪征:《医疗保险促进健康吗?——相关因果研究评述》,《世界经济文汇》2014 年第 6 期。

[257] 彭刚, 杨德林, 朱莉:《中国城市共同富裕水平测度、空间特征与动态演进》,《中国软科学》2022 年第 S1 期。

[258] 彭晓博, 王天宇:《社会医疗保险缓解了未成年人健康不平等吗》,《中国工业经济》2017 年第 12 期。

[259] 彭晓博, 杜创:《医疗支出集中性与持续性研究: 来自中国的微观经验证据》,《世界经济》2019 年第 12 期。

[260] 皮凯蒂·托马斯:《21 世纪资本论》, 北京, 中信出版社,

2014 年。

[261] 齐良书,李子奈:《与收入相关的健康和医疗服务利用流动性》,《经济研究》2011 年第 9 期。

[262] 齐良书:《新农合的减贫、增收和再分配效果研究》,《数量经济技术经济研究》2011 年第 8 期。

[263] 仇雨临:《中国医疗保障 70 年:回顾与解析》,《社会保障评论》2019 年第 1 期。

[264] 瞿婷婷,解乃琪,易沛:《医疗保险支付方式改革与医药费用控制》,《南开经济研究》2019 年第 5 期。

[265] 石磊,张翼:《农地制度、财产性收入与城乡协调发展》,《学术月刊》2010 年第 4 期。

[266] 史新杰,李实,陈天之,等:《机会公平视角的共同富裕——来自低收入群体的实证研究》,《经济研究》2022 年第 9 期。

[267] 宋世斌:《我国社会医疗保险体系的隐性债务和基金运行状况的精算评估》,《管理世界》2010 年第 8 期。

[268] 宋月萍,宋正亮:《医疗保险对流动人口消费的促进作用及其机制》,《人口与经济》2018 年第 3 期。

[269] 宋占军,李静:《医疗互助与多层次医疗保障体系建设》,《中国医疗保险》2020 年第 12 期。

[270] 宋铮:《中国居民储蓄行为研究》,《金融研究》1999 年第 6 期。

[271] 孙凤:《预防性储蓄理论与中国居民消费行为》,《南开经济研究》2001 年第 1 期。

[272] 孙豪,曹肖烨:《中国省域共同富裕的测度与评价》,《浙江社会科学》2022 年第 6 期。

[273] 孙翎,马晓玲,申曙光:《城乡人口迁移对基本医疗保险统筹基金长期精算平衡的影响分析——基于分区域人口发展模型的研究》,《社会保障研究》2019 年第 4 期。

[274] 沓钰淇,傅虹桥,李玲:《患者成本分担变动对医疗费用和健康结果的影响——来自住院病案首页数据的经验分析》,《经济学(季刊)》2020 年第 4 期。

[275] 唐琦,夏庆杰,李实:《中国城市居民家庭的消费结构分析:

1995—2013》,《经济研究》2018年第2期。

[276] 田森,雷震,潘杰,等:《收入差距与最优社会医疗保险制度设计——一个理论模型》,《保险研究》2016年第11期。

[277] 王洪亮:《中国居民健康不平等的测度及影响因素研究》,《人口与经济》2023年第2期。

[278] 王虎峰:《中国社会医疗保险统筹层次提升的模式选择——基于国际经验借鉴的视角》,《经济社会体制比较》2009年第6期。

[279] 汪连杰,刘昌平:《城乡居民医保整合、农村老年人健康及其健康不平等研究》,《社会保障研究》2022年第3期。

[280] 汪浩:《医疗服务、医疗保险和管理医疗》,《世界经济》2010年第1期。

[281] 王明高,孟生旺:《医疗费用预测的贝叶斯多项式混合效应模型》,《统计研究》2016年第2期。

[282] 王延中,龙玉其,江翠萍,等:《中国社会保障收入再分配效应研究——以社会保险为例》,《经济研究》2016年第2期。

[283] 王乙杰,孙文凯:《户口改变对流动人口家庭消费的影响——来自微观追踪数据的证据》,《劳动经济研究》2020年第2期。

[284] 王奕婷,王运柏:《完善城乡居民大病保险制度的思考——以湖南省为例》,《中国医疗保险》2022年第4期。

[285] 王翌秋:《新农合制度的公平与受益:对760户农民家庭调查》,《改革》2011年第3期。

[286] 王贞,封进,宋弘:《医患矛盾和医疗费用增长:防御性医疗动机的解释》,《世界经济》2021年第2期。

[287] 王震:《共同富裕背景下医疗保障的公平性:以职工医保为例》,《经济学动态》2022年第3期。

[288] 王子成,郭沐蓉:《农民工家庭收入和消费不平等:流动模式与代际差异》,《北京工商大学学报(社会科学版)》2016年第2期。

[289] 王宗凡:《医保统筹层次并非越高越好》,《中国社会保障》2019年第4期。

[290] 韦鞾,蔡运坤,陈晓璇:《基本公共服务供给如何影响中国居民消费?——基于机会不平等视角》,《消费经济》2023年第1期。

[291] 温兴祥,郑子媛:《城市医疗保险对农民工家庭消费的影

响——基于 CFPS 微观数据的实证研究》，《消费经济》2019 年第 6 期。

［292］翁凝，宁满秀：《基本医疗保险补偿率对城乡居民医疗支出不平等的影响》，《华南理工大学学报（社会科学版）》2019 年第 4 期。

［293］吴岚怡，王前：《基于 GM（1，1）模型我国基本医疗保险基金结余预测分析》，《中国卫生经济》2021 年第 9 期。

［294］夏庆杰，李实，宋丽娜：《中国城市消费不平等：1995—2013 年》，《消费经济》2019 年第 4 期。

［295］向辉，俞乔：《债务限额、土地财政与地方政府隐性债务》，《财政研究》2020 年第 3 期。

［296］解垩：《与收入相关的健康及医疗服务利用不平等研究》，《经济研究》2009 年第 2 期。

［297］解垩：《医疗保险与城乡反贫困：1989—2006》，《财经研究》2008 年第 12 期。

［298］幸超：《延迟退休对城镇职工医保基金收支平衡的影响——基于统筹账户的精算模型模拟分析》，《湖南农业大学学报（社会科学版）》2018 年第 3 期。

［299］熊跃根，黄静：《我国城乡医疗服务利用的不平等研究——一项于 CHARLS 数据的实证分析》，《人口学刊》2016 年第 6 期。

［300］徐强，叶浣儿：《新农合的收入再分配效应研究——基于全国 6 省入户调查数据的实证分析》，《浙江社会科学》2016 年第 6 期。

［301］许玲丽，龚关，王红梅：《城职保下的医疗支出研究——不可忽视的持续性特征》，《财经研究》2011 年第 5 期。

［302］许新鹏：《医保城乡统筹对大病患者医疗利用及健康不平等的影响——基于东中西部微观调研数据的实证研究》，《保险研究》2021 年第 8 期。

［303］阎竣，陈玉萍：《农村老年人多占用医疗资源了吗？——农村医疗费用年龄分布的政策含义》，《管理世界》2010 年第 5 期。

［304］杨立雄：《医疗救助运行现状、面临困境及改革建议——以湖南省为例》，《中国医疗保险》2019 年第 7 期。

［305］杨林，李思赞：《城乡医疗资源非均衡配置的影响因素与改进》，《经济学动态》2016 年第 9 期。

［306］杨汝岱，陈斌开：《高等教育改革、预防性储蓄与居民消费

行为》,《经济研究》2009年第8期。

[307] 杨修娜,史新杰,李实:《机会均等与共同富裕——基于居民收入机会不平等及其变化趋势的探讨》,《经济科学》2023年第3期。

[308] 姚奕,陈仪,陈聿良:《我国基本医疗保险住院服务受益公平性研究》,《中国卫生政策研究》2017年第3期。

[309] 叶初升,倪夏,赵锐:《收入不平等、正向选择与医疗市场中的资源错配》,《管理世界》2021年第5期。

[310] 易行健,王俊海,易君健:《预防性储蓄动机强度的时序变化与地区差异——基于中国农村居民的实证研究》,《经济研究》2008年第2期。

[311] 殷俊,田勇,薛惠元:《全面二孩、延迟退休对职工医保统筹基金收支平衡的影响——以生育保险和职工医保合并实施为背景》,《统计与信息论坛》2019年第5期。

[312] 于保荣,王庆:《中国医疗服务价格管理的历史、现状及发展——兼言〈深化医疗服务价格改革试点方案〉》,《卫生经济研究》2021年第10期。

[313] 于大川,李培祥,杨永贵:《农村医疗保险制度的增收与减贫效应评估——基于CHNS(2015)数据的实证分析》,《农业经济与管理》2019年第5期。

[314] 于新亮,伊扬,张文瑞,等:《职工基本医疗保险的收入再分配效应》,《保险研究》2022年第5期。

[315] 袁勇,王飞跃:《区块链技术发展现状与展望》,《自动化学报》2016年第4期。

[316] 臧文斌,刘国恩,徐菲,等:《中国城镇居民基本医疗保险对家庭消费的影响》,《经济研究》2012年第7期。

[317] 臧文斌,陈晨,赵绍阳:《社会医疗保险、疾病异质性和医疗费用》,《经济研究》2020年第12期。

[318] 曾益,李姝,张冉,等:《门诊共济改革、渐进式延迟退休年龄与职工医保基金可持续性——基于多种方案的模拟分析》,《保险研究》2021年第4期。

[319] 曾益,周娅娜,杨思琦,等:《老龄化背景下城职保基金财务运行状况的精算预测——对"全面二孩"政策效应的评估》,《中国

卫生政策研究》2019年第1期。

[320] 曾益，任超然，李媛媛：《中国基本医疗保险制度财务运行状况的精算评估》，《财经研究》2012年第12期。

[321] 张旺，白永秀，张静坤：《中国式现代化共同富裕的时空分异特征及推进路径》，《中国软科学》2023年第1期。

[322] 詹长春，郑珊珊：《农村居民医疗保障"逆向"收入再分配效应形成机制及克服——以江苏省为例》，《农业经济问题》2018年第10期。

[323] 张心洁，黄晶茹，周绿林：《基金平衡视角下城居保缴费调整方案研究》，《中国卫生经济》2020年第5期。

[324] 张自宽：《对合作医疗早期历史情况的回顾》，《中国卫生经济》1992年第6期。

[325] 章丹，徐志刚，陈品：《新农合"病有所医"有无增进农村居民健康？对住院患者医疗服务利用、健康和收入影响的再审视》，《社会》2019年第2期。

[326] 赵达，谭之博，张军：《中国城镇地区消费不平等演变趋势——新视角与新证据》，《财贸经济》2017年第6期。

[327] 赵广川，马超，郭俊峰：《中国农村居民医疗消费支出不平等及其演变》，《统计研究》2015年第10期。

[328] 赵桂芹，陈莹，孔祥钊：《医疗保险、农业信贷与精准扶贫》，《经济学（季刊）》2023年第2期。

[329] 赵曼，柯国年：《医疗保险费用约束机制与医患双方道德风险规避》，《中南财经大学学报》1997年第1期。

[330] 赵人伟，丁赛：《中国居民财产分布研究》，载于李实、史泰丽、别雍·古斯塔夫森主编《中国居民收入分配研究Ⅲ》，北京，北京师范大学出版社，2008年。

[331] 赵绍阳，臧文斌，尹庆双：《医疗保障水平的福利效果》，《经济研究》2015年第8期。

[332] 赵为民：《社会医疗保险对农村居民收入的冲击效应与传导机制——来自新农合大病保险的经验证据》，《财经论丛》2021年第6期。

[333] 赵忠，侯振刚：《我国城镇居民的健康需求与Grossman模

型——来自截面数据的证据》,《经济研究》2005 年第 10 期。

[334] 郑秉文:《信息不对称与医疗保险》,《经济社会体制比较》2002 年第 6 期。

[335] 钟晓敏,杨六妹,鲁建坤:《城乡居民医疗保险中逆向选择效应的检验》,《财贸经济》2018 年第 10 期。

[336] 周广肃,张玄逸,贾珅,等:《新型农村社会养老保险对消费不平等的影响》,《经济学(季刊)》2020 年第 4 期。

[337] 周佳璇,赵少锋:《医疗保险可以提升农民工消费水平吗?——基于市民化意愿视角》,《消费经济》2022 年第 2 期。

[338] 周坚:《基本医疗保险:劫富济贫还是劫贫济富》,《金融经济学研究》2019 年第 2 期。

[339] 周龙飞,张军:《中国城镇家庭消费不平等的演变趋势及地区差异》,《财贸经济》2019 年第 5 期。

[340] 周绿林,张心洁:《大病保险对新农合基金可持续运行的影响研究——基于江苏省调研数据的精算评估》,《统计与信息论坛》2016 年第 3 期。

[341] 周明海,金樟峰:《长期居住意愿对流动人口消费行为的影响》,《中国人口科学》2017 年第 5 期。

[342] 周钦,刘国恩:《医保受益性的户籍差异——基于本地户籍人口和流动人口的研究》,《南开经济研究》2016 年第 1 期。

[343] 周钦,田森,潘杰:《均等下的不公——城镇居民基本医疗保险受益公平性的理论与实证研究》,《经济研究》2016 年第 6 期。

[344] 周钦,蒋炜歌,郭昕:《社会保险对农村居民心理健康的影响——基于 CHARLS 数据的实证研究》,《中国经济问题》2018 年第 5 期。

[345] 周晓蓉,杨博:《城镇居民财产性收入不平等研究》,《经济理论与经济管理》2012 年第 8 期。

[346] 朱凤梅:《我国基本医保省级统筹的政策选择——基于国际经验的视角》,《中国医疗保险》2021 年第 4 期。

[347] 朱恒鹏,岳阳,林振翀:《统筹层次提高如何影响社保基金收支——委托 - 代理视角下的经验证据》,《经济研究》2020 年第 11 期。

［348］朱梦冰：《我国农村居民消费不平等的演变趋势》，《北京工商大学学报（社会科学版）》2018年第1期。

［349］朱梦冰，邓曲恒：《城镇地区家庭结构变动与居民财产分布》，《经济学动态》2021年第7期。

［350］朱铭来，史晓晨：《医疗保险对流动人口灾难性医疗支出的影响》，《中国人口科学》2016年第6期。

［351］朱信凯，骆晨：《消费函数的理论逻辑与中国化：一个文献综述》，《经济研究》2011年第1期。

［352］邹红，李奥蕾，喻开志：《消费不平等的度量、出生组分解和形成机制》，《经济学（季刊）》2013年第4期。

［353］邹红，喻开志，李奥蕾：《养老保险和医疗保险对城镇家庭消费的影响研究》，《统计研究》2013年第11期。

后　　记

本书是国家社科基金后期资助重点项目"面向共同富裕的基本医疗保险再分配效应统计测度研究"（22FTJA001）的最终成果。

"健康是幸福生活最重要的指标。"医疗保险作为分散疾病风险、缓解居民负担的再分配政策，对于促进健康平等有着重要的意义。在建设共同富裕的背景下，应当充分发挥基本医疗保险的再分配作用，持续推进健康中国建设。本书正是在这样的背景下开展研究，以期为促进医疗保险制度公平提供探索性思路。

本书的写作得到了团队成员的鼎力相助，其中陈徐诗雨同学参与了第4章的写作，蔡媛媛博士参与了第9章的写作，方松同学参与了第10章的写作，曹玉帆同学参与了第11章的写作，冯妍同学参与了第12章的写作，张驰博士参与了第13章的写作，董楠、陈晓玲和邓雨虹同学参与了第14章的写作。感谢中山大学出版社各位编校老师认真细致的编、审、校工作，让本书顺利出版！

学术道路上充满了挑战，成绩是屡战屡败、屡败屡战之后的幸运。收获的喜悦让人沉醉，但播种希望更振奋人心。谨以此书献给在学术道路上关心、鼓励、支持我的每一个人！愿每一位披星戴月、日夜兼程的奋斗者，终将迎来胜利的曙光！

费舒澜
2024年3月于杭州